Viola Schmidt **Mit den Ohren sehen**

Edition der Hochschule für Schauspielkunst Ernst Busch

Für Tom und Bennet

Viola Schmidt

Mit den Ohren sehen

Die Methode des gestischen Sprechens
an der Hochschule für Schauspielkunst
Ernst Busch Berlin

Theater der Zeit

Inhaltsverzeichnis

Vorwort

Es war der letzte Unterrichtstag im ersten Jahr an der Hochschule für Schauspielkunst Ernst Busch. Wir waren voller neuer Eindrücke, tief verunsichert, und die anfängliche Euphorie war gänzlich verschwunden. Jedenfalls bei mir. Ich wusste nicht mehr, was das ist – spielen! Dabei schien es doch so einfach zu sein, am Anfang. Ich dachte, dass ich es kann. Es sollte während des Studiums nur noch perfektioniert werden, und dann war's das.

Und nun war das erste Jahr rum. Ich hatte zweimal die Woche das Fach Sprecherziehung bei einer gewissen Frau Doktor Schmidt und das Gefühl, dass ich nie wirklich wissen werde, was dieses verdammte GESTISCHE SPRECHEN überhaupt ist! Ich stand da, vor ihr, sie sah mich an, lehnte sich zurück und fragte mich in ihrer direkten Art: „Na ja, möchten Sie denn, dass wir im nächsten Jahr wieder zusammenarbeiten? Sie können mir ganz direkt sagen, wenn Sie den Sprecherzieher wechseln wollen, das ist wirklich kein Problem. Denken Sie doch kurz mal darüber nach!"

Mir lief es eiskalt über den Rücken, und einzelne Szenen aus den Unterrichtsstunden zogen wie ein Schnellzug vor meinem inneren Auge vorüber: Zum Beispiel dieser bescheuerte Text „Mann im Fahrstuhl", den ich probiert und probiert, aber nie hinbekommen hatte. Dieses Gefühl – froh zu sein, wenn der Unterricht vorbei ist, aber trotzdem immer unzufrieden zu sein mit sich selbst. Und jetzt sollte ich wechseln dürfen – sollen – wollen? Aufgeben? Niemals!

Das zweite Jahr hat mir Mut gemacht, dass ich's doch irgendwann kapiere. Ich konnte mich öffnen, die Verspannungen im Kopf lösten sich, und du, liebe Vio, hast das honoriert. Denn du hast alles ganz genau beobachtet. Immer. Und gnadenlos ausgewertet. Und so konnte ich lernen und weiterkommen.

Als ich fünfzehn Jahre nach dem Abschluss an der HfS auf der Bühne stand und eine bestimmte Stelle, einen tiefen, langen Schrei, nicht hinbekam, habe ich dich angerufen, und wir haben uns getroffen und zwei lange Stunden miteinander verbracht, die mir wahnsinnig Spaß gemacht und geholfen haben. Und zum Abschied sagtest du: „Wenn was ist, melde dich einfach wieder – jederzeit!" Und das werde ich.

Jetzt hast du deine Methode aufgeschrieben.

Liebe Vio, ich bin dir unendlich dankbar.

Devid Striesow

„Es geht ums Hinsehen, begreifst du?
Das ist das Wichtigste: Schau hin!
Versteh die Leute. So schwer ist das nicht.
Sie sind nicht kompliziert.
Sie wollen nichts Ausgefallenes, nur will jeder das,
was er will, auf etwas andere Weise.
Und verstehst du einmal, auf welche Weise
einer etwas will, dann musst du nur wollen wie er,
und dein Körper wird folgen,
dann ändert die Stimme sich von selbst,
dann blicken auch deine Augen richtig."

Daniel Kehlmann, *Tyll*

Einleitung

Seit über dreißig Jahren bin ich Sprecherzieherin. Fragen mich Menschen außerhalb meines unmittelbaren Arbeitsumfelds nach meinem Beruf, wird meine Antwort häufig korrigiert: „Ach, Sie sind Spracherzieherin. Welche Sprache?" Weise ich darauf hin, dass ich Schauspielstudierende unterrichte, höre ich manchmal: „Die können ja schon sprechen." Was wird im Fach Sprechen vermittelt? Die Erwartungen der Erstsemester sind unterschiedlich. Atem und Stimme sollen trainiert, Zischlaute und mundartliche Färbungen korrigiert werden. Manchmal wird auch der Wunsch geäußert, wie bekannte Schauspieler zu klingen. Doch die an der Hochschule für Schauspielkunst Ernst Busch entwickelte Methode des gestischen Sprechens kann viel mehr. Sie bedient sich unserer Fähigkeit zur Kommunikation, über die wir als biologische und soziale Wesen verfügen, und lädt zum spielerischen Umgang mit gesprochener Sprache ein.

So bilden sich Kompetenzen und Fertigkeiten heraus und unsere Ausdrucksmöglichkeiten werden erweitert.

Begleiten Sie mich in den folgenden Kapiteln dabei, Ausdruckspotenziale zu entdecken und zu entwickeln. Lernen Sie die Methode des gestischen Sprechens kennen. Erfahren Sie, worauf sie gründet und wie sie angewendet wird.

Das Sprechen ist ein vielschichtiges Phänomen. Wir werden es aus vielen Blickwinkeln betrachten und die Perspektiven häufig wechseln. In einem spiralförmigen Lehr- und Lernprozess werden wir einige Umwege gehen und mit neuen Anregungen immer wieder zu unseren Ausgangsfragen zurückkehren. Die Ausbildung des Sprechens auf der Bühne bleibt unser Bezugspunkt. Wie das gestische Sprechen unsere basalen Fähigkeiten sinnlich erlebbar macht und weiterentwickelt, vermitteln ausgewählte Übungen und Spiele. Die Methode bedient sich natur- und gesellschaftswissenschaftlicher Gesetzmäßigkeiten. Wenn wir ihr ganzheitliches Prinzip verinnerlicht haben, können wir selbstständig damit arbeiten. Die Übungen sind wiederholbar, in anderen Zusammenhängen anwendbar und können verändert und neu erfunden werden, ohne den Grundsatz des handelnden Sprechens unter Berücksichtigung konkreter Kommunikationssituationen aufzugeben.

Wir leben in einer Zeit, in der wir Sprache zunehmend lediglich als Mittel zur Informationsübertragung verwenden. Wir reden über Gefühle, ohne sie zuzulassen. Die Methode des gestischen Sprechens stellt den handelnden Menschen in das Spannungsfeld, das sich zwischen Wahrheit und Lüge auftut, um das Denken und Erleben zu erweitern und Klarheit in das Chaos der Welt zu bringen. Darum lege ich den Studierenden und Absolventen die Prinzipien des gestischen Sprechens ans Herz und empfehle sie ihrem Verstand. Aber nicht nur Schauspieler, sondern auch Regisseure, Puppenspieler, Choreografen, Dramaturgen, Autoren und alle, die öffentlich sprechen, profitieren von diesem Training. Interessierte Fachkollegen sind eingeladen, die Methode zu entdecken oder einen neuen Blick auf die Prinzipien des gestischen Sprechens zu werfen. Dass die Methode und ihre Anwendung die rasanten Entwicklungen unserer Zeit aushalten kann, bleibt zu hoffen. An den Veränderungen unserer Welt wird immer wieder neu zu überprüfen sein, wie sich die Sprache und das gestische Sprechen entwickeln.

Ohne die vielen Studierenden, die über die Jahre mit mir gearbeitet haben, gäbe es dieses Buch nicht. Vor allen anderen gilt ihnen allen mein Dank für ihr Vertrauen und den lustvollen Dialog, den ich mit ihnen führen durfte. Mein besonderer Dank gilt meinem Kollegen und Mentor Klaus Klawitter sowohl für Lob als auch Kritik auf meinem Weg in den Beruf und für dieses Buch. Ich bedanke mich bei dem Kollegium der Fachgruppe Sprechen für Rat und Tat und beim Rektor der Hochschule für Schauspielkunst Ernst Busch, Holger Zebu Kluth, für die hilfreiche Unterstützung. Philipp Kronenberg sei bedankt für die grafische Umsetzung meiner Gedanken. Ein herzliches Dankeschön geht an meine Lektorin, Nicole Gronemeyer. Danke Mathias für dein geduldiges Zuhören. Danke Devid für dein freundliches Vorwort.

Aus Gründen der einfacheren Lesbarkeit habe ich auf die gleichzeitige Nennung weiblicher und männlicher Sprachformen bzw. genderneutrale Begriffe verzichtet. Sämtliche Personenbezeichnungen gelten gleichermaßen für alle Geschlechter.

Sprache als Zeichensystem – Sprechen als Handlung

Sprache ist ein abstraktes System, Sprechen ist ein sinnlicher Vorgang. Sprache besteht aus Zeichen, die an Vorstellungen gebunden sind. In der gesprochenen Sprache ist das Zeichen ein akustisches Ereignis – ein Lautbild. Wenn wir z. B. das Wort Tisch aussprechen oder hören, können wir uns ein Möbelstück vorstellen. Die gesprochene Sprache besteht aus Sprachlauten. Das sind Vokale und Konsonanten, die wir als unterscheidbare Schallereignisse wahrnehmen. Das Wort Tisch besteht aus drei Lauten. Die Konsonanten /t/ und /sch/umschließen den offenen Vokal /i/. Die Kombinationsmöglichkeiten von Sprachlauten sind in den jeweiligen Sprachen durch Regeln festgelegt. So lässt die deutsche Sprache z. B. die Verbindung /frf/ in einem Wort nicht zu, obgleich /fr/ im Wort /frisch/ und /rf/ im Wort /darf/ möglich ist. Diese phonotaktischen Regeln bilden zusammen mit zu Worten zusammengesetzten Lauten und den Regeln der Grammatik das System Sprache. Eine beliebige Sprache enthält immer ein begrenztes Inventar an Sprachlauten. Mit diesem Inventar und den dazugehörigen Regeln kann eine unendliche Menge an Bedeutungen hervorgebracht werden. Im Sprechen verkörpert sich das Bedeutung erzeugende System Sprache. Wenn wir das Wort Tisch in einer konkreten Kommunikationssituation aussprechen, fügen wir der einfachen Wortbedeutung weitere Bedeutungen hinzu. Je nachdem, wie wir das Wort Tisch aussprechen, können wir den konkreten Tisch z. B. bewundern oder abwerten. Wir bringen also zum Ausdruck, ob es sich um einen besonders schönen oder einen hässlichen Tisch handelt. Dadurch stellen wir eine Beziehung zu einem konkreten Gegenstand und zu einem oder mehreren Hörern her. Wir übertragen demnach sowohl Bedeutungen, die sich auf uns als Sprecher als auch auf den Tisch und darüber hinaus auf den oder die Hörer beziehen.

Sprechen und Hören oder allgemeiner formuliert Senden und Empfangen bedingen einander. Wir kommunizieren, wobei wir Informationen übertragen und austauschen. Menschen, Tiere, Pflanzen, Maschinen bedienen sich dieses Transfers auf unterschiedliche Weise. Die Naturwissenschaft beschreibt ein Kommunizieren auf molekularer Ebene als Prinzip, Leben zu erhalten und zu verändern. Können wir diesen Grundsatz in der menschlichen Kommunikation erkennen? Müssen wir kommunizieren, um uns zu erhalten? Meiner Ansicht nach lautet die Antwort Ja, aber wir werden dieser Frage weiter nachgehen. Informationen sind an Zeichen gebunden, die Bedeutungen tragen. Können die Bedeutungen entschlüsselt werden, führt das dazu, dass wir einander verstehen. Eine gemeinsame Sprache erleichtert die Verständigung, anderenfalls sprechen wir „mit Händen und Füßen". Dann sind wir, um uns verständlich zu machen, auf Zeichen angewiesen, die nicht an eine Sprache gebunden sind. Diese Zeichen senden wir in jeder Kommunikation unentwegt aus. Körper und Atem, Stimme und Aussprache, Mimik und Gestik übertragen Bedeutung. Unser gesamtes Verhalten wird entschlüsselt und führt zum Verstehen oder Missverstehen. Und unser Verhalten ist an Situationen gebunden, die konkret und beschreibbar sind.

Meine Verständigung mit der freundlichen Bedienung in dem Berliner Café, in dem ich gerade sitze, wird gut funktionieren, solange keine gravierenden Probleme auftauchen. Wir verfügen über einen gemeinsamen, wenn auch begrenzten Wortschatz in Englisch. Unsere Körpersprache ist an die Situation angepasst. Wir wissen beide, wie wir uns zu verhalten haben. Wir bemühen uns, eine gemeinsame Sprache zu sprechen. Wir sind sowohl Sender als auch Empfänger in einer klar umrissenen Kommunikationssituation.

Sprecher übertragen mit dem sprachlichen Zeichen mehr Informationen als die reine Wortbedeutung. Hörer nehmen diese Informationen auf und interpretieren sie. Dadurch entsteht ein Dialog – ein Geben und Nehmen. Es entsteht eine Beziehung. Sprecher und Hörer verändern durch das an die Beziehung geknüpfte Verhalten die Situation, in der sie kommunizieren.

Karl Bühlers Organonmodell

In dem von dem deutschen Sprachtheoretiker Karl Bühler 1934 erarbeiteten Kommunikationsmodell erkennen wir das Verhältnis von Sender, Empfänger und Gegenständen oder Sachverhalten, auf die sie sich gemeinsam beziehen (vgl. Abb. 1). Der Kreis in der Mitte der Abbildung verweist auf das akustische Phänomen als sprachliches Zeichen. Das Schallereignis enthält objektive Informationen über die dargestellten Gegenstände und Sachverhalte. Dadurch symbolisiert es, worüber gesprochen wird. Gleichzeitig informiert es über den Ausdruck des Sprechers. Es gibt also Auskunft darüber, mit wem wir es zu tun haben. Alter, Geschlecht, soziale Zugehörigkeit und Stimmung lassen unter anderen Symptomen den subjektiven Aspekt des sprachlichen Zeichens erkennen. Nicht zuletzt appelliert es an den Hörer und erfüllt damit seine Signalfunktion und deren intersubjektiven Aspekt. Beim Kommunizieren repräsentiert das sprachliche Zeichen demnach mehr als nur mit Bedeutung aufgeladene, einzelne oder zusammengesetzte Sprachlaute, die einem System zuzuordnen sind, das wir Sprache nennen.

Der Ausdruckswille des Sprechers beeinflusst die Darstellung von Inhalten. Motive und Intentionen verändern sprachliche Inhalte. Sprache entsteht, indem wir sie benutzen. Die Sprechhandlung schließt Sprecher, Hörer, Gegenstände und Sachverhalte ein. Darstellung, Ausdruck und Appell sind in jedem Fall Teile einer Sprechhandlung, wenn auch in jeweils unterschiedlicher Ausprägung. Das erkennen wir, wenn wir eine Vorlesung mit einer Trauerrede oder einem Werbeblock vergleichen.

Die Frage nach Tee oder Kaffee, Milch oder Zucker lässt sich innerhalb meiner klar umrissenen Kommunikationssituation im Café eindeutig so beantworten, dass keine Missverständnisse aufkommen. Ich sage, was ich meine.

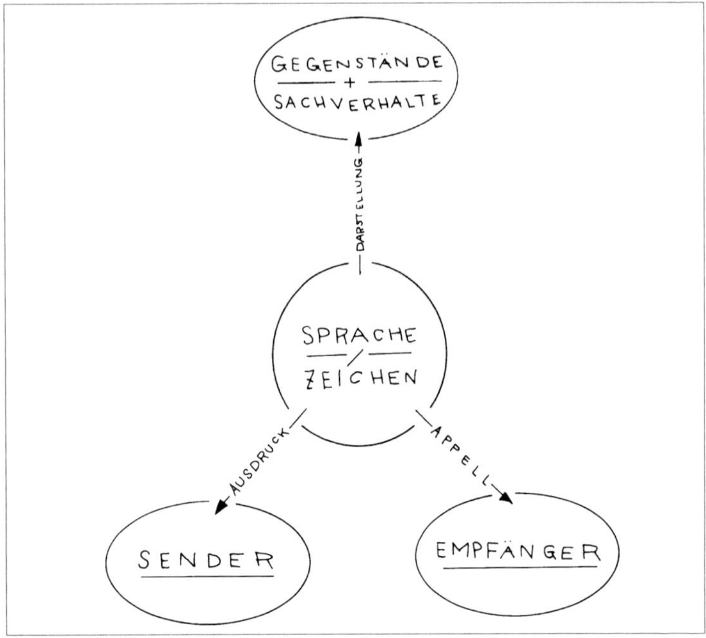

Abb. 1 Organonmodell

Das sprachliche Zeichen ist darauf ausgerichtet, die Dinge, die ich haben möchte, möglichst klar zu benennen. Ändert sich die Situation dahingehend, dass die Bedienung mir statt des gewünschten Kaffees einen Tee bringt, wird die Appellfunktion das sprachliche Zeichen stärker dominieren. In jedem Fall kann ich nicht verhindern, dass ich mich als Person ausdrücke, die Lebensalter, Gesundheit, soziokulturelle Zugehörigkeit und Stimmung erkennen lässt.

Die Leistung Bühlers ist nicht hoch genug einzuschätzen. Er schreibt dem Motiv und der Intention des Sprechers eine Bedeutung differenzierende Funktion zu und betrachtet Sprechen als eine Handlung. „Denn jedes konkrete Sprechen steht im Lebensverbande mit dem übrigen sinnvollen Verhalten eines Menschen; es steht unter Handlungen und ist selbst eine Handlung.“[1] Auch auf die besondere Funktion der Sprechsituation, die konkretes Verstehen in einigen Fällen erst möglich macht, weist Bühler hin.

Schauen wir noch einmal auf meine konkrete Situation im Café. Haben meine Körpersprache, Mimik und Gestik nicht bereits einen Informationsfluss in Gang gesetzt, bevor das erste Wort gesprochen wurde? Und hat das lange Warten auf die Bedienung meinem unverfänglich gemeinten „Hello“ nicht einen ironischen Unterton gegeben? Oder klang ich eher erleichtert, weil ich nun endlich bestellen konnte? Spiegelte mein Stimmklang, dass ich mich über die Warterei ärgerte, obwohl ich mich bemühte, freundlich zu sein? Verriet lediglich die Körpersprache meine Ungeduld und sendete so einen unausgesprochenen Appell aus?

Die Kommunikationssituation verändert das Verhalten von Sender und Empfänger, und das Verhalten von Sender und Empfänger verändert die Kommunikationssituation.

John L. Austin – Die Sprechakttheorie

Aus der „Zur Theorie der Sprechakte“ betitelten Vorlesungsreihe „How to do things with Words“ des britischen Philosophen und Begründers der Sprechakttheorie John L. Austin erfahren wir, dass die Bedeutung von sprachlichen Äußerungen in ihrem Gebrauch liegt. Unterschiedlich gebrauchte Äußerungen haben unterschiedliche Bedeutungen. Es kann sich um Mitteilungen, Versprechen, Warnungen, Drohungen usw. handeln. Nach Austin wird mit der Äußerung etwas gesagt und getan und möglicherweise ausgelöst. Die Sprechhandlung besteht nicht allein im Vorgang des Sprechens. Unter bestimmten Umständen handeln wir dadurch, dass wir sprechen. Als typisches Beispiel wird das Ereignis des Eheversprechens vor dem Standesbeamten ausführlich diskutiert.[2] Ein Jawort und die nachfolgende Erklärung verändern die Lebenssituation bis hin zur Steuerklasse. Austin macht deutlich, dass es gewisser Umstände und einer Absicht bedarf, um Handlungen durch Sprechen vollziehen zu können. Ein Sprechen, das handelt, ist performativ und unterscheidet sich von einem konstativen Sprechen, das benennt, beschreibt, erklärt. Die Äußerung „heute ist Dienstag“ kann sich als wahr oder falsch herausstellen und ist somit konstativ. Mit der performativen Äußerung „ich erhebe Einspruch“ wird im Sprechen eine Handlung vollzogen.

Paul Watzlawick – Verhalten hat kein Gegenteil

Paul Watzlawick war ein österreichisch-amerikanischer Kommunikationswissenschaftler, Psychotherapeut, Soziologe und Philosoph. Für ihn ist „menschliche Kommunikation ein Medium beschreibbarer Formen menschlicher Beziehungen."[3] Auch das sprachliche Zeichen betrachtet er unter diesem Aspekt. Es steht in Beziehung zu anderen sprachlichen Zeichen. Das ist seine syntaktische Funktion. Es drückt eine Beziehung zu dem aus, was es bezeichnet, und erfüllt damit eine semantische Funktion, und es hat eine Beziehung zum Zeichenbenutzer, es erfüllt eine pragmatische Funktion. Die pragmatische Funktion der sprachlichen Äußerung besteht darin, dass sich ihre Bedeutung erst vor dem Hintergrund einer konkreten Kommunikationssituation zu erkennen gibt und dadurch, dass sie das Verhalten aller Kommunikationspartner beeinflusst. Jede Interaktion geht mit einer Positionierung einher und definiert dadurch die Beziehung zwischen Sprecher und Hörer. Dieser Prozess ist einer ständigen Veränderung unterworfen, da sich die Kommunikationspartner wechselseitig beeinflussen. Watzlawick folgert daraus, dass Verhalten kein Gegenteil hat und wir uns *nicht* nicht verhalten und demnach auch *nicht* nicht kommunizieren können. Auch Schweigen und Verweigern von Handeln wird interpretiert. Die sprachliche Äußerung enthält neben der semantischen und syntaktischen Information auch immer eine Anleitung dazu, wie diese Information verstanden werden soll – eine „persönliche Stellungnahme zum anderen".[4] Der Beziehungsaspekt bestimmt den Inhaltsaspekt. Watzlawick hat den pragmatischen Aspekt menschlicher Kommunikation unter besonderer Berücksichtigung von Verhaltensstörungen untersucht und ist zu folgendem Schluss gekommen: „Es hat den Anschein, dass wir Menschen mit anderen zum Zweck der Erhaltung unseres Ich-Bewusstseins kommunizieren *müssen*."[5] Menschen scheinen sich gegenseitig bestätigen zu müssen. Aus über einer Milliarde Sinnesreizen trifft unser Gehirn eine Auswahl, die ein Bild ergibt, das wir Wirklichkeit nennen. Diese Empfindung von Wirklichkeit scheinen wir mitteilen zu müssen. Dabei gehen wir Beziehungen ein, die durch Strukturen innerhalb von Systemen geprägt sind. Beispielhaft hat Watzlawick unter der Kapitelüberschrift „Das System George-Martha“ das Beziehungsgefüge der Figuren in Edward Albees Stück „Wer hat Angst vor Virginia Woolf?“ beschrieben. Wie wir in unseren Beziehungssystemen interagieren, ist zunächst darauf ausgerichtet, Stabilität herzustellen und zu erhalten, zu bestätigen und Bestätigung zu erfahren. Dass das nicht immer gelingt, wissen wir aus eigener Erfahrung. Wie das auf extreme und dennoch sehr unterhaltsame Weise misslingt, erfahren wir in Albees Stück.

Warum und wozu sprechen wir?

Wenn der Weg zum anderen der einzige Weg zu sich selbst ist, wenn der Mensch nur über das Du zum Ich gelangt, wie Watzlawick andeutet, sprechen Menschen dann, um sich im anderen zu erhalten? Sprechen wir, um unser Sein zu bestätigen? Ich spreche, also bin ich? Manchmal hat es den Anschein, als ob das Sprechen nur um des Sprechens willen geschieht. Da wird geschnattert und getratscht. Sprechen erscheint dann mehr als Tätigkeit denn als bewusste Handlung. Beobachten wir menschliche Begrüßungsrituale wie das Winken aus großer Entfernung verbunden mit einem zugerufenen Hallo, den förmlichen oder freundschaftlichen Händedruck oder die Umarmung mit den jeweils begleitenden Worten, finden wir zwar soziokulturelle Unterschiede, im Grunde geht es aber in allen Kulturen, Klassen und Schichten darum, soziale Beziehungen aufzubauen, zu erhalten und zu erneuern. Der amerikanische Verhaltensforscher Desmond Morris bezeichnete dieses Phänomen als „grooming talk“.[6] Der Austausch von sprachlichen Floskeln und ritualisierten Gesten sei ein Äquivalent zur Körperpflege der Tiere und diene hier wie dort der Stabilisierung sozialer Systeme. Putzgespräche sind ein gegenseitiges Lausen auf Abstand; Gesten und Sprechen stellen soziale Ersatzhandlungen dar. Man könnte auch sagen, Menschen berühren einander mit gesprochener Sprache. Kontaktaufnahme ist also die Antwort auf die Frage, warum wir sprechen. Wir wollen mit anderen in eine Beziehung treten. Das ist unser Motiv. Es bleibt die Frage nach unserer Absicht. Wozu sprechen wir? Ich behaupte, wir sprechen, um andere in Teilen ihres Verhaltens zu verändern. Wir möchten, dass sie uns zuhören, dass sie ihre Position im Raum verändern, dass sie uns helfen, uns bestätigen usw. Die sich daraus ergebende Frage, was dadurch verändert werden soll, lässt sich in der Alltagskommunikation nicht immer sofort beantworten, für die Kommunikation auf der Bühne erscheint sie mir unerlässlich und zieht weitere Fragen nach sich. Was soll durch das Sprechen ausgelöst werden, welche weiteren Handlungen werden in Gang gesetzt, wie geht es mit der Beziehung weiter, welche schauspielerischen Vorgänge lassen sich aus der Beziehung entwickeln, und wie wird das Sprechen Teil dieser Vorgänge? Welche Motive und Absichten führen uns zum Sprechhandeln, und wie unterscheidet sich ein stark motiviertes und intendiertes Sprechen von weniger stark motivierten und intendierten Äußerungen? Wie hoch muss der Erregungszustand des Zentralnervensystems als unabdingbare Voraussetzung zum Handeln sein, damit eine Handlung in Gang gesetzt werden kann? Wann löst diese Erregung eine gesamtkörperliche Handlungsbereitschaft aus, die sich im veränderten Körperverhalten zeigt? Wann wird der Blick gesucht, wann und wie steigt der Muskeltonus, richtet sich der Körper dem anderen entgegen, wie wird eine Sprechspannung aufgebaut? Das gestische Sprechen kann diese Fragen beantworten und nutzt und entwickelt die Fähigkeiten, über die wir als biologische und soziale Wesen verfügen. Auch wenn sich im konkreten Ausdruck individuelle und soziokulturelle Unterschiede zeigen, können wir von einer wesenhaften Strukturgleichheit des Sprechens in allen Sprachen ausgehen.

Was ist gestisches Sprechen?

Die Methode des gestischen Sprechens, wie sie hier beschrieben wird, wurde an der Hochschule für Schauspielkunst Ernst Busch für die Arbeit mit Schauspielstudierenden im Fach Sprechen entwickelt. Herkömmliche Ausbildungsmethoden schienen zu sehr auf die Entwicklung einzelner Fertigkeiten ausgerichtet. Den ganzen Menschen, sein Denken, Fühlen, Handeln, im Sprechen abzubilden, fordert die Entwicklung von Fähigkeiten. Das gestische Sprechen geht von folgendem Grundverständnis aus: Sprechen ist Teil menschlichen Verhaltens. Verhalten ergibt sich aus den relevanten Bedingungen einer Situation. Es ist komplex und bezieht sich auf das Verhalten anderer. Verhalten ist die Summe psychologischer und physischer Handlungen. Handlungen sind auf andere gerichtete Tätigkeiten. Sie sind motiviert und intendiert. Menschliches Handeln ist immer sozial. „Die ‚Umstände', die sich ändern, sind nichts, was gleichsam von ‚außen' an den Menschen herankommt; die ‚Umstände', die sich ändern, sind die Beziehungen zwischen den Menschen selbst."[7] Wir sprechen, um mit anderen in Kontakt zu treten, eine Beziehung aufzunehmen, uns mitzuteilen, das heißt, mit anderen etwas zu teilen. Die Sprechabsicht besteht darin, Teile des Verhaltens von Kommunikationspartnern zu verändern, ohne die Fähigkeit einzubüßen, auf die veränderte Kommunikationssituation zu reagieren. Dadurch entsteht ein Wechselspiel von gerichtetem Sprechen und aktivem Zuhören. Es findet ein Dialog statt, auch wenn nur einer spricht. Motiviertes und intendiertes Verhalten mit Körper, Atem, Stimme und Sprache in konkreten Kommunikationssituationen ist gestisches Sprechen. Es ist gerichtetes, gesamtkörperlich sprechendes Verhalten.

Wenn Figuren miteinander sprechen, handeln sie, und der Akt des Handelns besteht nicht allein darin, dass Schauspieler stimmliche und sprachliche Äußerungen im Sinne physiologischer Abläufe hervorbringen. Im Sprechen auf der Bühne entäußern sich Denken und Fühlen von handelnden Figuren bezogen auf die durch Schauspieler wahrgenommene und fantasierte Wirklichkeit, gerichtet auf Spielpartner, die ebenfalls aus der Figurenperspektive interagieren. Sprechen ist Teil des Ausdrucks, der sich aus Eindruck speist. In der Alltagskommunikation ist es nicht immer einfach zu beschreiben, wo Eindruck aufhört und Ausdruck beginnt und wo der Ausdruck des einen schon wieder Eindruck des anderen ist. Auch während des Ausdrucks findet weiterhin Wahrnehmung statt. Vor allem bei multilateraler Kommunikation scheint ständig alles in Bewegung zu sein und sich gegenseitig zu beeinflussen.

Die schauspielerische Kommunikation auf der Bühne wird in den Proben entwickelt. Hier werden die Sprechhandlungen, die sich innerhalb einer Spielsituation ergeben, erfunden, probiert und fixiert. So wird das gestische Material der Schauspieler in der Interaktion mit Spielpartnern geordnet. Sprechhandlungen entstehen im Dialog, der sich aus dem Widerspruch unterschiedlicher Absichten speist. Ist gesamtkörperliches Sprechen motiviert und intendiert, dann ist es gestisches Sprechen.

Der Brecht'sche Gestusbegriff

In den 1920er Jahren hatte Bertolt Brecht begonnen, nach zeitgemäßen realistischen Theaterformen zu suchen. Er wollte dem Einfühlungstheater der bürgerlichen Gesellschaft die Darstellung sozialer Konflikte entgegensetzen. Vor diesem Hintergrund hat Brecht den Begriff des Gestus entwickelt, um menschliches Verhalten so zu zeigen, dass darin die gesellschaftlichen Zusammenhänge, die es hervorbringen, sichtbar werden. Brecht betrachtet die Fähigkeit, Verhalten zu ändern und mit verändertem Verhalten die Wirklichkeit zu verändern, als menschliche Grunddisposition. Wenn Menschen einerseits abhängig sind von sozialen und ökonomischen Zwängen, dann sind sie andererseits auch in der Lage, diese zu verändern, indem sie ihr Verhalten und damit die Verhältnisse ändern. Soll die Welt verändert werden, muss die Welt als veränderbar dargestellt werden. Die gesellschaftlichen Widersprüche können erkannt und kenntlich gemacht werden, um sie aufzuheben.

Die epische Spielweise, die er aus diesem Anspruch entwickelt hat, verlangt einen Standpunkt in der Welt, politisches Urteilsvermögen, soziale Fantasie und die Fähigkeit, das Verhalten der darzustellenden Figuren in seiner Widersprüchlichkeit zu erkennen. Im Gegensatz zur psychologisch-realistischen Spielweise bleibt hier die Differenz zwischen Schauspieler und Figur sichtbar. Statt seine Figur zu verkörpern, zeigt er ihre Handlung, Brecht erläutert das am Beispiel einer Straßenszene. Indem konkrete Handlungen nachgeahmt werden, wird Verhalten sichtbar, und wir können einen Blick in andere Lebenswelten werfen. Wenn wir uns alltägliche Vorkommnisse erzählen, schlüpfen wir kurzzeitig in die Rolle derjenigen, über die wir berichten. Wir imitieren die Sprechweise, die Gestik, die Körperhaltung. Aber auch Handlungen, Entfernungen, Zusammenhänge werden mit dem uns zur Verfügung stehenden gestischen Material gezeigt. „Wie erklärt man einem Kind eine Wendeltreppe?“[8]

Der Gestus des Zeigens ist ein unverzichtbares Hilfsmittel des gestischen Sprechens. Körper, Atem, Stimme und Sprache lassen das Verhalten von Figuren in konkreten Situationen als von Schauspielern dargestellt erkennbar werden. Die Mittel, die zur Darstellung führen, können auf diese Weise untersucht und entwickelt werden. Es werden Figuren gezeigt, die sich in beschreibbarer Weise verhalten. Dieses Zeigen ist gestischer Natur. Es ahmt Verhalten von Menschen nach, die in konkreten sozialen Beziehungen stehen. Je konkreter die Situation, in der Figuren sich verhalten, fantasiert wird, desto genauer kann sich ihr Verhalten in Körper, Atem, Stimme und Sprache abbilden. Im Gestusbegriff wird konkret wahrnehmbares menschliches Verhalten zu einem Komplex zusammengefasst. Dadurch entsteht einerseits eine verallgemeinernde Qualität, etwas Typisches, Wiedererkennbares, das sich andererseits in konkretem körperlichem und sprechsprachlichem Ausdruck zu erkennen gibt.

Bertolt Brecht hat den Begriff Gestus als Terminus technicus seiner Theaterarbeit kreiert: „Unter einem *Gestus* sei verstanden ein Komplex von Gesten, Mimik und für gewöhnlich Aussagen, welchen ein oder mehrere Menschen [an] einen oder mehrere Menschen richten. Ein Mann, der einen Fisch verkauft, zeigt unter anderem den Verkaufsgestus. [...] Ein Gestus kann allein in Worten niedergelegt werden (im Radio erscheinen); dann sind bestimmte Gestik und bestimmte Mimik in diese Worte eingegangen und leicht herauszulesen (eine demütige Verbeugung, ein Auf-die-Schulter-Klopfen). [...] Worte können durch andere Worte ersetzt, Gesten durch andere Gesten ersetzt werden, ohne daß der Gestus sich darüber ändert. [...] Ein Mann, seinen Gott anrufend, wird bei dieser Definition erst ein Gestus, wenn dies im Hinblick auf andere geschieht oder in einem Zusammenhang, wo eben Beziehungen von Menschen zu Menschen auftauchen."[9] Der Brecht'sche Gestusbegriff kennzeichnet den Zusammenhang zwischen der Einstellung von Sprechern, ihrer daraus resultierenden gesamtkörperlichen Haltung und der sprechsprachlichen Äußerung in Bezug auf Hörer in einer konkreten Situation.

Gestus und Geste

Unser Verhalten ist dadurch geprägt, dass wir auf sehr verschiedene Weise Beziehungen zu anderen eingehen. Diese Tatsache lässt sich entwicklungsgeschichtlich begründen. Wir sind soziale Wesen, die in bestimmten Konstellationen aufeinander angewiesen sind und sich in anderen voneinander abgrenzen. Die Art und Weise, wie Beziehungen hergestellt werden, variiert einerseits hinsichtlich sozialer und kultureller Zugehörigkeit, andererseits wird sie durch die individuelle Entwicklungsgeschichte eines jeden Menschen geformt. Aber auch die zahlreichen Determinanten einer konkreten Situation, in der die Beziehung hergestellt wird, bestimmen das Verhalten. Wieder begegnet uns ein vielschichtiges Phänomen, das einerseits durch Motive und Absichten und andererseits durch Konventionen geprägt ist.

Der Gestusbegriff schafft eine Möglichkeit, einzelne Handlungen aus dem Gesamtverhalten zu isolieren und sie gegeneinanderzustellen. Der Gestus setzt sich aus gestischen und mimischen sowie sprachlichen und stimmlichen Komponenten zusammen und ist immer Ausdruck des gesamten Körpers, der eine Haltung zu anderen einnimmt. Haltungen sind verkörperte Denkprozesse, auch wenn der Begriff in seinem Wortstamm auf etwas Statisches hinzuweisen scheint. Halte aus, halte ein, halte ab, halte auf, halte an ... Das klingt nach einer Unterbrechung im Handeln, die uns zu einer neuen Haltung führen kann. Die Geste als Muster koordinierter Bewegungen gehört zum Gestus. Die Geste kann etwas zeigen oder auf etwas verweisen. „Gesten erhalten wir umso mehr, je häufiger wir einen Handelnden unterbrechen."[10] Die Geste ist eine „Momentaufnahme" der Beziehung von Mensch zu Mensch. Sie hat einen Anfang, sie hat ein Ende, sie ist isolierbar, sie ist wiederholbar.[11] Die Geste als Teil einer Sprechhaltung ist ein unerlässliches Hilfsmittel der Methode des gestischen Sprechens.

Wie funktioniert die Methode des gestischen Sprechens?

Meine Kollegen Klaus Klawitter und Herbert Minnich haben den Begriff Gestus für die sprecherzieherische Praxis genutzt und daraus eine Methode für die Ausbildung von Schauspielstudierenden entwickelt, angewendet und durchgesetzt. Sie beschreiben die schauspielerisch-gestische Äußerung als „die unter Berücksichtigung der Situation motivierte, gesamtkörperlich vollzogene Äußerung".[12] Jede sprechsprachliche Äußerung ist für sie durch eine aus der psychophysischen Gesamtlage resultierende Körperspannung charakterisiert, die unmittelbar vor der Äußerung erzeugt wird. Diese gesamtkörperliche Bereitschaft zum Handeln mit Sprache löst eine entsprechende Sprechhaltung und Sprechspannung aus. Sprechen ist geistiges, intellektuelles sowie emotionales und physisches Handeln. Handlung ist Aktivität der Schauspieler innerhalb der Rolle und der Situation im Hinblick auf konkrete Handlungsziele. Aktivität im

Sinne von Beschäftigung oder Tätigkeit ist noch keine Handlung, kann aber Ausdrucksmittel einer Handlung sein.

Der Begriff Handlung ist sowohl Element der Figur als auch der Fabel. Schauspieler stellen Handlungen der Fabel durch konkrete Handlungen der Figur dar. Die Figuren haben Handlungsmotive und Handlungsziele, die sich aus der Gesamtheit ihrer Beziehungen entwickeln lassen. Nennen wir die Gesamtheit dieser Beziehungen Einstellungen und meinen damit relativ konstante, habituelle Verhaltensdispositionen, die das Handeln und Erleben bestimmen, dann sind gesamtkörperliche Haltungen Ausdruck von Einstellungen. Körperliches Verhalten in konkreten Situationen, das sich aus dem Zusammenspiel biologischer und sozialer Einflüsse ergibt, bildet sich in der Stimme und Sprechweise ab. Gerichtetes Verhalten mit Körper, Atem, Stimme und Sprache ist die Voraussetzung für schauspielerisch-gestische Äußerungen. Es wird durch eine konkrete Situation und die sich aus ihr ergebenden Handlungsziele hinsichtlich von Kommunikationspartnern bestimmt und resultiert aus der gedanklichen und emotionalen Einstellung, die zu einer gesamtkörperlichen Haltung und eine an sie gebundene sprechsprachliche Äußerung führt. Die Art und Weise, wie wir uns anderen absichtsvoll sprechend nähern, kann geplant oder spontan sein. In jedem Fall sprechen wir aus Haltungen, die wir der Kommunikationssituation im Spannungsfeld unseres Agierens und Reagierens immer wieder neu anpassen.

Eine Person, die betet, können wir akustisch von einer Person, die militärische Befehle gibt, gut unterscheiden. Beide Personen sprechen aus konkreten Haltungen. Es ist nicht einmal nötig, dass wir die Personen sehen, wir können uns allein aufgrund der Sprechweise ein Bild von ihnen machen. Wir können mit den Ohren sehen. Es ist auch nicht nötig, dass wir die Sprache, in der die Personen sich äußern, verstehen. Die Personen sprechen aus Haltungen, die eine bestimmte Körperlichkeit abbilden. Sprechmelodie und Rhythmus, Klangfarbe, Lautstärke und Artikulation der Personen unterscheiden sich. Wir können die Sprechhaltungen erkennen und sagen, da betet einer, und da befiehlt einer. Dabei kann die Art und Weise des Betens oder Befehlens erheblich variieren. Die Nuancen in der Sprechweise der betenden Person sind Antworten auf die Fragen nach der

Situation, in der gebetet wird. Hören wir genauer hin, können wir unterscheiden, ob zu Göttern oder Dämonen gebetet wird und ob es aus Verzweiflung oder Dankbarkeit, ob es seit Stunden oder Tagen oder eben mal schnell zwischendurch, ob es in einem Schützengraben oder in der Kirche geschieht.

Die Kommunikationssituation ist anhand folgender Fragen beschreibbar: Wer spricht worüber zu wem? Warum und wozu, wo, wann und wie wird gesprochen? So lässt sich das Bühler'sche Modell um Raum und Zeit erweitern und hinsichtlich der Kommunikationspartner ausdifferenzieren. Alle Komponenten der Kommunikationssituation sind voneinander abhängig und beeinflussen sich gegenseitig. Antworten auf die W-Fragen beschreiben die Kommunikationssituation, erschaffen und verändern sie. Beten und Befehlen sind Sprechhandlungen in einer konkreten Situation. Das Verhalten von Betenden und Befehlenden ist sozial determiniert. Wir erfahren etwas über die persönliche Situation, in der sie sich als Vertreter einer soziokulturell beschreibbaren Gruppe von Menschen im Bezug zu anderen Menschen in bestimmter Weise verhalten. Sie gehören einem Geschlecht, einer Alters- und Berufsgruppe an, sie entstammen einer sozialen Schicht und sind kulturell zuzuordnen, sie sprechen eine Sprache, vielleicht einen Akzent oder Dialekt, sie sind krank oder gesund und emotional gestimmt. Wir können auch etwas über den Widerspruch zwischen der persönlichen und gesellschaftlichen Situation, in der sie sich als soziokulturell geprägte Personen befinden, erfahren. Dadurch ist es uns möglich, gesellschaftliche Strukturen als Hintergrund persönlicher Schicksale zu erkennen. Denken wir an Gretchens Gebet in Goethes „Faust", Maries Versuch zu beten in Büchners „Woyzeck" oder den des Claudius in Shakespeares „Hamlet".

Die Methode des gestischen Sprechens nutzt unsere Fähigkeit zur Kommunikation, über die wir als biologische und soziokulturelle Wesen verfügen. Unser Bedürfnis, mit anderen Menschen etwas zu teilen, indem wir uns ihnen mitteilen, ist das Herzstück dieses Ansatzes. Es liegt ein Prinzip der Hoffnung darin, dass sich Menschen in der Kommunikation umeinander bemühen.

Die Realität des Theaters – wofür bilden wir aus?

Kommunikationssituationen auf der Bühne sind Spielsituationen. Die Wirklichkeit der Bühne ist eine Behauptung, die interagierenden Menschen sind in der Regel Figuren, der gesprochene Text ist meistens eine Erfindung der Dichter. Die einschränkenden Formulierungen „in der Regel“ und „meistens“ versuchen auszudrücken, dass das Theater natürlich viel breiter aufgestellt ist. Geschichten lassen sich nicht nur erzählen, indem Figuren in dramatischer Spielweise miteinander interagieren. Nicht immer soll eine Geschichte erzählt werden. Texte werden als Klangflächen benutzt, das Sprechen wird vom Text gelöst. Stückentwicklungen, Performances, Crossover-Projekte und Arbeiten unter der Überschrift „The Actor as Creator“ erobern die Spielpläne und stellen an die Ausbildung von Schauspielstudierenden auch im Fach Sprechen neue Fragen.

Der Dramaturg und Autor Bernd Stegemann beschreibt vier Sprechweisen, die sich im Gegenwartstheater auffinden lassen. Er unterscheidet das hervorrufende, das handelnde, das formalisierte und das moderierende Sprechen.[13]

Das hervorrufende Sprechen

Das hervorrufende Sprechen holt eine abwesende Wirklichkeit auf die Bühne, indem es Vorstellungen von dieser Wirklichkeit sprechend imaginiert. Wir finden diese Sprechweise im Botenbericht und in der Mauerschau. Vergangene oder im Moment beobachtete Ereignisse, die auf der Bühne nicht dargestellt werden können oder sollen, werden sprechend hervorgerufen. Das Geschehen entsteht, indem es erzählt wird, vor dem inneren Auge der Zuhörer. In einem in der sprecherzieherischen Arbeit oft und gern verwendeten Text aus dem Stück „Penthesilea" lässt Heinrich von Kleist im 1. Auftritt (vgl. Kapitel *Odysseus/Penthesilea/Kleist)* die Figur des Odysseus öffentlich den Kampf zwischen Griechen, Trojanern und Amazonen in einer Weise berichten, die die Vorgänge für die Zuschauer erlebbar macht. Die Zuschauer werden über das Geschehen, das sie nicht sehen können, in Kenntnis gesetzt, um die Geschichte zu verstehen und ihr im weiteren Verlaufe der Handlung folgen zu können. Ihre Vorstellungskraft ist gefordert. Das Zuschauen wird zu einem aktiv mitzufabulierenden Prozess.

Odysseus, der die Geschichte erzählt, befindet sich nicht mehr oder nur zum Teil in der erzählten Situation. Die erzählende Situation ist durch seine Motive, die Geschichte zu erzählen, und die Handlungsabsichten bezüglich seiner Kommunikationspartner bestimmt. Diese situativen Merkmale beeinflussen die Art und Weise, wie er die Geschichte erzählt. Er verhält sich zu den erzählten Geschehnissen und zu den Kommunikationspartnern. Die Geschichte wird aus einer konkreten Perspektive in einer Spielsituation erzählt. Es lässt sich vielerlei und je nach Interpretation oder Schwerpunktsetzung Unterschiedliches über die Spielsituation sagen, in der erzählt wird. Wir werden in dem Kapitel, das sich mit der Arbeit am künstlerischen Text beschäftigt, darauf zurückkommen und erleben, wie die Spielpartner in einer Beziehung zueinander stehen, die sich in der Interaktion, im Dialog ausdifferenziert. Die Spielpartner handeln, indem sie erzählen.

Das handelnde Sprechen

Handelndes Sprechen verbindet sich mit hervorrufendem Sprechen. Durch ihre unterschiedlichen Handlungsmotive geraten die Figuren in einen Widerspruch zwischen Wollen und Können. Um diesen Widerspruch zu lösen, entwickeln sie Handlungsabsichten, die sie sprechend durchzusetzen versuchen. Der Charakter der Figur Odysseus kann sich in den Sprechhaltungen sowohl aus seinem sozialen Verhalten in der konkreten Situation als auch aus seiner Biografie und seiner momentanen Gestimmtheit, die sowohl psychologisch als auch physisch bedingt sein kann, erklären. Darüber hinaus ist die Mauerschau, die Elemente des Botenberichts enthält, ein Element der Fabel, da sie die Zuschauer in die Situation des Stückes einführt. Hervorrufendes und handelndes Sprechen lassen sich aufgrund einer konkreten Spielsituation im Falle der beschriebenen Mauerschau nicht voneinander trennen. Die Zuschauer erhalten sich wechselseitig beeinflussende Informationen auf allen Ebenen des von Bühler beschriebenen Kommunikationsmodells. Insofern ist handelndes Sprechen auf der Bühne als eine Nachahmung menschlichen Kommunikationsverhaltens zu verstehen.

Das formalisierte Sprechen

Formale Mittel können eingesetzt werden, um zu zeigen, welchen Widerstand der Sprecher beim Sprechen in einer Spielsituation überwinden muss. So kann die Not des Boten, der unmittelbar aus der Schlacht kommt, ungehemmtes Erzählen verhindern und den Sinn des Gesagten z. B. durch übertriebenes Atmen, Stottern, Stocken usw. unkenntlich machen. Um bei unserem Beispiel der Odysseus-Figur zu bleiben, könnte etwa ihr ungestillter Durst dazu führen, dass es ihr unmöglich ist, korrekte Laute hervorzubringen. Der Zustand der Figur kann dadurch überdeutlich gemacht werden oder als zu überwindendes Hindernis auf dem Weg zum sprechenden Handeln benutzt werden. Zustände von Figuren werden von halbwegs empathischen Zuschauern relativ leicht erkannt. Auch in Alltagssituationen können wir Gefühlszustände von Menschen nachvollziehen und von ihnen angesteckt werden oder uns von ihnen distanzieren. Neuerliches Interesse an Menschen oder Figuren entsteht oftmals erst, wenn wir begreifen, wie viel es sie kostet, aus ihren Zuständen herauszukommen, das heißt, wie viel Energie sie aufwenden, um ihren Zustand handelnd zu verändern. Während der Arbeit an dem noch genauer zu beschreibenden Kleist-Text bot mir ein Studierender an, die Verse auf einem Bein stehend zu sprechen. Das andere Bein hatte er nach hinten gebunden. Die theatrale Behauptung, die er sich ausgedacht hatte, bestand darin, dass Odysseus im gerade beendeten Kampf den Unterschenkel verloren hat. Konfrontiert mit der Situation, die einen Bericht über das Geschehene verlangt, nimmt die Figur alle Kraft zusammen, verbeißt sich den Schmerz und spricht den Text in ebendieser Weise. Dabei wurde das Ausdrucksverhalten im Gebrauch körperlicher Mittel stark reduziert und das Sprechen formalisiert, um einen Aspekt der Situation nach vorn zu stellen. Chorisches und/oder rhythmisiertes Sprechen bzw. die eingeschränkte oder exzeptionelle Wahl bestimmter sprecherischer Mittel gehören ebenso zum formalisierten Sprechen. Nicht immer lässt sich ihr Einsatz sofort aus der Situation erklären. Ich erinnere mich an die Arbeit an einem relativ langen Monolog, der von einem Schauspieler auf die Einatmung gesprochen werden sollte. Die Überforderung, die durch den ungewohnten Gebrauch der Sprechstimme entstand, sollte zum theatralen Ereignis werden, blieb aber nicht mehr als eine Idee. Ein eindrucksvolles Beispiel formalisierten Sprechens hat die Regisseurin Susanne Kennedy mit der Inszenierung „Warum läuft Herr R. Amok?“ (2014) von Rainer Werner Fassbinder an den Münchner Kammerspielen gezeigt. Die Entfremdung der Figuren wird dadurch sinnlich erlebbar gemacht, dass die maskierten, wie Puppen stumm agierenden Schauspieler lippensynchron von Laien gesprochene Playbacks nachahmen. Durch den artifiziellen Kommunikationsvorgang wurde den Zuschauern die Handlungsunfähigkeit und Beziehungslosigkeit der Figuren gezeigt.

Das moderierende Sprechen

Das moderierende Sprechen als vierte Kategorie verzichtet nun ganz auf den dem Sprechen innewohnenden Handlungsaspekt. Der Text wird in den Vordergrund geschoben. Die Sprechhandlung wird vom Text abgekoppelt. Die Sprecher treten hinter das Gesagte zurück. Sie übernehmen dafür keine Verantwortung. Dieser Vorgang kann durch technische Hilfsmittel wie das Ablesen vom Blatt oder durch die verschiedenen Spielarten des Mikrofonsprechens unterstützt werden. Die Sprecher behaupten in keiner Weise, Urheber des Textes zu sein, sie stellen den Text lediglich zur Verfügung. Sie nehmen zu dem Text keinen Standpunkt ein, der Fragen nach dem Warum oder Wozu des Sprechens beantworten würde. Die Hörer können sich entweder wie bei einer Vorlesung ganz auf den Text konzentrieren oder auf die Art und Weise, wie er performt wird, oder die Rezeptionsebenen wechseln. Wenn wir den der menschlichen Kommunikation innewohnenden Beziehungsaspekt, wie ihn Watzlawick mit den treffenden Sätzen „man kann nicht nicht kommunizieren" und „Verhalten hat kein Gegenteil" beschrieben hat, ernst nehmen, müssen wir uns fragen, welche Beziehung durch das moderierende Sprechen hergestellt werden soll. Die Sprecher können sich nie ganz von ihren Äußerungen lösen. Ihre Absicht, das zu tun, ist bereits ein Ereignis, das wir interpretieren.

Als eine Variante des moderierenden Sprechens beschreibt Stegemann das ironische Sprechen. Hierbei stellen sich Sprecher nun nicht mehr ganz in den Dienst des Textes. Es entsteht ein Widerspruch zwischen Sagen und Meinen. Die Sprecher platzieren sich gleichsam neben dem Text und blicken auf ihn aus einer ironischen Distanz. Wollen sie schlauer erscheinen als der Text oder deutlich machen, dass sie ihm nicht vertrauen? Solange ironisches Sprechen dialogisch geführt wird und in einer Beziehung zu anderen steht, wird der handelnde Aspekt in einer Weise bedient, die zum Mitdenken anregen kann. Die Sprecher nehmen einen Standpunkt zum Text ein. Verhandeln sie den Text ironisierend nur noch mit sich selbst, wird dieser Standpunkt unkenntlich und der Text für beliebige Interpretation freigegeben. Das kann auf sehr artistische und unterhaltsame Weise geschehen, wie wir sie z. B. in Regiearbeiten von Herbert Fritsch erleben können.

Hervorrufendes, handelndes, formalisiertes und moderierendes Sprechen stehen im Gegenwartstheater nebeneinander. Manchmal sind sie schwer voneinander zu trennen. Eine Schwerpunktverlagerung hin zu der einen oder anderen Form lässt sich als ästhetischer Kommentar zur Art des Kommunizierens in der postmodernen Gesellschaft verstehen. Das Forschungsprojekt „Methoden der sprechkünstlerischen Probenarbeit im zeitgenössischen deutschsprachigen Theater" untersucht neue Sprechweisen und -ästhetiken. Die Untersuchungen fanden aufgrund von Probenanalysen ausgewählter Inszenierungen des Gegenwartstheaters statt. Als neue Herausforderungen in der Ausbildung von Schauspielstudierenden werden beschrieben: phänomenologische Texterarbeitung, bei der die Materialität der Stimme im Vordergrund steht, das Aushören musikalischer Qualitäten eines Textes und das Experimentieren mit sprecherischen Gestaltungsmitteln.[14] Texte werden chorisch, simultan, monologisch und losgelöst von Handlungen präsentiert. Analoge und digitale Technik erlaubt Interaktion mit bewegten Bildern und Installationen sowie die technische Manipulation der Stimme wie im Forschungsprojekt „Disembodied Voice" der Zürcher Hochschule der Künste beschrieben.[15] Die innovative Audiotechnologie, die der britische Schauspieler, Autor und Mitbegründer des Théâtre de Complicité Simon McBurney in seiner Soloperformance „The Encounter" (2015) einsetzt, erzeugt unmittelbare physische Reaktionen. McBurney stattet die Zuschauer mit 3-D-Kopfhörern aus und nimmt sie mit auf eine gedankliche Reise in den Amazonas-Dschungel, die durch Dialoge mit seiner schlaflosen kleinen Tochter unterbrochen wird. Wir sehen ihn auf der Bühne und haben das Gefühl, er bewegt sich hinter uns oder haucht uns ins Ohr. Seine Stimme verändert Zeit und Raum, spielt mit unserer Wahrnehmung und schafft eine eigene Realität in unseren Köpfen.

Künstler haben von jeher auf die Veränderungen ihrer Zeit reagiert. Welches handwerkliche Rüstzeug geben wir den Schauspielstudierenden an die Hand, um den Herausforderungen des zeitgenössischen Theaters gewachsen zu sein? Auf welche Fähigkeiten können sie aufbauen? Wie bringen wir Tradition und Postmoderne in einen fruchtbaren Diskurs?

Das Ziel meiner Arbeit sehe ich vor allem darin, menschliche Kommunikation als soziales Phänomen erlebbar zu machen. Das handelnde Sprechen steht für mich im Vordergrund der Ausbildung. Studierende lernen, einen Standpunkt zum Gegenstand des Sprechens und zu den Kommunikationspartnern einzunehmen und zu verteidigen, bewusst aufzugeben oder zu verändern. Ausgehend von diesem Standpunkt wird ein begründeter Dialog mit Kommunikationspartnern geführt, der die Kommunikationssituation sowohl erschafft als auch verändert. Das hervorhebende oder erzählende Sprechen steht dem in nichts nach. Beginnend mit dem Verstehen eines Textes (wenn es sich um einen Fremdtext handelt), arbeite ich zusammen mit den Studierenden die Vorgänge im Text heraus und trainiere auf diese Weise das Sprechdenken. Auf der sinnlichen Ebene untersuchen wir, welche Eindrücke und Empfindungen dem Text zugrunde liegen und wie sie sich in Ausdruck bringen lassen. Erzählendes und handelndes Sprechen überlagern und ergänzen sich. Beide Formen des Sprechens zu verbinden, ist ein lustvolles Unterfangen, an dem alle Komponenten des Sprechvorgangs entwickelt werden können. Formalisiertes Sprechen, das sich aus einem Widerspruch herleiten lässt, erarbeite ich vor dem Hintergrund einer Spielsituation. Ich versuche zu erreichen, dass die Studierenden Mittel der Äußerung zunächst anbietend ausprobieren, dass sich ihre Fantasie am Text und an der Spiel- und Sprechsituation entzündet. Formale Mittel wie Rhythmus, Dynamik, Diktion und Klangstruktur können ihnen in der Erarbeitungsphase eines Textes beim Erlesen, Verstehen und gestischen Sprechen helfen. Ein reines Training formaler Mittel für das artifizielle Sprechen findet erst statt, wenn die Studierenden die Ergebnisse des Trainings selbstständig in die Spiel- und Sprechsituation zurückführen können.

Wir wollen glauben, was wir hören

Wie gut es uns in der Ausbildung auch gelingt, die beschriebenen Sprechweisen zu entwickeln und miteinander zu verbinden, ein entscheidendes Kriterium bleibt die Glaubhaftigkeit. Die sinnliche Qualität von Behauptungen ist gering. Wie kann das Verhalten der Spieler beim Sprechen einsehbar und nachvollziehbar, zu den Zuschauern geöffnet und dadurch glaubhaft bleiben? Die Parrhesia verleiht nach Bernd Stegemann den vier beschriebenen Sprechweisen Glaubhaftigkeit. „Die Parrhesia vereint das komplexe Verhältnis stimmlicher Qualität mit der sozialen Position des Sprechenden und seiner Aussagen. In der Parrhesia gelingt die Mitteilung einer Wahrheit aufgrund des Standpunkts des Sprechenden, der sich im Moment seines Sprechens formuliert."[16] Die Sprecher stehen zu ihren Äußerungen. Ihre Stimmen und ihre Sprechweise lassen sie als Personen erkennen, weil sie einen Widerhall in ihren Stimmen bekommen. Standpunkt und verkörperte Persönlichkeit bilden sich im Stimmklang ab und berühren Hörer, die allein durch das Zuhören eine sinnliche Vorstellung von den Sprechern bekommen und sich zu ihnen ins Verhältnis setzen können. „Die Verquickung der moralischen Dimension des ‚Wahr'-Sprechens mit der sinnlichen Dimension des Vertrauenschaffens macht die Figur der Parrhesia zu einer besonders wichtigen Sprechweise des Theaters. Die Wirkung der Parrhesia vereinigt die vier Möglichkeiten des Sprechens (Hervorrufen, Handeln, Formalisieren, Moderieren) und übersteigt sie zugleich in ihrer Dimension."[17]

Michel Foucault beschreibt die Parrhesia als freimütiges Sprechen. Parrhesia heißt, alles sagen, ohne Verheimlichung oder Zurückhaltung, ohne rhetorische Stilmittel, einfach die Wahrheit sagen – Wahrsprechen. Wer Parrhesia spricht, macht die Wahrheit, die er ausspricht, als seine Wahrheit kenntlich und setzt dadurch die Beziehung zum Hörer aufs Spiel. Es ist riskant, andere zu provozieren und sie zum Handeln zu zwingen. Parrhesia ist „Wahrheit mit dem Risiko der Gewalterfahrung".[18] Das setzt Mut auf beiden Seiten voraus. Denn die Parrhesia gilt nur, wenn die Hörer ihre Bedingungen akzeptieren. Sie erkennen den Mut der Sprecher an, indem sie denen, die das Risiko eingehen, Gehör schenken. Sie nehmen in Kauf, dass die Wahrheit gesagt wird und dadurch eine Freundschaft oder sogar das eigene Leben zu verlieren. In der Parrhesia gibt es eine zwingende Verbindung zwischen den Sprechern und dem Gegenstand ihrer Rede. In der Rhetorik besteht die zwingende Verbindung zwischen dem Gegenstand der Rede und den Hörern, die überredet oder überzeugt werden sollen durch geschickt gesetzte Argumente. Die Parrhesia lockert die Verbindung zwischen Sprechern und Hörern durch das Risiko, die Beziehung zu zerstören. Welch ein wunderbarer Widerspruch! Wir sprechen, weil wir eine Beziehung wollen, und wir setzen Wahrheit sprechend die Beziehung um der Wahrheit willen aufs Spiel. Für Dieter Mersch beruht die Parrhesia weniger auf einem Wahrheitsanspruch als auf dem Ethos der Selbstbezeugung. Gemeint ist „die Art des Auftretens, der Selbstsetzung, womit die Rede sich aus den Fesseln und Würgegriffen bestehender diskursiver Praktiken löst, ihre eigenen Akzente setzt und damit erst Beziehung herstellt. [...] Die stimmliche Präsenz kommt dieser Selbstsetzung gleich, die sich aufgrund der Kraft der Aussetzung in ein Verhältnis zum Anderen setzt und sich zu verantworten weiß. Buchstäblich fordert sie, vermöge körperlicher Präsenz, zur Antwort heraus. Die Parrhesia ist diese Art der Ver-Antwortung in der Rede, die auf unmittelbare Weise durch den Körper der Stimme ausgetragen wird“.[19] Mit der Stimme behaupten Sprecher ihre Position im Dialog. Sie beziehen Stellung, indem sie körperlich zu ihren Worten stehen. So Sprechende behaupten ihren Platz im sozialen Geschehen und übernehmen Verantwortung für ihre Äußerungen. Auf diese Weise setzen sie sich anderen aus, und diese Aussetzung ist eine körperliche. Übertragen wir die Idee der Parrhesia auf die sprecherzieherische Arbeit mit Schauspielstudierenden, ergibt sich ein anzustrebendes Verhalten, das unverstellt und deshalb einsehbar ist, das etwas Bekennerisches und Inniges enthält. Die Sprecher sind sich des Widerstandes bewusst, der von anderen ausgeht. Sie nehmen einen erkennbaren Standpunkt zum Gegenstand ihrer Rede, zu den Kommunikationspartnern und zur Situation ein. Sie wenden sich, indem sie die Stimme erheben, anderen körperlich offen zu und fordern Antwort im Sinne eines „hier stehe ich und kann nicht anders“. Wir können uns dieser Äußerungsform nachahmend annähern und lernen dabei, unser Denken und Empfinden mit Körper, Atem, Stimme und Sprechweise glaubhaft zu verbinden.

Sprechen im digitalen Zeitalter

Parrhesia können wir uns ausgehend vom Kommunikationsverhalten im digitalen Zeitalter fast nicht mehr vorstellen. Kommunikation scheint bezogen auf die immense Fülle an Informationen, auf die wir in immer kürzerer Zeit zugreifen können, auf Schlagwörter reduzierbar. Google erklärt uns die Welt und ist immer zur Hand. Wahrheit ist relativ geworden, Fakten haben ihre Alternativen. Die Wahrheit des einen muss noch lange nicht die Wahrheit der anderen sein. Mit dem Standpunkt des Betrachters wechselt auch die Wahrheit, die nur noch eine gefühlte ist. Aber auch den Gefühlen kann man nicht mehr trauen, wenn sie im zunehmenden Kommunizieren via Smartphone lediglich als Emoticons daherkommen. Es wird zunehmend mittelbar kommuniziert. Komplexe, sich rasant entwickelnde, aber leicht bedienbare Technik schiebt sich zwischen die Körper, die für die Kommunikation scheinbar nicht mehr gebraucht werden. Talking Heads plappern sich körperlos durch den Äther und informieren die Welt via Facebook und Twitter, WhatsApp, WeChat und Instagram über jede Belanglosigkeit ihres persönlichen Lebens. Der körperliche Aufwand, der betrieben werden muss, um zu kommunizieren, verringert sich, während sich die Möglichkeiten zu kommunizieren erweitern. Der Sprachwissenschaftler Peter Schlobinski spricht von der zweiten Gutenberg-Revolution, die wir gerade erleben. Die Erfindung des modernen Buchdrucks durch Johannes Gutenberg um das Jahr 1450 revolutionierte die Welt der Wissenschaft und das gesellschaftliche Leben des Abendlandes. Hatten im Mittelalter nur einige wenige Gelehrte und Geistliche Zugriff auf wertvolles, mühevoll per Hand abgeschriebenes Wissen, so wurde das Buch im 18. Jahrhundert für breite Bevölkerungsschichten zugänglich. Die Alphabetisierungsrate stieg, die Auflagen schossen in die Höhe. Das Buch begann seinen Siegeslauf um die Welt und veränderte sie. Seit die Sumerer und Ägypter vor etwa 5000 Jahren die Schrift erfunden und Kommunikation unabhängig vom Gedächtnis und der räumlichen und zeitlichen Anwesenheit der Kommunikationspartner gemacht hatten, schien die Menschheit auf Johannes Gensfleisch genannt Gutenberg aus Mainz gewartet zu haben. Er hat die Voraussetzung geschaffen, das Buch zu einem Massenprodukt zu machen: „Die Erfindung des modernen Buchdrucks erhöhte die Reichweite und Frequenz der schriftsprachlichen Distanzkommunikation mit entsprechenden Auswirkungen auf Sprach- und Kommunikationsgemeinschaften.“[20] Die Wahrnehmung und das Denken veränderten sich. Dem Hinsehen kam nun eine weit größere Bedeutung zu als dem Zuhören. Die Vorstellung von zyklischen Zeitabläufen musste in räumlich lineare Vorstellungen transformiert werden. Auf der Grundlage oraler Kommunikationstraditionen bildeten sich literale Gesellschaftsmodelle heraus, aus denen die deutsche Standardsprache hervorging. Diese Entwicklung vollzog sich nicht zuletzt vor dem Hintergrund des aufblühenden Handels. Die deutsche Standardsprache bekam eine Verbindlichkeit im öffentlichen Raum und beeinflusste damit auch zunehmend die gesprochene Sprache, für die entsprechende Aussprachestandards entwickelt wurden. Den zwei großen Medienrevolutionen – Erfindung der Schrift und Erfindung des Buchdrucks – folgten im Laufe der Jahrhunderte weitere. Im 19. Jahrhundert wurden das Telefon, die Fotografie und die Kinematografie entwickelt, später die Verbindung von Bild und Wort im Tonfilm. Das Fernsehen ließ die Distanzen zwischen Sprecher und Hörer gefühlt weiter schrumpfen. Wer hätte gedacht, dass das, was die Menschen der Babyboomer-Generation in Science-Fiction-Serien ihrer Kindheit als unmöglich belächelt hatten, noch zu ihren Lebzeiten Wirklichkeit werden würde? Der Wunsch nach schnellem und von Zeit und Raum unabhängigem Zugang zu Informationen bestimmt unser Zeitalter in gleichem Maße wie zu allen Zeiten. Dass die technischen Möglichkeiten heute diese Rasanz haben, scheint Segen und Fluch zugleich zu sein. Elektronische Publikationen sind per Knopfdruck erreichbar und unabhängig von Fernleihgebühren und Bibliotheksöffnungszeiten. Kaum ein Studiengang kommt ohne E-Learning aus. Neue Kommunikationsformen haben sich entwickelt und mit ihnen eine neue Sprache. Wir chatten, wir mailen, wir simsen und twittern. Wie verändert das unsere Wahrnehmung, auf welche Weise organisiert sich unsere Kommunikation, unsere Sprache und unser Denken neu? Geht die Vorherrschaft des Alphabets nach 3000 Jahren ihrem Ende entgegen? Wenn das Medium die Botschaft und die Welt ein globales Dorf ist, wie es der kanadische Medientheoretiker

Marshall McLuhan in den 1960er Jahren prophetisch postulierte, mit welchen Entwicklungen haben wir es in der Gegenwart zu tun, und was erwartet uns in der Zukunft?[21] Der Schriftsteller Klaus Theweleit fragt, ob die alten Alphabetisten die neuen Analphabeten sind. Verändern die digitalen Medien unsere Hirnstrukturen? Ticken die Digital Natives anders als die analogen? Wissenschaftliche Beweise finden sich dafür nicht, gleichwohl gibt es Beobachtungen. Theweleit bemerkt bei der heranwachsenden Generation eine Abneigung gegen das Lesen, die er darauf zurückführt, dass junge Leser nicht mehr in der Lage sind, „die Augen auszurichten auf den handschriftlichen oder gedruckten Zeilenfall einer Buchseite oder eines Blattes Papier. Man kann bei Schülern beobachten, dass sie, wenn sie einen Aufsatz schreiben sollen, es mit der Hand nicht hinbekommen, aber am Laptop".[22] Dass die Lesefähigkeit der Studierenden, die ich unterrichte, zunehmend abnimmt, kann ich bestätigen. Bisher habe ich es damit zu begründen versucht, dass die moderne, digitale Welt so viel mehr und immer wieder neue Unterhaltungsmöglichkeiten bietet, als es das Lesen vermag. Darin ungeübten Studierenden fällt das Prima-Vista-Lesen tatsächlich schwer. Sie erfassen mit dem Auge immer nur einzelne Worte und Wortgruppen und können Sinnzusammenhänge lediglich in einfachen Sätzen mühelos erschließen. Lange Gedankenbögen zu verfolgen, bereitet ihnen Schwierigkeiten. Sie verstehen komplizierte Texte nur langsam und sind schnell frustriert. Ich werde immer wieder gefragt, zu welchem Zeitpunkt der Ausbildung ich an welchen Texten arbeite. Die Antwort ist simpel: immer vom einfachen Text zum schweren. Was aber einfach und was schwer ist, muss aufgrund der aktuellen Möglichkeiten jedes einzelnen Studierenden entschieden werden. Es ist nicht schwer, Schauspielstudierende für Texte zu begeistern. Technische Lesedefizite lassen sich durch Übungen aus der Leselehre ausgleichen.

Um die Fülle an neuen Informationen, die die Welt zu bieten hat, zu verarbeiten, steht uns nur begrenzt Zeit zur Verfügung. In immer kürzerer Zeit müssen immer mehr Informationen verarbeitet werden. Der Anspruch – immer mehr in immer weniger Zeit – verdichtet Information hin zu Schlagzeilen, Spotlights, Videoclips, SMS, MMS usw. Ich bemerke, dass ich mich sehr konzentrieren muss, um schnell geschnittenen Filmen aufmerksam zu folgen, während sich junge Menschen bei langen Kameraeinstellungen schnell zu langweilen scheinen. Die Beobachtung, dass es Studierenden zunehmend schwerer fällt, einen Bogen zu denken, ihn zu sprechen oder zu spielen, teile ich mit vielen meiner Kollegen. Handelt es sich aber tatsächlich um eine andere Sinneswahrnehmung aufgrund veränderter Konventionen? Oder ist die heranwachsende Generation einfach an anderen Dingen interessiert? Dass wir es nur mit einem Generationsproblem zu tun haben, kann ich noch nicht ganz glauben. Theweleit hat weiterhin beobachtet, dass Schülern das Denken in zeitgeschichtlichen Abläufen abhandenkommt. Er spricht vom Untergang des Geschichtsdenkens. Geschichte als linearer Zeitverlauf im Sinne eines Nacheinander kann schwerer erfasst werden als die Gleichzeitigkeit des Jetzt und Heute und die ständige Verfügbarkeit von Informationen zu Themen aus aller Zeit und aus jedem Raum. Dass wir Zeit und Raum in der gesprochenen Sprache abbilden können, indem wir die Vokale dehnen und damit deutlich machen, dass wir noch einen w e i t e n W e g vor uns haben, scheint paradox, da wir doch jederzeit mal schnell nach New York jetten oder uns via Skype verbinden können.

Was Theweleit für den neuen Umgang mit Geschichte, Raum und Zeit beschreibt, betrifft auch die Zuordnung literarischer Texte. Sie können in der Suchmaschine isoliert von den Kontexten, in denen sie stehen, aufgerufen werden. Relevante Informationen, die sich aus dem historischen Gesamtzusammenhang eines Stückes oder Werkes ergeben, bleiben dadurch unberücksichtigt. Wohin werden uns die Entwicklungen der digitalen Welt führen?

Schlobinski entwirft Zukunftsszenarien, die deutlich machen, auf welche Kontexte wir uns einstellen können. „*Szenario 3.* Sie befinden sich in Tokio, verloren im Reich der Zeichen. Sie setzen eine Brille auf, die Informationen mithilfe eines Mikrochips direkt auf die Netzhaut projizieren kann. Sie fokussieren auf die japanischen Zeichen im 8. Stock des gegenüberliegenden Gebäudes und erhalten auf Englisch die Information, dass sich dort ein Internetcafé befindet. Ein Blick auf ein ikonisches Zeichen zeigt Ihnen Bilder aus dem Café sowie eine Preisliste. Eine solche Anwendung gibt es noch nicht. Aber: An entsprechenden Datenbrillen wird seit 1968 gearbeitet – und dies mit Erfolg. Mittlerweile haben Forscher eine

Kontaktlinse entwickelt, die als Netzhautbildschirm fungiert. Zwar noch unscharf können so Bilddaten direkt ins Auge übertragen werden [...]".[23]

Schlobinski beschwört ein integriertes, allumfassendes Kommunikationssystem, das Sprache und Kommunikation globalisiert und das er Unimedium nennt. Er geht davon aus, dass Sprache sich verändern wird, spricht sich aber gegen einen sogenannten Sprachverfall aus, der den neuen Entwicklungen vielfach unterstellt wird. Er glaubt, dass die Nutzer digitaler Medien sehr genau zu unterscheiden wissen, in welchem Medium es angemessen ist, Sprache auf ein Mindestmaß zu verkürzen. Bei 280 zur Verfügung stehenden Zeichen müssen sprachliche Formen optimiert werden. Außerdem gebe es im Netz auch ganz andere Formen der sprachlichen Entäußerung, finden wir im digitalen Raum sehr unterschiedliche Kommunikationsformen und Textwelten. Für ihn ist die digitale Welt sprachlich ebenso bunt wie die reale.

An jedem Tag des Jahres 2016 wurden weltweit sechs Milliarden Emojis verschickt, lässt uns der Journalist Adrian Lobe wissen.[24] Emojis sind Bildschriftzeichen, die im SMS- und Chat-Verkehr längere Begriffe ersetzen. Sie sind universell und weltweit zu verstehen. Wir können damit Pizza bestellen und Politiker unterstützen. Es bleibt zu hoffen, dass die Entwicklung zurück zur Bildersprache eine vorübergehende, spielerische Erscheinung ist. Lobe bezieht sich in seinem Artikel auf den Journalisten Joe Weisenthal, der sozialen Netzwerken eine Ähnlichkeit mit präschriftlichen, mündlichen Welten zuschreibt. Tweets hätten den Charakter einer Mundpropaganda. Sie folgen den Gesetzen gesprochener Alltagssprache, unterliegen aber auch den Gefahren der stillen Post. Werden aus diesem Grunde so viele Fotos und Videos gepostet, um das sinnliche Defizit, das beim mittelbaren Kommunizieren entsteht, auszugleichen?

Bleibt die Frage, wohin sich Sprache entwickeln wird. Die Szenarien klingen nach psychischer Über- und physischer Unterforderung. Wie sehen die physischen Herausforderungen des Kommunizierens aus? Wie viel Körper wird dafür überhaupt noch gebraucht? Und welche Auswirkungen hat das auf die Ausbildung von Schauspielstudierenden? Deren körperliche Voraussetzungen waren und sind immer individuell und unterschiedlich. Gemeinsam stehen sie vor der Herausforderung, das Sprechen vom Kopf in den Körper zu bekommen und es, wenn es endlich angekommen ist, dort zu lassen. Denn der Gedanke, kaum im Kopf geboren, verlässt diesen oft auf kürzestem Weg, ohne den mühevollen Umweg über den Körper zu nehmen, als eine „hysterische Idee, die den Körper als melancholische Verlustmasse hinter sich her schleift".[25]

Wie uns Konventionen beeinflussen und der Kopf den Körper kontrolliert

Wenn sich der Körper im Sprechen nur bedingt abbildet, bleiben die Äußerungen unverbindlich. Wir haben es nur mit den Gedanken, aber nicht mit der Kraft ihrer Eroberung und Durchsetzung zu tun. Wie sollen Gedanken im Sprechen verkörpert werden, wenn das Denken den Körper nicht ergreift? Das akustische Phänomen dieses Sprechverhaltens besteht in geringer Körperresonanz, wenig Klang und fehlender Durchlässigkeit. Wir können mit den Ohren wenig sehen. Der Informationsaustausch findet hauptsächlich auf der Symbolebene statt, um bei Bühlers Kategorisierung zu bleiben. Die Sprecher bleiben hinter den geäußerten Gedanken zurück. Sie übernehmen keine Verantwortung für ihre Worte. Sie verhalten sich nach dem Motto: Wer mit unseren Gedanken rechnet, muss noch lange nicht mit unseren Körpern rechnen. Auch in der Sprechweise findet sich eine Tendenz zum Unverbindlichen. Der Duktus der Aufzählung, landläufig als Leiern bekannt, signalisiert, dass sich die Sprecher nicht festlegen wollen. Den Gedanken, die sie entäußern, verleihen sie keine Schwere. Alles klingt ähnlich, Wichtiges wird von Unwichtigem nicht getrennt. Die Worte haben kein Gewicht, wie die Sprecher keinen Standpunkt haben. Die Körper sind nicht im Spiel.

Das von Paul Warren für den amerikanischen und englischen Sprachraum beschriebene und in anderen Sprachen häufig zu vernehmende Phänomen des Uptalk sei in diesem Zusammenhang erwähnt. Dabei heben Sprecher die Intonationskurve am Ende von Aussagesätzen an, als würden sie eine Frage stellen. Diese Sprechweise entwickelte sich aus einem Soziolekt, der auch als Valley Girl Speech bezeichnet wird und der in den 1970er Jahren in Kalifornien aufkam.[26] Gepaart mit einem wenig geerdeten Körper, selbstbezüglichen Gesten und geringem Blickkontakt zu Kommunikationspartnern scheint sich dieses Sprechverhalten auch im deutschen Sprachraum vor allem unter jungen Leuten zu verbreiten. Ist es Ausdruck von mangelndem Wunsch nach Verbindlichkeit oder eine besondere Form höflichen Verhaltens? Höflichkeit reguliert unsere sozialen Beziehungen. In dem gleichzeitigen Wunsch nach Gemeinschaft und Autonomie, Anerkennung von hierarchischen Strukturen und Selbstbestimmung suchen wir einen Mittelweg, der es uns ermöglicht, andere wertzuschätzen und gleichzeitig Distanz zu wahren. In diesem Prozess benutzen wir allerlei Floskeln, die sich in Fragen nach dem Befinden, Bemerkungen über das Wetter usw. ausdrücken. Wir sichern unsere Aussagen mit Heckenwörtern wie „sozusagen", „im Prinzip", „quasi" usw. ab oder entschuldigen uns, bevor wir zum Kern unserer Aussage kommen. Wir benutzen indirekte Fragen, mit denen wir nicht unumwunden ausdrücken, was wir wollen, sondern unsere Wünsche umschreiben. Anstatt zu sagen: „Mach das Fenster auf!", weisen wir jemanden freundlich darauf hin, dass die Luft im Raum etwas verbraucht ist. Wir lassen den anderen die Möglichkeit, selbst zu entscheiden, was getan werden kann, um Abhilfe zu schaffen. Solche Sprechverhaltensmuster können wir erkennen, spielend weiterentwickeln oder auflösen. Mangelt es uns an Motiv und Absicht, sind wir nur mit uns selbst beschäftigt oder kontrollieren unser Verhalten zu sehr, ist es nur bedingt möglich, eine direkte Beziehung aufzunehmen. Es bedarf immer eines kleinen Anlaufs, eines „Um zu", eines metrischen Auftakts, um in Kontakt zu treten. Dieses kleine Zeitfenster der Höflichkeit eröffnet den Kommunikationspartnern einen Raum, sich auf das, was kommt, einzustellen oder aber auch den Kontakt zu unterbrechen oder abzubrechen. Hörbares Einatmen oder ausholende Gesten, das Stauen der Luft vor der verschlossenen Glottis (Stimmritze) oder das schmatzende Geräusch, wenn der fest verschlossene Mund geöffnet wird, sind deutlich wahrnehmbare Begleiterscheinungen des „Um zu". Ist die Äußerung endlich auf den Weg gebracht, erreicht sie die anderen oft kaum. Die letzten Worte fallen schon zu Boden, ehe sie etwas in den Hörern auslösen konnten. Den Raum der anderen zu beanspruchen, könnte einen Konflikt auslösen. Besser, wir bleiben auf der sicheren Seite, indem wir uns der Vorsicht halber zurückziehen aus unserer zögerlichen Ansprechhaltung. Meist ist es der nach vorn geschobene Kopf, der wieder eingezogen wird. Wir warten erst einmal ab, wie sich die anderen zu dem verhalten, was wir ihnen da vor die Füße gelegt haben. Sind wir mit der Reaktion einverstanden, wagen wir uns vielleicht wieder aus der Deckung. So geht er dahin und jedem Kontakt aus dem Wege, der Pseudodialog. Auch wenn ich meine Beobachtungen hier etwas pointiert wiedergebe, weiß ich, dass sie nicht ungeteilt sind, und ich kenne sie aus eigener Sprecherfahrung. Diese Beobachtungen betreffen die Alltagskommunikation und die Art und Weise, wie Studierende sich vor allem am Beginn der gemeinsamen Arbeit verhalten. Ich stelle in Rechnung, dass die Besonderheiten des Einzelunterrichts, die Begegnungen zwischen einem Lernenden und einem Lehrenden besonders am Anfang des Studiums eine Herausforderung bedeuten. Natürlich fühlen sich Studierende als Gegenstand der Beobachtung und sind nicht frei in ihren Äußerungen. Natürlich versuchen sie, sich abzusichern, indem sie ihr Sprechverhalten kontrollieren. Aber diese Bedingungen haben sich in den über dreißig Jahren meiner Arbeit mit Schauspielstudierenden nicht verändert. Verändert hat sich das grundsätzliche Kommunikationsverhalten. Ist es die multioptionale Struktur unserer Gesellschaft, die zu so zögerlichem und vagem Kommunikationsverhalten führt? Warum sich hier festlegen lassen, wo es da noch so viele andere Möglichkeiten gibt? Wie immer die Antwort auf die Frage nach dem Warum der Veränderung ausfällt, Sprecherzieher werden die gesellschaftlichen Prozesse nicht aufhalten. Aber wir können uns fragen, was wir aus der Hand geben, wenn wir zum Kommunizieren nur noch unsere Köpfe einsetzen und die Betrachtung der Welt hauptsächlich auf unsere individuellen Bedürfnisse beziehen. Unsere Ausdrucksmittel werden sich wenig entwickeln.

Das gestische Sprechen weckt die Lust an körperlicher Auseinandersetzung und verführt dazu, sich körperlich durchzusetzen. Verkörpertes Sprechen hat etwas von einem gemeinsamen Tanz. Es hat etwas damit zu tun, zusammen einen Rhythmus, einen Atem und einen gemeinsamen Schwerpunkt zu finden.

Spielen

Die sprecherzieherische Arbeit mit Schauspielstudierenden braucht spielerische Situationen, die motiviertes und absichtsvolles, gerichtetes Verhalten mit Stimme und Sprache möglich machen und so zu freien und lustvollen Äußerungen führen. Wenn das Üben keine Freude bereitet, lassen Erfolge auf sich warten. Spielsituationen ahmen Wirklichkeit nach und verdichten sie. Dabei werden Interaktionsprozesse verkürzt und Beziehungsstrukturen sichtbar gemacht. Darzustellende Figuren entwickeln ihre Doppelnatur aus den Gedanken der Dichter sowie der Fantasie und Physis der Schauspieler. Der Text als Quelle der Gedanken, Gefühle und Handlungsoptionen von Figuren muss vergessen werden, um im Moment des Spiels neu zu entstehen. Die Schauspieler entwickeln miteinander die Beziehungsstrukturen der handelnden Figuren in konkreten Spielsituationen, das heißt, die Figuren entstehen im Spiel mit Spielpartnern.

Wie lässt sich der Begriff Spiel genauer bestimmen? Die Grenzen zwischen Spiel und Ernst sowie Spiel und Arbeit können nicht immer exakt gezogen werden. Eine Begriffsbestimmung unterliegt dem Wandel der Zeiten. Was einmal Arbeit war, kann heute ebenso Spiel sein, wie sich Spiel in Arbeit verwandeln kann. Spielen ist zunächst eine Form des Verhaltens, und das Spiel ist eine Situation, in der gespielt wird. Die Lust am Spielen ist angeboren, Kinder erforschen die Welt im Spiel. Der kindliche Spieltrieb wird zwischen Versuch und Irrtum ausgelebt und schafft eine Wirklichkeit der Möglichkeiten. Im kindlichen Spiel entwickeln sich kognitive und motorische Fähigkeiten sowie soziale Kompetenzen. Das kindliche Spiel ist absichtslos, selbst organisiert und völlig frei. Es eröffnet eine breite Palette an Handlungsmöglichkeiten, folgt im Ausprobieren dem Zufall, genügt sich selbst und ist zunächst ungerichtet.

Friedrich Schiller schreibt im 15. Brief der Schrift „Über die ästhetische Erziehung des Menschen" den berühmten Satz: „Der Mensch spielt nur, wo er in voller Bedeutung des Wortes Mensch ist, und er ist nur da ganz Mensch, wo er spielt."[27] Im Spiel eignen sich Menschen kreativ Welt an und gewinnen spielend Kraft und Durchhaltevermögen. Zweckfreies Spielen, das lediglich der Absicht folgt, Lust an Bewegung, Fantasie, Kreativität und Entäußerung auszuleben, kann uns in einen Flow führen. Der von dem amerikanischen Psychologen Mihaly Csikszentmihalyi geprägte Begriff bezeichnet einen Tätigkeitsrausch, der uns völlig gegenwärtig sein und die Zeit vergessen lässt – dem Glücklichen schlägt keine Stunde.[28] Hohe, scheinbar mühelos zu erreichende Konzentration und ein selbstvergessenes Aufgehen in einer Tätigkeit kennzeichnen diesen Zustand, den wir als Freude empfinden können. Unter bestimmten Bedingungen lässt sich dieses Erlebnis auch auf zweckgerichtetes Spielen ausweiten. Auch innerhalb klar zu bestimmender intendierter Handlungen, die Spielregeln folgen, bleiben Spielräume offen für freies Assoziieren und Kreativität. Wir können das in vielen Mannschaftssportarten beobachten, wo ein besonderes Maß an Wachheit gefordert ist. Dann fließen unsere Handlungen, alles läuft wie von selbst. Unsere Fähigkeiten wachsen mit den Anforderungen des Spiels. Wir sind fokussiert, nehmen innere und äußere Vorgänge deutlicher wahr und fühlen uns als Teil eines Ganzen. Unsere Zweifel verschwinden, unsere Kompetenz wächst. Wir gehen ganz auf in dem, was wir tun.

Wenn wir im Flow sind

Flow bezeichnet ein schöpferisches Wohlbefinden, das nicht unbedingt an Inhalte, sondern vor allem an Aktivitäten gebunden ist. Der Theaterpädagoge und Schauspieler Dietmar Sachser hat den Theaterspielflow aus unterschiedlichen Perspektiven beschrieben. Ausgehend von einem phänomenologischen Ansatz zur Begriffsbestimmung und einer auf Interviews gestützten Feldforschung hat er die folgenden Komponenten des Theaterspielflows herausgearbeitet: Wenn sich das Spiel zwischen Über- und Unterforderung, zwischen Angst und Langeweile bewegt, stellt es eine Herausforderung dar. Das kann die Spieler in den Flow führen. Voraussetzung ist ein Rahmen, eine Spielvereinbarung, die Regeln, Ziele und Rückkopplungen einschließt. Handlungen und Bewusstsein verschmelzen und führen zu einem veränderten Zeitempfinden. So fokussiert, erhöht sich die Wahrnehmungsfähigkeit der Spieler, die sich selbst vergessen. In der Balance zwischen Sicherheit und Unsicherheit wird eine potenzielle Kontrollierbarkeit erlebt, die einschließt, sich spontan zu verhalten und Risiken einzugehen. Die Kompetenz der Spieler und ihr Selbst werden gesteigert.[29] Die Spieler können ihren Spielraum erweitern. In der Interaktion mit anderen balancieren sie sich im Prozess von Geben und Nehmen spielend immer wieder aus. „Flow [...] umschreibt einen ganzheitlichen emotionalen Zustand, der Außenwelt, Handlung und innere Befindlichkeit optimal integriert."[30]

Auch in der sprecherzieherischen Arbeit spielen wir mit dem Körper, dem Atem, der Stimme und Sprache. Wir imaginieren Situationen und Eindrücke, um unser Verhalten spielend zu verändern. Wir bauen Spannung auf und lösen sie wieder. In der Interaktion mit anderen erleben wir unser Material als Spielgegenstand. Nachahmung wird zu einem schöpferischen Prozess, der Spaß und Freude macht. Dabei geht es nicht allein darum, Studierende bei Laune zu halten, sie zu aktivieren und anzufeuern. Fantasie, Ausdruckskraft und Ausdauer der Studierenden stehen im Mittelpunkt unserer Aufmerksamkeit. Unsere eigenen Möglichkeiten setzen wir beispielgebend ein, ohne die Studierenden damit zu erdrücken oder einzuengen. Arbeit, die uns keine Freude macht, wird auch freudlos für die anderen. Wenn wir es schaffen, innerhalb einer vorgegebenen oder gemeinsam kreierten Spielsituation Ziele klar zu formulieren, eröffnen wir einen Raum, in dem das eigene Spielmaterial ausprobiert und Erfahrungen gesammelt werden können. Wir stellen genügend Zeit zur Verfügung, denn Übung schließt Wiederholung ein. Ein ständiges Feedback, bestehend aus dem richtigen Maß an Lob und Kritik, hält den Spielfluss kurz an, ohne ihn abzubrechen. Es ist nicht immer ganz einfach, als Spielleiter mitzuspielen und die Kontrolle über die Arbeitsaufgabe zu behalten. Vor allem in Gruppenunterrichten lohnt es sich, öfter aus der Gruppe herauszutreten und das Spiel aus der Distanz zu beobachten. Der Schwierigkeitsgrad der Aufgabe und die Herausforderungen des Spiels steigen miteinander korrespondierend stetig an. Wenn die Studierenden das Spiel spielen wollen, bewältigen sie die darin verborgene Aufgabe leichter. Ein abschließendes Feedback gibt ihnen die Möglichkeit, Fragen zu stellen, und fasst die Aufgaben und die erreichten Ergebnisse noch einmal zusammen. Auch in der Arbeit am künstlerischen Text nutzen wir die Spielsituation. Sie kann durch den Autor vorgegeben sein oder muss erfunden werden. Um die vielen Komponenten der sprechsprachlichen Äußerung genau erarbeiten zu können, wechseln wir häufig zwischen Spiel- und Arbeitssituation. Wir integrieren die Ergebnisse der technischen Arbeit in die der künstlerischen. Dieser Wechsel fordert eine hohe Konzentration und kann gleichfalls spielerisch gestaltet werden. Flow-Erlebnisse in der sprecherzieherischen Arbeit kommen immer wieder vor. Sie sind nicht das Ziel, aber sie werden gern mitgenommen, da sie das Lernen erleichtern. Das spielerische Üben ist durch einen ständigen Wechsel zwischen Spiel und Arbeit gekennzeichnet. Sachser beschreibt den Theaterspielflow als das Ergebnis einer ernstspielhaften Haltung, in der die Spieler zugleich gebunden und frei sind.[31]

Blockierungen erkennen und lösen

Wie wir aus eigener Erfahrung wissen, sind uns Flow und Glück nicht immer vergönnt. Auch das selbstvergessene Spiel der Kindheit stockt, wo es als von außen betrachtet und bewertet wahrgenommen wird. Ich erinnere Situationen, in denen meine Söhne, ganz in ihr Spiel versunken, Stimmen für He-Man und Skeletor erfanden. Nahmen sie erwachsene Beobachter wahr, geriet das Spiel ins Stocken, verlor einen Teil seiner Unschuld und Freiheit, etwas wie Scham machte sich breit. Die Wirklichkeit des Kindes steht irgendwann der Wirklichkeit der Erwachsenen gegenüber. Wie lange kann die Wirklichkeit des Kindes aufrechterhalten werden? Wie schnell wird das Kind sich der Wirklichkeit der Erwachsenen vollständig angepasst haben? Diesen Anpassungsprozess, Erziehung genannt, haben wir alle mehr oder weniger unbeschadet vollzogen. Was wir an Freiheit und Selbstvergessenheit auf dem Wege verloren haben, müssen wir uns später mühsam zurückerobern. Wir haben gelernt, unser Verhalten zu kontrollieren und es dem Regelwerk des sozial und kulturell zumutbaren Umgangs miteinander anzupassen. Wir halten die Regeln ein, und die Regeln halten uns ein.

Spielen und Sprechen sind in der Entwicklung eines Menschen zunächst eng verbunden. Kinder ahmen die Eltern und andere Menschen in ihrer Umgebung nach. Nachahmung ist ein wesentlicher Bestandteil von Spiel. Dieser spielerische Lernprozess erstreckt sich über die ersten Lebensjahre und wird zunehmend vom Bewusstsein gesteuert und kontrolliert, wodurch das spielerische Moment einen Teil seiner Freiheit verliert. Wir müssen uns anpassen und Vorschriften befolgen, wollen wir „erfolgreich" kommunizieren. Störungen müssen beseitigt werden. Ein großer Teil der Regeln und Vorschriften wird durch Erziehung festgelegt. Indianer kennen keinen Schmerz, große Jungs weinen nicht. Große Mädchen dürfen weinen, aber nicht schreien. Lautes Lachen, unkontrolliertes Herumrennen, Wutausbrüche, Schmatzen, Pupsen, Rülpsen sind zu unterdrücken.

Bezogen auf den spielerischen Umgang mit gesprochener Sprache haben wir allerlei kontraproduktive Redensarten in unserem Kulturgut. Von „Hab nicht so eine große Klappe!" oder „Reiß das Maul nicht so weit auf!", „Sei nicht vorlaut!" bis „Beiß die Zähne zusammen!" und „Nun halte aber mal die Luft an!" kann einiges aufgeboten werden, was das freie sprechsprachliche Entäußern nicht unbedingt fördert. Um den Ausdruck von Emotionen und Gefühlen zu verhindern, müssen wir sie festhalten. Wir spannen die Muskeln, halten die Luft an, schlucken etwas hinunter. Vor allem im Bereich von Schultern, Hals, Nacken, im Kehlkopf- und Kieferbereich führt das zu Verspannungen. Die Stimme wird fest, der Atem stockt. Die gezielte äußere und innere Kontrolle von körperlichem und sprecherischem Verhalten, das in der Interaktion negative Gefühle wie Scham und Angst ausgelöst hat, führt in der Entwicklung eines jeden Menschen zu stärker oder schwächer ausgebildeten Blockierungen. Aber

Scham erhält auch die soziale Ordnung aufrecht und fördert Ablöseprozesse hin zur Individualisierung. Angst kann Mut generieren. Blockierungen bzw. die von dem deutschen Rhetorik- und Sprechwissenschaftler Hellmut Geissner beschriebenen „Kommunikationsnarben", Hinterlassenschaften kleiner traumatischer Erlebnisse während der Interaktion, sind die Ritterschläge gelebten Lebens.[32] „Die Stimme ist eine lauthafte Biografie. Sie erleidet mit uns Verwundungen, Kränkungen, Zurücksetzungen, die ihre Narben im Ausdruck hinterlassen."[33] Manche Blockierung generiert habituelles Verhalten. Gewohnheiten entstehen aber auch durch Nachahmung. In beiden Fällen wird Erfahrung eingeschränkt.

In einfachen Kommunikationssituationen wie der Begrüßung oder dem Vorstellen der eigenen oder einer anderen Person lässt sich bereits interessantes Kontroll- und Rückzugsverhalten beobachten. Es scheint darum zu gehen, sich körperlich nicht ganz zur Verfügung stellen zu wollen, um die Verantwortung für die Situation und die Äußerungen nicht vollständig übernehmen zu müssen. In der Kontaktaufnahme zu anderen sichern sich die Kommunikationspartner zunächst nach allen Seiten ab. Vor allem da, wo sich Sprecher beobachtet oder nicht ganz sicher fühlen, findet sich oft ein als defensiv und geschlossen wahrgenommenes Kommunikationsverhalten. Den Sprechern ist das meistens nicht bewusst. Der zur Seite geneigte Kopf vor allem von weiblichen Sprechern und das damit gern im Verbunde stehende seitlich oder nach vorn verschobene Becken lässt den Körper kleiner erscheinen und kommt meist mit einer eher hellen, hohen und resonanzarmen Stimme und hörbarem Lächeln daher. Es scheint sich um erlerntes geschlechtsspezifisches Verhalten zu handeln, mit dem Mädchen und junge Frauen viele Situationen erfolgreich oder zumindest unbeschadet bewältigen. Hohe Durchsetzungsfähigkeit wird mit diesem Verhalten eher nicht assoziiert. Wenn man ihr Verhalten spiegelt, beschreiben die Sprecherinnen es als defensiv und geschlossen, waren sich dieser Wirkung selbst aber nicht bewusst.

Aus dem nach oben oder nach unten gestellten Kinn ergibt sich jeweils ein ganz spezifischer Tonfall. Wenn wir als Hörer die Augen schließen, hören wir ein konkretes Körperbild – eine Sprechhaltung. Auch hochgezogene oder angespannte Schultern, ein fester Kiefer, zusammengekniffene Augen bilden sich im Stimmklang ab. Hörer nehmen die Veränderung unbewusst wahr und setzen sie gleichwohl ins Verhältnis zum übrigen Kommunikationsverhalten und natürlich auch zum Inhalt der Äußerung. Durchgedrückte Knie, ein nach vorn gekipptes Becken und ein überstrecktes oder zurückgezogenes Brustbein, die verschiedenen Stellungen des Kopfes, ja sogar die Qualität des Kontakts der Füße zum Boden beeinflussen die Sprechhaltung und damit Atem, Stimme und Artikulation. „Im Tonfall [...] klingt das Fleisch des Sprechers durch", wie Barbara Duden treffend bemerkt hat.[34] Aber warum ist das „Fleisch des Sprechers" so schwer in Bewegung zu bringen? Und wenn Sprechen wirklich auf dem Bedürfnis des Menschen gründet, in Kontakt zu treten, warum wird dieses Bedürfnis so wenig sichtbar und hörbar?

Für die sprecherzieherische Arbeit mit Schauspielstudierenden ergibt sich ein breites Arbeitsfeld im Untersuchen des Materials. Die interkulturellen Unterschiede in den Deformationen, die durch Erziehung und soziales Anpassungsverhalten im sprechsprachlichen Verhalten auftreten, sind weniger ausgeprägt als erwartet. Wo Unterschiede auffallen, sind sie meist klar erkennbar und können (z. B. durch Übertreibung) zum Spielgegenstand gemacht werden. Das führt zum distanzierten Betrachten von Mustern und ist meist sehr amüsant für alle Beteiligten. Vielfach lösen sich beim Lachen über sich selbst schon viele Blockierungen zumindest kurzzeitig auf. Das Spiel mit den eigenen Verhaltensmustern kann uns bewusst machen, wo und wann wir sie verwenden. Dadurch können wir sie loslassen und wieder benutzen, ohne von ihnen dauerhaft beherrscht zu werden. Das Ziel der Sprecherziehung kann nicht darin bestehen, das Ideal des gesamtkörperlich gut aufgestellten Menschen zu erarbeiten. Es ist die fortwährende Arbeit der Schauspieler, das eigene gestische Material zu untersuchen, zu erweitern, alles wieder zu vergessen, neu zu untersuchen.

Neben der Entwicklung von sprecherischen Mitteln geht es also um eine Positionsbestimmung des Selbst im eigenen Körper sowie des eigenen und des Figurenkörpers im Gefüge wahrgenommener und fantasierter Wirklichkeit. Das Auffinden und Lösen körperlicher Blockierungen und Verhaltensmuster setzt einerseits neue Mittel frei, ermöglicht andererseits aber vor allem, sich neu zu positionieren und auszurichten.

Ein offenes, gut einsehbares Kommunikations- und Spielverhalten setzt voraus, dass dem Körper vertraut wird, dass sich die Spieler des Körpers nicht mehr zu vergewissern brauchen, dass sie in der unbewussten Kompetenz angekommen sind.

Interessanterweise stellt sich dieses Verhalten außerhalb der Bühne unter bestimmten Umständen in Situationen ein, in denen ein existenzielles Bedürfnis zu handeln besteht. Wenn wir Zeuge eines Unfalls werden, einen Krankenwagen rufen, erste Hilfe leisten müssen, verlassen wir unsere Muster schneller und verhalten uns so, wie es die Situation verlangt. Menschen können dann über ihre Möglichkeiten hinauswachsen und ihre Grenzen überschreiten. „Der Muth wächst mit der Gefahr, die Kraft erhebt sich im Drang", um noch einmal Schiller zu bemühen.[35] Not macht erfinderisch und kann die Fantasie beflügeln. Wir verlassen den engen Rahmen unseres alltäglichen Handlungsradius und wachsen ein Stückchen über uns hinaus. Spielsituationen lassen uns Konventionen und Kontrollmechanismen vergessen, oftmals wollen wir uns nicht einmal mehr an die Regeln eines Spiels halten.

DAS NAMENSPIEL

Um eine Gruppe von Studierenden kennenzulernen und sie entdecken zu lassen, wie sie in Kontakt treten können, bevor das erste Wort gesprochen wird, lasse ich sie das Namenspiel spielen.

Wir stehen im Kreis. Ich nehme Blickkontakt zu einem Studierenden auf, dessen Namen ich mir merken konnte, sage seinen Namen und gehe auf ihn zu, um seinen Platz im Kreis einzunehmen. Während ich mich auf ihn zubewege, nimmt der Studierende Kontakt zu einem anderen Studierenden auf, sagt seinen Namen und geht auf ihn zu, um seinen Platz einzunehmen usw. Auf diese Weise wechseln alle Studierenden nacheinander ihre Positionen im Kreis.

Sie werden vielleicht fragen, welchen Sinn dieses Spiel haben könnte, außer dass ich mir eventuell die Namen der Studierenden besser einprägen kann. Das Spiel hat einige Regeln, deren Einhaltung uns etwas darüber vermittelt, wie wir in Kontakt treten. Die erste Regel heißt, nicht auf die Spielpartner zuzugehen, bevor deren Namen ausgesprochen wurden. Das klingt einfach, setzt aber voraus, dass dem Bewegungsimpuls eine Entscheidung vorausgehen muss. Für diese Entscheidung haben wir nicht viel Zeit, da sich bereits ein Spielpartner auf unseren Platz zubewegt. Wir geraten nun unter Stress und gehen einfach los, um unterwegs zu entscheiden, wo es hingehen soll. Die Aufgabe besteht aber darin, einen Partner, mit dem ich den Platz tauschen möchte, auszuwählen, mit ihm durch Blick und Körperspannung Kontakt aufzunehmen, den Namen zu sagen und erst dann zu gehen. Der Entscheidung muss also eine Wahrnehmung, ein Eindruck zugrunde liegen.

Es dauert eine Weile, bis wir diesen Ablauf installiert haben. Ich nutze die Zeit, um an der Qualität des Blickkontakts zu arbeiten. Begegnen sich Menschen, die Kontakt miteinander aufnehmen wollen, geschieht das zunächst über den Blick. Wir schauen uns in die Augen. Doch wenn wir genau sind, schauen wir in ein Auge. In beide Augen zu schauen, gelingt nur, wenn wir zwischen beiden Augen wechseln, sonst landen wir mit unserem Blick auf der Nasenwurzel. Der Fokus, den wir suchen, ist sehr klein. Wir probieren, in die Pupille eines Auges zu schauen. In diesem Punkt konzentriert sich unser Interesse am anderen. Das wird uns aufgrund von Lichtverhältnissen, großen Entfernungen oder bei Menschen mit dunkler Iris nicht immer gelingen. Wir sollten es trotzdem versuchen.

Unangestrengtes Fokussieren führt zu einer stärkeren Zentrierung im Mittelkörper. Eine einfache Übung macht das deutlich. Es handelt sich um eine Abwandlung der Aikido-Unterweisung „Der stabile Ring".[36] Zwei Studierende stehen sich dicht gegenüber. Einer von beiden bringt Daumen und Zeigefinger einer Hand in eine Verbindung, die er beibehalten möchte. Der andere Studierende probiert, die Verbindung von Daumen und Zeigefinger mit beiden Händen zu lösen. Das geschieht in zwei unterschiedlichen Situationen: Zunächst richtet der Studierende, der Daumen und Zeigefinger zusammenhält, den Blick auf ebendiese Verbindung. Der Atem sollte nicht angehalten werden, der Kiefer ist gelöst. Daumen und Zeigefinger lassen sich vom anderen in der Regel ganz leicht öffnen. Dann nimmt der Studierende, der Daumen und Zeigefinger zusammenhält, Blickkontakt mit seinem Gegenüber auf, atmet ruhig weiter und löst weiterhin den Kiefer. Die Verbindung lässt sich vom anderen nicht oder viel schwerer öffnen. Die Qualität der Zentrierung, die sich aus dem Blickkontakt ergibt, kann durch einen stummen Dialog noch unterstützt werden. Es entsteht ein ausbalanciertes Verhältnis zwischen den Personen, die ihre Kräfte messen.

Was an Stabilität und Flexibilität durch das Fokussieren und Atmen erzeugt wird, kann im Körpergedächtnis abgespeichert und meist relativ schnell, auch ohne Blickkontakt aufzunehmen, abgerufen werden. Die Idee, dass uns ein Bezugspunkt außerhalb unseres eigenen Körpers und Seins stärkt, wird von den Studierenden meist sofort erkannt und dankend angenommen.

Intensiven Blickkontakt über längere Zeit aufrechtzuerhalten und auszuhalten, stellt manchmal eine Herausforderung dar. Dieses Verhalten kann als aufdringlich, wenn nicht sogar als bedrohlich empfunden werden. In Asien gilt es als ausgesprochen unhöflich. Auch in Europa empfinden Menschen diese Art der Kontaktaufnahme in bestimmten Situationen als Provokation. Vor einigen Jahren beobachtete ich, wie ein Reisender an der Sicherheitskontrolle eines spanischen Flughafens dreimal zurückgeschickt wurde, weil er mit dem Sicherheitsbeamten direkten Blickkontakt aufgenommen hatte. Die Sache eskalierte und musste schlussendlich von der Flughafenpolizei geregelt werden. Das Niederschlagen des Blicks kann als Geste der Unterordnung verstanden werden. Für die Bühne soll uns die Provokation des Blickkontakts gerade recht sein. Ich nutze die Gelegenheit, mit den Studierenden über soziokulturell geprägte Verhaltensmuster ins Gespräch zu kommen und diese Muster in unser Spiel einzubauen, und ermuntere sie, Verhalten nachzuahmen und dabei zu übertreiben. Das macht Spaß und mindert den Druck, sich „richtig" verhalten zu müssen. Der Wille, sich mit den anderen auseinanderzusetzen, sie gleichsam von ihrem Platz im Kreis zu vertreiben, bekommt durch den Exkurs einen klareren Ausdruck im Körper. Die sprachliche Äußerung bleibt davon allerdings anfangs noch wenig beeinflusst. Sie ist kaum gerichtet, beginnt mit einer deutlich hörbaren

Einatmung, greift nicht in den Raum und erreicht die Partner kaum. Ich frage die Studierenden nach Motiv und Absicht ihrer Äußerung. Warum und wozu äußern sie sich? Was wollen sie von den Spielpartnern? Spätestens an dieser Stelle wird ihnen klar, dass sie mit *meiner* Motivation gearbeitet haben. *Ich* habe das Spiel initiiert und die Regeln festgelegt. Sie tun, was *ich* will. Ich bitte sie nun, das Spiel zu nutzen, um Beziehungen aufzunehmen. Dazu frage ich danach, welcher Untertext dem bisher ohne Sprechhaltung ausgesprochenen Namen gegeben werden könnte. Motiv und Absicht verbunden mit einem klaren Gedanken verändern die Spielsituation sofort. Die Studierenden sprechen aus Haltungen, provozieren und umgarnen einander und sind in ihrem Ausdruckswillen kaum zu bremsen. Die sprachlichen Äußerungen werden kräftiger und lebendiger und erreichen die Partner besser, wirken jedoch auch etwas behauptet. Da ist viel Ausdruck, aber wenig Eindruck. Die Studierenden konzentrieren sich auf das Geben und nehmen wenig von ihren Spielpartnern an, das sie in ihren Äußerungen verändern könnte. Ich fordere sie auf, den Kontakt zu mindestens einem Spielpartner aufrechtzuerhalten, während sie die Plätze tauschen, und aufeinander zu reagieren, indem sie z. B. Blicke mit anderen Spielpartnern wechseln. Das Spiel verlangsamt sich, aber die Studierenden beginnen, ihre Spielpartner genauer wahrzunehmen und sich differenzierter zu äußern. Das hörbare Einatmen verschwindet, die Stimmen werden durchlässiger, und über einige Platzwechsel hinweg entwickeln sich kleine Beziehungsgeschichten. Die Studierenden beschreiben, etwas Neues über Motiv und Absicht und über Spielpartnerbeziehungen gelernt zu haben. Ihre Frage, ob ich wolle, dass sie spielen, bejahe ich. Das führt zunächst zu spielerischen Behauptungen und Übertreibungen. Ich versuche, sie dahin zu bringen, dass ein konkreter sinnlicher Eindruck ihr Verhalten in einer durch ihre Fantasie geschaffenen Situation verändert. Ihre Frage, ob ich wolle, dass sie sich mit ihren Gefühlen verbinden, beantwortete ich, indem ich ihre Suche nach dem emotionalen Ausdruck auf die Wahrnehmung der Spielpartner lenkte. Emotionen werden durch Wahrnehmungen ausgelöst und führen zu Wahrnehmungen, die wiederum neue Emotionen und Gefühle auslösen. Die Studierenden suchen vielfach nach Gefühlen in sich oder behaupten Gefühle und verlieren den Kontakt zu den Spielpartnern. Durch das Namenspiel bekommen sie einen Geschmack davon, dass sie in der Wahrnehmung miteinander verbunden bleiben können, um ihre Gefühle zu teilen, zu verstecken, zu überspielen oder als Anlass für eine andere Handlung zu nehmen. Sie erleben, wie man aus Haltungen spricht und Äußerungen an andere richtet. So gewinnen sie einen ersten sinnlichen Eindruck vom gestischen Sprechen.

Sprechen aus der Körpermitte

Miteinander zu kommunizieren, ist, wie miteinander zu tanzen. Es geht hin und her, wir geben, wir nehmen, wir balancieren uns am anderen gegen die Schwerkraft aus. Die sprechsprachliche Äußerung ist die Verlängerung des Körpers im Raum. Sie kann als Teil gerichteten Verhaltens räumliche Distanzen imaginieren und überwinden. Die Äußerung wird durch den Körper der Sprecher bewegt, und sie bewegt den Körper der Sprecher und den ihrer Kommunikationspartner und löst Verhalten aus. Gerichtetes Verhalten setzt eine Positionierung im Raum voraus, die es möglich macht, aus dem Körperzentrum zu agieren. Sich im Raum zu positionieren, heißt zunächst, sich zu dem Raum und zu allem, was ihn begrenzt, in Beziehung zu setzen und wahrzunehmen, wie die Objekte und Personen im Raum verteilt sind. Diese Orientierungsleistung ist nicht auf den Gesichtssinn beschränkt, sondern erfolgt auch über die Eigenwahrnehmung. Das Gewicht des menschlichen Körpers wird über das knöcherne Gerüst an die Füße abgegeben. Der Körper folgt einerseits der Schwerkraft und strebt gleichzeitig durch die Anordnung der Knochen und das Zusammenwirken der sie verbindenden Gelenke, Bänder und Muskeln in die entgegengesetzte Richtung. Dadurch entsteht eine körperliche Spannung um eine vertikale, horizontale und transversale Achse und deren Mittelpunkt, den Körperschwerpunkt. Der Körperschwerpunkt ist ein physikalischer Lagevektor, ein ideeller Angriffspunkt der Schwerkraft. Er hat keine Masse, repräsentiert aber die gesamte Masse des Körpers. Der Körperschwerpunkt markiert die physikalische Mitte des Menschen. Stehen wir aufrecht, befindet er sich etwa zwischen dem 5. Lendenwirbel und dem

1. Kreuzbeinwirbel, in der Mitte zwischen den Hüftgelenken und der oberen Darmbeinkante. Die genaue Lokalisation ist individuell verschieden und abhängig von der Verteilung der Körpermasse. Der Körperschwerpunkt verändert sich in Abhängigkeit von der Lage der Teilschwerpunkte, wenn sich der Körper bewegt. Als Anhaltspunkt erscheint es sinnvoll, in aufrecht stehender Position von knapp unterhalb des Nabels in die hintere Mitte des Körpers zu denken. Liegt das Lot des Körperschwerpunkts innerhalb der Fläche der Körperteile, die Körpergewicht an den Boden abgeben, befindet sich der Körper im Gleichgewicht. Je zentraler das Lot des Körperschwerpunkts innerhalb dieser Fläche liegt, desto stabiler ist das Gleichgewicht des Körpers. Verlässt das Lot des Körperschwerpunkts diese Fläche, kann das Gleichgewicht nur aufrechterhalten werden, indem Teilschwerpunkte das Gewicht ausbalancieren, z. B. indem die Arme ausgestreckt werden oder indem der Körper sich in das Gleichgewicht zurückbewegt.

Schwerpunkt und Gleichgewicht werden durch das Zusammenspiel von Sinneswahrnehmung durch Augen, Ohren und Propriozeptoren einerseits und motorischer Regulierung durch Skelett, Gelenke und Muskeln andererseits sowie zentral durch das Gehirn kontrolliert und reguliert. So kann bei Störungen des Vestibularsystems in Teilen des Innenohrs oder durch Störungen im Kleinhirn, z. B. nach einem Schlaganfall, Schwindel entstehen, der ein Ausbalancieren des Körperschwerpunkts stört oder unmöglich macht. Selbst wenn wir versuchen, auf einer instabilen Unterlage oder mit geschlossenen Augen auf einem Bein zu stehen, kann es schon recht wackelig werden, und wir haben Mühe, uns zu stabilisieren. Zielgerichtetes Bewegen setzt einen ausbalancierten Körperschwerpunkt voraus.

In der sprecherzieherischen Arbeit mit Schauspielstudierenden hat sich der Begriff des Körperzentrums oder der Körpermitte etabliert. Ausgehend vom Begriff des Körperschwerpunkts arbeite ich mit einer Vorstellung vom Körperzentrum als einem Raum im Becken, von dem gerichtete Bewegung ausgeht, die den Schwerpunkt entsprechend verändert. „Bei jedem Menschen befindet sich, unabhängig von den Proportionen, sein körperliches Zentrum im Becken, das dem Oberkörper als Basis dient und die Verbindung zu den Beinen schafft. Über dieses Zentrum werden alle Schwerpunktverschiebungen ausgeglichen."[37] Aus dem Zentrum bewegt sich der Körper an den Rand des ausbalancierten Zustands und zurück ins Gleichgewicht. Beim Gehen bewegen wir die Körpermasse nach vorn in die Instabilität und fangen sie mit dem sich nach vorn bewegenden Fuß wieder auf. Gehen kann als ein kontrolliertes Fallen betrachtet werden. Der Körperschwerpunkt wandert unter unseren Schritten mit. Bleiben wir mit dem Fuß irgendwo hängen, kommen wir aus dem Gleichgewicht und können manchmal die gewünschte Stabilität erst auf dem Boden liegend wieder erreichen. Im Wechsel von Spannung und Lösung wird das Zentrum in beständiger Aktivität gehalten, um den Körperschwerpunkt bei Bedarf zu verändern.

Bezogen auf den Sprechakt bedeutet das, die Körper der Sprecher sind so ausbalanciert und flexibel, dass sie sich für andere jederzeit in das potenzielle Risiko der Instabilität und zurück in die Sicherheit der Stabilität begeben können. Die Sprecher investieren ein gewisses Maß an Gleichgewichtsverlust in die gemeinsame Beziehung, um das Interesse der Hörer zu wecken oder auszurichten. Dieser Prozess von Geben und Nehmen kann von den anderen mitvollzogen werden, sodass sich die Kommunikationspartner gegenseitig stabilisieren. Sie setzen einander körperliche Widerstände entgegen, die jeweils zu einer Veränderung des Körperschwerpunkts führen. Sie balancieren sich aneinander aus. Die Körper kommunizieren von Schwerpunkt zu Schwerpunkt, wie wir es beim gemeinsamen Tanzen tun. Ein gut ausbalancierter Körper signalisiert Offenheit und Bereitschaft zum Handeln. Sind Atem und Stimme an einen ausbalancierten Körper angeschlossen, kann der Atem eine freie Stimmgebung optimal unterstützen. Balance und Zentrierung sind die Grundpfeiler der Sprecherziehung. Die Arbeit an Balance und Zentrierung kann im Liegen, Sitzen, Stehen und in der Bewegung erfolgen.

VON DER RÜCKENLAGE IN DIE SITZENDE POSITION – DAS DRACULA-SPIEL

Um das Körpergefühl zu untersuchen und zu entwickeln, erscheint es mir günstig, in der Rückenlage zu beginnen. Wenn wir uns in der Rückenlage entspannt der Schwerkraft überlassen, spüren wir die Auflageflächen des Körpers in unterschiedlicher Ausprägung abhängig vom Gewicht der einzelnen Körperteile. Das Gewicht des Kopfes wird durch die knöcherne Struktur des Schädels sehr deutlich auf kleiner Auflagefläche wahrgenommen. Die Auflagefläche des oberen und mittleren Rückens nehmen wir anders wahr als die Auflagefläche des Gesäßes. Ober- und Unterschenkel sind je nach Statur nur teilweise im Kontakt mit dem Boden. Die Füße berühren ihn mit Teilen der Ferse und fallen beidseitig nach außen, so wie auch die Beine und das Becken eine leichte Drehung nach außen aufweisen. Die Arme liegen neben dem Körper und haben in Teilen Kontakt mit dem Boden. Die Handinnenflächen zeigen nach unten, sodass die Fingerspitzen den Boden berühren. Der Verteilung des Körpergewichts am Boden können wir nachspüren und dadurch allmählich die Muskulatur weiter entspannen, sodass das Empfinden von Schwere zunimmt. Die Technik ist bekannt aus der konzentrativen Entspannung oder dem autogenen Training und kann auch mit der progressiven Muskelentspannung (PME) nach Edmund Jacobson kombiniert werden.[38]

Der Atem wird in der Rückenlage meist ohne Probleme als Bewegung im Brust- und Bauchraum wahrgenommen. Lenken wir die Aufmerksamkeit auf die Atempause nach der Ausatmung, können wir eine vertiefte Einatmung wahrnehmen. Das Atmen soll dabei nicht forciert werden. Es geht vielmehr darum, den Bewegungen des Körpers beim Atmen nachzuspüren und zunächst nicht regulierend einzugreifen. Die Aufmerksamkeit kann immer wieder auf andere Körperstellen gelenkt werden, z. B. kann der Kopf von rechts nach links bewegt werden, um den Nacken zu lösen. Wir kehren dann wieder zum Atem zurück, bis sich das Atmen gelöst, vertieft und verlangsamt hat. In der entspannten Rückenlage nehmen wir den Hohlraum, der sich unter dem unteren Rücken bildet, deutlich wahr. Meist kann problemlos eine Hand in die Lücke geschoben werden. Die doppelt S-förmige Wirbelsäule bedingt diesen Raum in der entspannten Körperposition. Ziehen wir nun die Füße an das Becken heran und stellen die Beine so auf, dass die Knie nach oben zeigen, und lassen das Becken los, bewegt sich der untere Rücken nach unten und bekommt eine Auflagefläche. Drehen wir die Fersen etwas nach außen, berühren sich die Knie und stützen das Gewicht der Beine gegeneinander ab. Das Becken kippt und bewegt sich leicht an den Rumpf heran, bleibt aber gelöst. Atembewegungen können nun auch im unteren Rücken und im Becken wahrgenommen werden.

Beim Phonieren stimmhafter Reibelaute wie W oder S und gleichzeitigem leicht schüttelndem Bewegen des Beckens spüren wir den unteren Resonanzraum des Körpers. Wir können uns vorstellen, dass wir in warmem Sand am Strand liegen und uns eine kleine Kuhle buddeln. Bewegen wir nun die aufgestellten Beine bei gleichzeitiger Ausatmung auf stimmlosem Reibelaut F zurück in die ausgestreckte Ausgangsposition und probieren, den Kontakt des unteren Rückens mit der Unterlage nicht zu verlieren, spüren wir am Ende der Bewegung in ausgestreckter Rückenlage eine deutliche Zunahme der Körperspannung. Das Becken ist an den Rumpf herangekippt, die Beine sind aktivierter. Meist ist am Anfang zunächst auch die Bauchmuskulatur angespannt, und der Atem stockt. Wiederholen wir den eben beschriebenen Vorgang einige Male, können wir die Spannungszunahme immer deutlicher auf die Beine und das Becken konzentrieren und die Bauchmuskulatur zunehmend lösen, sodass der Körperbereich zwischen Brustbein und Schambein geöffnet bleibt und der Atem wieder ungehindert fließt. Die Spannungszunahme in den Beinen können wir nutzen. Probieren wir nämlich nun, das Becken aus der entspannten Rückenlage zu kippen und uns in der Mitte zu versammeln, kann das Heranziehen des Mittelfußes diesen Vorgang unterstützen. Wir liegen nun auf dem Boden, als würden wir in einer versammelten Grundspannung stehen. Schultern und Oberkörper bleiben gelöst am Boden liegen. Durch wiederholtes Spannen und Lösen können wir den Vorgang des Sich-Versammelns immer weiter optimieren, indem wir uns auf die dafür minimal notwendige Muskelarbeit konzentrieren. Letztlich sollte ein tatsächlicher oder fantasierter Außenreiz oder die Idee aufzustehen genügen, um uns in die notwendige Grundspannung zu versetzen. So können wir beispielsweise versuchen, ein vorgestelltes oder tatsächliches Geräusch in unserer Nähe zu identifizieren. Die Bewegung verkleinert sich immer mehr und kann als Aktivierung des Zentrums, als Ausgangspunkt einer potenziellen Neupositionierung des Körpers im Raum oder in einer Sprechhandlung mental gesteuert werden. Diese kleine Bewegung, die mit einem Sich-Konzentrieren und Sich-Versammeln einhergeht, speichert das Körpergedächtnis leicht ab, sodass sie wieder hergestellt werden kann. Betrachten wir jeweils aus der völlig entspannten und anschließend aus der versammelten Körperposition in der Rückenlage einen Punkt an der Decke des Raumes, erleben wir ein schärferes Sehen aus dem versammelten Körper. Auch das Spiel mit einer über dem Gesicht vorgestellten Daunenfeder, die wir mit der Ausatmung am Fallen hindern, gelingt aus dem versammelten Körper weit besser. Es macht auch mehr Spaß. Versuchen wir, aus dem entspannten Körper den Kopf zu heben, um zu schauen, ob jemand im Raum ist, kostet das weitaus mehr Mühe, als wenn wir den Kopf aus dem versammelten, zentrierten Körper heben. Es lohnt sich also, in das Zentrum zu investieren. Diese Investition macht eine Positionsbestimmung im Raum durch das Auffinden des Körperschwerpunkts notwendig.

Nähern wir uns der aufrecht stehenden Position des Körpers einmal an. Ein schnelles Aufrichten aus der liegenden Körperposition ist grundsätzlich möglich, und im Falle einer dringenden Notwendigkeit, bei Flucht oder Kampf, kann das der Körper in der Regel sehr schnell organisieren, da er reflexartig reagiert. In der sprecherzieherischen Arbeit hat es sich bewährt, etappenweise vorzugehen. Das Aufrichten des Oberkörpers aus der Rückenlage erfordert eine körperliche Vorbereitung im Sinne des Sich-Versammelns. Das Zentrum muss aktiviert werden, sonst fällt es uns schwer, den Oberkörper aufzurichten. Der Körperschwerpunkt, der sich im versammelten Liegen in der Mitte des Körpers in der Gegend des Kreuzbeins befindet, muss beim Aufrichten als Bezugspunkt der auszuführenden Bewegung im Raum vor uns angenommen werden, um die Bewegung ohne zu viel Kraftaufwand ausführen zu können. Stellen wir uns ein am Kreuzbein befestigtes Seil vor, das, durch den Körper gezogen, knapp unterhalb des Nabels austritt. An diesem fiktiven Seil ziehen wir uns mit beiden Händen in die sitzende Position. Die Füße liegen mit den Fersen auf und können geflext sein. Die Beinmuskulatur ist gespannt, das Brustbein aufgerichtet, die Schultern gelöst, die Lendenwirbelsäule richtet sich auf, spannt aber nicht ins Hohlkreuz. Nehmen wir den zu erreichenden Körperschwerpunkt außerhalb des Körpers an, führt das zu einer gerichteten Bewegung. Die Aufmerksamkeit wird vom Körper weg auf ein Ziel gelenkt. Wenn wir das zu erreichende Ziel noch etwas weiter stecken, z. B. mit dem Aufrichten den anderen, der uns gegenüber liegt, animieren mitzutun, wird sich der Bewegungsablauf weiter optimieren und der gefühlte Kraftaufwand verkleinern. Die Bauchmuskulatur ist der Gesamtkörperspannung angepasst, aber nicht verkrampft, der Atem kann fließen, die an die Bewegung angeschlossene Stimme klingt frei. Wenn wir in der sitzenden Position angelangt sind, können wir die Zentrierung und Ausrichtung im Raum beibehalten, mit der Einatmung eine neue Entscheidung treffen und uns langsam wieder in die Rückenlage begeben, ohne die Außenorientierung im Raum aufzugeben. Je kleiner der Fokus der Orientierung, desto besser spielen die Muskeln und Gelenke des Körpers zusammen. Das Bild, das wir für diesen Übungsablauf verwenden können, ist das eines Vampirs, der sich bei Sonnenuntergang aus dem Sarg erhebt, um gemeinsam mit anderen Vampiren auf die Jagd zu gehen. Wir liegen einander gegenüber. Wir aktivieren unser Zentrum und geben unserer Vorfreude auf die beginnende Jagdsaison Ausdruck, indem wir die Stimme im unteren Resonanzraum durch Hin-und-her-Schaukeln des Beckens und Phonieren des Reibelauts W an den Körper anschließen. Dann heben wir den Kopf, suchen Blickkontakt und richten uns langsam und ohne Schwung gemeinsam auf. Der Atem organisiert sich über die Idee des Aufrichtens und fällt vor dem Beginn der Bewegung unhörbar in den Körper ein. Die Ausatmung oder Stimme setzt im Moment des Aufrichtens ein. Der Körper nimmt in seiner

Bewegung die stimmlose oder stimmhafte Ausatmung mit und schickt sie über die Bewegung hinaus in den Raum zum anderen. Die Stimme verlängert den Körper im Raum. Denken wir zu viel darüber nach, wie wir unseren Körper für diese Übung am besten organisieren können, verlieren wir die Zentrierung, der Brustbereich wird geschlossen, die Schultern werden nach vorn oben geschoben, das Kinn wird an die Brust herangezogen, die Füße verlieren die Auflagefläche. Der Atem stockt, die Glottis blockiert, die Stimme klingt gedrückt und unfrei, der Kontakt zu Spielpartnern ist nicht vorhanden. Für eine freie, kräftige und durchlässige Stimmgebung sind der Kontakt zu Spielpartnern und das Bedürfnis der Mitteilung und Veränderung von Teilen des Verhaltens die beste Voraussetzung.

Wenn wir sinnlich erlebt haben, wie der zentrierte, in den Raum gerichtete Körper die Stimme unterstützen kann, greifen wir auf diese Technik auch in anderen Situationen zurück. Die Appellfunktion des sprachlichen Zeichens kommt im Dracula-Spiel auf sinnlich erlebbare Art zum Tragen. Auch das Zurückbewegen in die liegende Position lässt sich motivieren und intendieren, sodass der Partnerkontakt über das Ende des Bewegungsablaufs hinaus aufrechterhalten werden kann. Dadurch bleibt die Stimme auch auf dem Rückweg frei. Es ist der vorgestellte körperliche Kontakt von Schwerpunkt zu Schwerpunkt, der uns ausbalanciert und unterstützt. Die Übung lässt sich als dialogisches Spiel weiter ausbauen, indem sich jeweils ein Partner gegenläufig zum anderen bewegt. Wir werden vom Spielpartner in die liegende Position gezwungen oder verführt und umgekehrt (vgl. Abb. 2). Wir führen spielerisch einen Körperdialog, der stimmlich begleitet wird. Der Bewegungsablauf ist veränderbar. Die Beine können aufgestellt, Gesten

Abb. 2 Dracula-Spiel

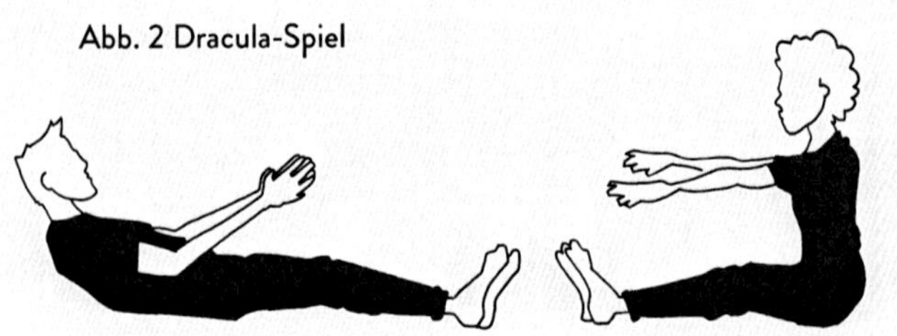

können benutzt werden. Bewegungen zur Seite, kurze Unterbrechungen in der Phase des Auf und Ab sind möglich. Der Rhythmus von Aktion und Reaktion entwickelt sich aus der Fantasie für die Situation. Dadurch entstehen Variationen in Intensität und Tempo und hinsichtlich des zeitlichen Ablaufs, die sich aus konkreten Haltungen ergeben. Die Stimme sollte unter der starken körperlichen Belastung so frei und durchlässig bleiben, dass wir die Haltungen aus dem Stimmklang des anderen mit den Ohren heraussehen können.

IM SCHNEIDERSITZ – DAS HALLO-UND-ADIEU-SPIEL

Der Bewegung des Beckens, die sich beim körperlichen Zentrieren ergibt, können wir auch im Schneidersitz gut nachspüren. Die unterschiedlichen Spannungszustände, die sich aus dem Grad des In-Beziehung-Tretens zu tatsächlichen oder vorgestellten Mitspielern ergeben, lassen sich relativ leicht herstellen. Mitunter ist es günstig, im Schneidersitz eine zusammengerollte Decke unter dem Gesäß zu platzieren, um das Becken und die Beine zu entlasten. Sitzen wir zunächst einem Mitspieler gegenüber, der uns in keiner Weise interessiert, und richten wir die Aufmerksamkeit lediglich darauf, uns in dieser Körperposition völlig zu entspannen, dann löst sich das Becken, die Wirbelsäule wölbt sich konkav, der Kopf hängt, die Schultern sind gelöst. Atembewegungen sind im hinteren unteren Rücken deutlich spürbar. Um aus dieser Position zu schauen, wer uns gegenübersitzt, reicht es zunächst, lediglich den Kopf zu heben. Das ist leicht und benötigt keinerlei Veränderung in der Mitte des Körpers. Das Interesse am Partner, das wir damit bekunden, und die Notwendigkeit, in Kontakt zu treten, wird aber meist als relativ gering beschrieben. Erhöhen wir diese Notwendigkeit dadurch, dass wir uns mit einer klaren Absicht an Mitspieler richten, also etwas Konkretes von ihnen wollen, wendet sich der ganze Körper ihnen zu, das Becken bewegt sich nach oben und richtet die Wirbelsäule von unten nach oben auf. Die Bewegung startet im Körperzentrum. Dieser Vorgang wird natürlicherweise mit einer Einatmung einhergehen. Geben wir den Kontakt zu Mitspielern auf und bewegen uns in die Ausgangsposition zurück, atmen wir aus. Betrachten wir beide Bewegungsformen als Teil der sprachlichen Äußerung, können wir den Atemvorgang zeitlich verschieben. Die Idee, in Kontakt zu treten, sich zu Mitspielern hin aufzurichten, können wir bereits in der Grundposition entwickeln. Gehen wir davon aus, dass sich die Einatmung mit dem Gedanken verbindet, treffen wir unsere Entscheidung bereits vor der Aufrichtung zu Mitspielern hin. Die Einatmung erfolgt mühelos und selbstverständlich und ist kaum wahrnehmbar, das heißt, wir hören kein Einatmungsgeräusch. Wir lassen die Luft, die wir für die Äußerung benötigen, einfach zu uns kommen. Beim nun folgenden Aufrichten benutzen wir für die Ausatmung einen zunächst stimmlosen, später stimmhaften Reibelaut als Äußerung, die beim Einatmen gedanklich bereits entsprechend gestisch konkretisiert wurde. Untertexte wie z. B. „Hallo, wir kennen uns doch!“ oder „Was machst denn du hier?“ können dabei helfen. Wenn wir weiterhin davon ausgehen, dass wir sprechen, um in Beziehung zu treten und um Teile des Verhaltens unserer Mitspieler zu verändern, können wir versuchen, diese mit der hörbaren Ausatmung zu erreichen.

In Mitteleuropa empfinden wir in öffentlichen Situationen etwas mehr als eine Armlänge Abstand zu fremden Menschen, mit denen wir kommunizieren, als angemessen. Innerhalb dieses Abstands ist es relativ leicht, andere mit der Stimme so zu erreichen, dass sie sich angesprochen und gemeint fühlen. Vergrößern wir den Abstand nun, schicken wir die Stimme nicht immer über die fehlende Distanz. Wir legen die Äußerung anderen vor die Füße oder nehmen sie auch gern wieder zu uns zurück. Die anderen müssen nun selbst entscheiden, ob sie tatsächlich gemeint sind, ob die Forderung, die wir an sie stellen, eine Verbindlichkeit einschließt. In einer Bühnensituation bedeutet das, dass Satzenden herunterfallen und das Zusammenspiel der Spielpartner ungenau wirkt. In unserer Übung probieren wir also zunächst, die Äußerung in die Mitspieler hinein zu verlängern, so, als würden wir mit ihr in die Körper der anderen eindringen. Vielfach wird an dieser Stelle der Übung mit zu viel Kraft gearbeitet, was dazu führt, dass der Atem am Ende der Äußerung angehalten wird. Um einer Äußerung sowohl Verbindlichkeit als auch Leichtigkeit zu verleihen, lassen wir die auf die Äußerung folgende Einatmung bei fortgesetzter körperlicher Grundspannung geschehen. Wir müssen uns nicht darum bemühen, zu Atem zu kommen. Wir bieten dem Atem Raum an. Die nachfolgende Äußerung erreicht ohne Druck ihr Ziel, das Zentrum der anderen, während der Kontakt bestehen bleibt. An dieser Stelle der Übung beobachten wir oft eine Parallelbewegung. Das bedeutet, dass die Einatmung zu einem Lösen der körperlichen Grundspannung führt. Das Ziel wird dann meist knapp verfehlt, die Mitspieler können sich der Äußerung leichter entziehen, die Äußerung bleibt unverbindlich. Wir kombinieren also eine körperliche Äußerung in Form eines Aufrichtens der Wirbelsäule aus der Körpermitte zu Mitspielern hin mit einer Ausatmung auf F oder W. Und wir tun das mit einer klaren Absicht, die durch die Einatmung vorbereitet wurde. Ein sehr simpler Vorgang, der viel Material zum Üben bietet. Dabei sind wir zunächst von einer entspannten Körperhaltung ausgegangen. Wir wissen aber, dass es unterschiedliche Qualitäten von körperlichen Spannungszuständen gibt. Die vereinbarte Position des Schneidersitzes lässt keine völlige Entspannung zu. Probieren wir trotzdem, aus der uns größtmöglichen Entspannung die eben beschriebene Übung zu vollziehen, und entwickeln sie dann aus einer etwas gespannteren Position, spüren wir, dass uns letztere Variante weniger Kraft kostet. In die nötige Grundspannung gelangen wir dadurch, dass wir unsere Wahrnehmung bereits nach außen richten. Wir nehmen die anderen wahr, hören sie vielleicht, richten unsere Aufmerksamkeit bereits auf sie. Diese in den Raum gerichtete Aufmerksamkeit hat eine körperliche Entsprechung und geht mit einer minimalen körperlichen Spannungszunahme einher, die wir als Lösung, gelöste Bereitschaftshaltung oder Grundspannung beschreiben können. Starten wir unsere bereits beschriebene Kontaktaufnahme in dieser Bereitschaftshaltung, werden wir eine andere Qualität der Äußerung bemerken können. Es fällt uns in der Regel leichter zu fokussieren. Der Weg von der Lösung in die Spannung ist kürzer als aus der Entspannung und erschöpft uns nicht. Körperliche Gelöstheit ist ein Zustand, von dem ausgehend sich der Körper leicht ausrichten lässt. In diesem Zustand sind wir wach und bereit, in Kontakt zu treten. Körperliche Gelöstheit ist keine Entspannung! Um von der körperlichen Entspannung in körperliche Spannung zu gelangen, bedarf es einer mentalen und körperlichen Zentrierung als Ausgangspunkt zum Handeln. Diese Zentrierung finden wir in der Gelöstheit. Die Kontaktaufnahme im Schneidersitz lässt sich mit gerichteten Armgesten unterstützen, wenn die Gesten an das Zentrum angeschlossen sind. Aufrichtung und Geste starten gleichzeitig in einem Punkt. Die Geste wird zur Verlängerung des Zentrums und nimmt die Ausatmung, Stimme und Sprache mit. Der Körperschwerpunkt verlagert sich zum Partner hin, und der Körper richtet sich aus der Körpermitte auf. Würden wir die Bewegung nicht stoppen, würde sie zum Aufstehen und einem Auf-die-Mitspieler-Zugehen führen. Verbleiben wir in der Position des Schneidersitzes, macht sich unsere Stimme stellvertretend für den Körper und von diesem unterstützt auf den Weg zu anderen. Wird die Geste gelöst, ist die Stimme immer noch auf dem Weg. Erst wenn sie verklungen ist, fließt neuer Atem in uns ein, während ein Teil der körperlichen Zuwendung, die vom Zentrum ausgehend den Körper bewegt hat, bestehen bleiben kann, um die Antwort der Mitspieler entgegenzunehmen. Die Übung läuft nach dem gleichen Prinzip ab wie das Draculaspiel. Sie ist nur zeitlich und räumlich verkürzt, da die körperlich zurückzulegenden Wege kürzer sind. Auch im Schneidersitz können wir uns wieder in die Ausgangsposition zurückbewegen und uns für einen Moment mit einem Adieu verabschieden, ohne den Partnerkontakt und den Raumanspruch aufzugeben. Die Drehbewegung des Beckens und die Druckverstärkung an der Auflagefläche der Beine und Füße sind in der Übung deutlich zu spüren. Die Lendenwirbelsäule muss bei dieser Übung wie auch beim Dracula-Spiel sehr flexibel sein. Wir können immer wieder Unterstützung gebrauchen, um uns beim Aufrichten nicht in das Hohlkreuz zu bewegen, kompensierend den Hals zu überstrecken und den Kopf nach vorn zu schieben. Genaues und flexibles Reagieren auf die Mitspieler, die lustvoll herausgefordert werden, und eine vorgestellte diagonale Achse zwischen Kreuzbein und Brustbein sind hilfreich, um das Körpergefühl für den Wechsel von Spannung und Lösung zu verinnerlichen. Jede Aktion und Reaktion ist an eine konkrete, sich aus der Situation ergebende Haltung gebunden.

VON DER GEHOCKTEN IN DIE HÄNGENDE POSITION – DAS HANGOVER-SPIEL

Eine weitere Etappe auf dem Weg zum aufrechten Stand ist die gehockte Position. Wie in den anderen Übungen geht es auch hier darum, die Wirbelsäule aus dem Zentrum aufzurichten, um mit den anderen in einen körperlich offenen Kontakt zu treten. Die Verbindung zwischen Beinen und Zentrum ist in dieser Position am deutlichsten spürbar. Zunächst probieren wir in dieser Position unsere Beweglichkeit aus, indem wir unser Becken nach vorn, hinten und zu den Seiten bewegen. Die Stimme begleitet diese Bewegungen, indem wir mit uns selber sprechen oder uns gut zureden. Dann nehmen wir mit den Handflächen Kontakt zum Boden auf. Wir können über den Boden streichen, über die Handflächen Gewicht an den Boden abgeben, ihn untersuchen oder mit dem Boden sprechen. Die Bewegungen starten im Körperzentrum, bewegen es und nehmen die Stimme mit. Bleibt das Körperzentrum unbeteiligt oder wird es fest, dann ergibt sich ein anderes Klangbild. Der Körper bewegt die Stimme nicht, der Ausdruck bleibt flach oder wird zur Behauptung.

Im nächsten Übungsschritt richten wir den Oberkörper auf und signalisieren den Spielpartnern, dass wir etwas mit ihnen unternehmen wollen. Wir wenden uns ihnen zu und investieren in die gemeinsame Beziehung in der Hoffnung, dass sie auch investieren. Wir geben einen Vertrauensvorschuss. Wir balancieren uns auf den Fußballen hockend an den anderen aus. Die Stimme schicken wir ins Zentrum der anderen. Das Wechselspiel zwischen Spannen und Lösen erfordert in dieser Position, dass wir gut fokussieren, damit der Körper ausbalanciert bleibt. Um die Flexibilität des Zentrums zu trainieren, lassen sich aus der gehockten Position horizontale Bewegungen (ich schiebe jemanden mit dem Becken zur Seite), Bewegungen zu den anderen oder von ihnen weg (ich ziehe jemanden auf meinen Schoß und schicke ihn dann wieder fort) sowie vertikale Bewegungen und Kombinationen üben (vgl.

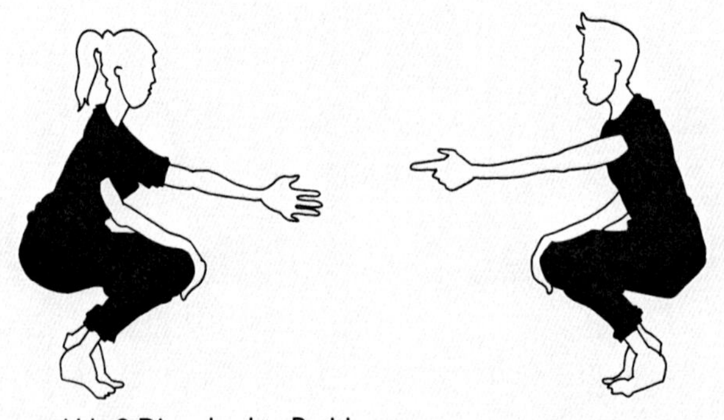

Abb. 3 Die gehockte Position

Abb. 3). Das Arbeiten in der gehockten Position ist anstrengend und sollte immer wieder unterbrochen werden, um die Beinmuskulatur zu lockern.

In allen hier beschriebenen Übungen wird der Körper zunächst mit der gerichteten Ausatmung auf F verlängert. Dann wird die Stimme auf W phonierend eingesetzt. Das W wird mit Vokalen verbunden, sodass sich mit Wo und Wie Worte ergeben, die dann zu Fragesätzen verlängert werden. Der Reibelaut F/W ist relativ störunanfällig und wird meistens richtig gebildet. Die ausgeatmete Luft reibt zwischen oberem Zahnrand und der Innenseite der Unterlippe. Ein leichtes Stülpen der Mundlippen gibt dem Luftstrom auch bei wenig Atemdruck eine gute Ausrichtung. Das Breitziehen der Mundlippen führt zu einem flächigen Klang und bewirkt stärkeres Nachdrücken mit dem Atem, da das Ziel auf diese Weise nicht so leicht zu erreichen ist. Körperliches Zentrieren führt in der Regel zu einer besseren Artikulationsspannung. Das zeigt uns, dass auch die Artikulation an das Zentrum angeschlossen werden kann. In der Folge setzen wir andere Reibelaute ein und gehen zu einfachen und längeren Sätzen über. Der artikulatorische Schwierigkeitsgrad lässt sich beliebig verschieben und erhöhen, indem Zungenbrecher oder künstlerische Texte als sprachliches Material verwendet werden. Wir arbeiten dialogisch.

Wenn wir aus der gehockten Position die Beine strecken, das Zentrum nach oben bewegen und den Oberkörper und Kopf hängen lassen, kommen wir in die hängende Position (Abb. 4). Die Füße sollten guten Kontakt zur Auflagefläche haben, die Kniegelenke gelöst sein, sodass sich das Lot des

Körperschwerpunkts genau im Zentrum der Auflagefläche befindet. Wird der Oberkörper in der hängenden Position total entspannt, klingt die Stimme nicht frei. Das Kinn fällt auf die Brust, die nach vorne unten hängenden Schultern und Arme engen den oberen Resonanzraum ein. Schnelles Aufrichten aus der entspannt hängenden Position kostet Kraft und ist ungerichtet. Wir müssen uns also auch in dieser Position wieder in die Bereitschaftsspannung der Lösung begeben, um in direkten Kontakt treten zu können. Manchmal reicht es, das Zentrum etwas zu aktivieren, indem man lauscht oder sich der Gegenwart der anderen körperlich versichert. Funktioniert das nicht, empfehle ich, sich vorzustellen, man hänge über einem etwa bis zum Bauch reichenden Brückengeländer oder über einer Reling. Das öffnet den oberen Resonanzraum, befreit die Stimme und ist Startrampe für das Aufrichten des Körpers in die aufrecht stehende Position (vgl. Abb. 5). Der Bewegungsablauf von der hängenden in die aufrecht stehende Position sollte nicht über das zeitraubende Aufrollen der Wirbelsäule, sondern zügig, ausgelöst durch einen klaren Handlungsimpuls geschehen. Um das schnelle Aufrichten aus der Mitte des Körpers zu unterstützen, können wir eine Hand auf das Kreuzbein und die andere Hand an die Stirn legen und uns eine diagonale Achse zwischen Hand und Kreuzbein vorstellen. Das verhindert, dass der Hals überstreckt und der Kopf nach vorn geschoben wird, weil der Aktivität des Zentrums noch nicht ganz vertraut wird. Das Zentrum bewegt den Körper zügig in einen neuen Schwerpunkt hinein. Es gilt, sich ebenso zügig auszubalancieren, damit das Gleichgewicht nicht verloren geht. Das geschieht wiederum, wie in allen anderen Übungen, über den Spielpartnerkontakt in unterschiedlichen Haltungen in einer spielerischen Situation. Wir können mit dem Bild eines Hangover nach durchzechter Nacht arbeiten. Aus dieser Körperposition müssen wir uns aufgrund einer plötzlichen Wahrnehmung aufrichten und können uns genüsslich in sie zurückbewegen. Die Stimme wird bei beiden Bewegungen mitgenommen und auf die Mitspieler gerichtet, die frontal, seitlich oder hinter uns stehend angenommen werden können. Die den guten aufrechten Stand vorbereitenden Übungen können variiert und zeitlich verschoben werden. Sie müssen nicht hintereinander abgearbeitet werden. Sie folgen dem gleichen Prinzip, eine zentrierte körperliche Bereitschaftsspannung herzustellen, um Teile des Verhaltens des Kommunikationspartners mit einer an den Körper angeschlossenen Stimme und Sprache zu verändern. Die stimmliche Äußerung wird als Verlängerung des Körpers im Raum sinnlich erlebt. Der Körper ist der Rahmen der stimmlichen Äußerung. Das heißt, der Körper richtet sich aus, bevor die stimmliche Äußerung erfolgt, und der Körper bleibt über die stimmliche Äußerung hinaus gerichtet. Die Stimme ist nie lauter als der Körper, und jedem Ausdruck liegt ein Eindruck zugrunde.

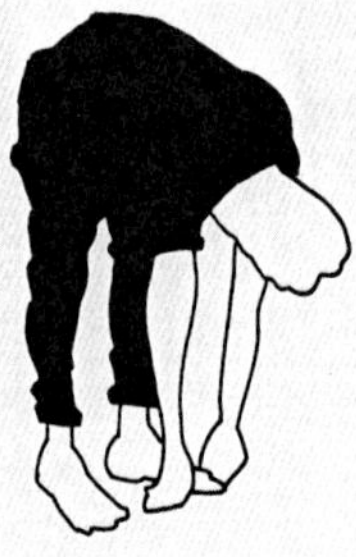

Abb. 4 Die hängende Position (Hangover)

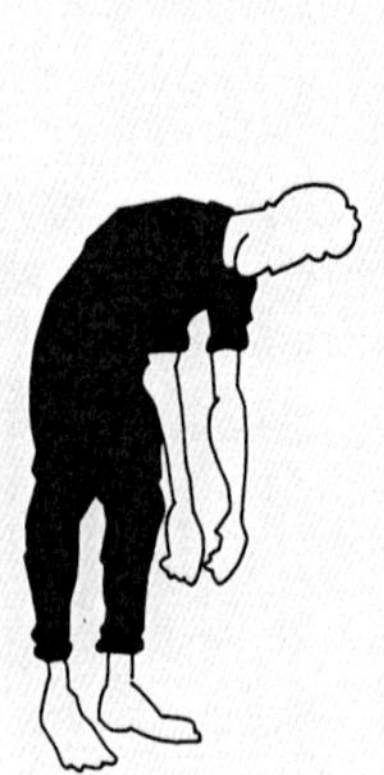

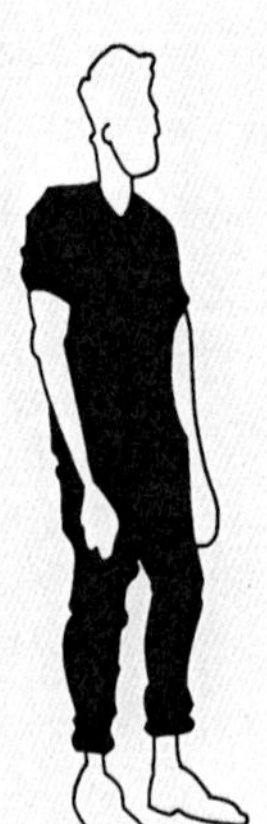

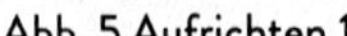

Abb. 5 Aufrichten 1

DIE AUFRECHTE POSITION – GEMEINSAM IM MITTELPUNKT

Nun sind wir in der aufrecht stehenden Position angekommen. Wir haben etwas über den Körperschwerpunkt erfahren und darüber, wie man sich körperlich zentrieren kann. Wir können Entspannung, Lösung und Spannung unterscheiden und wissen, wie wir uns am Partner ausbalancieren können. Wenn sich zwei Menschen begegnen und in Kontakt treten möchten, nehmen sie zunächst Blickkontakt auf. Auf die unterschiedliche Qualität des Blickkontakts habe ich an anderer Stelle hingewiesen. Wir spüren, ob ein Mensch nur aus Höflichkeit schaut oder ob er wirklich an uns interessiert ist, vielleicht sogar etwas fordert. Wie sehr wir davon abhängig sind, uns mit den Augen räumlich zu stabilisieren, wird uns klar, wenn wir mit geschlossenen Augen auf einem Bein stehen. Sofort geraten wir etwas aus dem Gleichgewicht und breiten die Arme aus, um unseren Körperschwerpunkt ins Lot zu bringen. Mit ein wenig Übung gelingt es zwar immer besser, aber wir spüren, wie die Muskulatur des Standbeins arbeitet, um die durch den fehlenden Sehsinn eingeschränkte Stabilisierung auszugleichen. Interessanterweise fällt es den meisten Menschen leichter, im Gleichgewicht zu bleiben, wenn sie mit noch geöffneten Augen den Mitspielern das angehobene Bein oder den Fuß zeigen, indem sie versuchen, deren Aufmerksamkeit darauf zu lenken. Werden die Augen erst jetzt geschlossen, kann durch die vorherige Zentrierung zumindest ein guter Teil der Balance beibehalten werden. Wir haben uns auf die anderen konzentriert. Wir sind con centra, mit unserem Körperzentrum im Mittelpunkt.

WIE WIR ZU EINEM GUTEN STAND KOMMEN

Das Gewicht unseres Körpers bildet sich auf einer relativ kleinen Auflagefläche ab. Unsere Füße tragen die Last des Körpers, und die Art und Weise, wie sie das Körpergewicht tragen, hat Einfluss auf Stabilität und Zentrierung. Viele Menschen nutzen die Tragfähigkeit ihrer Füße nicht optimal aus, wodurch es zu Bewegungseinschränkungen in den Kniegelenken, im Becken und in der Wirbelsäule kommen kann. Gutes Positionieren im Raum erfordert einen flexiblen Stand. Unsere Füße sind kleine Wunderwerke bestehend aus 26 Knochen (das ist etwa ein Viertel aller Knochen des menschlichen Körpers), zahlreichen Gelenken, Muskeln, Bändern und Sehnen. Der Fuß besteht aus der Fußwurzel, dem Mittelfuß (Ferse, Sohle, Ballen, Spann und Rist) und den Zehen. An den Füßen befinden sich viele Druckrezeptoren, die für die Positionierung und Orientierung des Körpers verantwortlich sind, sogenannte Propriozeptoren. Mit unseren Füßen gehen, laufen, tanzen und springen wir durchs Leben. Barfuß laufen auf unebenem oder steinigem Grund verändert unsere Bewegungen. Gesunde Füße berühren den Boden im Bereich des Längsgewölbes nicht. Dadurch wirkt es wie ein Stoßdämpfer. Das Körpergewicht verteilt sich hauptsächlich auf der Ferse und dem Großzehenballen sowie auf dem Fußaußenrand, der großen Zehe und den übrigen Zehen und ihren Ballen. Platt- und Senkfüße lassen, meist durch eine zu schwach ausgebildete Fußmuskulatur, das Fußgewölbe einsinken. Der Fuß kippt nach innen, das heißt, der äußere Fußrand wird angehoben, und die Ferse bewegt sich nach außen. Um die Fußmuskulatur zu stärken und einen besseren Stand zu gewährleisten, gibt es eine Reihe von unterstützenden Maßnahmen. Auf Anregung einer befreundeten Osteopathin arbeite ich seit einigen Jahren auf der Grundlage der propriozeptiven sensomotorischen Fazilitation (Kurzfußtherapie) nach Vladimir Janda und Marie Vavrova.[39] Bei hüftbreit und parallel aufgestellten Füßen und nach außen gerichtetem Blick werden im Sitzen oder Stehen die Zehen beider Füße zunächst angehoben, gestreckt und gespreizt und anschließend gestreckt und gespreizt zum Boden geführt und dort fest aufgelegt, als würden sie angesaugt. Der stärkste Auflagedruck wirkt am Großzehengrundgelenk. Gleichzeitig wird der Druck von Ferse und Großzehenspitze am Boden verstärkt. Dadurch entsteht bereits ein Gefühl von muskulärer Spannung im Fußgewölbe, so, als verkürze sich der Fuß zwischen fest aufliegendem Großzehenballen und fest aufliegender Ferse. Der kurze Fuß bewirkt muskuläre Spannung im eingefallenen Fußgewölbe, das sich dadurch nach oben in die Wölbung bewegt. Gleichzeitig wird die Innenschenkelmuskulatur aktiviert, die Knie rotieren nach außen, das Becken öffnet sich, die Wirbelsäule richtet sich auf. Wir fühlen uns größer und breiter aufgestellt und werden von anderen als offener und zugewandter wahrgenommen. Gleichzeitig geben wir das Gewicht unseres Körpers über die Füße an den Boden ab.

Arbeiten wir uns weiter durch den Körper nach oben, erfahren wir etwas darüber, wie wir gut zu dem stehen, was wir sagen. Stark durchgedrückte Knie führen ins Hohlkreuz und hindern eine freie Atmung, da die Brust- und Bauchmuskulatur überdehnt wird. Meist reicht die Vorstellung einer gelenkigen, das heißt flexiblen Verbindung im Kniegelenk, um die Muskulatur entsprechend zu lösen, den Atem zu befreien und eine Zentrierung im Becken wieder möglich zu machen. Wird das Becken vor dem Körper platziert, verlagert sich der Körperschwerpunkt nach vorn und der Oberkörper bewegt sich, um das Gleichgewicht zu halten, nach hinten. Zentrierung wird auf diese Weise erschwert. Wir richten die stimmliche Äußerung so entweder nach oben oder nach unten. In dieser Position sind wir weniger aufgerichtet und werden als geschlossen wahrgenommen. Ein im Stand vor dem Oberkörper platziertes Becken führt ins Hohlkreuz, was gerichtetes Bewegen und Sprechen erschwert. Wird das Becken hinter den Körper geschoben, kommt das einer Verbeugung gleich. Die stimmliche Äußerung wird nach unten gerichtet, wenn der Kopf der Abwärtsbewegung des Oberkörpers folgt. Oder der Kopf wird kompensierend in den Nacken gelegt, was zu unfreier Stimmgebung führt. Diese Körperposition führt auch zu einer Verkleinerung und wird als geschlossen beschrieben und auch selbst erlebt. Das Becken kann auch neben dem Körper seinen Platz finden. Dann verlagern wir den Körperschwerpunkt auf die eine oder andere Seite und stehen Standbein-Spielbein. Das kann Ausdruck von Langeweile, Unsicherheit, ein Flirt oder einfach eine Angewohnheit sein. Da das Becken über das Kreuzbein mit der Wirbelsäule verbunden ist, hat die Beckenstellung einen Einfluss auf die gesamte Körperhaltung. Idealerweise findet das Becken vertikal aufgestellt seinen Platz unter dem Oberkörper. Dafür wird es leicht nach hinten gekippt. Beim Kippen des Beckens nach hinten bewegen sich beide Beckenknochen nach vorn oben und die Wirbelsäule richtet sich auf. Wir organisieren uns auf diese Weise, wenn etwas in einer größeren Distanz unser Interesse weckt. Wenn wir die Aufmerksamkeit von jemandem, der uns noch nicht gesehen hat, erregen wollen, ihm zuwinken und ihm vielleicht auch noch ein HALLO zurufen, setzen wir diese Körpertechnik automatisch ein. Wir machen uns größer und versuchen, eine Distanz zu überwinden. Die Geste des Winkens und die Stimme sind an den Mittelkörper in Form des aufgestellten, das heißt nach hinten gekippten Beckens angeschlossen. Wir sind genauso versammelt wie in der liegenden Position kurz vor dem Aufrichten des Oberkörpers im Dracula-Spiel, in der wir auf dem Boden lagen, als würden wir stehen. Unsere Lendenwirbelsäule war im Kontakt mit der Auflagefläche, hatte sich also aus ihrer S-Kurve ein wenig gestreckt. Die in der liegenden, sitzenden und hockenden Position erlebte Flexibilität von Becken und Lendenwirbelsäule können wir in der aufrecht stehenden Position nutzen, um uns zu versammeln und körperlich zu konzentrieren. Wenn wir aufrecht stehend jemandem zuwinken, uns vielleicht dabei sogar auf die Zehenspitzen erheben und dann den Arm lösen und uns zurück auf die Fußfläche stellen, können wir die Aufrichtung des Beckens beibehalten, bewusst lösen, wieder herstellen, bis das Körpergedächtnis diese kleine Bewegung abgespeichert hat (vgl. Abb. 6). Je kleiner die Bewegung, desto besser. An der Kippbewegung des Beckens nach hinten sind Bauch- und Gesäßmuskeln beteiligt. Diese Muskeln sollen nicht überstrapaziert werden, da ihre Kontraktion freies Atmen erschweren kann. Der Anus sollte also möglichst gelöst bleiben und der Körperbereich zwischen Brustbein und Schambein so weit als möglich geöffnet sein. Wie wir aus den anderen Übungen wissen, ist eine flexible Verbindung zwischen Füßen und Becken über die Beine, deren Muskulatur gelöst, aber nicht entspannt sein sollte, für eine gute Zentrierung und Bereitschaftsspannung hilfreich (vgl. Abb. 7).

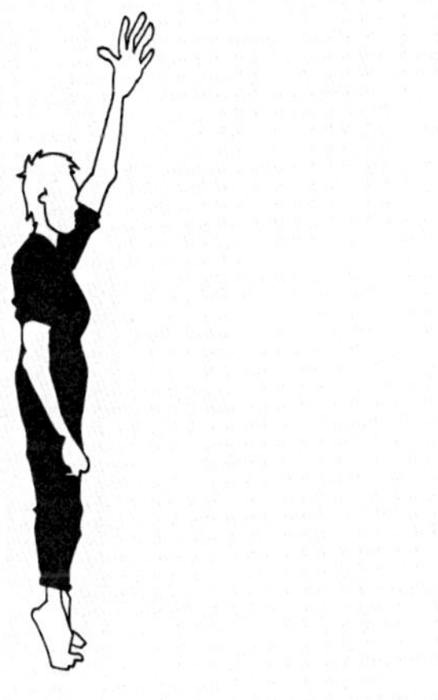

Abb. 6 Aufrichten 2

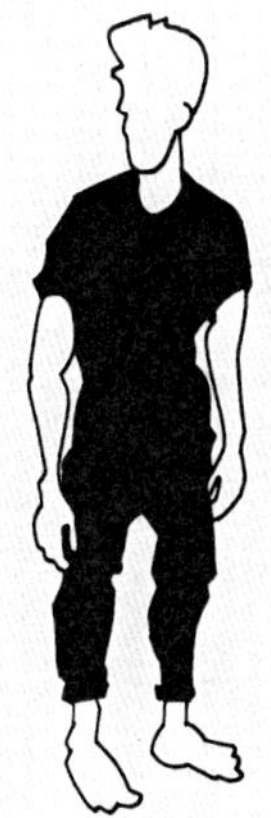

Abb. 7 Die aufrecht stehende Position

Körperspannung und Präsenz

Die Wirbelsäule erhebt sich in der aufrecht stehenden Position doppelt-S-förmig und sich verjüngend aus dem Kreuzbein, einer aus fünf Wirbeln zusammengewachsenen Platte. Das Kreuzbein ist unser größter und stabilster Wirbelkörper. Es trägt das gesamte Gewicht von Kopf und Oberkörper. Die Kreuzbein-Darmbein-Gelenke verbinden jeweils die Wirbelsäule mit dem Becken und das Becken mit den Beinen. Über diese Verbindung wird das Körpergewicht über das Becken an die Beine und Füße abgegeben. Es folgen nach oben fünf Wirbel der Lendenwirbelsäule, zwölf Wirbel der Brustwirbelsäule und sieben Halswirbel. Auf dem ersten Wirbel der Halswirbelsäule, dem Atlas, sitzt der Schädel auf. Die Wirbelsäule hält den Körper aufrecht und verbindet die verschiedenen Körperteile miteinander. Unsere Knochen tragen unser Gewicht und verteilen es über die mit Muskeln und Bändern befestigten Gelenke auf das gesamte knöcherne Haltesystem. Wir spüren den Aufwärtszug der Körpervorderseite und die abwärts gerichteten Druckkräfte an der Körperhinterseite. Unser Skelett wirkt der Schwerkraft entgegen und balanciert auf und an der Wirbelsäule Kopf, Brustkorb und Becken aus. „Sind diese entlang der Schwerkraftlinie ausgerichtet, die durch den Körperschwerpunkt geht, werden Bänder und Muskeln der Gelenke gleichmäßig belastet. Verlässt jedoch einer dieser drei Teile seine natürliche Lage, wird zusätzlich Muskelkraft erforderlich, um ihn in seiner Position im Raum zu halten, was unnötige Belastung und Energieverbrauch bedeutet.“[40] Die Muskeln bewegen das Skelett und halten die Knochen im Gleichgewicht, sodass Gewicht an den Boden abgegeben werden kann. Bewegen wir uns, bereiten sich die Muskeln auf diese Arbeit durch eine Erhöhung der Grundspannung vor. Diese neuromuskuläre Anpassung und die Versorgung der Muskeln mit Energie geschieht in der Regel unbewusst. „Interesse und große Aufmerksamkeit beschleunigen den Kreislauf, erhöhen den Blutdruck und vergrößern die muskuläre Spannung.“[41] Wird dieser Prozess durch Fehlwahrnehmung gestört, kommen wir aus dem Gleichgewicht. Wenn wir in unebenem Gelände gehen und treten in ein Loch, das wir nicht bemerkt haben, reagiert die unangepasste Muskulatur zu spät, und wir knicken um. Durch bedingte Reflexe können wir uns von unserer natürlichen, ausbalancierten Körperhaltung entfernen.

Unsere Haltung ist durch Vorstellungen und Ideen beeinflussbar. Wir sollen uns allzeit aufrecht halten, Rückgrat zeigen, hartnäckig sein und die Zähne zusammenbeißen. Wir behaupten steif und fest, ganz locker und cool zu sein. Diese Verhaltensweisen sind mit zusätzlicher Muskelanspannung verbunden, die uns aus dem mentalen und körperlichen Gleichgewicht bringen und schneller ermüden lassen. Habitualisieren sich diese Verhaltensweisen, können körperliche Fehlhaltungen entstehen, die wir mit uns herumschleppen und schwer wieder loswerden. Zu einer ausbalancierten und natürlichen Haltung zu gelangen, setzt deshalb Eigen- und Fremdwahrnehmung in der Interaktion voraus. Denn es sind die vermeintlichen Regeln im Umgang miteinander, die die freie Entfaltung unseres körperlichen und damit auch sprecherischen Ausdrucks hindern. Was sich nicht unmittelbar ausdrücken kann, weil es durch Anpassung an Konventionen zurückgehalten wird, verbleibt als muskuläre Spannung im Körper und kostet Kraft. In einer lockeren Bereitschaftshaltung ermüdet die Muskulatur nicht. Die Zentrierung im Becken und in der Lendenwirbelsäule kann mit einer Aufrichtung der gesamten Wirbelsäule einhergehen. So gewinnen wir Freiheit im Oberkörper, können unsere Bewegungen gut koordinieren, Atmung und Stimmgebung funktionieren auf natürliche Weise. Richtet sich die Brustwirbelsäule nicht auf, bleibt der vordere Brustbereich geschlossen, was zu einer eher defensiven Körperhaltung führt, die sich im Stimmklang abbildet. Der Stimme fehlt es an Resonanz und Brillanz. Der müde und schlapp wirkende Oberkörper bringt eine ebensolche Stimme hervor. Anders ist es, wenn der Oberkörper gespannt ist, das Brustbein aber nach innen gezogen wird, um es zu schützen oder um defensive Aggressivität zu signalisieren. Nun klingt die Stimme eher gepresst, aber immer noch resonanzarm. Wird die Wirbelsäule überstreckt und das Brustbein extrem nach oben gezogen, wie bei einer übertriebenen Tänzerhaltung oder beim militärischen Exerzieren im Sinne einer Pseudopräsenz, geht die Zentrierung in der Lendenwirbelsäule verloren, die Stimme rutscht aus dem Zentrum und verliert an Klang im unteren Resonanzraum (Brust raus, Bauch rein). Für eine optimale Aufrichtung der Wirbelsäule hilft die Vorstellung eines flexiblen Stabes zwischen Kreuzbein und Brustbein, der an jeweils beiden Seiten den Körper verlässt und ihn zwischen Himmel und Erde aufspannt. Die Schultern können in der aufrecht stehenden Position wie in allen anderen Positionen gelöst sein. Um ein Gefühl für gelöste Schultern zu bekommen, ziehen wir sie zu den Ohren, um sie dann wieder bewusst der Schwerkraft zu überlassen. Der Abstand zwischen den Schultern und den Ohren sollte so groß wie möglich sein, ohne die Schultern nach unten zu drücken. Sind die Schultern gelöst, haben die Hände bei Personen mit nicht übermäßig bemuskelten Oberarmen meist lockeren Kontakt zu den Oberschenkeln.

Der Kopf umschließt unsere wichtigste Steuerzentrale und scheint immer alles besser zu wissen als der Körper. Immer wieder beobachte ich Menschen, die den Kopf beim Sprechen vor den Körper schieben. Der Körperschwerpunkt verlagert sich auf diese Weise nach vorn, das Becken weicht tendenziell nach hinten aus, der Nacken verspannt, die Kehle wird eng. Es entsteht der Eindruck, als würde der Kopf viel leisten und als ruhe sich der restliche Körper aus. Die Stimme, die aus dieser Sprechhaltung erklingt, bildet nur einen geringen Teil des Körpers ab. Wir können uns, wenn wir auf diese Weise Sprechende hören, ohne sie zu sehen, kein vollständiges Abbild vom dazugehörigen Körper machen. Körpergewicht und Raumanspruch klingen nur wenig durch. Der Stimme fehlt es an Grundton und Brustresonanz. Den Äußerungen wird im wahrsten Sinne des Wortes zu wenig Gewicht verliehen. Sie klingen unverbindlich. Obwohl das Bemühen um Kontakt durch den nach vorn geschobenen Kopf geradezu ins Auge springt, beschreiben beobachtende Studierende die Sprecher als geschlossen. Ein Zurückziehen des Kopfes als Überkompensation des vorgeschobenen Kopfes bei entsprechender Korrektur oder aber als Zeichen von Skepsis oder auch Ekel führt verständlicherweise auch zu eher geschlossenem und ablehnend wirkendem Verhalten. Dabei wird der Körperschwerpunkt nach hinten verlagert, der vordere Teil der Füße verliert den Kontakt zum Boden, die Stabilität geht verloren.

Verstehen wir uns nicht falsch: Alle beschriebenen Ausdruckshaltungen kommen in der Kommunikation vor und haben ihre volle Berechtigung. Sie sind demnach auch als gestische Mittel, als Figurenverhalten im Ausdrucksrepertoire von Schauspielstudierenden willkommen. Das setzt jedoch voraus, dass sie als Mittel eingesetzt werden. Das heißt, die Studierenden können ihre Mittel in jedem Moment der Bühnenhandlung in der Interaktion zwischen den Spielpartnern und zwischen Spielpartnern und Zuschauern abrufen. Viele unserer alltäglichen Rückzugsmechanismen sind uns allerdings so in Fleisch und Blut übergegangen, dass wir sie kaum noch bemerken. In der sprecherzieherischen Arbeit können wir diese Gewohnheiten freilegen und spielerisch auflösen und sie auf diese Weise, wenn man so will, in den Rang eines künstlerischen Mittels erheben.

Aber zurück zu den vielen Ausdrucksmöglichkeiten rund um unseren Kopf. Um den 5 bis 6 kg schweren Schädel auf der Wirbelsäule gut ausbalancieren zu können, ist der Atlas (1. Halswirbel) mit dem Schädel und dem Axis (2. Halswirbel) gelenkig verbunden. Der Titan Atlas trägt in der griechischen Mythologie das Himmelsgewölbe – keine leichte Arbeit. Dieser Bereich der Halswirbelsäule ist relativ anfällig für Verspannungen und Blockierungen, die Auswirkungen auf das gesamte Haltungssystem haben können. Um eine optimale Balance im Bereich des Atlas als Ausgangspunkt für sprecherzieherisches Arbeiten herzustellen, können wir die Wirbelsäule aus dem Zentrum aufrichten und uns eine gerade, horizontale Linie vom Atlas zur Nasenspitze denken. Dadurch richtet sich auch die Halswirbelsäule optimal auf, der Nacken steht als Resonanzraum zur Verfügung, und das Becken richtet sich optimal aus. Es hat sich bewährt, zwischen den einzelnen Übungen so lange auf diese Ausgangsposition zurückzukommen, bis sich die anderen Bewegungsmuster aufgelöst haben.

Wird das Kinn bei wenig zentriertem Mittelkörper nach oben bewegt, verkürzt sich der Nacken. Die Kehle wird eng, die Stimme klingt nicht mehr frei. Das geschieht auch, wenn wir mit nicht zentriertem Körper nach oben schauen. Singen wir einmal einen beliebigen Ton und bewegen den Kopf von unten nach oben, dann hören wir, wie sich der Stimmklang allein durch die Bewegung verändert. Die Stimme lässt sich nicht mehr so gut führen und ausrichten. Aber auch bei zentriertem Körper hat die angeschlossene Stimme in dieser Position einen typischen Klang. Der Ausdruck hat etwas Hochmütiges. Man schaut von oben herab. To look down one's nose heißt es im Englischen. Die Stimme kann diese Körperlichkeit in sich aufnehmen und den Körper im Klang spiegeln. Dann können wir mit den Ohren sehen.

Wird das Kinn nach unten bewegt, drückt es auf den Kehlkopf. Die Stimme nimmt diesen Druck in sich auf und wird Widerhall einer konkreten Körperlichkeit, einer Haltung, die Ausdruck von Einstellungen zu etwas oder zu jemandem ist. Personare ist das lateinische Verb, das diesen Zusammenhang beschreibt. Durch die Persona, die Maske der Schauspieler, tönt die Figur, die andere Person, hindurch. Das Verhalten von Personen lässt sich am Klang erkennen. Sprich, damit ich dich sehe, soll Sokrates gefordert haben.

Wird der Kopf auf die eine oder andere Seite gelegt, kann das einladend oder flirtend gemeint sein. Es ist aber, wie an anderer Stelle bereits beschrieben, auch ein beliebtes Ausweichmanöver, um den im Raum eingenommenen Standpunkt zu jemandem oder zu etwas doch noch infrage zu stellen und sich eine letzte Rückzugsmöglichkeit offen zu lassen. Denn wenn wir unseren Standpunkt in einem Raum oder auf der Bühne einnehmen, dann ist das immer auch unser Standpunkt in der Welt und zur Welt. Wenn wir mit unserem ganzen Körper auf diesem Standpunkt und zu unseren Äußerungen stehen, können wir andere Menschen für unsere Ideen und Handlungen einnehmen und mit ihnen auf Augenhöhe in Beziehung treten. Wir müssen aber auch damit rechnen, dass wir mit anderen in einen Konflikt geraten und uns vielleicht auf gefährliches Terrain begeben. Wie wunderbar, denn das ist es ja, wovon das Theater lebt!

Von körperlicher Präsenz schließen wir auf mentale und erwarten stimmliche und sprecherische Präsenz. Präsent sind wir, wenn wir mit unserem Körper den Raum einnehmen und die Aufmerksamkeit anderer fokussieren. Wir stellen uns zur Verfügung, unser Verhalten ist offen und einsehbar. Wir sind in unserer Mitte und von dort mit den Objekten und Personen im Raum verbunden. Präsenz wird gern mit Ausstrahlung oder Charisma umschrieben. Einige von uns scheinen mehr oder weniger davon zu haben. Die Fähigkeit, uns zu zentrieren und von unserer Mitte ausgehend unser Interesse nach außen zu richten, ist uns gegeben. Babys und Kleinkinder sind dazu in der Lage. Erziehung und Lebenserfahrung kann diese Fähigkeit unterstützen oder hindern.

Die britische Stimmtrainerin Patsy Rodenburg arbeitet mit dem von ihr vor über dreißig Jahren entwickelten System der *Three Circles of Energy.*[42] Während eines kurzen Workshops im April 2018 hatte ich die Gelegenheit, ihre Arbeit praktisch kennenzulernen. Unsere Körperspannung, unser Atem, Stimme und Sprache sind im First Circle nur auf uns als Sprecher bezogen. Der Körper ist durchgängig entspannt bis unterspannt, der Atem flach, die Stimme leise, vielleicht verhaucht und ohne Resonanz, die Sprache schwach artikuliert. Unser Raumanspruch ist klein, wir möchten lieber nicht gesehen und gehört werden. Im Third Circle ist unser Körper gespannt bis überspannt, der Atem wird hörbar in den Körper gepumpt, die Stimme klingt laut und vielleicht gepresst, wir artikulieren mit Nachdruck. Unser Raumanspruch ist groß, aber ganz allgemein und nicht auf konkrete Objekte und Personen bezogen. Das jeweilige Verhalten ist an Situationen gebunden und kann in Abhängigkeit davon angemessen sein. Äußern wir uns habituell aus einer unterspannten oder überspannten Körperlichkeit, bleiben wir entweder unter unseren Möglichkeiten oder schießen permanent über das Ziel hinaus. In beiden Fällen versuchen wir, uns zu schützen, indem wir nur bedingt in Kontakt treten und die Bedürfnisse anderer nicht wahrnehmen müssen. Auf diese Weise übernehmen wir wenig Verantwortung für unser Handeln. Im Second Circle sind wir besser aufgehoben. Unser Körper ist ausbalanciert und flexibel, der Atem frei und an das Bedürfnis, sich zu entäußern, angepasst. Der Blick ist in den Raum gerichtet und kann den Fokus in alle Richtungen wechseln. Wir sind gelöst und wahrnehmungsfähig, wir können in Beziehung treten und Verantwortung für gemeinsames Handeln übernehmen. Die Stimme folgt der Körperlichkeit ohne Mühe in den Raum, Sprechen und Denken verbinden sich in der Artikulation zu klaren und direkten Äußerungen. Die Begriffe Entspannung, Lösung und Spannung entsprechen in gewisser Weise der von Rodenburg beschriebenen Kategorisierung. Wir könnten auch von Desinteresse, Interesse, behauptetem Interesse an den Objekten und Personen um uns herum oder von Aufmerksamkeit und Unaufmerksamkeit sprechen. Im Verlaufe des Tages wechseln wir ständig zwischen Entspannung, Lösung und Spannung. Unser Biorhythmus, unsere Reaktionen auf die Umwelt und unsere Motive und Absichten bestimmen unser Leben.

In der Sprecherziehung können wir die Qualität unserer Aufmerksamkeit und ihre körperlichen und mentalen Spannungszustände erfahrbar machen und verändern. Das gestische Sprechen nutzt die Fähigkeit, motiviert und absichtsvoll in Beziehung zu treten, um diese Zusammenhänge erlebbar und veränderbar zu machen. Dabei ist der Fokus von Anfang an auf Kommunikationspartner gerichtet, deren Verhalten wahrgenommen und verändert werden kann. Die Möglichkeit des Einzelunterrichts unterstützt diese Arbeitsweise und gewährleistet durch den konzentrierten Wechsel von Geben und Nehmen vor allem auch die besondere Qualität des Zuhörens. Im Gruppenunterricht lernen wir, unsere Aufmerksamkeit mit mehreren Spielpartnern zu teilen. Nach dem Sprechen in der gelösten Aufmerksamkeit des Zuhörens zu verbleiben und nicht zu bewerten, wie wir uns gerade geäußert haben, fällt uns nicht immer leicht. Bewertung und Kontrolle bringen uns nicht weiter. Wenn wir die Aufmerksamkeit rückwärts richten, kommen wir nicht vorwärts. Äußerungen, die wir getan haben, sind in der Welt und lassen sich nicht verbessern. Zu viel Eigenkontrolle schwächt unser soziales Potenzial und führt zur Selbsterschöpfung. Viele von uns lernen im Laufe des Lebens, mit diesem Potenzial taktisch umzugehen. Wir entwickeln Verhaltensweisen, die vorgeben, an anderen interessiert zu sein. Wir lernen, uns zu beherrschen, wir geben uns cool oder kämpferisch. Ob wir uns für die eine oder andere Attitüde entscheiden, steht hier nicht zur Debatte. Schauspielstudierenden wünsche ich Neugier und Mut, die ganze Palette menschlichen Verhaltens auszuprobieren, ohne sich selbst und andere preiszugeben. Die Arbeit an der Körpermitte, an Erdung, Aufrichtung, Balance, Flexibilität und damit an der körperlichen Präsenz ist die Grundvoraussetzung, um Atem, Stimme und Sprache zu entwickeln. Wir üben, unser Körpergewicht an den Boden abzugeben und uns gegen die Schwerkraft aufzurichten. Wenn wir die Muskulatur unserer Füße aktivieren und nutzen, erzeugen wir eine optimale Verbindung zwischen den Fußgelenken, Knien und dem Becken. Die Wirbelsäule richtet sich über dem Becken auf, und der Brustkorb öffnet sich im oberen, hinteren und seitlich unteren Teil. Die Schultern bleiben gelöst, der Kopf schwebt auf der Wirbelsäule. Unser Interesse ist nach außen gerichtet. Wir nehmen unsere Umgebung mit allen Sinnen wahr. Äußerer und innerer Raum verbinden sich. Der Atem bildet den Vorgang des Gebens und Nehmens ab und unterstützt ihn. Wenn wir uns bewegen, bleiben wir mit unserer Aufmerksamkeit bei den Begrenzungen des Raumes und den Objekten und Personen im Raum. Es ist nicht nötig, uns immer wieder unserer selbst zu vergewissern. Dieses Verhalten gelingt uns nur mit einem gelösten und in der Aufmerksamkeit aufgespannten Körper. Wenn wir eine Gruppe von Studierenden bitten, im Raum umherzugehen, ohne eine weitere Aufgabe zu stellen, begegnen wir in der Regel entspannten, vor sich hin gehenden Körpern, die wenig Kontakt zueinander aufbauen. Aufforderungen, das Tempo zu erhöhen, ändern daran nur wenig. Es kommt nur häufiger zu Zusammenstößen. Verändern wir die Situation, indem wir die Studierenden auffordern, ihr Gehen zu motivieren, wachen die Körper auf und bewegen sich aktiver und lustvoller. Die Vorgaben, die wir machen können, reichen von einfachen Alltagserfahrungen wie: ich bin spät dran, möchte aber pünktlich sein, bis zum Barfußlaufen auf heißem oder steinigem oder matschigem Boden. Durch konkrete Absichten können wir die Situationen weiterentwickeln, indem wir räumliche Ziele etablieren, die erobert werden müssen. Dabei können die Studierenden zusammenarbeiten und Gruppen bilden. Wir bauen Richtungsänderungen und Stopps ein, die durch entsprechende Signale von außen initiiert werden. Wir achten darauf, dass Spannung und Lösung in ihrem flexiblen Wechsel erhalten bleiben und der Atem nicht angehalten werden muss. Unter diesen Voraussetzungen steigern und wechseln wir das Tempo und bleiben auf unsere jeweiligen Ziele konzentriert, sind aber immer noch in der Lage wahrzunehmen, was um uns herum und mit uns geschieht. Wir sind mental und körperlich präsent. Atem und Stimme lassen sich in dieser Situation leicht mit dem Körper verbinden und an den Raum abgeben. Wir sind weiterhin in der Lage, zuzuhören und auf unsere Spielpartner zu reagieren, ohne den Raumanspruch aufgeben zu müssen. Der Wille, mit anderen etwas zu teilen, ist ein universelles menschliches Bedürfnis. Der biologische Bauplan des Körpers wird durch unser Verhalten in soziokulturellen Kontexten beeinflusst. Spielsituationen können diesen Zusammenhang kenntlich machen und zu einem bewussteren Umgang mit Körper, Atem, Stimme und Sprache führen.

DAS BALLSPIEL 1

Die Aufgabe besteht zunächst darin, den Ball zwischen den Spielpartnern hin und her zu werfen, ohne den Spielfluss zu unterbrechen. Am besten eignet sich ein kleiner Gymnastikball mit einem Durchmesser von etwa dreizehn Zentimetern. Den Bewegungsablauf des Werfens gebe ich vor. Der Ball soll über den gelösten Wurfarm von unten nach vorn oben zu den Spielpartnern geworfen werden (vgl. Abb. 8). Dadurch kann sich das Körperzentrum schwingend bewegen. Der Abwurf wird zu einem ganzkörperlichen Bewegungsablauf. Verlangsamen wir ihn, erkennen wir den Moment, in dem wir uns entscheiden müssen, den Ball abzugeben. Diesen gerichteten Impuls versuchen wir, aus der Körpermitte zu starten. Damit die Ballwerfer nicht sich selbst, sondern lediglich den Ball abgeben, ist ein guter Kontakt der Füße zum Boden hilfreich. Aber die Ballwerfer begeben sich auch ein wenig in das Risiko, Stabilität zu verlieren, indem sie den Spielpartnern signalisieren, dass diese den Ball fangen sollen. Dieses gelöste Aufgespanntsein zwischen den Spielpartnern fordere ich immer wieder ein, denn die Studierenden verlieren ihren Standpunkt entweder zu schnell und überstrecken Brust und Hals, oder sie bleiben in der reservierten Distanz und ziehen das Kinn an die Brust heran. Das sind jeweils Bewegungsformen, die eine freie, durchlässige Stimmgebung erschweren. Auf meine Frage, wie sich der Atem beim Abgeben des Balls verhält, beschreiben die Studierenden eine Ausatmung, die wir über den stimmlosen Reibelaut F hörbar machen. Das ist eine Äußerung, der wir eine appellative Funktion geben können. Ausatmen auf F heißt: „Fang den Ball!“ Zwischenzeitlich benutzen wir das Wort „Fang!“, kehren aber wieder zum F zurück, ohne die Idee des Appells aufzugeben. Das klappt ganz gut. Ich mache die Studierenden darauf aufmerksam, dass sie den Sprechimpuls mit dem Körperimpuls verbinden können, dass sie mit der Ausatmung auf F also nicht irgendwo beginnen, sondern genau im Moment des Abwurfs. So kann die physische Kraft in die gerichtete Ausatmung aufgenommen werden. Mein Hinweis führt allerdings zunächst dazu, dass zu viel Atemdruck aufgewendet wird. Ich beschreibe, dass ich die physische Aktivität sehen kann. Insofern ist es nicht nötig, mit erhöhtem Atemdruck und fester Artikulationsspannung noch einmal zu zeigen, dass gearbeitet wird. Die physische Aktivität bildet sich im Ausatmungsgeräusch lediglich ab. Das Wort Schauspieler verdeutlicht diesen Zusammenhang in gewisser Weise. Die Spieler machen etwas schaubar, das sie mit Stimme und Sprache nicht noch einmal erklären müssen. Die Studierenden nehmen daraufhin den Druck aus der Ausatmung, werden aber gleichzeitig langsamer und ungespannter in ihrer körperlichen Aktivität. Das ist eine Parallelbewegung, die ich erwartet hatte. Ich lenke die Aufmerksamkeit nun auf die Intention des Werfens. Was soll damit ausgelöst werden? Wozu wird der Ball geworfen? Die Spielpartner sollen den Ball fangen. Mit der Vorstellung, dass die gerichtete Ausatmung auf F den Ball begleitet, gelingt es den Studierenden, den Luftstrom über eine größere Distanz zu senden. Die gerichtete Ausatmung auf F fließt jetzt so lange, bis die Spielpartner den Ball gefangen haben. An dieser Stelle frage ich nach der Motivation des Werfens. Warum werfen wir den Ball von einem zum anderen? Die Studierenden begreifen sofort, worauf ich hinauswill. Wie im Namenspiel hatten sie bislang mit meiner Motivation gearbeitet. Ich hatte das Spiel initiiert. Ich schlage als Motiv vor, das Spiel möglichst lange am Laufen zu halten. Dadurch ändert sich die Intention des Ballwerfens, die nicht mehr nur darin besteht, den Ball zu fangen, sondern ihn auch wieder abzugeben. Die Studierenden erkennen, dass sie nach dem Abwerfen des Balls mental und physisch nicht aus dem Spiel aussteigen können. Sie lösen zwar nach dem Abwerfen des Balls die Körperspannung des Werfens, stellen sich aber weiterhin im Spiel zur Verfügung. Sie entspannen sich also weder mental noch physisch. Von diesem Moment an fällt der Ball weit weniger zu Boden. Das Spiel gewinnt Tempo und verliert Gleichförmigkeit. Die Studierenden beschreiben, dass es jetzt mehr Spaß macht.

Was geschieht auf der Fängerseite? Einige Studierende warten zu lange, ehe sie den Ball annehmen. Sie lassen sich vom Ball am Körper treffen. Das führt zu Abwehrbewegungen, um den Körper zu schützen, zu Instabilität und dem Anhalten des Atems. Andere scheinen geübter im Ballspiel.

Sie begegnen dem Ball, stellen sich auf das ein, was an Intensität von den Spielpartnern kommt. Sie wirken beherzter, nehmen das Spiel als Herausforderung an, schießen dabei aber auch über das Ziel hinaus. Ich mache den einen Mut, dem Ball zu begegnen und sich mehr auf das Spiel einzulassen, die anderen bitte ich, ihr Motiv dahingehend zu korrigieren, dass das Spiel weitergehen kann. Ich frage sie, ob sie ihre Intention so verändern können, dass sie es allen ermöglichen, den Ball zu fangen und abzugeben. Damit das gelingt, sollen sie den Abwurf genauer richten, die Intensität des Abwurfs aber der Situation anpassen. Das Spiel verläuft daraufhin kooperativer. Trotzdem überzeugt mich die Qualität des Aufnehmens noch nicht. Der Ball wird nun vor allem bei hohem Spieltempo mit ausgestreckten Armen vor dem Körper gefangen und von dort abgegeben. Das Zentrum bewegt sich hinter den Körper, der fest wird, die Einatmung kann sich nicht ausreichend vertiefen, die Ausatmung auf F klingt gepresst, die Distanzen werden verkürzt. Wir verständigen uns über die Qualität des Aufnehmens und darüber, wie der Eindruck den Ausdruck beeinflusst bzw. ihn erst möglich macht.

Eindrücklich ist, was wir als sinnliche Wahrnehmung von Welt in uns aufnehmen, was wir sehen, hören, fühlen, riechen, schmecken, tasten. Eindrücklich ist auch, wie wir die sinnliche Wahrnehmung von Welt sinnhaft zu uns ins Verhältnis setzen, wie wir empfinden und verstehen. Gesprochene Sprache wird in der Regel auditiv wahrgenommen. Aber auch visuelles Wahrnehmen etwa durch Lippenlesen ist möglich. Synästhetiker können Schallwellen als Farben und Formen wahrnehmen oder Berührung durch Schallwellen spüren. Die Sinnesreize, die von gesprochener Sprache ausgehen, werden im Gehirn zu Eindrücken zusammengesetzt. Sprechen ist Ausdruck, der einen Eindruck hinterlässt, aus dem sich ein neuer Ausdruck speist. Eindruck macht Ausdruck, Ausdruck macht Eindruck. Nach meinen Erfahrungen hängt das gezielte Aufnehmen von Sinnesreizen mit dem Atem zusammen. Ein Beispiel ist das Schnuppern, das gezielte Testen von Gerüchen durch mehrmaliges kurzes Einatmen durch die Nase. Auch halten wir den Atem kurz an, um uns auf ein Geräusch zu konzentrieren. Die Studierenden hatten beim Ballspielen eine Einatmung während des Annehmens des Balls beschrieben. Als das Spiel komplexere Formen annimmt und sie sich auf mehrere Aspekte der Übung gleichzeitig konzentrieren müssen, geben sie der Einatmung nicht mehr genügend Raum. Sie wird deutlich hörbar oder stockt ganz. Was die Körper im unkontrollierten Ballspiel-Dialog mühelos vollbracht hatten, ist nun gestört, weil es bewusst reflektiert wird. War der Kopf dem Körper in die Quere gekommen? Oder hatte ein Gewöhnungseffekt eingesetzt? Investieren die Studierenden immer nur in eine *neue* Aufgabe? Hoffen sie, dass einmal Geübtes ihnen immer zur Verfügung steht? Ich teile den Studierenden meine Überlegungen mit und bitte sie außerdem, mit der Vorstellung zu arbeiten, den Ball wie etwas Wertvolles zu behandeln, über das man staunen kann. Das bringt die Unschuld des Anfangs zurück. Durch das Staunen wird die Kiefer- und Atemmuskulatur gelöst, und die Schwerkraft kann wirken. Das geht zwar etwas auf Kosten von Tempo und Dynamik, ist aber hinnehmbar.

Ich lasse die Studierenden die Veränderung beschreiben und mache sie darauf aufmerksam, dass das lateinische Verb inspirare den Einatmungsvorgang beschreibt und das Wort Inspiration den gleichen Wortstamm besitzt. Ein Einfall im Sinne einer Idee verbindet sich fast immer auch mit einem Einfall von Atem. Die besondere Qualität des gelösten Einatmens besteht darin, dem Atem im Körper Raum anzubieten. Und auf eine gewisse Weise können wir auch den Ideen der Spielpartner in unserem Körper Raum anbieten, indem wir uns offen zur Verfügung stellen. Das Ballspiel ist eine einfache und zugleich komplexe Übung. Sie bedient den Spieltrieb und ist partnerorientiert. Die Studierenden können konkrete Erfahrungen im Spannen und Lösen der Körper- und Atemspannung machen. Sie beginnen, Körperimpulsen zu vertrauen und sie für das Sprechen zu nutzen. Sie lernen, Raum anzubieten und Raum zu fordern, und erleben, wie sie im Wechsel von Geben und Nehmen über längere Zeit einen Dialog führen können.

Nun ist es an der Zeit, die Stimme ins Spiel zu bringen. Ich arbeite gern mit den Reibelauten F/S/CH/SCH. Die Artikulationsstelle sitzt relativ weit vorn. Die Studierenden können spüren, wie der Luftstrom an den Artikulationsorganen reibt. So lernen sie, den Luftstrom in den Raum zu richten. Am besten gelingt das mit dem Reibelaut F. Durch die Vorstellung des Pustens oder Tröstens kann die Ausatmung gut ausgerichtet werden.

Beide Vorstellungen entäußern sich aus Haltungen und erfassen den gesamten Körper. Die Vibrationen der Stimme sind beim Gebrauch des stimmhaften Reibelauts W deutlich zu spüren. Der Übergang von der stimmlosen zur stimmhaften Äußerung ist nicht immer ganz leicht. Kaum ist die Stimme mit im Spiel, gerät das Übungsgebäude ins Wanken. Die Appellfunktion der Äußerung geht fast ganz verloren, da sich die Studierenden auf den Klang ihrer Stimme konzentrieren. Damit lösen sich auch der schwer erarbeitete Spielpartnerkontakt und das eben noch so wundervolle Wechselspiel vom Geben und Nehmen in Luft auf. Der Sprechimpuls wird vom Körperimpuls getrennt und in der Glottis blockiert. Die Äußerung überbrückt meist nur noch geringe Distanzen, wird den Spielpartnern vor die Füße gelegt. Die Studierenden, die die Veränderung spüren, versuchen, mit Atemdruck auszugleichen, werden aber nur lauter. An dieser Stelle ist es hilfreich, dem W einen Vokal nachzustellen und mit Frageworten zu arbeiten. Die Worte WO und WIE und die Sätze WO KOMMST DU HER oder WIE GEHT ES DIR laden zu Haltungen ein. Da die Fragesätze eine Antwort provozieren, kann die Stimme leichter an die Spielpartner abgegeben werden. Wird der Gestus des interessierten Fragens beibehalten, kann die stimmliche Äußerung auf ein WO oder WIE und dann auch auf das W verkürzt werden. Die Stimme erreicht die Spielpartner mühelos, wenn der gesamte Fragesatz gedacht und eine Antwort erwartet wird. Da die Studierenden wieder fokussiert sind, klingen die Stimmen frei, der Körperimpuls wird genutzt, die Stimme ist an den Körper angeschlossen und greift besser in den Raum. Aber ich möchte, dass die Studierenden genauer aufeinander hören und sich gegenseitig wahrnehmen. Sie geben den Ball und die Stimme gut ab, sind aber nicht sofort bereit, den Ball wieder anzunehmen. Um sie stärker zu motivieren, biete ich ihnen an, das W mit jeweils einem Vokal der ihnen bekannten Vokalreihe zu verbinden, sodass sie sich die Silben WO-WU-WA-WE-WI-WÖ-WÜ-WÄ-WEU-WEI-WAU zuspielen können. Das führt zunächst zu einiger Verwirrung. Sie müssen sich gegenseitig zuhören und bereit sein, Entscheidungen zu treffen. Das Spiel stockt und verliert an Tempo, einige Studierende scheinen überfordert. Ich gebe ihnen die Möglichkeit, sich gemeinsam an die Vokalreihe zu erinnern, indem sie beim Annehmen des Balls zunächst die ihnen zugespielte Silbe wiederholen. Diese Äußerung richten sie an den Spielpartner, der ihnen die Silbe zugespielt hat. Dann treffen sie eine Entscheidung und geben entweder die in der Vokalreihe folgende Silbe oder, wenn sie ihnen nicht sofort einfällt, die gleiche Silbe an einen anderen Spielpartner ab. Der Spielfluss und die Aufmerksamkeit für die Gruppe sollte dabei nicht unterbrochen werden. Der Prozess des Sich-Entscheidens wird öffentlich gemacht. Die Studierenden etablieren auf diese Weise einen Dialog. Sie lernen zu entscheiden, warum sie etwas von den Spielpartnern wollen und was sie wollen. Sie lernen auch, dass sie etwas annehmen müssen, bevor sie etwas abgeben können. Um sie in ihrer Wahrnehmungsfähigkeit weiter zu fordern, führe ich den ihnen bekannten bzw. leicht zu lernenden Satz WIR WIENER WASCHWEIBER – WÜRDEN WEISSE WÄSCHE WASCHEN – WENN WIR WÜSSTEN – WO WEICHES WARMES WASSER WÄR in das Spiel ein. Der Satz kann Satzteil für Satzteil von Spielpartner zu Spielpartner weitergegeben werden. Dafür bieten sich verschiedene Haltungen an. Wir können uns gemeinsam an den Satz erinnern, uns ein Geheimnis verraten oder ein Kochrezept memorieren. Der Fantasie sind keine Grenzen gesetzt. Dann versuchen wir uns wieder im Dialog. Jeder Satzteil, den ein Spielpartner bekommen hat, wird von ihm in einer konkreten Haltung wiederholt. Das kann bestätigend oder ungläubig, anerkennend oder in einer anderen Haltung geschehen. Der nachfolgende Satzteil wird an den nächsten Spielpartner in einer anderen Haltung abgegeben. Der Körperimpuls nimmt die Stimme und Sprache mit. Erst wenn eine Entscheidung getroffen wurde, verlassen Ball und Sprache auf den Spielpartner gerichtet den Sprecher. Der Spielfluss bleibt dabei erhalten, die Körper bleiben in Bewegung, der Atem fließt. Wir können die Struktur des jeweils abzugebenden Textes so verändern, dass die Studierenden entscheiden, wie viele Worte sie an die Partner abgeben wollen. Es geht nicht darum, in Sinnschritten vorzugehen. Die Logik des Textes spielt keine Rolle. Der Prozess des Erfindens, der mit bekanntem Text simuliert wird, steht im Vordergrund. Dadurch wird die Aufmerksamkeit weiter gefordert.

Ich bitte die Studierenden nun, die gesetzte Struktur des Spiels mehr mit ihrer Fantasie zu füllen. Ich möchte die Symptomfunktion des sprachlichen Zeichens stärken und animiere sie, sich konkreter und persönlicher zu äußern. Die Studierenden begreifen sofort, dass ich sie bei ihrer Spiellust abholen will. Sie übertreffen sich gegenseitig im Chargieren. Körper und Stimmen illustrieren Ideen von möglichst originellen Einstellungen zu den Wiener Waschweibern. Das Spiel wird schnell und unkontrolliert, fast aggressiv. Ich probiere, die Studierenden wieder auf die Beziehungsebene zu bringen. Sie sollen wahrnehmen, in welcher Haltung die Spielpartner Ball und Äußerung abgegeben haben, um aus diesem Eindruck eine Entscheidung zu treffen, wie Ball und Äußerung geteilt werden können. Ich empfehle ihnen, wieder etwas mehr zu staunen, sich also den Spielpartnern offen zur Verfügung zu stellen. So werden sowohl die Körper als auch die Stimmen durchlässig für unterschiedliche Haltungen, die sich aus Beziehungen zu Spielpartnern speisen.

DAS BALLSPIEL 2

Um die Verbindung zwischen Gliedmaßen, Wirbelsäule, Körpermitte und Boden spürbar und nutzbar zu machen, biete ich den Studierenden eine Variante des Ballspiels an. Ich bitte sie, zwei Bälle mit locker angewinkelten Armen vor dem Körper so übereinander zu platzieren, dass eine Hand unter dem unteren Ball liegt, die andere auf dem oberen Ball (vgl. Abb. 9). Nun probieren wir, den Kontakt der Hände an den Bällen zu wechseln, sodass die Hand, die auf dem oberen Ball liegt, unter den unteren Ball und die Hand, die den unteren Ball hält, auf den oberen Ball bewegt wird. Die Bälle wechseln ihre Position dabei nicht. War der rote Ball vor dem Wechsel der Hände oben, ist er es auch nach dem Wechsel. Die Bewegung wird so initiiert, dass die Bälle für einen Moment in der Luft sind. Wir stellen eine Stabilität zwischen der lockeren Verbindung der Bälle und unserem Körper her. Üben die Hände zu viel Druck auf die Bälle aus, können wir diese flexible Stabilität schwer aufrechterhalten, und die Bälle bleiben nicht übereinander, lassen sich also nach dem Impuls nicht aufnehmen. Wenn wir die Bälle allerdings der Schwerkraft überlassen, muss sich das Zentrum lediglich nach unten bewegen, um die Bälle auf ihrem Weg zum Boden aufzufangen. Es reicht also, die Bälle einfach loszulassen, die Knie zu beugen, die Bälle aufzufangen, die Knie zu strecken, die Bälle wieder fallen zu lassen usw. und dabei die Arme jeweils so zu bewegen, dass die Hände an den Bällen wechseln. Das Zentrum bewegt sich im Zusammenwirken mit den Beinen in vertikaler Richtung. Weicht es nach vorn oder hinten aus, geht die Zentrierung verloren, und es wird schwierig, den Bewegungsablauf zu wiederholen. Der Körper muss dann wieder neu ausgerichtet werden. Wenn die Studierenden den Ablauf dieser Übung interiorisiert haben, nehmen sie Kontakt zu Spielpartnern auf und lenken deren Aufmerksamkeit auf ihr Tun. Sie laden die Spielpartner ein mitzuspielen. Dadurch verändert sich ihre Körperspannung, der Oberkörper richtet sich auf und öffnet sich. Die Körper sind in den Raum gerichtet, es entsteht ein Dialog. Es ist nicht nötig, die Bälle auf ihrem Weg mit dem Blick zu verfolgen. Die Aufmerksamkeit ist auf die Spielpartner gerichtet. Das ist eine gute Voraussetzung, die Bälle an einen Spielpartner abzugeben. Die Wurfbewegung wird aus der Aufwärtsbewegung des Zentrums initiiert, die Arme folgen dieser Bewegung lediglich. Wenn die Studierenden dagegen die Wurfbewegung aus den Armen starten, sind sie weniger fokussiert, die Bälle bewegen sich durch den Druck der Hände in unterschiedliche Richtungen und lassen sich vom Spielpartner schwer oder gar nicht fangen. Die Stimme wird im Abwurf mitgenommen und kann auch das Fangen begleiten, bleibt aber auf den Spielpartner gerichtet. Für Abwürfe von Spielpartner zu Spielpartner im Kreis stellen wir uns vor, einen Brand zu löschen, indem wir die Bälle wie bei einer Eimerkette weitergeben. Dadurch erreichen wir eine gewisse Dringlichkeit und bleiben nach außen auf ein Ziel hin gerichtet. Lassen wir mehr als ein Ballpaar zirkulieren, fordert das eine große Aufmerksamkeit und schnelles und präzises Reagieren. Dadurch arbeiten wir der Tendenz entgegen, die Bälle beim Fangen zu dicht an den Körper heranzuziehen. Denn aus dieser Position gelingen keine zielgerichteten Abwürfe, und das Spiel muss unterbrochen werden, weil die Bälle zu Boden fallen. Die

Stimmen greifen in den Raum und begleiten das schwingende und flexibel ausgerichtete Auf und Ab der Körper.

Das Spiel mit den Doppelbällen stärkt das Vertrauen in die Kommunikationsfähigkeit sowohl des eigenen Körpers als auch der Körper der Spielpartner. Die beschriebenen Varianten des Ballspiels sind Übungen, deren einzelne Komponenten eng miteinander verbunden sind. Beim Implementieren der Ballspielübungen arbeite ich von zwei Seiten. Einerseits probiere ich, den Spielfluss in Gang zu setzen, die Eigenkontrolle frühzeitig so weit als möglich auszuschalten und den Fokus auf die Spielpartner zu richten. Andererseits halte ich das Spiel an und lenke die Aufmerksamkeit der Studierenden auf bestimmte Aspekte der Übung. Ich frage, wie sich Körper- und Sprechimpuls zueinander verhalten oder wie der Eindruck in den Körper gelangt. Die einzelnen Schritte habe ich beschrieben. Wenn ich davon ausgehen kann, dass sich Teilaspekte der Ballspielübungen im Körper der Studierenden verstoffwechselt haben, rege ich den Spielfluss wieder an. Auf diese Weise kann ich alle Aspekte der Äußerung (Körper, Atem, Stimme, Sprache) unter der Rahmensetzung des Spiels üben. Das Ballspiel dient als konkrete Situation, die durch das Spielen verändert, aber nicht grundsätzlich aufgelöst wird. Wir können alle situativen Merkmale untersuchen bzw. Antwort auf alle W-Fragen geben. Der handelnde Aspekt der Kommunikation, das In-eine-Beziehung-kommen-Wollen, um Verhalten zu verändern, ist als Thema physisch greifbar. Übungsergebnisse stehen anfänglich insofern auf tönernen Füßen, als die Studierenden scheinbar davon ausgehen, sich um einmal bestätigtes Verhalten nicht so sorgsam kümmern zu müssen wie um neu zu erlernendes Verhalten. Es ist also nötig, immer wieder auch einen Schritt zurückzugehen und darauf zu bestehen, Prozesse wirklich in Gang zu setzen und nicht mechanisch zu agieren. Es geht also mehr um das „Was will ich?“ als um das „Wie will ich was?“. Das Ballspiel ist erweiterbar. In wiederholten Ballspielübungen wird der Text nun immer länger und enthält unterschiedliche artikulatorische Schwierigkeitsgrade. Auch die Struktur des Dialogs lässt sich verändern. Wenn das Ballspiel gut läuft, werden wie im Namenspiel die Plätze getauscht oder weitere Bälle in anderen Settings eingesetzt. Diese

Spielformen sind sehr komplex und bieten viele Möglichkeiten, den Fokus zwischen den Wahrnehmungen zu verschieben. Es lohnt sich in jedem Fall, Versatzstücke des Spiels in differenzierter Form in anderen Übungseinheiten zu wiederholen. Gezielte kurzzeitige Überforderung minimiert die Eigenkontrolle und kann das Spiel lebendig erhalten, auch wenn die Genauigkeit in den erarbeiteten Fertigkeiten leidet. Es zeigt sich aber, dass sich die Fertigkeiten sehr wohl bei längerem Üben wieder einstellen, weil sie sich als zweckmäßig erweisen. So entwickeln die Studierenden mit der Zeit neben einzelnen Fertigkeiten im Umgang mit Körper, Atem, Stimme und Sprache die Fähigkeit, sich spielerisch gestisch zu äußern.

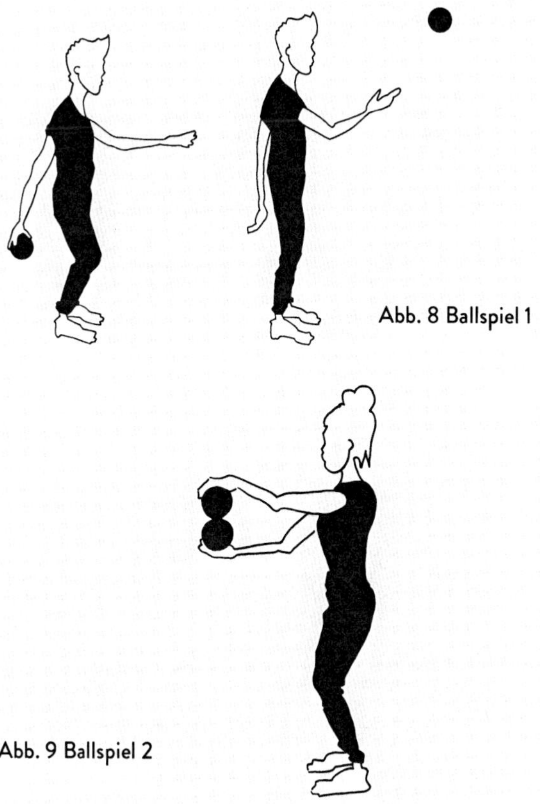

Abb. 8 Ballspiel 1

Abb. 9 Ballspiel 2

Die Sprechatmung

Um es vorwegzuschicken: Ich bin keine Liebhaberin von isolierten Atemübungen, gleichwohl untersuche ich im Unterricht die physiologischen Abläufe der Atmung in ihrer individuellen Ausprägung. Die Sprechatmung betrachte ich einerseits vor dem Hintergrund der verschiedenen Komponenten der Sprechsituation und andererseits als besonderes Merkmal des Sprech-Denk-Vorgangs.

Die äußere Atmung beschreibt den Vorgang der Sauerstoffaufnahme aus der Umgebung und die Abgabe von Kohlendioxid. Die innere Atmung bezieht sich auf die biochemischen Prozesse der Zellatmung. Für die Stimmgebung interessieren uns die Abläufe der äußeren Atmung zunächst in der Ruhephase des Körpers. Die durch Mund oder Nase eingeatmete Luft strömt über den Nasen- bzw. Mundrachen in den Kehlkopf, in dem die Glottis die Grenze zwischen oberen und unteren Atmungsorganen markiert. Durch die Luftröhre bewegt sich die Atemluft über die Bronchien in die Lunge, in der der Gasaustausch stattfindet, und verlässt den Körper während der Ausatmung auf umgekehrtem Weg. Während der Einatmung flacht sich das doppelt kuppelförmig nach oben gewölbte Zwerchfell durch Kontraktion ab, sodass sich der Brustraum nach unten erweitert und die Lunge mit Luft gefüllt wird. Die flexibel gelagerten Bauchorgane werden nach unten und gegen die Bauchwand bewegt, die sich vorn und seitlich leicht nach außen wölbt. Gleichzeitig erweitert sich der Brustraum durch das Spannen der äußeren Zwischenrippenmuskeln, die die Rippen heben und einen zusätzlichen Raum schaffen, in dem sich die Lunge mit Luft füllen kann. Zwerchfell und äußere Zwischenrippenmuskulatur leiten durch Kontraktion die Einatmung ein. In der Brusthöhle entsteht ein Unterdruck, der das Einströmen von Atemluft ermöglicht. Die elastische Rückstellkraft der mit Luft gefüllten, gedehnten Lungen und des Brustkorbs ermöglicht im Zusammenwirken mit der Schwerkraft die Ausatmung, bei der sich Zwerchfell und äußere Zwischenrippenmuskulatur entspannen (vgl. Abb. 10). Es folgt eine Atempause, bis sich der Atem erneuert. Wenn wir nicht sprechen, singen, husten, lachen oder körperlichen Aktivitäten nachgehen, ist die Ausatmung ein muskulär passiver Vorgang. Anderenfalls unterstützen Teile der Bauchmuskulatur und die innere Zwischenrippenmuskulatur die Ausatmung.

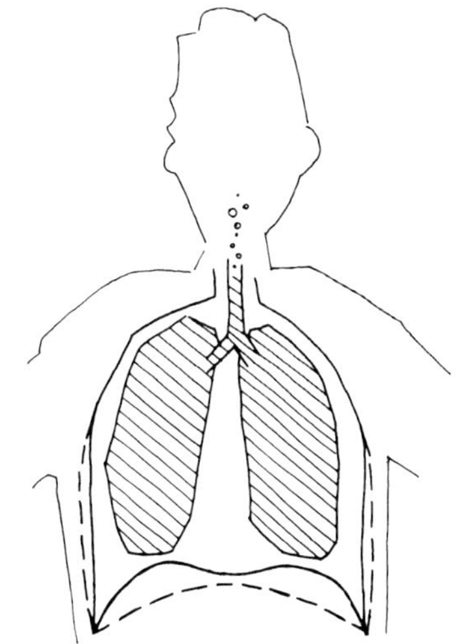

Abb. 10 Zwerchfellbewegungen

Da Sprechen ein gesamtkörperlicher Vorgang ist, kann die Ausatmung als Mittel der gestischen Äußerung vom ganzen Körper unterstützt werden. Das Spannen und Lösen des Zwerchfells wird als Bauchatmung bezeichnet, das Wechselspiel der Zwischenrippenmuskulatur als Brustatmung. Der natürliche Atemvorgang besteht in einer Kombination aus Bauch- und Brustatmung, wobei etwa zwei Drittel des gesamten Atemvolumens durch die Aktivität des Zwerchfells bewegt werden.[43]

Schauen wir uns den Hauptakteur im Atemprozess genauer an. Das Zwerchfell ist eine Muskelsehnenplatte, deren Muskelfasern an der Unterkante und den Seiten des vorderen Brustkorbs und an der Bauchseite der Lendenwirbelsäule entspringen. Auf diese Weise bestehen Verbindungen zum Brustbein, zu den unteren Rippenbögen und zum unteren Rücken. Zwischen Ein- und Ausatmung findet sich bei der Ruheatmung ein annähernd gleiches Verhältnis. Bei der Sprechatmung verlängert sich die Ausatmungsphase. Unsere Atmung wird über den Hirnstamm reflektorisch gesteuert. Atmen geschieht uns, wir können es nicht abstellen, indem wir beschließen, damit aufzuhören. Aber wir können die Atmung wahrnehmen und ihren Rhythmus über die Großhirnrinde steuern. Darüber hinaus wird das Atmen von äußeren und inneren Faktoren beeinflusst. Wie wir die Vorgänge in unserer Umgebung und in unserem Körper wahrnehmen, beeinflusst unsere Atemfrequenz, den Atemrhythmus und das Atemvolumen sowie das Verhältnis der Anteile von Brust- und Bauchatmung. Schreck, Freude, Erschöpfung, Lauschen, Schauen, Tasten beeinflussen den Atem auf jeweils unterschiedliche Weise. Darüber hinaus können Fehlhaltungen aufgrund andauernder körperlicher und/oder mentaler Spannungen das Zusammenwirken der Atemmuskulatur empfindlich stören. Durch ihre sowohl biologische als auch soziale Funktion ist die Atmung an die Physis und die Psyche gebunden, verläuft unbewusst, ist aber bewusst beeinflussbar hinsichtlich der Intensität und Dauer der Abläufe. Gedanken, Gefühle und Handlungen bewegen den Atem. Der Atem bewegt den Körper, wie der Körper den Atem bewegt. Insofern ist es sinnvoll, die Arbeit an der Spannung und Lösung des Körpers damit zu verbinden, den Bewegungen der Atmung nachzuspüren und sie wahrzunehmen. Auf diese Weise verschaffen wir uns eine Ausgangsposition, auf die wir uns immer wieder beziehen können, um beim Sprechen nicht unter Druck zu geraten.

Einen unbewusst ablaufenden Körpervorgang bewusst wahrzunehmen und geschehen zu lassen, fällt uns in der Regel nicht leicht. Schnell wollen wir etwas verbessern und kontrollieren. Um uns der Atmung und ihrem körperlichen Anschluss bewusst zu werden, gehen wir in umgekehrter Weise vor wie im Kapitel *Sprechen aus der Körpermitte* vorgeschlagen: In der aufrecht stehenden Position nehmen wir das Gewicht des Körpers über die Auflageflächen der Füße wahr. Wir lösen die Gelenke und reduzieren die Spannung der Haltemuskulatur auf ein Maß, das eine lockere Grundspannung zu einem Spielpartner hin ermöglicht. Wenn der andere Lust hat, mit uns etwas zu unternehmen, haben wir eine gute Ausgangsposition gefunden. Indem wir unseren Schwerpunkt verlagern, können wir nun versuchen, den anderen zu bewegen und ihn einzuladen, uns mit seinen Bewegungen zu folgen oder sich in die entgegengesetzte Richtung zu bewegen. Wir bewegen uns nach vorn und hinten, nach oben und unten und zur Seite, stehen auf einem Bein, spielen mit unserem Gleichgewicht, nutzen die Bewegungsmöglichkeiten unseres gesamten Körpers. Unser Skelett wird durch Muskelaktivität bewegt. Wir nutzen unsere Muskulatur, um Bewegungen vom Körperzentrum weg und zum Körperzentrum hin auszuführen, und können der Haltefunktion unseres Skeletts vertrauen. Im Kontakt mit dem Spielpartner probieren wir, Bewegung und Atem spielerisch geschehen zu lassen und nicht so viel darüber nachzudenken, was wir tun. Unsere Atmung passt sich unseren Bewegungen an. Die Ausatmung wird sich unseren Bewegungen entsprechend verlängern, wenn wir sie durch den stimmlosen Reibelaut F hörbar machen. Wir setzen dem ausgeatmeten Luftstrom ein kleines artikulatorisches Hindernis entgegen und aktivieren dadurch Teile der Bauchmuskulatur als elastischen Antagonisten zum Zwerchfell, das seine inspiratorische Aufspannung verzögert aufgibt. Da wir in der aufrecht stehenden Position in ständiger Bewegung sind, um uns gegen die Schwerkraft auszubalancieren, können wir die Bewegungen um den Körperschwerpunkt nun immer weiter verkleinern, bis wir ein Gefühl für diesen immerwährenden, flexiblen Balanceakt bekommen haben. Der Atem passt sich diesem Prozess auf natürliche Weise an. Wir müssen nicht darüber nachdenken, wie wir uns bewegen oder wie wir atmen. Wir nehmen es lediglich wahr.

Eine lockere, auf unseren Spielpartner gerichtete Grundspannung als Ausdruck von Wachheit und Interesse ist die Vorbereitung, derer es bedarf. Unnötige Muskelspannung wird unsere Balance stören. Die Lendenwirbelsäule nimmt dann weniger Gewicht auf, das an den Boden abgegeben werden kann. Weil wir unser Gewicht nicht dem Boden anvertrauen, muss es von den Muskeln gehalten werden. Das kostet Kraft und führt zur Verkürzung oder Überstreckung der Brustwirbelsäule. Dann spannen wir meist auch die Muskulatur von Schultern, Hals, Nacken und Kiefer an. Wenn wir Muskulatur des Schultergürtels inspiratorisch einsetzen, dehnt sich der obere Brustraum horizontal aus, bevor das Zwerchfell sein vertikales Optimum erreicht hat. Unser Atem bleibt flach, die Stimme klingt matt. Bei guter körperlicher Zentrierung nutzen wir die tiefliegenden Muskeln des Beckens und des unteren Rückens, um die Aktivität des Zwerchfells zu unterstützen. Der Oberkörper kann dabei offen und beweglich bleiben und die Zwischenrippenmuskulatur ungehindert arbeiten lassen. Die Stimme klingt frei und durchlässig. Die kombinierte Bauch-Brust-Atmung ist die natürliche Atmung. Sie garantiert, dass sich die Lungen im unteren Bereich gut mit Luft füllen können. Dadurch ist ein optimaler Gasaustausch gewährleistet. Die vertikale Bewegung des Zwerchfells unterstützt unsere Zentrierung und richtet die Wirbelsäule gegen die Schwerkraft aus. Es fällt uns dadurch leichter, uns auszubalancieren. Die Zwischenrippenmuskulatur öffnet den Brustkorb und gibt uns dadurch zusätzlich Stabilität.

Wir können das Zusammenspiel von Halteapparat und Muskulatur beim Bewegen und Atmen auch in anderen Körperpositionen ausprobieren: in der gehockten Position, im Schneidersitz, im Strecksitz, in der hängenden Position. Das Körperempfinden ist immer anders, aber die Wirkungsprinzipien der den Körper bewegenden Kräfte bleiben gleich. Die horizontale Bewegung unseres Körpers beim Atmen, das Ausdehnen und Zusammenziehen der Bauchwand, des unteren Rückens und der Rippen wird in den verschiedenen Positionen unterschiedlich, aber meist deutlich wahrgenommen. Dem vertikalen Bewegungsablauf des Zwerchfells nachzuspüren, gelingt erst nach und nach. Das Zwerchfell entzieht sich unserer Wahrnehmung. Aber wir können die Auswirkungen seiner Aktivitäten nach unten über den Beckenboden und nach oben über das Brustbein nachempfinden. Zwerchfell und Beckenboden sind ähnlich aufgebaut, arbeiten aber als Antagonisten. Während sich das Zwerchfell bei der Einatmung anspannt, entspannt sich der Beckenboden und vice versa. Vor allem in der gehockten Position können wir die dadurch ausgelöste

Bewegung der unteren Körperöffnungen wahrnehmen. Das Heben und Senken des Brustbeins lässt sich nach oben als Auswirkung vertikaler Atembewegung erleben. Während der Ruheatmung streckt sich die Wirbelsäule bei der Einatmung und löst sich während der Ausatmung. In der Rückenlage untersuchen wir die Atembewegungen sowohl des entspannten als auch des versammelten Körpers zunächst während der Ruheatmung, bis wir zulassen können, dass der Atem unseren Körper bewegt. Die Positionen im Liegen lassen sich auf verschiedene Art verändern. Wir können die Beine aufstellen, um das Becken und die Lendenwirbelsäule zu lösen oder die aufgestellten Beine bei zur Seite ausgestreckten Armen zu jeweils einer Seite bewegen, um den unteren Rücken zu dehnen. Jede Veränderung der Körperposition wird die Bewegung des Körpers durch den Atem etwas anders erlebbar machen.

Die Idee, dass der Atem in jedem Fall zu uns kommt, dass wir uns nicht um ihn bemühen müssen, unterstützt den natürlichen Atemrhythmus und die Lösung der Atemmuskulatur während der Ausatmung, gefolgt von einer Atempause, bis das Bedürfnis nach Atemerneuerung zu angemessener Muskelaktivität während der Einatmung führt. Die Vorstellung, dem Atem im Körper Raum anzubieten, ist hilfreich. Atmen ist eine Fähigkeit, über die wir verfügen. Die natürlichen Abläufe zuzulassen und zu beobachten, ist der erste Schritt dahin, unser Denken, Fühlen und Handeln mit dem Atem zu verbinden. Die Ruheatmung verändert sich, wenn der Körper in Bewegung kommt, wenn er sich willentlich äußert. Wenn wir uns, wie im Dracula-Spiel beschrieben, aus der Rückenlage in den Strecksitz erheben, um zu schauen, wer sich uns gegenüber befindet, werden wir diese Bewegung mit einer Einatmung verbinden oder den Atem anhalten. Wenn wir jedoch vorher den Kopf heben, um Blickkontakt aufzunehmen, und mit der Aufrichtung des Oberkörpers eine Aufforderung an den Spielpartner verbinden, werden wir die Bewegung mit einer Ausatmung begleiten. Die Idee, sich mit einer Aufforderung aufzurichten, ergreift als Gedankenimpuls den Körper und initiiert die Einatmung als natürliche Vorbereitung der folgenden Bewegung. Die Bewegung wird mit einer Ausatmung begleitet und wird zur Äußerung. Die Einatmung ist die Vorbereitung der Äußerung.[44] Diese Vorbereitung ist an einen Gedanken gebunden, der vom Körper Besitz ergreift. Die Ausatmung wird nun verlängert, indem Teile der Bauchmuskulatur als Gegenspieler des Zwerchfells agieren und den ausgeatmeten Luftstrom in den Raum richten. Wie im Kapitel *Von der Rückenlage in die sitzende Position* beschrieben, ist es notwendig, den Gedanken und die Bewegung zu motivieren und mit einer Absicht zu verbinden. Auf diese Weise kann genau so viel Luft in den Körper gelangen, wie wir für die Aufrichtung und Ausatmung, also für die Äußerung, benötigen. Das Motiv zu sprechen und die Sprechabsicht organisieren in Abhängigkeit von unserer Wahrnehmung in der konkreten Situation das ökonomische Zusammenwirken der für diesen Vorgang benötigten Muskulatur. Korrekturen sollten sich darauf richten, den Bewegungsablauf im Hinblick auf den Partnerkontakt und die zu vollziehende Handlung zu optimieren. Dazu gehört eine Versammlung des Mittelkörpers als Ausdruck des Willens, mit anderen etwas zu unternehmen. Eine Erwartung und Neugier in Bezug auf die Reaktionen der Spielpartner wird den Brustkorb öffnen und die Zwischenrippenmuskulatur gut arbeiten lassen. Sind Schultern und Nacken gelöst, kann der Atem frei durch die Kehle strömen. Es erweist sich als günstig, den Körperschwerpunkt so lange wie möglich bei den Spielpartnern anzunehmen und die Ausatmung über die Bewegung hinaus zu verlängern. Die Ausatmung wird zur Verlängerung des Körpers. Den Raum, den wir körperlich nicht überbrücken können, erobern wir mit der Ausatmung bzw. in nachfolgenden Übungen mit der Stimme. Dann generiert ein neuer Eindruck einen neuen Gedanken, ergreift den Körper, während die Atemluft einströmt, und führt zur von der Ausatmung begleiteten Bewegung zurück in die liegende Position. Der artikulatorische Widerstand, den der Reibelaut F bietet, aktiviert das flexible Wechselspiel zwischen dem sich nach oben bewegenden Zwerchfell und der diese Bewegung steuernden Bauchmuskulatur. Nur wenn der Bewegungsansatz für das Aufrichten und Zurückbewegen aus dem Körperzentrum initiiert wird, kann die Bauchmuskulatur die für die Steuerung des Ausatmens notwendige Flexibilität aufbringen und sich lösen, wenn das Zwerchfell sich für die Einatmung neu aufspannt. „Das Absinken des Zwerchfells erhöht den Druck in der Bauchhöhle. Wenn es wieder nach oben wandert, werden die Bauchmuskeln angespannt.“[45] Dieser Prozess wird durch die Bewegung unterstützt. Das Dracula-Spiel ist anstrengend und sollte aus diesem Grund immer spielerisch bleiben. Es geht darum, Atemräume zu öffnen und Atemdruck zu reduzieren. Untertexte, die eine staunende Haltung unterstützen, können dabei helfen. Staunen öffnet die Sinnesorgane und die Kehle. Es ist durchaus legitim, das Körperzentrum bei seiner Arbeit ein wenig zu unterstützen. Den Studierenden fällt diese Übung leichter oder schwerer in Abhängigkeit von ihren Proportionen. Mit beiden Händen das Knie eines an den Körper herangezogenen Beines zu umfassen, kann den Bewegungsablauf des Körpers erleichtern. Es kann auch hilfreich sein, die Beine aufzustellen oder unterstützende Gesten zu benutzen. Im Schneidersitz und in der gehockten Position gehen wir in ähnlicher Weise vor, wie auch im Übergang von der hängenden zur aufrecht stehenden Position.

Vorbereiten ist besser als kontrollieren

Wenn wir uns mit der Atmung beschäftigen, kommen wir am Körper nicht vorbei. Am Anfang der Ausbildung muss es darum gehen, die Eigenwahrnehmung des Körpers zu unterstützen. Das schließt die natürlichen, das heißt physiologischen Abläufe der Ruhe- und Sprechatmung ein. Es gilt zu erforschen, wie Körperspannung und Körperhaltung den Atemvorgang beeinflussen und wie durch eine gute Zentrierung im Mittelkörper und eine flexibel aufgerichtete Wirbelsäule die kombinierte Atmung befördert werden kann. Diese Forschungsreise unternehmen wir nicht allein. Ein grundlegendes Prinzip des gestischen Sprechens ist der Kontakt zu anderen. Der Wille, sich zu äußern, braucht ein Gegenüber. Die Reaktionen der anderen, ihr Verhalten, ist unser Kompass. Wenn wir während einer Bühnenhandlung über unseren Körperschwerpunkt und die komplizierten Abläufe aller Atemmuskeln nachdenken, verlieren wir die Spielpartner und die Zuschauer. Vorgegebene und variierbare oder im Moment erfundene Spielsituationen sind die Basis für die Auseinandersetzung mit anderen und damit mit uns selbst. Dadurch, dass wir handeln, verändern wir uns, andere und die Situation. Die Reaktion der anderen auf unser Handeln führt uns zur Eigenwahrnehmung. Auf dieser Grundlage können wir den Spielprozess jederzeit anhalten, um die Eigenwahrnehmung zu schärfen und den Fokus auf einzelne Teilaspekte des Gesamtverhaltens zu lenken. Betrachten wir die Atmung als Ausdrucksmittel und als Gradmesser dafür, ob wir unseren Äußerungen Glaubhaftigkeit und Leichtigkeit verleihen, stoßen wir auf einige Hindernisse, die es zu beschreiben und zu hinterfragen lohnt. Der Wille, sich zu äußern, unterstützt den natürlichen Bewegungs- und Atemablauf. Spielerisches Arbeiten in konkreten Situationen, die durch das Spiel veränderbar bleiben, unterstützt motiviertes und absichtsvolles Verhalten. Ist der Wille nicht stark genug, gilt das in der Regel auch für die an Motiv und Absicht gebundene Körperspannung und Atmung. Körperliche Unterspannung bedingt wenig Aktivität von Zwerchfell und Zwischenrippenmuskulatur. Die Einatmung ist flach, bei der Ausatmung wird sofort alle Atemluft abgegeben. Bei zu kleiner Sprechabsicht und zu geringer körperlicher Grundspannung kann die Äußerung nur ungenügend in den Raum gerichtet werden. Die Stimme klingt verhaucht und matt und erreicht die anderen kaum. Die Äußerung wird den anderen vor die Füße gelegt. Sollen sie damit machen, was sie wollen. Die Sprecher übernehmen dafür keine Verantwortung. Dagegen führt eine aufwendige Vorbereitung mit unangemessen starker Einatmung zu einem Überschuss an Luft und einer Überspannung der Muskulatur. Unter Verwendung der oberen Atemhilfsmuskulatur atmen wir mehr Luft ein und verrichten mehr muskuläre Arbeit als nötig. Dadurch kommt Druck auf die Stimme, Klang und Durchlässigkeit werden eingeschränkt. Das geschieht uns auch, wenn die Vorbereitungsphase nicht oder zu wenig an ein entsprechendes Motiv, eine Absicht und eine aus der Situation entwickelte Handlung gebunden war. In dem Bemühen, die Äußerung zu kontrollieren, halten wir die Luft an. Die Glottis verschließt sich nach der Einatmung bei gleichzeitigem Anspannen der Bauchmuskulatur. Die Luft wird angestaut und dann mit starkem Druck entlassen. Es entsteht ein Geräusch, wie wir es mit dem Einsetzen der Bauchpresse beim Heben schwerer Gegenstände oder beim Defäkieren hören können – ein leichtes Stöhnen als Ausdruck von Anstrengung. Für eine freie Stimmgebung ist diese Art der Entäußerung nicht förderlich. Sie führt zu Druck und Enge in der Kehle, beeinträchtigt die Durchlässigkeit von Körper und Stimme und kostet unnötig Kraft. Wir müssen uns fragen, warum wir etwas festhalten wollen, was wir doch leicht entlassen könnten. Bevor wir etwas kontrollieren wollen, sollten wir die W-Fragen beantworten, um dann eine motivierte und intendierte Äußerung gerichtet in die Welt zu entlassen. Ein ähnliches Phänomen können wir nach der an eine Äußerung gebundenen Ausatmung beobachten. Der Mund wird am Ende der Äußerung fest verschlossen, die Atemmuskulatur blockiert für einen Moment. Dann öffnet sich das System meist mit einem deutlich hörbaren schmatzenden Geräusch entweder für die Einatmung oder für eine weitere Äußerung, für die kaum noch Atemluft zur Verfügung steht.

Menschen haben aufgrund ihrer Veranlagung und ihrer Biografie eine Disposition zur Unter- oder Überspannung, die die Vorbereitungsphase der Äußerung beeinflusst. „Vorbereitung arbeitet mit Erwartung. Wenn man sich Maulwurfshügel grundsätzlich als Berge vorstellt, wird man die meiste Zeit des Lebens von ungenützter Energie überschwemmt werden.“[46] Allerdings bringt eine zu lässige Vorbereitung, die die Komfortzone der privaten Befindlichkeit nicht überschreitet, Schauspielstudierende nicht dazu, ihre sprecherischen Mittel zu entwickeln. Hörbares, schnelles Einatmen (sogenannte Schnappatmung) weist darauf hin, dass die Einatmung nicht an einen Gedanken gebunden war oder dass der Atem dem Gedanken in vorauseilendem Gehorsam zuvorkam. Spielpartnerkontakt und gedankliche Fokussierung sollten überprüft werden. Da war ein Wille, aber wo waren Motiv und Absicht? Es wurde schneller geatmet und gesprochen als gedacht worden war. Da wir immer genügend Luft in den Lungen haben, um zu husten, zu lachen, zu niesen oder ungespannt zu sprechen, ist es bei spontanen Äußerungen meist nicht nötig, extra einzuatmen. Aus der Atemmittellage gelingen uns auch längere Entäußerungen eigener Gedanken. Den Atem passen wir automatisch an unser Denken und Sprechen an. Entäußern wir dagegen fremde Gedanken, wird die Sache etwas komplizierter. Das Aufsagen auswendig gelernter Texte lässt den Atem schon einmal stocken oder verändert den natürlichen Atemablauf in einer Weise, die das Sprechen unbelebt klingen lässt.

Wie wir dem Text Leben einhauchen

Der Atem der Schriftsprache ist nicht der Atem lebendiger Sprechsprache. Gedankliche Sinnschritte ausschließlich an Satzzeichen festzumachen und entsprechend mit Atempausen abzuteilen, mag für Sachtexte legitim sein. Schauspielern wollen wir die Figuren glauben, nicht ihren Text erklärt bekommen. Es soll im besten Fall der Eindruck entstehen, die Figuren würden komplizierte, gebundene Dichterworte im aktuellen Moment einer Interaktion gedanklich entwickeln. Die den Worten zugrunde liegenden Gedanken bewegen Körper und Atem in Abhängigkeit vom situativen Figurenverhalten. Das Denken setzt Handlungen in Gang und wird von Handlungen verändert. Denken meint in diesem Zusammenhang nicht sinnieren, über etwas nachdenken. Vielmehr haben wir es mit einem aktiven Prozess der Auseinandersetzung zu tun, der von Emotionen und Gefühlen begleitet wird. Assoziatives und analytisches Denken gehen Hand in Hand und ergreifen den ganzen Körper. Das setzt voraus, den Text aus der Situation der Figur zu verstehen und nachzuvollziehen. Die 1912 im Sammelband „Betrachtung“ erschienene Skizze „Der plötzliche Spaziergang“ von Franz Kafka ist ein hypothetisches Wenn-Dann-Satzgefüge.

Der plötzliche Spaziergang

Wenn man sich am Abend endgültig entschlossen zu haben scheint, zu Hause zu bleiben, den Hausrock angezogen hat, nach dem Nachtmahl beim beleuchteten Tische sitzt und jene Arbeit oder jenes Spiel vorgenommen hat, nach dessen Beendigung man gewohnheitsgemäß schlafen geht, wenn draußen ein unfreundliches Wetter ist, welches das Zuhausebleiben selbstverständlich macht, wenn man jetzt auch schon so lange bei Tisch stillgehalten hat, dass das Weggehen allgemeines Erstaunen hervorrufen müsste, wenn nun auch schon das Treppenhaus dunkel und das Haustor gesperrt ist, und wenn man nun trotz alledem in einem plötzlichen Unbehagen aufsteht, den Rock wechselt, sofort straßenmäßig angezogen erscheint, weggehen zu müssen erklärt, es nach kurzem Abschied auch tut, je nach der Schnelligkeit, mit der man die Wohnungstür zuschlägt, mehr oder weniger Ärger zu hinterlassen glaubt, wenn man sich auf der Gasse wiederfindet, mit Gliedern, die diese schon unerwartete Freiheit, die man ihnen verschafft hat, mit besonderer Beweglichkeit beantworten, wenn man durch diesen einen Entschluss alle Entschlussfähigkeit in sich gesammelt fühlt, wenn man mit größerer als der gewöhnlichen Bedeutung erkennt, dass man ja mehr Kraft als Bedürfnis hat, die schnellste Veränderung leicht zu bewirken und zu ertragen, und wenn man so die langen Gassen hinläuft, – dann ist man für diesen Abend gänzlich aus seiner Familie ausgetreten, die ins Wesenlose abschwenkt, während man selbst, ganz fest, schwarz vor Umrissenheit, hinten die Schenkel schlagend, sich zu seiner wahren Gestalt erhebt. Verstärkt wird alles noch, wenn man zu dieser späten Abendzeit einen Freund aufsucht, um nachzusehen, wie es ihm geht.[47]

Der erste der beiden Sätze, aus denen der Text besteht, benötigt nicht weniger als neun Konditional-Nebensätze für und wider den abendlichen Spaziergang, um zu einer Entscheidung zu gelangen, von der wir nicht wissen, ob sie nur ein Gedankenspiel ist. Den zweiten Satz können wir als Verstärkung der unter Umständen gewonnenen Freiheit oder als nur vorübergehende Loslösung lesen. Drinnen und draußen, Familie und Freundschaft, Bindung und Freiheit werden von einem erzählenden „Man" gegeneinander abgewogen. Die besondere literarische Form, die weder als innerer Monolog noch als erlebte Rede bezeichnet werden kann, lässt sowohl Nähe als auch Distanz, Miterleben und Reflexion zu. Um den Atemrhythmus im ersten Satz zu finden, sollten wir wissen, auf welches Dann die Wenn-Man-Nebensätze hinauswollen. Wir könnten fragen: „Wann ist man gänzlich aus seiner Familie ausgetreten?", um das Gedankenspiel erneut in Gang zu setzen. Entledigen wir den ersten Satz seiner Interpunktion, müssen wir uns andere Anhaltspunkte als Satzzeichen zum Strukturieren suchen. Jedes neue „Wenn" wird uns als Idee einen neuen Atem abverlangen. Wir werden die den Gedanken zugrunde liegenden Bilder voneinander trennen und müssen Entscheidungen darüber treffen, was uns mehr oder weniger wichtig erscheint. Damit geht es uns ähnlich wie Kafka. Dieser Schwebezustand kann uns davon abhalten, den Text durch zu viele Atemzäsuren zu zerteilen und in einen Erklärgestus zu verfallen. Das Schwebende verleitet uns vielleicht aber auch dazu, Tempo aufzunehmen und den Gedanken zu wenig Zeit zu geben, sich zu entwickeln. Dann kann sich der Atem nicht erneuern, und wir überholen uns, indem wir schneller sprechen als wir denken konnten. Je genauer wir den Text aushören und mit Assoziationen unterfüttern, desto mehr wird sich der Atem mit unserer durch unsere fantasierte Wahrnehmung veränderten Körperlichkeit verbinden können. Je behaglicher Hausrock, Nachtmahl, Spiel und Schlaf sich ausnehmen, desto größere Sprünge muss unsere Vorstellung unternehmen, um den eigenen Schatten, „schwarz vor Umrissenheit", an der Wand laufen zu sehen. Je unbehaglicher die Umstände sich ausnehmen, desto größer ist der Drang nach Veränderung und desto befreiender die Loslösung. Wofür wir uns auch entscheiden, unsere Vorstellungskraft ist an unsere Physis gebunden und schließt den Atem ein.

Wem im nachfolgenden Text der Frau Brigitte aus Kleists „Der zerbrochne Krug", 11. Auftritt, die Bedeutung der Wörter Vorwerk, Muhme und Jungfer nicht bekannt ist und wer die Metapher „schwer im Kindbett liegen" nicht als eine solche begreift, sondern wörtlich nimmt, braucht Unterstützung. Schauspieler sollten wissen, worüber Figuren sprechen.

„Ihr Herrn, der Ruprecht, mein' ich, halt zu Gnaden,
Der wars wohl nicht. Denn da ich gestern nacht
Hinaus aufs Vorwerk geh, zu meiner Muhme,
Die schwer im Kindbett liegt, hört ich die Jungfer
Gedämpft, im Garten hinten, jemand schelten:"[48]

Brigittes Motive und Absichten sind zu untersuchen. Davon ausgehend lassen sich unterschiedliche Haltungen ausprobieren. Die Aussage der Brigitte vor Gericht beginnt mit einer Vermutung, in die die Ansprache an den Gerichtsrat, den Dorfrichter und seinen Schreiber in höflicher oder ironischer Form eingebunden ist. Da wir es hier mit Versen zu tun haben, kann es hilfreich sein, der Interpunktion des Dichters zunächst zu folgen. Wir erkennen eine Sprechhaltung, die durch viele Zäsuren geprägt ist. Ist Brigitte zögerlich, weil sie das erste Mal als Zeugin vor Gericht steht, und macht sie deshalb so viele Pausen? Bereitet sie bewusst ihren großen Auftritt vor, indem sie sich zunächst Zeit lässt und die Wirkung jeder Phrase abwartet? Ist sie aufgeregt oder außer Atem, hyperventiliert sie vielleicht und fällt gleich in Ohnmacht? Alles ist möglich und kann ausprobiert werden. Die ersten anderthalb Verszeilen gehören zu einem Gedankenbogen. Es ist also nicht nötig, an jedem Komma zu atmen. Gleichwohl sollten die Pausen zunächst Berücksichtigung finden. Der Dichter hat sie als Gestus in den Text eingeschrieben, und sie geben uns Futter für das Denken und Verhalten der Figur. Aber wie realisieren wir das? Setzen wir Staupausen und halten die Luft für einen Moment an? Ergänzen wir die verbrauchte Luft durch reflektorische Atemerneuerung? So viele Fragen, auf die es nur eine Antwort gibt: Wir müssen es probieren! Brigittes nachfolgender Text leitet die Begründung ihrer Vermutung ein. Das ist ein längerer Gedankenbogen, der, zusätzlich durch Enjambements (vgl. Kapitel *Verse sprechen)* strukturiert, den nachfolgenden Bericht einleitet und tatsächlich erst am Ende des Monologs abschließt. Er erfordert eine andere Haltung, die eine neue Sprechspannung und Atmung bedingt.

Die Einatmung wird Mittel der schauspielerisch-gestischen Äußerung, indem sie auf eine an das Denken und Handeln angeschlossene Weise geschieht. Vielleicht wird sie durch die Zähne oder die Nase gezogen oder bei staunend weit gestelltem Körper und offener Kehle entgegengenommen. Sie ist als Ausdruck bereits an die Handlung und Haltung gebunden und nicht einfach nur ein technischer Vorgang, um genügend Luft zum Sprechen zu haben. Die Figur atmet in der Situation. Den Atem der Figur zu finden und ihn an konkrete Spielsituationen anzupassen, ist eine Aufgabe, die Schauspielstudierende manchmal intuitiv bewältigen. Genaue Arbeit am künstlerischen Text ist ein anderer Weg, zum Atem der Figur zu kommen. Wird die Äußerung an eine motivierte und gerichtete Bewegung angeschlossen, reagiert die Atemmuskulatur auf natürliche Weise und muss nicht kontrolliert werden. Es ist nicht nötig, die Bauchmuskulatur oder den Beckenboden anzuspannen. Es bringt auch nichts. Besteht eine an die Handlung angepasste körperliche und mentale Grundspannung und ist die Körperhaltung am Spielpartner ausbalanciert, können wir uns auf unsere gut trainierte und flexible Atemmuskulatur verlassen und davon ausgehen, dass der gesamte Körper den Atem und die Kraft für unser Tun zur Verfügung stellt. Der Körper denkt, unser Kopf nimmt ihm diese Arbeit leider nur allzu oft fast vollständig ab. Im Gegensatz zur Ruheatmung können wir beim gerichteten Sprechen, das ja eine Ausatmung ist, eine Aufrichtung der Wirbelsäule aus dem Zentrum erleben. Die Zugwirkung der Körpervorderseite nach oben und zu Spielpartnern hin verstärkt sich, und wir spüren gleichzeitig eine Druckverstärkung von der Lendenwirbelsäule zu den Füßen und in den Boden. Während der Einatmung löst sich diese Spannung wieder und bewegt den Körper zurück. Wir empfinden ein leichtes Pendeln zu anderen hin und von anderen weg – einen Wechsel von Geben und Nehmen bei gleichbleibender mentaler und körperlicher Grundspannung.

Atemreflexe nutzen – zu Luft kommen

Um ein ausbalanciertes Verhältnis zwischen Ein- und Ausatmung in Abhängigkeit von der mentalen und körperlichen Grundspannung zu beschreiben, führten Horst Coblenzer und Franz Muhar den Begriff der Atemmittellage ein. „Die gedachte Linie, auf die die einzelnen Atemzüge während der Ruheatmung immer wieder zurückfinden, bezeichnet man als Atemmittellage. Hier pendelt sich die Atmung im Gleichgewicht zwischen den in- und exspiratorischen Kräften immer wieder ein, und zwar ganz ohne unser Zutun. Von dieser Mittellage kann man willkürlich ganz ausatmen und auch über die Ruheatmung hinaus tief einatmen."[49] In Abhängigkeit von der Situation kann die Atemmittellage erhöht werden und sich entsprechend der Körperspannung von der Ruheatmung entfernen, ohne die Balance zwischen Ein- und Ausatmung zu stören. „Wachsein und Erlebnisfähigkeit haben ihr Entsprechen in der zugehörigen Grundspannung der Muskulatur, also im Tonus, Aufmerksamkeitssteigerung und Erregung bewirken Tonuserhöhung."[50]

Die intentionale Einstellung der Sprecher unterstützt den Spannungszustand der nicht bewegten Muskulatur und erhöht die Atemmittellage, wodurch Atemluft ungehindert einströmen kann. Diese Betrachtungsweise zielt insbesondere darauf ab, übermäßiges „Luftholen" im Gegensatz zu einem „Zu-Luft-Kommen" zu vermeiden. Gleichzeitig wird zu Recht darauf verwiesen, dass eine Erweiterung der Vitalkapazität für die Stimmgebung wenig relevant ist. Die Vitalkapazität bezeichnet die Luftmenge, die nach maximaler Einatmung abgegeben werden kann. Der Luftverbrauch beim Sprechen werde vielmehr über das flexible Zusammenspiel von Ein- und Ausatmung reguliert. Die von Coblenzer und Muhar in den 1960er Jahren beschriebene Atemrhythmisch Angepasste Phonation (AAP) bildet diesen Zusammenhang ab. Ausgehend von einem annähernd gleichen Verhältnis von Ein- und Ausatmung, das nur geringfügig in Richtung Ausatmung verschoben ist, soll die Stimme bei geringem Luftverbrauch tragfähig bleiben. Das Abspannen ist das Kernstück der AAP. Es bewirkt die reflektorische Atemergänzung während des Sprechvorgangs. Voraussetzung im Sinne des gestischen Sprechens ist, dass die körperliche Grundspannung als Bereitschaftshaltung auf andere gerichtet ist. Das Beibehalten der empfohlenen Inspirationstendenz der Sprecher interpretiere ich als deren Wunsch, einen Eindruck entgegenzunehmen, sich also für den Ausdruck der anderen bereitzuhalten und nicht aus dem Dialog auszusteigen. Oder anders beschrieben: Wenn wir die inspiratorische Einstellung während des gespannten Sprechens aufrechterhalten, beginnt aufgrund der erhöhten körperlichen Grundspannung die Kurve der Bauchatmung eher zu sinken als die der Brustatmung.[51] Das geschieht „durch ein differenziertes Wechselspiel zwischen dem Zwerchfell, das auch nach vollzogener Inspirationsbewegung die Tendenz der Einatmung beibehält, und der Bauchdeckenmuskulatur, die bei Kontraktion die Inspirationstendenz des Zwerchfells überwindet und die Ausatmung lenkt".[52] Den Begriff der Atemstütze, der diesen Zusammenhang beschreibt, versuche ich, beim Unterrichten zu vermeiden. Er erscheint mir nicht praktikabel genug, den Äußerungswillen zu entfachen. Denn wenn dieses Feuer erst einmal brennt, kann man es durch spielerisches Üben auch gut erhalten. Auf diese Weise können wir lange Gedankenbögen auf dem Atem sprechen oder Atemluft innerhalb eines Gedankenbogens leicht reflektorisch ergänzen. Beim Abspannen handelt es sich um eine schnelle reflektorische Abwärtsbewegung des Zwerchfells, die mit einer Öffnung von Mund und Kehle verbunden ist und für einen lockeren Tiefstand des Kehlkopfes und eine Verlängerung des Ansatzrohrs sorgt. Das Zwerchfell reagiert auf das Lösen der Artikulationsspannung mit schneller Abgabe von wenig Restluft am Ende eines gesprochenen Wortes oder einer Phrase. Dadurch wird die für das Sprechen verbrauchte Atemluft reflektorisch ergänzt. Wird der Verschluss auslautender Plosivlaute bewusst gelöst, lässt sich das Abspannen als gesamtkörperlicher Vorgang wahrnehmen. Beim Lösen von Plosivlauten vor und nach Reibelauten ist die Bewegung besonders deutlich erlebbar, wie in den Verbindungen /ps/, /ks/, /ft/, /scht/, /pst/. Der hohe artikulatorische Widerstand erfüllt die Funktion eines Ventils. Wird es geöffnet, öffnen sich Kehle und Ansatzrohr mit. Aber auch bei allen anderen Lauten ist es grundsätzlich möglich, Atemluft reflektorisch zu ergänzen. Zwerchfell und Beckenboden federn, von der Bauchdecke unterstützt, nach oben und unten. Es fühlt sich an, als würde der Atem auf einem Trampolin hüpfen. Es gibt eine Vielzahl von Federungsübungen, die den ganzen Körper in dieses vergnügliche Auf und Ab einbeziehen. So können wir das reflektorische Atmen bewusst machen und unterstützen, um es im Moment der Bühnenhandlung komplett zu vergessen. Wir vertrauen darauf, dass es als Fertigkeit zur Verfügung steht, weil es auf einer grundlegenden Fähigkeit unseres Atemsystems beruht. Das Abspannen ermöglicht gespanntes Sprechen mit wenig Kraftaufwand, und es ist sinnvoll, es unter ökonomischen Gesichtspunkten anzuwenden. Doch falsch verstandene oder ungenau gegebene Hinweise können das Gegenteil auslösen. Ich arbeitete vor einigen Jahren mit einer Studentin, die mir in unserer ersten gemeinsamen Unterrichtstunde ganz stolz demonstrierte, was sie in der dem Studium vorausgegangenen Stimmtherapie gelernt hatte. Sie spannte unter heftigen Atemwürfen praktisch nach jedem zweiten Wort ab und war zum Glück nach etwa zehn Sätzen so erschöpft, dass ich sie unterbrechen konnte. Der körperliche Aufwand beschränkte sich auf das Spannen und Lösen der Bauchdecke bei ansonsten eher niedriger Grundspannung. Die Stimme klang gebellt und allgemein laut. Wird das Abspannen über die Bauchdecke initiiert, hat es einen gegenteiligen Effekt.

Wird die AAP wie von Coblenzer und Muhar beschrieben angewendet, soll sie nach Aussage der Autoren zu mehr Behaglichkeit beim Sprechen führen. Diese Zielsetzung kann ich für das gestische Sprechen nicht unterschreiben. Der Schauspieler muss fähig sein, in alle Abgründe menschlichen Verhaltens hinabzusteigen und sich ins Risiko aufzuschwingen. Das fordert den vollen Einsatz des Körpers, des Atems und der Stimme – es fordert den ganzen Menschen. Motiviertes und intendiertes Figurenverhalten ermöglicht es Schauspielstudierenden, ihre Kräfte einzuteilen. Sie sollten sie deswegen nicht schonen. Sprechen ist eine Fähigkeit, welche die Vitalfunktionen des Menschen nutzt, überlagert und ihnen zuweilen auch in die Quere kommen kann. Den Impuls zum handelnden Sprechen an Körper und Atmung anzuschließen, erfordert Vertrauen in die eigenen Handlungsabsichten. Umfangreiche Erläuterungen und Absprachen im Vorfeld von Übungen stärken dieses Vertrauen meist wenig und führen eher zu vermehrtem Kontrollverhalten. Dann werden natürliche Handlungsimpulse verschleppt. Wenn wir darüber nachdenken, wie wir Körper, Atem, Stimme und Sprache in ein „richtiges" Verhältnis setzen, ist der Zauber des Moments bereits verflogen. Dann gerät der Spielfluss ins Stocken, die Glaubhaftigkeit des Spiels leidet. „Der eine Handlung auslösende Willensakt (Impuls) bestimmt wesentlich den Handlungsverlauf, seine Geschwindigkeit, Stärke, Gewandtheit, seinen Rhythmus. Bevor der Handlungsimpuls in der sprachlichen Äußerung erkennbar werden kann, muss der Körper handlungsbereit sein"[53], schreiben Klaus Klawitter und Herbert Minnich. Spielen befördert diese Handlungsbereitschaft. Das Spiel bietet einen Raum, in der Interaktion Erfahrungen mit dem eigenen Material zu machen. Korrekturen können in Form von Beschreibungen und Vorschlägen gesetzt werden. Das Verhalten der Spielpartner nutzen wir sowohl als Herausforderung als auch als Korrektiv unseres Handelns. Begründungen für die Sinnhaftigkeit von Übungen können im Anschluss oder nach Unterbrechungen abgefragt werden. Dann bietet sich auch Raum für vertiefende Erläuterungen der Zusammenhänge und individuelle Beratung zum weiterführenden Üben.

DAS SPIEL MIT IMPULSEN

Wir stehen im Kreis und klatschen in Richtung auf den Spielpartner neben uns in die Hände, um ihn aufzuwecken. Ein möglicher Untertext wäre: „Jetzt werde mal wach und wecke den neben dir auf!" Gesamtkörperliches Agieren ergibt sich auf natürliche Weise, wenn ein höherer Widerstand des Spielpartners angenommen wird und wenn allen klar ist, warum wir jetzt gemeinsam wach werden müssen. Auf diese Weise wird der Impuls im Kreis herumgegeben. Wir achten darauf, dass die Bewegung an das Körperzentrum angeschlossen und dass direkt gehandelt wird. Funktioniert das gut, lassen wir die Weckimpulse den Kreis queren. Jetzt muss der Körper genauer ausgerichtet werden, und wir sollten nicht aus der Grundspannung kommen, nur so wird uns schnelles Reagieren gut gelingen. Anderenfalls müssen wir die für die Impulse notwendige Spannung immer wieder hochfahren, das kostet Zeit und Kraft. In der Grundspannung ermüden wir weitaus weniger, als wenn wir uns immer wieder in die Warteschleife begeben. Also ist es besser, wenn wir uns den Spielpartnern anbieten. Jetzt nutzen wir den Körperimpuls und geben genau in dem Moment, in dem sich unsere Hände nach dem Klatschen lösen, die Silbe DA ab. DA heißt immer noch „wache auf und wecke auf!" und hält dadurch das Spiel am Laufen. Wir bringen zusätzlich die Silbe DER ins Spiel und führen eine Spielregel ein. Die Silben DA und DER müssen von Spielpartner zu Spielpartner alternieren. Es darf also nicht zweimal hintereinander DA oder DER abgegeben werden. Dadurch trainieren wir, dass genau zugehört und eine Entscheidung getroffen wird. Das ist gar nicht so leicht, wie es klingen mag. Das Zuhören fällt uns meist schwerer als das Abgeben. Trotzdem nehmen wir nun auch noch die Silbe DIE mit dazu. Die Regel bleibt bestehen: Keine Wiederholungen der Silben bei ansonsten freier Wahl der Reihenfolge. Die Silben werden diagonal durch den Kreis abgegeben. Das Spiel sollte ein hohes Tempo haben, sodass wir uns nicht lange vorbereiten können. Das Ziel der Übung besteht darin, die Grundspannung aufrechtzuerhalten, schnell aufzunehmen und zu reagieren, also zwischen Geben und Nehmen flexibel zu wechseln. Der Atem sollte dabei nicht angehalten werden. Er darf sich immer wieder erneuern. Auditiv lässt sich das gut kontrollieren. Wenn die Stimmen eng werden und nicht mehr in den Raum greifen, dann klingen die Silben wie gebellt. Dann war das Umschalten vom Denken zum Handeln zu langsam oder passierte am Körper und an der Atmung vorbei. Körper und Atem können sich an den Rhythmus des Spiels anpassen. Dadurch werden wir in das Risiko schnellerer und immer weniger abgesicherter Reaktionen verführt. Nach und nach entstehen Dialoge, die über verschiedene Haltungen geführt werden, die sich in den Stimmen abbilden. Haben wir eine geschlechtlich gemischte Gruppe, können wir eine zweite Regel einführen und den Schwierigkeitsgrad weiter erhöhen. Wir legen fest, dass DIE nur an Frauen, DER nur an Männer und DA an beide Geschlechter gleichermaßen gesendet werden darf. Die Zuordnung ist beliebig veränderbar. Die erste Regel bleibt bestehen.

Das DER-DIE-DA-Spiel ist sehr gut als Warm-up geeignet. Es lockt die Mitspieler aus ihrer Komfortzone und macht Spaß. Gleichzeitig trainiert es den Anschluss von Atem, Stimme und Artikulation an den sich wechselnd ausrichtenden Körper. Ermunternde Hinweise zur schnellen Schwerpunktverlagerung des Körpers, zur reflektorischen Atemergänzung und präzisen Artikulation sowie zur Öffnung in der Kehle sind in den Spielunterbrechungen hilfreich. Impulse können wir auch gut im direkten Körperkontakt trainieren. Es lassen sich Situationen organisieren, in denen die Studierenden zu zweit, zu dritt oder in Vierergruppen drängeln und sich gegenseitig zur Seite schieben können. Dabei werden immer wieder kleine zentrale Körperimpulse eingesetzt, ohne die Grundspannung zu verlieren. Wir können seitlich stehend an der Schulter, der Hüfte, am Knie oder am Fuß drängeln. Es funktioniert auch über die Rückseite des Körpers, die Wirbelsäule entlang, in verschiedenen Positionen. Stehen wir frontal, können wir die Handflächen aneinander oder jeweils auf das Brustbein der anderen legen und versuchen, einander wegzuschieben. Wir können auch nach vorn schieben und von hinten geschoben werden. Voraussetzung ist ein Motiv, wie z. B. an das andere Ende des Raumes zu wollen, und eine Absicht, den anderen, der mir im Weg ist, wegzuschieben. Motiv und Absicht ergreifen den Körper, der sich in der Mitte versammelt. Die Atmung wird an diesen Prozess angeschlossen. Wenn den wegzuschiebenden Spielpartnern zu früh nachgegeben wird, können diese die Gelegenheit ausnutzen, um zurückzudrängeln. Nur wenn die Absicht durchgesetzt wird, ohne danach unter die Grundspannung zu geraten, besteht eine reale Chance gegen die anderen. Die Studierenden erleben, dass es möglich ist, die Grundspannung mental und körperlich aufrechtzuerhalten und trotzdem zu atmen. Sie erleben auch, dass zu lang aufrechterhaltene Pattsituationen schnell langweilig werden und dass es spannender ist, nachzugeben und auf eine neue Gelegenheit zu warten. Wenn die Studierenden einen Zuwachs an Kraft spüren, bekommen sie Lust auf Auseinandersetzungen.

Dieses Erlebnis lässt sich auf das DER-DIE-DA-Spiel übertragen, das nach der Erfahrung des physischen Widerstandes an Kraft und Risikobereitschaft gewinnt. Um im Spiel mit den Impulsen das Abspannen stärker zu implementieren, bitte ich die Studierenden wieder in den Kreis und tausche den Weckimpuls gegen eine Ohrfeige aus, die den Spielpartnern verpasst werden soll, ohne sie wirklich zu treffen. Der Bewegungsimpuls startet direkt aus dem Zentrum, sodass die anderen überrascht werden können. Das führt zu einer leichten Drehbewegung der Hüfte. Der Oberkörper und der die Ohrfeige ausführende Arm bleiben gelöst und folgen lediglich der zentralen Bewegung. Als Sprachmaterial benutzen wir die das Abspannen unterstützenden Silben FT, ST, CHT, SCHT. In dem Moment, in dem sich der Verschluss des auslautenden Plosivlautes löst, lösen sich auch Zunge, Hand, Arm und Bauchdecke. Das Zwerchfell federt in die Inspirationsstellung. Durch das kurze und schnelle Abgeben der Luft bekommt die Ohrfeige einen fordernden und zugleich spielerischen Ausdruck. Zunächst geben wir nur FT im Kreis herum, dann nehmen wir nach und nach die anderen Lautverbindungen hinzu, sodass eine Reihenfolge entsteht, die im Weitergeben von Spielpartner zu Spielpartner eingehalten wird. Richtungswechsel und Wechsel der den Klaps ausführenden Hände halten das Spiel lebendig. Es ist auch möglich, jeweils einen Klaps mit der rechten Hand und einen weiteren mit der linken zu geben oder umgekehrt. Die Spielpartner sind in ihren Entscheidungen frei, nur die

Reihenfolge FT, ST, CHT, SCHT soll eingehalten werden. Motiv und Absicht können aus dem DER-DIE-DA-Spiel übernommen werden. Unterschiedliche Haltungen im Annehmen und Abgeben der Ohrfeige sind erwünscht, sollen sich aber aus dem Spiel ergeben. Es geht nicht darum, besonders originell zu sein. Auf das genaue Spiel mit den Spielpartnern kommt es an und darauf, Gedanken unmittelbar in Handlung umzusetzen. Impulse sollen direkt abgegeben und nicht verschleppt werden. Der Körperschwerpunkt wird ausbalanciert, Arme und Beine sind gelöst und flexibel. Neben Ohrfeigen können frontale oder seitliche Fußtritte, die auf verschiedene Körperstellen gerichtet werden, für das Impulstraining benutzt werden. Die Lautreihe FT, ST, CHT, SCHT ist auch in anderen situativen Zusammenhängen gut zu verwenden. Wir können die Spielpartner mit einer entsprechenden Geste und einem FTFT aus dem Raum schicken. Wir verführen sie mit einem CHT zum Lauschen oder fordern sie mit einem SCHT auf, mucksmäuschenstill zu sein. Es gibt eine Unzahl von Möglichkeiten, eine konkrete Handlung zu initiieren. Da die körperlich ausgedrückte Forderung die sprecherische immer einrahmt, können wir die Grundspannung, die es braucht, um das Verhalten unserer Spielpartner zu verändern, nicht verlieren. Gleichzeitiges Lösen der Atemmuskulatur und Aufgeben der körperlichen Grundspannung führt zum Verlust des Spielpartnerkontakts. Je direkter die Impulse sind, desto schneller ist das Spiel. Schnelligkeit verführt leicht zu Druck. Also heißt es, genau und konkret zu bleiben und immer wieder an die Fantasie der Studierenden zu appellieren, damit sie motiviert bleiben. Der auslautende Explosivlaut ermöglicht reflektorisches Atmen. Wenn wir ihn weglassen, funktioniert es aber immer noch gut. Der Gestus verändert sich dadurch und lässt auch weniger offensive Haltungen zu.

Nun geben wir die Reihe F, S, CH, SCH an die Spielpartner weiter. Untertexte wie „Wollen wir weitermachen?“ oder „Tut es noch weh?“ geben der Äußerung einen klaren Gestus. Die Reihe darf auch gern zweimal oder mehrfach ohne Pause hintereinander geäußert werden. Jetzt beginnt unser Zwerchfell zu tanzen. Wie beim Lachen hüpft es auf und ab und bewegt den ganzen Körper. Die verlängerte Ausatmung wird bei sehr wenig Luftverbrauch durch Zwerchfell- und Bauchmuskelaktivität rhythmisch unterbrochen. Die Muskulatur kann über das Denken und Handeln so fein gesteuert werden, dass in Abhängigkeit vom jeweiligen Gestus verschiedene Akzente gesetzt oder Tempovariationen vorgenommen werden können. Um motiviertes und absichtsvolles Handeln durchzusetzen, verwenden wir unterschiedliche Taktiken. Der Atem verbindet sich mit unserem strategischen Verhalten. Wir spannen nicht mehr nach jeder Silbe ab, lassen das Zwerchfell trotzdem hüpfen. Dadurch bleibt der Körperanschluss des Atems erhalten und die Muskulatur arbeitet in einem Modus, der sie nicht fest werden lässt. Wir beenden unser Impulsspiel mit einem das Zwerchfell erschütternden Lachfinale, das ich mit einem Lachverbot einleite. Sofort entwickelt sich ein unterdrücktes, stimmloses Lachen, bei dem die Atemluft bei geschlossenem Mund durch die Nase bewegt wird. Da der Widerstand, den die Enge der Nase dem Atem entgegenstellt, sehr hoch ist, wird die Atemmuskulatur angeregt. Dann öffnen wir den Mund und lassen das stimmhafte Lachen auf einem Vokal los. Die verschiedenen Vokale geben dem Lachen einen entsprechenden Gestus. Je größer die Öffnung des Vokals, desto befreiter ist das Lachen. Ein Lachen auf O kann erstaunt, auf E und I hämisch klingen. Es macht viel Spaß, die Atemmuskulatur zu trainieren. Die lange Ausatmungsphase garantiert eine tiefe Einatmung, bei der sich das Zwerchfell kräftig absenkt. Auch während der Einatmungsphase sind rhythmische Unterbrechungen möglich, die wie beim Weinen und Schluchzen stimmhaft sein können. Über hundert Muskeln sind beim Lachen gefordert. Der ganze Körper wird davon ergriffen. Wir biegen uns vor Lachen, wir lachen uns schief und krumm, wir kugeln und kringeln uns und lachen uns tot. Lachen ist ansteckend und initiiert immer neue Lachimpulse, die die Gruppe in Bewegung halten. Die stimmlichen Äußerungen sind durch den hohen Atemdruck zum Teil sehr kräftig, aber meist frei und unkontrolliert, solange das Lachen natürlichen Impulsen folgt.

Impulse sind Willensakte, die durch ein unmittelbares Umsetzen von Denken in Handlung gekennzeichnet sind. Wenn wir uns zu lange damit beschäftigen, wie wir unsere Denkimpulse in Handlung umsetzen, ist der Zauber des Augenblicks dahin und wir verlieren Kraft und Durchsetzungsfähigkeit. Je direkter und unmittelbarer Denkabsichten körperlich durchgesetzt werden, desto leichter verbinden sich Körper- und Sprechimpuls und desto weniger Kraft müssen wir aufwenden. Das erfordert eine gewisse Risikobereitschaft und eine gelöste körperliche und mentale Grundspannung. Impulse sind durch den schnellen Wechsel von Spannung und Lösung gekennzeichnet. Das erfordert einen ausbalancierten und lockeren Körper sowie ein flexibles Spiel der Atemmuskulatur, ohne die an die Situation angepasste Grundspannung zu verlieren. Die beste Voraussetzung dafür ist das Interesse an anderen. Denken wir zu viel über uns nach, verlieren wir unsere gelöste Grundspannung, Flexibilität und nach außen gerichtete Wahrnehmungsfähigkeit. Impulse werden dann verschleppt oder mit zu viel Körper- und/oder Stimmkraft produziert.

Das Phänomen Stimme

Wie die Sprache ist die menschliche Stimme mehrdimensional. Um ihre Komplexität wahrzunehmen und zu verstehen, sollten wir sie auch aus unterschiedlichen Perspektiven betrachten. Aus physiologischer Sicht sei zunächst ein Blick auf den Kehlkopf erlaubt, in dem der primäre Stimmschall gebildet wird. Der Kehlkopf ist Teil des Atemtrakts und bildet den Übergang vom Rachen zur Luftröhre. Er besteht aus Knorpeln, die durch Gelenke, Bänder und Muskeln miteinander verbunden sind. Der Kehldeckel ist ein elastischer Knorpel, der wie ein Tennisschläger aussieht. Mit seinem frei beweglichen Teil verschließt er den Kehlkopf beim Schlucken. Der Schildknorpel in der Form eines nach vorn gestellten römischen Schildes ist als sogenannter Adamsapfel bei Männern oft gut zu sehen. Der Ringknorpel erinnert in seiner Form an einen Siegelring, der mit der Ringplatte nach hinten gestellt ist. Schildknorpel und Ringknorpel sowie Ringknorpel und die beiden pyramidenförmigen Stellknorpel sind gelenkig miteinander verbunden. Der Kehlkopf bewegt sich beim Atmen, Schlucken und bei der Stimmgebung in vertikaler Richtung. Im Inneren des Kehlkopfes, am seitlichen Teil der Stellknorpel, dem Processus vocalis, setzen die Stimmbänder an und verlaufen bis zur Rückfläche des Schildknorpels. Die Stimmbänder und ihre zopfartig miteinander verflochtene Muskulatur, Bindegewebe, Gefäße und Nervenfasern bilden zusammen mit einer gegen sie verschieblichen Schleimhaut die Stimmlippen. Sie sind fünfzehn bis zwanzig Millimeter lang. Die gelenkigen Verbindungen zwischen dem Ringknorpel und den beiden Stellknorpeln ermöglichen eine

Kipp-Gleitbewegung, wodurch die Stellknorpel nach vorn unten bzw. hinten oben bewegt werden und sich auf diese Weise einander annähern oder voneinander entfernen und die Glottis in horizontaler Richtung schließen oder öffnen. Unterhalb der Stimmbänder verlaufen die Taschenfalten, die bei forcierter Phonation einspringen und schwingend den primären Kehlkopfschall überformen können. Die gelenkige Verbindung zwischen dem Schildknorpel und dem Ringknorpel erlaubt eine Kippbewegung des Ringknorpelbogens gegen den Schildknorpel. Die Ringknorpelplatte bewegt sich nach hinten unten, wodurch die Stellknorpel so bewegt werden, dass sich die Stimmlippen spannen. Die Kehlkopfmuskulatur öffnet und schließt die Glottis, spannt und entspannt die Stimmlippen und verändert ihre Feineinstellung. Die inneren und äußeren Kehlkopfmuskeln stehen in einem sich wechselseitig beeinflussenden Zusammenhang. Stimmgebung erfolgt, wenn myoelastische und aerodynamische Voraussetzungen erfüllt sind. Zunächst regelt die Aktivität der Kehlkopfmuskulatur die Einstellung und Elastizität der Stimmlippen in einer Weise, dass diese schwingen und so einen Ton erzeugen können. Die Stimmlippen werden in Phonationsstellung gebracht, indem sie sich locker aneinanderlegen und die Glottis verschließen. Stimmgebung ist nur möglich, wenn Atemluft die Glottis durchströmt. Dazu muss der Luftdruck unterhalb der Glottis höher sein als darüber. Erreicht der subglottische Druck einen Schwellenwert, werden die geschlossenen Stimmlippen von unten nach oben auseinanderbewegt. Die ausgeatmete Luft durchströmt die geöffnete Glottis mit zunehmender Geschwindigkeit. Dadurch entsteht ein Unterdruck und eine Sogwirkung, Bernoulli-Effekt genannt, wodurch die elastischen Stimmlippen angesaugt werden und sich von unten nach oben schließen. Der subglottische Druck kann sich erneut aufbauen, und der Schwingungsablauf beginnt von vorn. Die Stimmlippen schwingen dreidimensional. Sie öffnen und schließen sich, sie steigen und fallen. Sie bewegen sich also auf horizontaler und vertikaler Ebene. Gleichzeitig rollt die auf dem Stimmband beweglich aufsitzende Schleimhaut ellipsenförmig ab.[54]

Eine klare und dichte Stimme setzt einen gleichmäßigen Verlauf der Stimmlippenschwingung voraus. Das gelingt, wenn wir die Aktivität der Kehlkopfmuskulatur an die aktuellen Bedingungen der Stimmgebung und Sprechsituation anpassen. Gleichzeitig bestimmt die Regulierung des Phonationsstroms die Qualität des Stimmklangs. Körperhaltung und Atmung sind die Mittler in diesem Prozess. Der entscheidende Impuls entspringt unserem Denken, Fühlen und Handeln in konkreten Situationen. Unser Kehlkopf ist Teil unseres Körpers, der sich in jeder Situation partiell neu organisiert. Die Ausbildung von Schauspielstudierenden sollte von ihren individuellen Voraussetzungen ausgehen und kein Klangideal anstreben. Ist die Stimme klar und dicht, aber nicht durchlässig, wird sie nur bedingt als Ausdrucksmittel zur Verfügung stehen. Andererseits kann ein hoher Geräuschanteil im Stimmklang die Durchlässigkeit der Stimme einschränken. Die Stimme sollte das Denken, Fühlen und Handeln von Figuren so fein abbilden, dass wir mit unseren Ohren sehen können. Das Wissen um anatomische Gegebenheiten und physiologische Abläufe kann uns helfen, die grundlegenden Fähigkeiten, mit denen wir ausgestattet sind, zu verstehen und als solche zu nutzen. Unterstützen wir die Stimme mit dem Atem und den Atem mit dem Körper, dann machen wir die Stimme durchlässig und erhalten sie belastbar.

Stimmgebung ist die sekundäre Funktion des Kehlkopfes. Primär ist er auf das basale Bedürfnis der Atmung ausgerichtet, indem er die Luftröhre beim Schlucken verschließt bzw. in den Kehlkopfeingang gelangte Fremdkörper durch Husten wieder hinausbefördert. Gleichzeitig erfüllt der Kehlkopf eine Doppelventilfunktion, durch die er den Brustraum beim Ausführen bestimmter Körperaktivitäten stabilisiert. Er ist Einlassventil mit Unterdruckfunktion durch Stimmlippenschluss und aktiviert die Einatmungsmuskulatur beim Heben der Arme zum Klettern oder Hochziehen des eigenen Körpers sowie bei Bewegungen, die eine gute Körperbalance fordern wie Tanzen, Eislaufen, Balancieren. Der Kehlkopf ist Auslassventil gegen den Überdruck im Brustraum und unterstützt die Aktivität der Ausatmungsmuskulatur bei allen vom Körper weg gerichteten Bewegungen wie Stoßen, Treten, Schieben und bei auspressenden Tätigkeiten wie Husten, Erbrechen, Defäkieren und Gebären.

Wie Stimmklang entsteht und uns verlässt

Betrachten wir die menschliche Stimme als physikalische Größe, so ist sie als Schall beschreibbar, der sich als zusammengesetzte periodische Schwingung in Form einer Längswelle im Raum ausbreitet. Schallwellen sind aufeinanderfolgende Druckveränderungen der Luft, die das Trommelfell auf den Hörsinn überträgt. Bei einem einfachen Sinuston entspricht die Frequenz der Tonhöhe und die Amplitude der Lautstärke. Der einfache Sinuston kommt in der Natur praktisch nicht vor. Er kann mit einem Tongenerator oder einer Stimmgabel hergestellt werden. Die menschliche Stimme setzt sich aus harmonischen Teilschwingungen zusammen. Teilschwingungen sind Sinusschwingungen mit unterschiedlichen Frequenzen und Amplituden. Sind die Frequenzen der Teilschwingungen ein Vielfaches der ersten Teilschwingung, spricht man von einer zusammengesetzten periodischen Schwingung oder einem Klang. Die harmonische Teilschwingung dieses Klangs mit der niedrigsten Frequenz wird als Grundfrequenz bezeichnet und als Tonhöhe wahrgenommen. Sie ist abhängig von der Frequenz der Stimmlippenschwingung. Die Anzahl der Schwingungen pro Sekunde wird in Hertz angegeben. Unser hörbares Frequenzband liegt zwischen 20 und 20 000 Hz. Werden die Stimmlippen durch die Aktivität der für die Einstellung verantwortlichen Muskeln gespannt, verlängern sie sich und verändern ihre Form und ihr Schwingungsverhalten. Die Frequenz der Schwingung erhöht sich, die Tonhöhe steigt. Werden die entsprechenden Muskeln gelöst, verkürzen sich die Stimmlippen, und die Tonhöhe sinkt. Lassen wir die Luft aus einem gefüllten Luftballon kontrolliert entweichen und verändern die Spannung an der Öffnung, erleben wir ein vergleichbares Phänomen. Nur ein gut mit Luft gefüllter Ballon lässt hohe Töne zu. Ähnlich verhält es sich mit der Stimme. Der subglottische Druck beeinflusst die Tonhöhe. Nimmt er zu, erhöht sich die Frequenz der Schwingung, und die Tonhöhe steigt. Gleichzeitig ist er Voraussetzung für den Schalldruckpegel und die Stimmstärke. Erhöhter Atemdruck führt zu einer größeren Amplitude der Schwingung und zu vermehrter Stimmstärke. Unser subjektives Empfinden von Lautheit beruht auf einem komplizierteren Zusammenhang. Bei gleichem Schalldruckpegel werden Töne unterschiedlicher Frequenzen verschieden laut wahrgenommen. Wir empfinden tiefe Töne leiser als hohe, sehr hohe Töne ausgenommen. Im mittleren Frequenzbereich bleibt die Tonhöhe bei steigender Lautstärke annähernd gleich. Der Stimmklang entsteht im Ansatzrohr, das ist der Raum oberhalb der Stimmlippen. Dazu gehört der gesamte Kehlkopfeingang, der Rachen, die Mundhöhle, die Nase und die Nasennebenhöhlen, die Verbindung zwischen Nase und Ohr und das Mittelohr. Eingerahmt wird dieser Klangraum durch die knöchernen Strukturen der Halswirbelsäule und des Schädels. Durch das Zusammenspiel einer Vielzahl von Muskeln können Gaumensegel, Wangen, Zunge, Mundboden, Kiefer und Lippen bewegt werden und die Form der Resonanzräume verändern.

Der primäre Kehlkopfschall ist abhängig von der Größe und Form der Stimmlippen und ihrem Schwingungsverhalten. Die Größe des Kehlkopfes variiert einerseits in Abhängigkeit vom Geschlecht, andererseits gibt es einen Zusammenhang zwischen der Körpergröße und Körperkonstitution und der Länge und Breite der Stimmlippen. Bei großen, schlanken Männern sind sie tendenziell länger und schmaler als bei kleinen und kräftigeren Männern. Kleine und zierlichere Frauen haben oft kürzere Stimmlippen als große und kräftigere Frauen. Lange Stimmlippen erzeugen bei ungespanntem Sprechen tiefere Töne als kurze Stimmlippen. Der primäre Kehlkopfschall ist demnach zu einem gewissen Grade von körperlichen Grundvoraussetzungen abhängig. Teiltöne des primären Kehlkopfschalls werden in den Resonanzräumen des Ansatzrohres verstärkt oder gedämpft. So entsteht die Klangfarbe einer Stimme, die einerseits durch die individuellen Voraussetzungen, also durch die personenspezifische Form eines jeden Ansatzrohres und die Sprechgewohnheiten gegeben ist, andererseits durch ein entsprechendes Training verändert werden kann. Der Stimmklang setzt sich aus einer tiefen Grundtonfrequenz und höheren Teiltonfrequenzen, den Obertönen, die ganzheitliche Vielfache der Grundtonfrequenz darstellen, zusammen. Wolfgang Saus, Obertonsänger und Forscher auf dem Gebiet des Obertonsingens, beschreibt über fünfzig Obertöne, die beim Singen des Vokals Ä in mittlerer Lage erklingen. Unser Gehirn fasst diese Frequenzen und Intensitäten zusammen und lässt sie uns als einen Klang wahrnehmen.[55] Während die Grundtonfrequenz eines Klanges mit der Tonhöhe korreliert, nehmen wir aufgrund der Frequenz- und Amplitudenverteilung der Obertöne in den Resonanzräumen des Ansatzrohres die Klangfarbe der Stimme wahr. Im Ansatzrohr werden die Obertöne verstärkt, die der Eigenschwingung des jeweiligen Resonanzraums entsprechen. Resonanz entsteht, wenn Teiltöne auf Frequenzregionen mit gleicher Schwingungszahl treffen. Die Frequenzregionen des Ansatzrohres, in denen Teiltöne ungefähr gleicher Intensität besonders verstärkt werden, heißen Formanten. Je nach Lage und Ausprägung der Formanten nehmen wir die verschiedenen Vokale in ihrer spezifischen Klangfarbe wahr. Wir unterscheiden die Vokalklänge aufgrund der Lautstärkeverteilung der Teiltöne. Unser Gehirn lässt eine gewisse Varianz an Klangmöglichkeiten zu, um Vokalklänge voneinander zu unterscheiden. Jeder Vokal weist zwar ein typisches Klangspektrum auf, variiert aber zum Teil erheblich in Abhängigkeit vom Dialekt, der individuellen Sprechweise, der Tagesform und Stimmung sowie dem sich aus der Sprechsituation ergebenden Gestus.

Im Hintergrund der Vokalklänge, die Klang- und Bedeutungsträger sind, verbergen sich klangliche Merkmale, die wir intuitiv wahrnehmen, die wir spüren, auf die wir reagieren, die wir aber nicht eindeutig beschreiben können. Unsere Wahrnehmung von Stimmklang ist vor allem bei der Sprechstimme beeinflusst von der Sprache, wie die Wahrnehmung von Sprache beeinflusst ist vom Stimmklang. Diese innige Verbindung lässt sich schwer trennen. Als Rechtshänder verarbeiten wir Sprachlaute vorwiegend in der linken Großhirnhemisphäre. Für die Verarbeitung von Stimmklang nutzen wir stärker die rechte Hemisphäre, die uns auch Gesichter erkennen und Landkarten lesen lässt, die aktiv ist, wenn wir unvermittelt fluchen oder von einem Ohrwurm geplagt werden. Hier werden Beziehungen zwischen gleichzeitig stattfindenden Schallereignissen hergestellt und zu einem Ganzen gefügt.[56] Die linke Hemisphäre übernimmt dabei gern die Führung und kontrolliert unsere emotionale Seite. Während eines Workshops zum Obertonsingen mit Wolfgang Saus wurde ich mir meiner analytischen und von Erwartungen geprägten Wahrnehmung von Stimmklang nur zu deutlich bewusst. Im Kreis meiner Kollegen war ich die letzte Teilnehmerin, die aus dem von Saus demonstrierten Gesängen eine Melodie heraushören konnte. Zwar hörte ich die Obertöne in ihrer ganzen Brillanz und Schönheit, aber die Melodie des mir bekannten Liedes blieb mir lange Zeit verborgen. Wie bei einem Kippbild, in dem wir das zweite, verborgene Gesicht erst erkennen, wenn wir das Wollen etwas zurücknehmen und uns ein wenig gehen lassen, gelang es mir, als ich schon nicht mehr damit rechnete, meine Wahrnehmung dem linken Ohr zu überlassen und dadurch umzustellen. Der Moment war von starken Affekten begleitet. Ich habe aus dieser Erfahrung gelernt, entspannter und unvoreingenommener wahrzunehmen und neben dem Sinn immer wieder auch die Sinnlichkeit abzufragen. Wie wir etwas sagen und was wir sagen, setzt uns anderen Menschen in gewisser Weise aus. Eine Vielzahl von interpretierbaren Informationen schmuggelt sich in unsere Aussagen. Unsere Sensoren für Stimmklänge sind offen für Informationen, die dabei helfen, uns ein Bild von anderen zu machen. Affektives Wahrnehmen des Stimmklangs kann über Sympathie und Antipathie, Kontakt- oder Distanzbedürfnisse entscheiden. „Der Ton macht die Musik", sagt der Volksmund. Und diese Musik kann Aussagen Wahrheit verleihen oder sie in ihr Gegenteil verkehren. Die Stimme als Klangträger jenseits von Bedeutungen entzieht sich in ihrer Gesamtwahrnehmung einer klaren Beschreibung. Natürlich lässt sie sich hinsichtlich ihrer Funktionsweise als klar bis rau, dicht bis verhaucht beschreiben. Damit erfahren wir etwas über das Schwingungsverhalten der Stimmlippen und über hohe oder niedrige Geräuschanteile im Stimmklang. Untersuchungen zur Stimmwirkungsforschung am Sprechwissenschaftlichen Institut der Martin-Luther-Universität Halle-Wittenberg in den 1980er Jahren ließen Tendenzen erkennen, dass klare Stimmen von Fremdhörern als sympathischer wahrgenommen werden als heisere Stimmen. Die Ergebnisse solcher Untersuchungen sind allerdings nicht unabhängig vom Zeitgeist zu betrachten. Im Stimmklang bildet sich immer auch eine Anpassung an den jeweiligen Geschmack einer Generation ab. Der Stimmklang ist durchdrungen von Körper und Bewusstsein, Natur und Kultur, Gefühl und Verstand. Ob wir uns einer Stimme zuwenden oder uns von ihr distanzieren, lässt sich mit Klangqualitätsanalysen und Trends nicht hinreichend erklären.

Unabhängig davon, dass wir eine Stimme interessant oder besonders finden können, erleben wir auch eine Art von Mitschwingen oder Gleichklang – etwas Taktiles, eine Klangberührung. Sowohl in der Selbst- als auch in der Fremdwahrnehmung wird dieses Phänomen von einem Gefühl der Vertrautheit und Freiheit begleitet und erhöht die gegenseitige Zuwendung. Klangberührung auf der Bühne setzt intensives, genaues und einsehbares Partnerspiel voraus. Die menschliche Stimme ist ein flüchtiges Ereignis. Kaum erklungen, ist sie schon verhallt und hinterlässt sowohl bei Sprechern als auch bei Hörern einen Eindruck. Sie prägt sich in unsere Körper ein oder gleitet an der Oberfläche ab, sie kann liebkosen, sie kann verletzen. „Der Stimme haftet etwas Taktiles an: Sie stiftet dadurch einen direkten Kontakt mit dem Sprechenden. Der Kontakt hat, qua Berührung, einen leiblichen Impuls, und es ist mitunter dieser leibliche Impuls, der entscheidet, ob ich zuhöre, ob ich das Gesagte aufnehme, mich innerlich abwende oder gar den Anderen abweise."[57] Die Qualität dieses direkten Kontakts variiert in Abhängigkeit von der Kommunikationssituation und dem Verhältnis ihrer Komponenten. Sprechen wir bewusst an anderen vorbei oder über sie hinweg, verleihen wir auf diese Weise unserem Kontaktbedürfnis einen konkreten Ausdruck. Durch verstärktes stimmliches Fokussieren können wir andere an uns binden oder sie in einer Gruppe vorführen, indem wir die Aufmerksamkeit auf sie lenken. Stellen wir den Schallwinkel weiter ein, indem wir unsere Absicht und unsere Körperlichkeit verändern, erreichen wir größere Gruppen von Menschen und fesseln oder lenken ihre Aufmerksamkeit. Wir können mit der Stimme auf verschiedene Weise in andere eindringen und sie so in die Verantwortung nehmen oder unsere Stimme an ihnen abprallen lassen. All das ist unabhängig von den Wortbedeutungen, die wir mit der Stimme übertragen, steht oftmals sogar im Widerspruch dazu. Das Gesagte und die Art und Weise des Sagens passen nicht immer zusammen. Ungeübte Sprecher und auch Hörer nehmen diese Diskrepanz meist nicht bewusst wahr, aber sie spüren, dass etwas nicht stimmt, und werden auf eine bestimmte Weise aufmerksam, gehen vielleicht sogar auf Distanz. Der Impuls, die Stimme zu erheben, ist ein körperlicher. Der Körper stellt Neuronen, Atem, Muskeln und Raum zur Verfügung. Hat die Stimme als Schallwelle den Körper verlassen, haben wir keine Kontrolle mehr über sie. Wir können ihrem Klang nachlauschen und erleben, was er anrichtet. „Hörbar ist die Stimme immer als Widerhall, als Echo, also in der nachklingenden Wiederholung des Unwiederholbaren, in der Nachwirkung, in der Spur, die sie hinterlässt."[58] Die Stimme ist die Spur unseres individuellen Körpers, der seiner Stimme eine Startbahn leiht. „Sie ist ein Körpergeschoss, das sich von seinem Ursprung losgerissen hat und doch körperlich bleibt."[59] Die Stimme verlängert unseren Körper in den Raum.

Wie wir uns sprechend einander aussetzen

Ebenso wie die Stimme ein physisches und physikalisches Phänomen ist, so ist sie immer auch ein psychisches Phänomen. Körper und Bewusstsein sind in ihr untrennbar verbunden. Sie macht uns als Person kenntlich. In der Stimme kehren wir unser Inneres nach außen. Stimme und Stimmung teilen sich in der deutschen Sprache den Wortstamm. Gleichzeitig ist die Stimme Teil unseres sozialen Körpers. Sie lässt erkennen, wie wir uns als Sprecher im Raum der sozialen Interaktion positionieren. Das betrifft unsere Einstellungen und unsere Haltungen. Die Überschneidungen, die sich hier andeuten, sind unübersehbar. Wie viel Individualität steckt im sozialen Körper, wie viel Sozialität im individuellen? Und wie viel Raum nimmt der jeweilige Anteil im Stimmklang ein? Spiegelt die Stimme, wer wir sind oder wer wir zu sein vorgeben, uns wünschen zu sein, lieber nicht wären? Wer die Stimme erhebt, ist diesen Fragen ausgesetzt. Ebenso wie wir uns im Stimmklang von innen nach außen kehren, unseren Standpunkt in der Welt preisgeben und von unserer Gestimmtheit künden können, so ist es uns auch möglich, all das zu verstecken. Dann bedienen wir Konventionen, verhalten uns höflich, diplomatisch oder angepasst, unterdrücken einen spontanen Impuls oder heucheln Interesse, wo wir in Gedanken ganz woanders sind. Als Hörer sind wir in der Lage wahrzunehmen, ob sich Sprecher aussetzen oder ob sie versuchen, es nicht zu tun. Uns obliegt die Entscheidung, ob wir mit der Bereitschaft zuhören, die Widersprüche und Zwischentöne einer stimmlichen Entäußerung wahrzunehmen, oder ob wir sie ignorieren. Insofern setzen wir uns als Sprecher und Hörer einander aus, auch wenn wir versuchen, es nicht zu tun. In der gewohnten Alltagskommunikation mit mehr oder weniger vertrauten Personen fällt es uns in der Regel leichter, dieses Ausgesetztsein zu erleben, zu beeinflussen und handelnd zu erhalten. Auch eine entsprechende Vereinbarung, sich zu öffnen, wie sie für das therapeutische Gespräch getroffen wird, bildet einen hilfreichen Rahmen. Im Einzelunterricht Sprechen sollte eine ähnliche vertrauensvolle Situation hergestellt werden können. So können wir die Grundspannung des Körpers, seine Stabilität und Flexibilität, den Rhythmus des Atems, die Schwingungsfähigkeit der Stimme und die von ihr durchströmten Resonanzräume genauer wahrnehmen und untersuchen. In weniger vertrauten Kommunikationssituationen empfinden wir das Ausgesetztsein in der Stimme deutlicher. Wenn wir uns in einer Gruppe von fremden Menschen, deren Augen und Ohren allein auf uns gerichtet sind, zu Wort melden, können wir eine gewisse Aufregung spüren. Die Körperspannung und Atemfrequenz nimmt zu, der Herzschlag beschleunigt, wir erröten vielleicht, die Hände werden feucht. Jeder kennt das und weiß, dass diese Attraktionen von der Kommunikationssituation abhängen. Geübte Redner haben gelernt, damit umzugehen, freuen sich sogar auf diese kleine Aufregung. Ausgeprägtes Lampenfieber kann sehr unangenehm sein. Wir werden uns des Ausgesetztseins in der Stimme bewusst, und manchmal bleibt sie uns im Halse stecken, will sich nicht zur Verfügung stellen oder kommt uns ganz fremd vor. Können sich Schauspielstudierende hinter ihren Figuren verstecken? Oder durchmischen sich vielmehr Spielerkörper und Figurenkörper in einem Metabolismus, den wir Verwandlung nennen und der die Stimme mitnimmt? Die für das Verhalten von Figuren durchlässigen Körper der Schauspielstudierenden bilden in ihren Stimmen und in ihrer Sprechweise ab, was sie als Denken, Fühlen und Handeln der Figur fantasieren. Die freie und durchlässige Stimme ist ein erstrebenswertes Ziel der Ausbildung im Fach Sprechen, wenn auch nicht immer leicht zu erreichen. Die individuellen Unterschiede ergeben sich sowohl hinsichtlich des stimmlichen Materials als auch durch die stimmliche Sozialisation, in der stimmliche Vorbilder eine oft schwer nachvollziehbare Rolle spielen.

Lustvolles Sprechen

Die primäre Funktion des Kehlkopfes, die darin besteht, Nahrungsaufnahme und Atmung zu entkoppeln, kann die freie Stimme sowohl hindern als auch befördern. Durch das komplexe Wirken von Muskeln wird das Gaumensegel beim Schlucken angehoben und bildet mit dem Passavantschen Ringwulst einen Verschluss, der gewährleistet, dass keine Nahrung in die Nase gelangt. Um die Luftröhre zu schützen, werden die Stimmlippen geschlossen, der Kehldeckel senkt sich ab, während Zungenbein und Kehlkopf nach oben bewegt werden. Kehldeckel und Kehlkopfeingang nähern sich auf diese Weise und bilden einen Verschluss, der die unteren Atemorgane schützt. Gleichzeitig öffnet sich der obere Schließmuskel der Speiseröhre. Kräftiges Husten kann Nahrung, die in den Bereich des Kehlkopfeingangs gelangt ist, aus diesem herausbefördern. Die meisten der an der Stimmbildung beteiligten Muskeln erfüllen die Primärfunktion der Atmung während der Nahrungsaufnahme und reagieren bei Gefahr des Verschluckens reflexartig mit Anspannung. Da die Nahrungsaufnahme in der Regel ein angenehmer, lustvoller Vorgang ist, befindet sich die an diesem Prozess beteiligte Muskulatur wiederum in einem ausbalancierten Verhältnis. Auch die für die Artikulation eingesetzten Muskeln werden sowohl beim Schlucken als auch in der oralen Vorbereitungsphase primär für die Nahrungsaufnahme eingesetzt. Das betrifft das Prüfen, Aufnehmen, Zerkleinern und Bewegen der Nahrung. Die ausgeglichene Körperspannung lustvollen Tuns kann für die Stimmgebung genutzt werden. Stimmhaftes Kauen von realer oder vorgestellter, wohlschmeckender Nahrung führt, nachdem die ersten Hemmschwellen überwunden sind, zu gelöster Stimmgebung. Das körperliche Wohlgefühl, das sich durch das hingebungsvolle Kauen einstellt, bildet sich im Stimmklang ab. Die von dem Wiener Mediziner Emil Fröschels zur Therapie des Stotterns entwickelte Kaumethode wurde von dem deutschen Sprechwissenschaftler Hans Krech in den 1960er Jahren in die kombiniert-psychologische Übungstherapie aufgenommen.[60] Schauspielstudierende sind für Kauübungen meist schnell zu gewinnen. Schon das Erschnuppern von realem oder vorgestelltem Kaffeeduft verändert die Körperspannung. Drei oder vier kurze, gerichtete Schnüffler durch die Nase aktivieren die Atemmuskulatur spürbar. Die dadurch initiierte Ausatmung können wir für ein wohlig geseufztes Hmm nutzen, das durch Bewegungen von Lippen, Kiefer und Zunge durchgekaut werden kann. Den Vibrationen von Lippen, Wangen, Nasennebenhöhlen, Zunge und Zähnen lässt sich gezielt nachspüren, indem wir den Fokus auf die einzelnen oder das Zusammenwirken der jeweiligen Artikulationsorgane lenken. Schon mit der Einatmung können wir einen realen oder fantasierten Eindruck aufnehmen, der unsere Aufmerksamkeit auf bestimmte Bereiche der am Schmeck-, Riech- oder Kauvorgang beteiligten Organe richtet. Die Fantasie löst Wahrnehmungen aus und verändert das Resonanzverhalten des Ansatzrohres so, dass sich im Stimmklang konkrete Einstellungen abbilden können. Wenn der gesamte Körper davon erfasst wird, findet die Vorstellung von sauer, süß, scharf, bitter oder heiß und kalt einen Ausdruck im Stimmklang. Teilen wir unsere Eindrücke mit anderen, um ihnen zuzustimmen, sie einzuladen oder zu warnen, richtet sich der Körper sowohl auf den Auslöser unseres Riech-, Schmeck- oder Kauverhaltens als auch auf die Spielpartner aus, deren Aufmerksamkeit oder deren Handlungen wir beeinflussen möchten. Das gelöste, lustvolle Äußern, das sich aus der Beschäftigung mit fantasiertem Duft oder Geschmack oder einer bestimmten Konsistenz ergibt, kann unangestrengt beibehalten werden. Wir vergrößern unseren Raumanspruch, ohne den Atemdruck zu erhöhen oder uns beim Riechen, Schmecken und Kauen auf andere Weise anzustrengen.

Wir nutzen für diese Übungen zwei Fähigkeiten, die uns seit frühester Kindheit zur Verfügung stehen: Lust zu empfinden und Lust zu teilen bzw. mitzuteilen, um mit anderen in Beziehung zu treten. Auf diese Weise docken wir an eine Entwicklungsphase an, die durch intuitives Verhalten geprägt ist und Instinkten folgt. Wir äußern uns in diesen Übungen als biologische Wesen deutlicher, als dass wir Konventionen folgen, auch wenn sich dieser Aspekt unseres Daseins bei aller Fantasie nie ganz leugnen lässt. Zu früh haben wir gelernt, nicht mit vollem Mund zu reden, nicht zu schmatzen, hinunterzuschlucken, bevor wir sprechen. Nun sollen wir unserer Lust immer und überall eine Stimme geben. Nehmen wir die Konventionen mit ins Spiel, lassen sie sich oftmals deutlicher erkennen und auflösen. Wir können spielerisch einen situativen Rahmen schaffen, in dem Lust bewusst unterdrückt wird, um Konventionen einzuhalten. Dabei darf auch gern kräftig übertrieben werden. Der Unterschied zwischen einem behaupteten Gefühl und einem, das sich in einer konkreten Situation spontan entäußert, ist schnell erkannt. Der Ausdruck von Körper, Stimme und Sprache wird entweder kontrolliert oder folgt einem unmittelbaren Impuls. Beide Ausdrucksformen haben auf der Bühne ihre Berechtigung. Kontrolliertes Verhalten beherrschen wir in der Regel wesentlich besser, da wir es im Rahmen unserer Sozialisation in der einen oder anderen Form erlernt haben und es in der sozialen Interaktion täglich trainieren. Wir spielen die uns zugewiesenen und selbst erschaffenen Rollen und passen unsere Handlungen mühelos an soziale Kontexte an. Das gelingt uns, weil wir beobachten und nachahmend Verhalten ausprobieren. Schauspielstudierende beobachten und machen in der Nachahmung Handlungen kenntlich und erlebbar. Anders als im alltäglichen Rollenverhalten suchen sie Widersprüche und Konflikte von Handlungen, die Abgründe und Brüche im Figurenverhalten kenntlich machen.

Stimme im postdramatischen Theater

Was passiert aber mit den Stimmen, wenn Figuren und dramatische Handlung in den Hintergrund treten oder ganz verschwinden? Die rasanten Entwicklungen unserer Zeit machen vor den Künsten nicht halt, scheinen sie im Gegenteil anzutreiben. Das Tempo ist dabei entscheidend. Das Theater verlangt nach „unbedingter Körperlichkeit und rein energetischer und vor allem sofortiger Präsenz, die keine Zeit mehr hat für lange Spannungsbögen“.[61] Das postdramatische Theater zeigt ein zunehmendes Interesse am stimmlichen Experiment. Das gab es bereits vor der performativen Wende. Das erste dadaistische Manifest, von Hugo Ball am 14. Juli 1916 in Zürich vorgetragen, macht deutlich, wohin es mit Sprache und Stimme gehen sollte – wider die Konvention. In seinem dadaistischen

Langgedicht „Ursonate" arrangierte Kurt Schwitters in den 1930er Jahren Nonverbales in einer Partitur. Das von Antonin Artaud geforderte „Theater der Grausamkeit" bediente sich expressiver Stimmgebung in Form von Glossolalie und exzessivem Schreien einschließlich Pauke, Gong, Xylophon und Trommel. Es sollte die Zuschauer schmerzhaft berühren wie in seinem Hörspiel „Schluss mit dem Gottesgericht", das 1947 nach sechstägigen Proben und einer Aufzeichnung des französischen Rundfunks wegen Ungebührlichkeit nicht gesendet wurde. Die exzeptionelle Künstlerin Marina Abramović schrie 1975 während einer Performance im Studentischen Kulturzentrum in Belgrad, bis nach drei Stunden ihre Stimme versagte: „Ich legte mich auf eine Matratze und schrie mir die Seele aus dem Leib, schrie meinen ganzen Frust heraus – über Belgrad, Jugoslawien, meine Mutter, mein Gefangensein. Ich schrie, bis ich – drei Stunden später – keine Stimme mehr hatte."[62]

Wie geht es Schauspielstudierenden, die in Proben und Aufführungen zu unmotiviertem Schreien angehalten werden oder sich freiwillig selbst überfordern? Lang anhaltende Heiserkeit oder Aphonie aufgrund stimmlicher Überlastung kann zu einem Martyrium werden. Eine gute Stimmtechnik ist nicht immer ein Garant dafür, unmotiviertes Schreien schadlos zu überstehen. Nicht in jedem Fall erholt sich die Stimme. Manchmal müssen Stimmlippenknötchen oder Ödeme mikrochirurgisch abgetragen werden, was eine längere Phase der Stimmruhe und möglicherweise eine logopädische Betreuung nach sich zieht. „Stimme als Paradigma des Performativen" heißt ein Projekt im Sonderforschungsbereich „Kulturen des Performativen" an der FU Berlin. Eine Reihe von Veröffentlichungen befasst sich damit, das Phänomen Stimme neu zu definieren. Im performativen Theater begegnen uns Stimmen, die aus Handlungen hervortreten oder von Handlungen abgekoppelt sind. Diese Stimmen brechen mit Wahrnehmungsgewohnheiten einerseits ob ihres Klangs, andererseits dadurch, dass sie das Thema der Aufführung sind, das heißt, dass der durch sie vollzogene Sprechakt im Moment der Entäußerung im Vordergrund steht. Die Stimme wird zum theatralen Ereignis. „In diesem postmodernen Ereignistheater geht es um das Hier und Jetzt real werdende Vollziehen von Akten, die in dem Moment, da sie geschehen, ihren Lohn darin haben und keine bleibenden Spuren des Sinns, des kulturellen Monuments usw. hinterlassen müssen."[63] Das postmoderne Theater wird als aus der Avantgarde der frühen 1920er Jahre, der Theaterästhetik Brechts und den Aktionskünsten, zu denen auch die Performance zählt, hervorgehend beschrieben. Für Bernd Stegemann ist das postdramatische Theater Ausdruck eines „Misstrauens gegenüber den Möglichkeiten der Mimesis, menschliches Handeln und damit reale Welt überhaupt abbilden zu können".[64] Postmoderne Ereignisse sind selbstreferenziell. Das Was ist weniger gefragt als das Wie. Die Form dominiert den Inhalt oder wird zum Inhalt. Dem Zuschauer werden neue Wahrnehmungsräume angeboten. Er „muss in jedem Moment selbst zur sinnlichen Anteilnahme bereit sein. Erst wenn er diese zulässt und erlebt, kann er den Ablauf der Parataxen als künstlerische Form erfahren. Die Mitarbeit des Zuschauers besteht im Postdramatischen also auf einer neuen Ebene. Er wird zum Autor seiner von ihm selbst erlebten Ereignisse".[65] Die Sprache verliert ihren zeichenhaften Mitteilungscharakter, um sich im Akt der Hervorbringung zu genügen, während die Stimme als sinnlich-ästhetisches Phänomen entdeckt und als theatrales Zeichen in den Vordergrund gestellt wird. Die Theaterwissenschaftlerin Jenny Schrödl spricht von vokalen Intensitäten, die aufhorchen lassen, die irritieren, verstören. Erst die von der Bedeutung befreite Stimme werde als sinnlich-affektives Phänomen wahrgenommen. Als wesentlichen Aspekt der Stimmästhetik des performativen Theaters beschreibt Schrödl „eine Dekonstruktion von traditionellen Idealen und Vorstellungen der (theatralen) Stimme und des Sprechens (Wohlklang, Verständlichkeit, Repräsentation von Rollen)". Sie räumt ein, „auch im Kontext dramatischen Theaters und mit dem Einsatz von schönen, angenehmen Stimmen sowie von wohlklingenden Reden ist es möglich, die materielle Erscheinung der Stimme prägnant hervortreten zu lassen und damit ästhetische Stimmerfahrung zu ermöglichen".[66]

Die schöne, angenehm klingende Stimme ist nicht das Ziel der Ausbildung im gestischen Sprechen. Vielmehr ist es zunächst die durchlässige Stimme, die den Körper der Sprecher hörbar, fühlbar und sichtbar macht, indem sie ihr Denken, Fühlen und Handeln und die darin verborgenen Widersprüche in einer konkreten Situation erfahrbar werden lässt. Und es ist unerheblich, ob es sich dabei um eine Situation handelt, die sich aus der Interaktion zwischen Figuren und/oder den Zuschauern ergibt. Im Gegensatz zur postmodernen Stimmästhetik bezieht sich das gestische Sprechen auf ein Was auf der Suche nach einem Wie. Die so entstehende Verbindung zwischen Inhalt und Form ergibt sich aus der Beziehung zu Spielpartnern oder Zuschauern. Auf der Grundlage dieser Trinität von Sprechern, Objekten oder Sachverhalten und Hörern kann die Stimme extremes Denken, Fühlen, Verhalten verkörpern und versinnlichen. Dass die Stimme dabei immer auch im Joch der Sprache und der Konventionen läuft, kann als ein Hindernis auf dem Weg zur Durchlässigkeit, aber auch als eine Herausforderung gesehen werden, wodurch sich interessante Widersprüche ergeben.

Neben der Durchlässigkeit betrachte ich die Durchsetzungsfähigkeit der Stimme als erstrebenswert. Dazu zähle ich nicht nur die Stimmkraft, den Raumgriff und die Belastbarkeit der Stimme, sondern vor allem auch ihre Flexibilität und Rücknahmefähigkeit. Sich mit der Stimme durchzusetzen, fordert den durchsetzungsfähigen Körper im auf Widersprüchen gründenden Dialog. Findet die Stimme keinen Anschluss an den Körper und keinen Referenzpunkt im Raum, ermüdet sie bald, ist nur mehr mit vermehrtem Atemdruck im Raum zu halten, wird heiser oder versagt gänzlich. Diesem Vorgang als Zuschauer beizuwohnen, hat etwas Ereignishaftes; es ist absolut authentisch, aber es ist auch eine Körperverletzung, vor der ich Schauspielstudierende – so gut es geht – zu schützen versuche. Durch Überlastung heisere Stimmen verlieren ihre Flexibilität. Der Geräuschanteil im Stimmklang verdeckt feine Nuancen, die die Durchlässigkeit gewährt. Die raue, behauchte, geflüsterte, knarrende oder enge Stimme kann in einer konkreten Spielsituation entwickelt und eingesetzt werden, ohne der Stimme mittel- oder langfristig zu schaden. Das gilt ebenso für das Lachen, Weinen, Stöhnen, Ächzen, Raunen, Schreien oder das Sprechen an der oberen oder unteren Grenze des Stimmumfangs. Die Stimme macht viel mit, wenn sie an den Körper als Ausdrucksgeber für Gedanken, Gefühle und Handlungen angeschlossen wird. Übungs- und Probensituationen sollten einen Erfahrungsraum zur Verfügung stellen, in dem Schauspielstudierende angstfrei und mit Vertrauen in die Möglichkeiten ihrer Stimme probieren können.

Die Materialität der Stimme

Ein kleiner Exkurs zur historischen Entwicklung der Betrachtungsweisen des Phänomens Stimme sei an dieser Stelle gestattet. In jeder Gesellschaft findet sich ein vorherrschendes Verständnis davon, welche Verhaltensweisen angemessen sind. Bezogen auf die menschliche Stimme betrifft das zunächst ihre Funktion und ihre ästhetische Wirkung. Für Platon war die Stimme in erster Linie Träger von Wortbedeutungen. Eine Stimme, die außerhalb dieser Funktion erklang, hatte für ihn keinen Anteil am Menschsein. Das Menschsein sei an Sprache gebunden, es unterscheide den Menschen vom Tier, der Stimme komme lediglich die Funktion eines Vehikels zu, das Denken in die Welt zu tragen. Diese Auffassung dominierte die Betrachtungsweise der Stimme lange Zeit.

Johann Gottfried Herder vertrat in seiner „Abhandlung über den Ursprung der Sprache" aus dem Jahr 1772 die Überzeugung, dass es eine Sprache gebe, die der Sprache vorausgehe. Sie komme ohne Worte aus und bestehe aus stimmlichen Äußerungen, wie wir sie auch im Tierreich vorfinden. Schreien, Wimmern, Ächzen, Stöhnen, unartikulierte Laute bringen die seelischen und körperlichen Empfindungen des Menschen zum Ausdruck. *„Da unsre Töne der Natur zum Ausdrucke der Leidenschaft bestimmt sind, so ists natürlich, daß sie auch die Elemente aller Rührung werden!* Wer ists, dem bei einem zuckenden, wimmernden Gequälten, bei einem ächzenden Sterbenden, auch selbst bei einem stöhnenden Vieh, wenn seine ganze Maschine leidet, dies Ach nicht zu Herzen dringe? Wer ist der fühllose Barbar? Je harmonischer das empfindsame Saitenspiel selbst bei Tieren mit anderen Tieren gewebt ist, desto mehr fühlen selbst diese miteinander: ihre Nerven kommen in eine gleichmäßige Spannung, ihre Seele in einen gleichmäßigen Ton, sie leiden würklich mechanisch mit. Und welche Stählung seiner Fibern! Welche Macht, alle Öffnungen seiner Empfindsamkeit zu verstopfen, gehört dazu, daß ein Mensch hiegegen taub und hart werde!"[67]

Friedrich Nietzsche integrierte die Stimme in die Wahrnehmung des ganzen Menschen. „Das Verständlichste an der Sprache ist nicht das

Wort selber, sondern Ton, Stärke, Modulation, Tempo, mit denen eine Reihe von Worten gesprochen wird – kurz, die Musik hinter den Worten, die Leidenschaft hinter dieser Musik, die Person hinter dieser Leidenschaft: alles das also, was nicht geschrieben werden kann."[68]

Der deutsche Gesangslehrer Alfred Wolfsohn erlitt als 18-jähriger Sanitätssoldat im Ersten Weltkrieg ein schweres Kriegstrauma. Er wurde die Schreie der neben ihm im Schützengraben sterbenden Kameraden nicht mehr los. Auf der Suche nach Heilung begann er, diese Stimmen in seine Arbeit zu integrieren. Die persönliche Beobachtung, dass Menschen in Ausnahmesituationen mit ihren stimmlichen Äußerungen soziokulturelle Grenzen überschreiten, veranlasste ihn, die tradierten Ideale schöner Stimmen zu verwerfen. Die Zeit schien reif dafür zu sein. Nach dem Ersten Weltkrieg geriet das Menschenbild des Abendlandes, das bis dato geprägt war von antiker Philosophie, Christentum und klassischem Humanismus, ins Wanken. Die klassische Moderne brachte eine Vielfalt an avantgardistischen Stilrichtungen hervor, die die Stimme aus dem Korsett der Sprache befreiten. Wolfsohns Pionierleistung bestand in der Suche nach der ganzen Stimme. Sein „Ansatz bringt zum Vorschein, dass die Stimme mehr ist als ein bloß ästhetisches Phänomen, dass sie in existenzieller Weise auf den Menschen verweist".[69] Alfred Wolfsohns Idee, die ungeheure Klangvielfalt vor allem der Gesangsstimme und ihren Umfang zu erweitern, wurde von dem südafrikanischen Schauspieler und Sänger Roy Hart weitergeführt und wird heute von autorisierten Lehrern praktiziert. Davon ausgehend, dass unsere Vorstellung, wie eine Stimme klingen soll, unsere stimmlichen Möglichkeiten einschränkt, versucht die Roy-Hart-Methode, Grenzen im Umgang mit der Stimme zu erweitern. Jede Stimme hat einen von Erfolg und Misserfolg geprägten individuellen Lebensweg hinter sich. Erfolgreiches Verhalten verstärken wir, Misserfolge können uns zu schaffen machen. So bilden sich Muster stimmlicher Verbindlichkeiten heraus. Auch das Klangmuster unserer Muttersprache ist ein Regelwerk, das unserer Stimme Grenzen setzt, bedenkt man die unzähligen Möglichkeiten stimmlicher Entäußerung, die die Sprachen der Welt zulassen. Stimmliche Verhaltensmuster aufzudecken und zu verändern, ist auch ein Ziel des gestischen

Sprechens. Imitierend, interagierend und improvisierend versuchen wir, Verborgenes im Stimmklang aufzufinden, Engen und Blockaden zu lösen, Grenzen zu erweitern. Stimmentwicklung kann zur Persönlichkeitsentwicklung werden. Der Integration der engen, blockierten oder begrenzten Stimme widmet sich die Roy-Hart-Arbeit aber in weitaus konsequenterer Weise. Ein Bild, das ich aus einem kurzen, aber intensiven Roy-Hart-Workshop mitgenommen habe, verwende ich seither in meinem Unterricht: Die Stimme ist ein Haus mit vielen Zimmern. Einige dieser Zimmer habe ich noch nie betreten. Ich probiere Türklinken aus, lasse das Knarzen von rostigen Angeln zu und entdecke Stimmen in mir, von denen ich bisher nur eine Ahnung hatte. Von der 8-Oktaven-Stimme, wie sie von der Sängerin Marita Günther in der Aufnahme „Lend Me Your Ears"[70] aus dem Jahre 1956 präsentiert wird, blieb ich allerdings weit entfernt. Da der Raumklang der Stimme an den oberen und unteren Grenzen des Stimmumfangs erheblich abnimmt, entsteht für Schauspielstudierende in der extremen Erweiterung des Stimmumfangs ein Mehrwert tatsächlich nur in begrenztem Maße, da sie, solange sie nicht mit klangverstärkenden Hilfsmitteln arbeiten, eine gewisse Tragfähigkeit der Stimme für die Bühne gewährleisten müssen. Wie viel Freiheit braucht eine Stimme, um auf der Bühne zu funktionieren? Schränkt die Funktion die Freiheit der Stimme ein?

In den Forschungsarbeiten zur performativen Stimmästhetik bin ich immer wieder auf den Begriff der Materialität der Stimme gestoßen. Sie wird beschrieben als Zusammenspiel von Körperlichkeit, Klanglichkeit, Flüchtigkeit und Ausstrahlung. Von einem „Rest" oder einem „Überschuss" ist die Rede, den wir wahrnehmen, der uns berührt, der sich aber in dem Moment, in dem er entsteht und wahrgenommen wird, nicht zuordnen lässt und doch ein anderes Verstehen als nur mit Worten möglich macht. Wenn die Stimme Ungeplantes und Unerwartetes hervorbringt, lässt sie uns in besonderer Weise aufhorchen und einen anderen Blick auf die Wirklichkeit werfen. „In der materialen Präsenz der Stimme, in ihrer unwiederholbaren Einzigartigkeit im Augenblick ihrer Verlautbarung, verkörpert die Stimme eine Sinnlichkeit, ein Begehren, eine Intensität, sei es als Anziehung oder Abstoßung – und zwar vor aller repräsentationalen Intention, semantischen Konstruktion und semiotischen Kontrolle."[71]

Ich gehe davon aus, dass die Ereignishaftigkeit der Stimme, verbunden mit der Unmöglichkeit, sie unter völliger Kontrolle zu halten, der Stimmgebung immanent ist, dass sich die bewussten und unbewussten Wahrnehmungen der Wirklichkeit niemals vollständig im Stimmklang kalkulieren lassen. Keine Probe, keine Aufführung gleicht der anderen. Stimmen sind Seismografen, die auf kleinste Veränderungen reagieren. Trennen wir die Stimme von ihrer Funktion als Sprachträger, nehmen wir den „Überschuss" tatsächlich deutlicher wahr. In Übungen oder Spielen gelingt uns das mit Fantasiesprachen wie dem Gibberish oder Gromolo, mit erfundenem oder vorgegebenem Übungsmaterial oder mit dadaistischen Texten. Rhythmische, ausgestellte und chorische Sprechweisen eröffnen andere Möglichkeiten, die Wahrnehmung von Stimmen zu erweitern. Es handelt sich dabei um besondere Sprechweisen, die immer auch über die Semantik des gesprochenen Wortes hinaus oder sogar gegenläufig dazu Bedeutung erzeugen. Ähnlich verhält es sich mit der Stimmcharge und der technisch bearbeiteten Stimme.

Die Materialität der Stimme mit dem gesprochenen Wort als Bedeutungsträger und damit Sinnlichkeit und Sinn zu verbinden, erscheint mir erstrebenswert. Eine Unterordnung der Stimme unter die Sprache kann ich für die Methode des gestischen Sprechens nicht bestätigen. Das betrifft auch die Annahme, dass an Schauspielschulen das Erlernen der klaren Aussprache und des nach Sinneinheiten gegliederten Sprechens im Vordergrund stehe. Die deutsche Standardaussprache ist eine phonostilistische Variante. Sie zu erlernen und sich mit ihr schauspielerisch-gestisch zu äußern, kann mehr oder weniger mühevoll sein. Das hängt von den Voraussetzungen ab. Gleiches gilt für eine Mundart oder einen Dialekt, mit dem man nicht aufgewachsen ist. Die Arbeit an Denk-Sprechvorgängen hat nicht zum Ziel, den Text zu erklären oder seine Bedeutung wiederzugeben, sondern mit dem aktuell neu gedachten Text handeln zu können. Das Spannungsverhältnis zwischen Stimme und Sprache auszuloten, ist kein Privileg des postdramatischen Theaters.

Fremde Sprachen klingen anders

Auch fremde Sprachen lassen unserer Wahrnehmung Luft, etwas anderes zu entdecken als den durch Wortbedeutungen übertragenen Sinn. Die Begegnung mit fremdsprachigem Theater führt zu einem solchen Effekt. Vergleichen wir Aufführungen der Pekingoper oder des Théâtre du Soleil mit deutschem Theateralltag, zeigt sich uns die enorme Bandbreite stimmlichen Äußerungsvermögens. Im Rahmen der dreijährigen Kooperation zwischen der Shanghai Theatre Academy und der Hochschule für Schauspielkunst Ernst Busch inszenierte die Schauspielprofessorin Margarete Schuler 2014 das Stück „Der Goldene Drache" von Roland Schimmelpfennig. Jeweils vier Schauspielstudierende des zweiten Jahrgangs beider Hochschulen probierten sechs Wochen in Shanghai und zeigten die Inszenierung im Rahmen des FIND Festivals der Berliner Schaubühne am BAT Studiotheater. Ort der Handlung ist ein China-Vietnam-Thai-Schnellrestaurant mit dem Namen „Der Goldene Drache". Das Stück zeigt die Ausbeutung von chinesischen Exilanten in Europa. Der Autor sieht vor, dass Männer von Frauen, Frauen von Männern, junge von alten und alte von jungen Menschen gespielt werden. Die Regisseurin trieb die Entfremdung weiter, indem sie mit der chinesisch-deutschen Besetzung das Kriterium Nationalität und Sprache einführte. Die Studierenden sprachen ihre jeweilige Muttersprache. Der stete Wechsel von Textverständnis und Klangerlebnis und der gemeinsame stark rhythmisierte Beginn der Inszenierung, der das Sprechen miteinbezog, hatten eine große Wirkung auf mich. Es wurde sinnlich erlebbar, wie sehr die Schauspielstudierenden sich um ein gegenseitiges Verstehen, das auch an seine Grenzen stieß, bemühten.

Das Sprechen mit Akzent, in einer Mundart oder einem Dialekt generiert ähnliche Wirkungen. Die Stimme wird anders wahrgenommen, lässt Affekte der Zugehörigkeit oder der Abgrenzung oder Irritationen aufkommen. Die Theaterwissenschaftlerin, Tänzerin und Schauspielerin Petra Bolte-Picker beschreibt im Vorwort zu „Die Stimme des Körpers" (sie gibt hier einen Überblick über die abenteuerlichen physiologischen Experimente zur Theorie der Stimmerzeugung, die im 19. Jahrhundert an

Leichen und künstlichen Kehlköpfen vollzogen wurden) ein persönliches Erlebnis, das die Wirkung fremdsprachiger Prosodie sehr eindrucksvoll wiedergibt. Sie spielte und tanzte Mitte der 1990er Jahre die weibliche Hauptrolle in der „Don Quijote"-Inszenierung der belgischen Regisseurin und Choreografin Grace Ellen Barkey (Needcompany) in Rotterdam. Eine Kritikerin lobte, dass die deutsche Künstlerin in der Aufführung neben Englisch auch Niederländisch sprach. Ihre Aussprache sei gut, aber ihre Stimme klinge viel zu deutsch, „und das sei doch dasselbe wie die Besetzung durch die Deutschen im Nationalsozialismus – nur auf der Ebene der Stimme und Sprache".[72] Die niederländische Schauspielerin Judith van der Werff beschrieb den Unterschied zwischen ihrer Muttersprache und der deutschen Sprache in ihrer Diplomarbeit wie folgt: „Die holländische Sprache ist wie ein Jojo, wie ein Federball. Sie geht in der Melodie hoch und runter. Man hat das Gefühl, als ob die Sprache sich nicht auf eine Tonart einigen, konzentrieren kann, wie eine fröhliche Mozart-Melodie. Dadurch hat sie immer etwas Positives an sich, so, als wollte der Untertext immer sagen: ‚Wollen wir ...' und ‚Das macht doch gar nichts ...' und ‚Es gibt immer eine zweite Lösung ...' und ‚Das musst du mal erleben, das ist toll ...' Zugegeben, die holländische Sprache kann einen hysterischen Klang haben, so, als ob immer nur ein Thema kurz angeschnitten wird, um dann zum nächsten überzuspringen, um auch das wieder nur anzuschneiden. Jedoch das Lebensgefühl, das sich aus dem allgemeinen Klangbild herauskristallisieren lässt, ist ein grundpositives Gefühl, ein niemals Aufgeben. Hauptsache, ein Teil von meinem Leben ist in Ordnung. Das andere kommt schon. In der deutschen Sprache geht es dem Ende zu. Das heißt, dass die Sätze auf das Ende hin gesprochen werden. Und warum will der deutsche Satz so gern zum Ende kommen? Weil am Ende das Verb steht, worauf er sich freuen kann, so, als wäre alles, was vor dem Verb steht, uninteressant. Das Beruhigende und Aufregende daran ist, dass ich immer weiß, auch wenn ich den Hauptgedanken unterbreche durch einen Nebensatz oder gar mehrere Nebensätze, dass ich mit meinem Satz zum Ende komme. Ich kann den Satz, wie lang auch immer, verständlich beenden. Dieser Zugzwang, in dem man sich befindet, macht die deutsche Sprache, im Gegensatz zur holländischen Sprache, zu einer zwingenden Sprache: ‚Pass nur auf, das Wichtigste kommt noch ...‘ In so einem Zugzwang scheinen sich oft die Menschen, die sich hierzulande unterhalten, zu befinden.“[73]

Von den Arbeitserfahrungen, die ich mit fremdsprachigen Schauspielstudierenden über die Jahre gemacht habe, erscheint mir folgende besonders erwähnenswert: Im ersten Semester stellte ich einer halbwegs gut deutsch sprechenden britischen Studentin die folgende Aufgabe: Sie sollte in den Weihnachtsferien probieren, in London einzukaufen, indem sie sich eines Sprachgemisches aus englischen Worten und deutscher Prosodie bedient. Ich empfahl ihr, den Berliner Dialekt prosodisch nachzuahmen. Das betraf den Satzaufbau, den Rhythmus, die Direktheit. Leider gelang es ihr auf diese Weise nicht, Weihnachtsgeschenke für die Familie einzukaufen. Sie erfüllte die in London üblichen Erwartungen an Höflichkeit und Distanz nicht. Ich bat sie, das Experiment in Berlin zu wiederholen, indem sie deutsch mit deutlich englischer Prosodie spricht. Wieder ging sie leer aus. Sie hatte sich auf diese Weise nicht genügend durchsetzen können und wurde einfach nicht wahrgenommen. Die Studentin hat eine nachhaltige soziale Erfahrung gemacht. Sie hat Stimme und Sprechweise als etwas erkannt, das Verhalten verändert. Indem sie der einen Sprache das Kleid der anderen anzog, bekam sie einen leichteren Zugang zum gestischen Sprechen und ging freier mit ihren stimmlichen Möglichkeiten um.[74]

Die durchlässige, tragfähige und durchsetzungsfähige Stimme

Die durchlässige Stimme bildet unser Denken und Fühlen ab, indem sie auf feinste körperliche Veränderungen reagiert. Sie wird vom Atem getragen und folgt unseren Handlungsimpulsen. Sie macht unser Verhalten kenntlich. Wird die Stimme der Figur geliehen, begegnen sich in ihr Vorstellung und wahrnehmbare Realität. Die verkörperte Fantasie der Schauspielstudierenden erweitert ihre stimmlichen Möglichkeiten. Für die Bühne muss die durchlässige Stimme über eine hinreichende Tragfähigkeit verfügen und ohne Mühe in den Raum greifen können. Wie soll sie die Zuschauer berühren, wenn sie nicht bei ihnen ankommt? Ohne verstärkende Hilfsmittel kann nur der Körper die Stimme auf dem Atem durch den Raum tragen. Da, wo wir nicht hingreifen können, schicken wir die Stimme hin. Das ist keine Frage der Lautstärke, des Atemdrucks oder der Tonhöhe. Die Tragfähigkeit der Stimme ist ihr Vermögen, den Raum zu durchdringen. Das betrifft zunächst ihre Hörbarkeit: „Tragfähigkeit gilt als Gütekriterium und bezeichnet das Durchdringungsvermögen oder die Durchschlagskraft einer Stimme, das heißt ihre Hörbarkeit in störenden Umweltgeräuschen bei gegebener Stimmlautstärke. Gleichzeitig beinhaltet dieser Begriff auch einen gewissen Qualitätshinweis auf das Stimmtimbre (‚Helle', ‚Glanz', ‚Präsenz', ‚Brillanz', ‚Metall' und anderes mehr). Ökonomisch gesehen bestimmt die Tragfähigkeit die stimmliche Effizienz: je tragfähiger eine Stimme, desto geringer der für eine akustische Informationsübermittlung erforderliche Energieaufwand."[75] Wir wissen, dass der Atemdruck die Lautstärke erhöht und dass wir hohe Töne lauter wahrnehmen als tiefe. Aber eine allgemein laute Stimme mit hohen Frequenzanteilen ist wenig durchlässig, sie klingt einfach nur laut und schrill. Wahrscheinlich ist sie auch in großen Räumen gut zu verstehen, aber sie überträgt keine Zwischentöne. Die laute und gedrückte Stimme wiederum enthält einen gewissen Geräuschanteil, der die Verständlichkeit einschränkt. Durchlässig ist auch sie nur in geringem Maße. Der Stimmdruck schiebt sich als interpretierbares Merkmal in den Vordergrund. Haben wir es also doch auf die klangvolle Stimme abgesehen? Doch was meinen wir damit? Die klangvolle Stimme wird häufig mit der schönen Stimme gleichgesetzt. Die schöne Stimme hinterlässt einen angenehmen Eindruck. Aber Schönheit ist eine ästhetische Kategorie, die von unseren Wertvorstellungen abhängt und gesellschaftlichen Konventionen unterworfen ist. Schönheit liegt im Ohr des Zuhörers.

Erinnern wir uns an Schauspieler wie Alexander Moissi oder Josef Kainz, deren Stimmen geradezu tremolierten und zu ihrer Zeit als schön beschrieben wurden. Letzterer entlockte dem Regisseur und Schauspieler Jürgen Fehling den anerkennenden Satz: „Er sprach, als hätte er der Welt die Sprache gebracht wie Prometheus das Feuer. Die

Sprache wird in seinem Munde ein heiliges Element."[76] Für uns klingen diese Stimmen heute manieriert, in höchstem Maße artifiziell, formal und unpersönlich. Gleichwohl sind sie tragfähig und klangvoll, reich an Obertönen und Resonanz, präzise artikuliert und immer an der Schwelle zum Gesang. Aber so, sagen wir heute, spricht kein Mensch. Wir sind eher amüsiert als beeindruckt, wenn wir diese Stimmen mit ihrem für uns hohl klingenden Pathos heute hören. Dabei wird noch einmal deutlich, dass es uns schwerfällt, Stimme und Sprechweise voneinander zu trennen. Das kunstvoll gesprochene Wort bedient sich der künstlichen Stimme, wie die Stimme sich des Wortes bedient. Zugegebenermaßen war hier das Wort ein nicht zu unterschätzender Schrittmacher. Im Jahr 1898 hat der Germanist Theodor Siebs die „Deutsche Bühnenaussprache" verfasst, ein Standardwerk zur Regulierung der Aussprache auf deutschen Theaterbühnen, das 1923 auch für Rundfunksprecher verbindlich wurde und dafür bestimmt war, den öffentlichen Raum zu erobern. Unterstützt wurde Siebs hauptsächlich durch seinen Kollegen Eduard Sievers. „Für Siebs und für Sievers – und damit für die wissenschaftliche Stimmphysiologie des 19. Jahrhunderts – ist die Stimme Ausdrucksform einer messbaren Körperresonanz."[77] Theodor Siebs wurde der Konrad Duden der gesprochenen Sprache.

Während die deutschen Bühnen noch überwiegend vom „Schillerton" beherrscht waren, machten sich ab den 1920er Jahren Theaterkünstler auf die Suche nach neuen Tönen. Das epische Theater Bertolt Brechts verlangte nach einer anderen, einer nüchternen und direkten Sprache, nach einem anderen Ton, nach einem sozialen Gestus. Diese Suche verstärkte sich nach dem Ende des Zweiten Weltkriegs, als sich das deutsche Nachkriegstheater aus gutem Grund misstrauisch gegenüber Deklamation und Schönklang zeigte. Die schöne Stimme war an einen Sprechstil gebunden, den der aus der Emigration zurückgekehrte Fritz Kortner als „Reichskanzleistil" bezeichnete. Die Nationalsozialisten hatten sich als Akteure der politischen Bühne am gängigen Ton der Theaterbühne bedient, schreibt Helga Finter: „Nicht nur Charlie Chaplins Schnurrbärtchen war von Hitler geklaut worden. Mit Hitler und Joseph Goebbels waren auch – zur Karikatur verkommen – charakteristische Stimmstile des deutschen Theaters entwendet worden: so die expressionistischen Affektexplosionen des frühen Kortner, der gerade diesen Sprechstil gegen Ende der zwanziger Jahre geändert hatte, als er die politische Nutzung extremer Stimmausbrüche und damit den Sieg einer an seiner eigenen Vokalität modellierten Stimmtheatralität auf der politischen Bühne feststellen musste; ein weiterer Stimmstil – der melodische Wohlklang Gustav Gründgens' – war zudem ebenfalls außerhalb des Theaters mit Joseph Goebbels allgegenwärtig."[78]

Die schönen Theaterstimmen konnten sich bis in die 1960er Jahre hinein behaupten. Auf westdeutscher Seite strebte das Theater danach, an die bürgerlich-humanistischen Bildungsideale der Vergangenheit anzuschließen. Regisseure wie Peter Stein, Klaus Michael Grüber und Peter Zadek probierten, das Spezifische der deutschen Geschichte der Stimme herauszuarbeiten. Auf der ostdeutschen Seite war das Theater eingespannt in den Aufbau des Sozialismus mit all seinen Widersprüchen. Manfred Wekwerth, Peter Palitzsch, Benno Besson und andere entwickelten Brechts Theaterästhetik weiter. Stimme und Sprechweise handelnder Figuren waren durch einen sozialen Gestus geprägt.

Schließlich rüttelte die performative Wende der 1990er Jahre heftig an der Einheit von Inhalt und Form. Welche Konsequenzen ergeben sich daraus für die Ausbildung? Braucht das zeitgenössische Theater die durchlässige, tragfähige und durchsetzungsfähige Stimme? Natürliche, persönliche, eigene, individuelle, authentische Stimmen werden nachgefragt. Schließt das eine das andere aus? Auch Individualität generiert sich aus Nachahmung. Menschen sprechen mit vielen Stimmen. Sie passen sie wie ihre Sprechweise und ihr Verhalten an Situationen an. Die Alltagssprache, die Sprache der Jugend, der Wissenschaft, der Dichtung gehören zur Vielfalt unserer Äußerungsmöglichkeiten. Hinter jeder von ihnen ist eine andere soziale Welt verborgen. Es obliegt uns, diese Welten zu entdecken, uns in ihnen zu bewegen und sie kenntlich zu machen. Die Arbeit an der Stimme sollte bei allen technisch-handwerklichen Zielsetzungen diese Aufgabe nie aus dem Auge verlieren. Ob wir dramatische oder postdramatische Theaterästhetiken bedienen oder den Wiedererkennungswert einer individuellen Stimme in den Vordergrund stellen, ist weniger relevant, als einer durchlässigen und tragfähigen Stimme Individualität zuzugestehen und Verwandlungsfähigkeit zu ermöglichen. Tragfähig wird die Stimme, wenn sie klingen kann. Klingen kann sie nur, wenn die Resonanzräume des Körpers genutzt werden und die Stimme durch Weite und Öffnung an den Raum abgegeben wird. Innere Räume werden zu äußeren Räumen ins Verhältnis gesetzt. Je nach der Beschaffenheit der Räume, in die wir unsere Stimme senden, verändern wir unsere Körperlichkeit, nutzen wir unsere Resonanzräume auf andere Weise. Diesen natürlichen Vorgang können Sprecherzieher unterstützen. Die Stimme sollte auch dann tragfähig bleiben, wenn sie im Piano und im Forte eingesetzt wird. Sie muss sich durchsetzen können. Das bedeutet, sie muss durchgesetzt werden.

Der Begriff der Kraftstimme ist unter Sprecherziehern sehr beliebt. Er könnte implizieren, dass die Kraft von der Stimme kommt. Aber die Kraft kommt vom Willen, sich durchzusetzen und die Stimme über den Raum zu anderen zu tragen. Kraftstimme ist motivierte und intendierte Raumstimme.[79] Diese Zusammenhänge sind keine Erfindung der Sprecherzieher, sie begegnen uns in unserem täglichen Leben. Ein Schrei kann emotionaler Ausdruck von Todesangst oder Hilflosigkeit sein oder aber der unbedingte Ausdruck eines Willens, der sich aus diesen Emotionen speist und zu einer in den Raum gerichteten Sprechhandlung führt. Wenn der Körper sich durchsetzt, kann er die Stimme mitnehmen. Wir setzen uns aber nur durch, wenn wir motiviert auf ein Ziel zusteuern, das wir nur erreichen können, wenn Widerstände überwunden werden. Bezogen auf die Raumstimme kann das eine große Entfernung oder ein Störgeräusch sein. Um Entfernungen stimmlich zu überbrücken, setzen wir den Körper intuitiv ein. Der Körper richtet sich auf und dehnt sich aus. Vielleicht verlängert er sich über entsprechende Gesten. Der Stimmklang der Rufstimme enthält hohe Frequenzanteile, die den Raum gut durchdringen. Die Vokale werden gedehnt, um der Stimme eine bessere Tragfähigkeit zu geben. Das Klangbild des Rufgestus wird leicht in eine Vorstellung vom Körper Rufender übersetzt. Das Bedürfnis der Rufenden, andere zu erreichen, verstehen wir schnell. Die Stimme sollte aber transparent bleiben für differenzierte Haltungen, aus denen heraus gerufen wird. Wird die Stimme an den Mittelkörper angeschlossen und damit der gesamte Klangraum des Körpers zur Verfügung gestellt, gelingt uns das besser. Dann können sich zusätzlich konkrete Gedanken und Gefühle in der Stimme abbilden. Übungsabläufe lassen sich als Situationen organisieren, in denen wir Haltungen der Entrüstung, Warnung, Überraschung oder Anerkennung einnehmen. Die Aufmerksamkeit der anderen wird eingefordert, sie werden im Raum bewegt. Wir können sie wegschicken, anhalten, heranholen. Kraftstimme lässt sich auf diese Weise als Raumstimme erleben. Störgeräusche, wie z. B. laute Musik, die übertönt werden muss, stellen uns vor andere Herausforderungen. Die auditive Selbstkontrolle ist dabei teilweise so weit eingeschränkt, dass die eigene Stimme im Raum nicht mehr gut wahrgenommen werden kann. Dadurch erhöhen wir intuitiv den Atemdruck und trennen die Stimme vom zentralen Ansatz und damit vom Körperklang. Entsteht eine audio-phonatorische Rückkopplung, sprechen wir lauter und höher. Jeder, der schon einmal ein Gespräch beim Hören lauter Musik über Kopfhörer geführt oder belauscht hat, kennt dieses Phänomen. Dieser nach Étienne Lombard benannte Effekt lässt bei einer Zunahme des Umgebungsgeräuschpegels um ein Dezibel die Stimmlautstärke um ein halbes Dezibel ansteigen. Gleichzeitig wird die Tonhöhe angehoben. Wir scheinen intuitiv zu wissen, dass sich hohe Frequenzen im Raum besser durchsetzen können als tiefe. Studierende sind in entsprechenden Probensituationen auf ein Feedback angewiesen, das nicht allein darin bestehen kann, sie aufzufordern, lauter oder deutlicher zu sprechen. Der Stimmklang sollte so an die Geräusche angepasst werden, dass möglichst wenig destruktive Interferenzen entstehen, die Stimmanteile auslöschen. Im Zweifelsfall gilt es zu entscheiden, ob die Musik wichtiger ist als die Äußerungen der Schauspielstudierenden. Im Falle sogenannter Ausbrüche intensivieren Emotionen den Stimmklang. Wir sind innerlich bewegt und geben dieser Bewegung Ausdruck. Dadurch bewegen wir andere in ihrem Inneren. Wir versuchen, sie zu überzeugen, zu ermuntern, wir verdächtigen, brüskieren oder verfluchen sie. Mit der Kraftstimme drücken wir unsere Emotionalität aus. Durch Erziehung haben wir gelernt, Emotionen und Gefühle zu unterdrücken bzw. an Situationen anzupassen. Dann halten wir den Atem an und erhöhen die Muskelspannung, die Stimme wird eng, sie verliert ihre Transparenz und Tragfähigkeit. Wir spüren diese Enge und den Verlust an Raumklang und drücken weiter auf die Stimme. Es entsteht ein Teufelskreis, der zu schneller Ermüdung und manchmal zu Heiserkeit führt. Die dadurch entstandenen Einschränkungen werden weiter mit Druck kompensiert, bis die Stimme völlig versagt.

Wie wir Resonanzräume nutzen

Situativ ausgelöste innere Bewegungen brauchen einen Raum. Sie erfassen Atem und Stimme in unserem Körper, die Luftmoleküle des unseren Körper begrenzenden Raumes und den Körper unserer Spielpartner und Zuhörer. Denken und Fühlen verändern unseren Atem, den wir als innere und äußere Bewegung wahrnehmen können. Unsere Stimme wird durch Atembewegung in Gang gesetzt und ist als Resonanz wahrnehmbar.

An dieser Stelle müssen wir noch einmal auf physikalische Phänomene zurückkommen. Resonanz entsteht, wenn ein schwingungsfähiges System durch Schwingungen, die etwa seiner Eigenfrequenz entsprechen, zum Mitschwingen angeregt wird. Schlagen wir eine Stimmgabel an, so wird die dadurch entstandene Schwingung eine in der Nähe befindliche andere Stimmgabel mit gleicher Frequenz ebenfalls in Schwingung versetzen. Jedes schwingungsfähige System besitzt eine oder mehrere Eigenfrequenzen. Wird diesem System Energie in Form einer Schwingung in einer dieser Eigenfrequenzen zugeführt, wird das System in dieser Frequenz mitschwingen, während Schwingungen mit anderen Frequenzen gedämpft werden. Das Ansatzrohr als mit Luft gefüllter Hohlraum wird auf diese Weise zu einem Resonator, der das Spektrum des primären Kehlkopfklangs filtert und bestimmte Frequenzanteile hervorhebt bzw. unterdrückt. Das Verhältnis von Grundton und Obertönen im Stimmklang kann auf diese Weise reguliert werden. Die Weite des Ansatzraumes und das ausgeglichene Schwingungsverhalten der Stimmlippen wirken sich positiv auf die Kopfresonanz und damit auf die Tragfähigkeit der Stimme aus. Sitzt die Stimme zu weit hinten, sind die Weite im Ansatzrohr und eine gute Abstrahlung des Stimmklangs nicht mehr gewährleistet. Durch

Über- oder Unterdruck entstehende Geräuschanteile im primären Kehlkopfklang schränken die Tragfähigkeit zusätzlich ein. Eine muskulär fein auf die Stimmgebung abgestimmte Atemtechnik unterstützt das Schwingungsverhalten der Stimmlippen und die resonatorische Funktion des Ansatzrohres. Wir können die durch Resonanz ausgelösten Vibrationsempfindungen an den knöchernen und weichen Teilen des Kopfes wahrnehmen. Wir spüren die Vibration der Lippen beim Summen auf M. Legen wir die Hände an die Wangen, können wir ihre Vibrationen auf die Hände übertragen. Das gelingt uns auch an den Nasenseiten, dem Mundboden, den Ohren und mit etwas Übung an den Schläfen, dem Jochbein, an der Stirn und an den Seiten des Kopfes. Wir können Resonanz an der gesamten den Mund- und Rachenraum auskleidenden Schleimhaut und an den Zähnen empfinden. Der Stimmschall versetzt sowohl die Luft in den Ansatzräumen als auch die Schädelknochen in Schwingungen. Die Vibrationen der Schädelknochen werden direkt auf unser Innenohr übertragen. Dieses Knochenleitungshören lässt uns unsere Stimme in der Eigenwahrnehmung tiefer erscheinen, als sie von anderen gehört wird. Das erklärt unsere Verwunderung beim erstmaligen Hören der eigenen Stimme von einem Tonträger. Der im Alter ertaubte Ludwig van Beethoven soll ein Ende seines Gehstocks gegen das Klavier gehalten und das andere zwischen die Zähne genommen haben, um die gespielten Töne durch das Knochenleitungshören wahrnehmen zu können. Vibrationen im Kehlkopfbereich, im Nacken und im oberen Teil von Brust und Rücken spüren wir sehr gut. Je weiter wir uns in der Wahrnehmung im Körper nach unten bewegen, desto weniger Schwingungen spüren wir. Die Schwingungen werden immer stärker gedämpft. Dennoch können wir Druck- und Dehnungsveränderungen im Körpergewebe, die über Mechanorezeptoren an das Gehirn weitergeleitet werden, wahrnehmen. Körpervibrationen unterhalb des Kehlkopfes werden als Brustresonanz beschrieben, erfassen aber tatsächlich größere Teile des Körpers. Sie machen die Grundtonfrequenzen für Sprecher und Hörer sinnlich erlebbar und geben Auskunft über Gewicht und Gelöstheit unseres Körpers. In der Kopfresonanz bilden sich die Obertöne ab, die unserem Stimmklang Brillanz und die Fähigkeit verleihen, den Raum gut zu durchdringen. Das Zusammenspiel von Atemraum, Ansatzraum und Körperraum entscheidet über das Mischungsverhältnis von Kopfresonanz und Körpervibrationen und damit über die Tragfähigkeit unserer Stimme. Wir können unseren Körper innerhalb der ihn begrenzenden Flächen als Klangraum wahrnehmen. Verändert unser Körper seine Gestalt und Spannung, weil wir denken, empfinden und uns verhalten, verändert sich sein Klangraum und damit die Qualität unserer Stimme. Nicht immer aber ist das Eigenempfinden einer klangvollen Stimme ein Garant für ihre Tragfähigkeit. Unsere Stimme muss das Ohr der Hörer erreichen können. Senden wir die Stimme als Direktschall, müssen wir uns lediglich auf die Entfernung zu den Hörern einstellen. Schicken wir unsere Äußerungen nicht weit genug, greift die Stimme nicht ausreichend in den Raum und kann die Hörer nicht erreichen. Die Äußerung ist zu leise, nicht gut zu verstehen oder überträgt zu wenig Informationen über unsere Motivationen, Absichten und Haltungen. Die Hörer fühlen sich wenig angesprochen und eingeladen. Schießen wir über das Ziel hinaus, was eher selten geschieht, fühlen sich die angesprochenen Hörer möglicherweise auch nicht wirklich gemeint. Ein guter körperlicher Anschluss und eine klare Ausrichtung der Stimme, angemessene Lautstärke, ein auf die Entfernung abgestimmtes Verhältnis von Grundton und Obertönen sowie ein guter Stimmsitz sind die entscheidenden Komponenten für eine optimale Abstrahlung der Stimme.

Die Stimme gibt Auskunft über die Position der Sprecher im Raum. Unsere Position kann von anderen akustisch wahrgenommen werden. Wir können unsere Position im Raum durch den von den Begrenzungsflächen des Raumes reflektierten Schall sinnlich erleben. Unsere Stimme verlängert unseren Körper nicht nur im Raum, sie legt auch Entfernungen fest. Sie stellt ein Beziehungsgefüge her. Die akustische Beschaffenheit des äußeren Klangraumes beeinflusst die Tragfähigkeit unserer Stimme. Mit sehr unterschiedlichen Probe- und Bühnenräumen umzugehen, schult die Hör- und Empfindungsfähigkeit von Lernenden und Lehrenden gleichermaßen. „Jeder Raum hat einen Eigenton. Man kann den Eigenton eines Raumes bestimmen, wenn man einen Vokal laut, von oben nach unten gleitend, singt. Der Eigenton des Raumes ist der Ton, der die von uns gerade gesungene Stimmlage am deutlichsten verstärkt. In solchem Falle erleben wir die günstige Kopplung unseres Ansatzrohres mit dem Raum, der jetzt als Resonator wirkt."[80] Der Eigenton des Raumes entsteht durch das Mitschwingen der in ihm enthaltenen Luft. Jeder Raum spricht auf einen Ton besonders gut an. Wenn die Mittellage unserer Sprechstimme diesen Ton trifft, wird unsere Stimme mühelos getragen. Wir bringen mit unserer Stimme den Raum oder zumindest Teile des Raumes zum Schwingen, indem wir den Raum als Resonator nutzen. In Bühnenräumen finden wir gekoppelte Eigentonresonanzen, hier versetzt mehr als ein Ton den Raum in Schwingungen. Das kann bedeuten, dass es akustisch günstige und weniger günstige Positionen gibt, die uns ein jeweils differenziertes Sprechverhalten abfordern. Die Raumresonanzen aufzufinden und zu nutzen bzw. das Sprechverhalten an sie anzupassen, gelingt vielen Studierenden intuitiv. Es ist bei entsprechender Rückkopplung relativ leicht zu erlernen.

Impedanz – der Widerstand des Raumes

Zur Resonanz gehört die Impedanz. Unter Impedanz versteht der Sprecherzieher Egon Aderhold neben dem Widerstand, den das Ansatzrohr auf den Kehlkopf ausübt, vor allem den Widerstand des Raumes, in dem wir uns als Sprecher befinden. Impedanz ist ein Maß für die Widerstände, die der Ausbreitung der Schallwelle entgegenstehen.[81] Je geringer wir den Widerstand des Raumes empfinden, desto stärker werden Atem- und Kehlkopfmuskulatur versuchen, den Phonationsstrom zu stabilisieren. Das Sprechen auf akustisch ungünstig angelegten Freilichtbühnen ist vor allem aufgrund der geringen Impedanz oft kräftezehrend. Im antiken Amphitheater sind die Zuschauerreihen kreisförmig so angeordnet, dass es zu einer Dämpfung niedriger Frequenzen kommt. Da den Schall reflektierende Rückwände fehlen, wird Störschall reduziert. Die antiken Baumeister sollen sogar die Windrichtung als Schallverstärker bedacht haben. Eine geringe Impedanz schränkt die Tragfähigkeit der Stimme ein und verführt zu stärkerem Atem- und Stimmdruck. Hohe Impedanz erhalten wir, wenn wir unsere Stimme gegen eine Wand oder in eine Ecke senden, die Hände als Schalltrichter hinter die Ohren legen oder in die hohle Hand summen. Während wir den Abstand zur den Schall begrenzenden Fläche immer weiter vergrößern und so die Impedanz verkleinern, können wir versuchen, den Klang der Stimme durch Resonanz aufrechtzuerhalten. Der Widerstand, den uns Spielpartner oder Zuschauer bieten, führt in der Regel zur sofortigen Anpassung an einen konkreten Raum. Gerichtetes Sprechen als Teil von Handlungen macht es uns möglich, unseren Raumanspruch mit der Stimme durchzusetzen und trotzdem flexibel zu bleiben. Auf diese Weise können wir einen Dialog mit den Zuschauern führen und diesen durch Dialoge mit Spielpartnern in anderen Teilen des Bühnenraumes unterbrechen, ohne den räumlichen Anspruch auf den Zuschauerraum jemals aufgeben zu müssen.

Die Zuschauer empfangen nicht ausschließlich direkten Schall aus dem Bühnenraum. Auch wenn das Nach-vorn-Sprechen auf unseren Bühnen nach wie vor recht populär zu sein scheint, entsteht je nach Arrangement immer mehr oder weniger indirekter Schall. Das sind von den Begrenzungsflächen des Raumes einfach oder mehrfach reflektierte Schallwellen, die ein diffuses Schallfeld erzeugen. Im Gegensatz zu Direktschall verteilt sich indirekter Schall, wenn er nicht absorbiert wird, gleichmäßig im Raum und verbleibt dort eine Zeit als Nachhall. Obwohl uns der indirekte Schall später erreicht, nehmen wir ihn zusammen mit dem Direktschall wahr. Er kann den Direktschall sogar verstärken. Die zeitliche Verzögerung zwischen direktem und indirektem Schall ist wichtig für unsere Raumwahrnehmung. Indirekter Schall schafft Atmosphäre und lässt uns die Größe eines Raumes und die Entfernung zum Sprecher gut wahrnehmen. Wenn der indirekte Schall allerdings lauter ist als der Direktschall, funktioniert das nicht mehr. Dann kann es sogar sein, dass wir die Schallquelle nicht mehr genau orten können und das Gefühl haben, die Stimmen der Schauspieler kommen nicht aus ihren Mündern. Glatte Flächen sind Systeme mit hoher akustischer Impedanz. Sie reflektieren den Schall stärker und hinterlassen auf diese Weise einen längeren Nachhall. Starker Nachhall reduziert das Sprachverständnis und erhöht den Hintergrundgeräuschpegel. Als Zuhörer müssen wir uns bemühen, etwas zu verstehen. Das gelingt uns mit Einschränkungen im Rahmen des Cocktailpartyeffekts (vgl. Kapitel *Wahrnehmung*) in der Regel eine Zeit lang, bis unsere Konzentration nachlässt. Starker Nachhall erfordert ein langsames Sprechtempo, eine tragfähige Stimme in moderater Lautstärke und gut artikulierte Konsonanten. Je schneller und lauter gesprochen wird, desto stärker überlagert der Nachhall den Direktschall. Teile des Nachhalls können von Vorhängen, Möbeln und Teppichen absorbiert werden. Auch Wandflächen mit poröser Oberfläche schlucken den Schall. Die Schallenergie wird in Form von Vibrationen aufgenommen. Die Nachhallzeit eines Raumes ergibt sich in Abhängigkeit von der Größe des Raumes, den schallabsorbierenden Eigenschaften der den Raum begrenzenden Oberflächen und der Raumausstattung. Die optimale Nachhallzeit für Sprechtheaterbühnen liegt bei 0,7 bis 0,9 Sekunden.

Vor einigen Jahren wurde die Studiobühne der Schauspielabteilung in Berlin-Schöneweide in eine Blackbox verwandelt. Das unverputzte, poröse Mauerwerk war mit glättender, schwarzer Farbe versehen worden. Der akustische Effekt ließ sich nicht überhören. Da offensichtlich nicht mit hochwertiger Akustikfarbe gearbeitet worden war, erhöhte sich die Nachhallzeit in den akustisch von jeher ungünstigen Verhältnissen der Bühne dramatisch. Mit den Jahren gewöhnten wir uns daran und empfanden die Bühne als eine akustische Herausforderung. Wer gelernt hatte, dort zu bestehen, schien für den Beruf bestens gerüstet zu sein. Ein Gefühl für den Raum zu entwickeln, in dem wir uns bewegen und den wir zum Klingen bringen, gehört zu einer der Aufgaben in der Ausbildung von Schauspielstudierenden im Fach Sprechen. Unsere Sprechhandlungen entfalten sich am besten in einem von uns vor dem Sprechen konkret wahrgenommenen Raum. Die Raumwahrnehmung führt uns in eine angemessene Körperspannung, die an die ständig wechselnden Bedingungen der Kommunikation angepasst werden kann. Das Handeln auf der Bühne verlangt einen Raumanspruch. Wird dieser Anspruch durchgesetzt, stellt der Körper die entsprechenden Klangräume zur Verfügung. Wir brauchen einander als Widerpart, wie wir Ziele benötigen, auf die wir unser Sprechhandeln richten. Gemeinsam und offen ausgetragene Konflikte verlangen ein Gegeneinander, das immer auch ein Miteinander ist.

MITEINANDER IM GEGENEINANDER – VON DER MÜHLE ZUM PENDEL

Zwei Spieler stehen einander gegenüber und fassen sich bei den Händen. Die Schultern bleiben gelöst, die Arme sind schwer. Dann verlagert jeder Spieler sein Körpergewicht vom Zentrum ausgehend nach hinten. Die Spieler stehen jetzt, wie wir es vom Kinderspiel „Mühle drehen“ kennen, nur dass sich die Arme nicht kreuzen (vgl. Abb. 11). Zunächst geht es darum, das eigene Gewicht und das des Mitspielers auszubalancieren. Beide Spieler investieren mit ihrem Körpergewicht in die Beziehung und bilden einen gemeinsamen Schwerpunkt. Wird das Körperzentrum zu weit nach hinten oder nach vorn verlagert oder werden die Arme angespannt, verlieren die Spieler an flexibler Stabilität. Die gemeinsame Beziehung gerät ins Wanken. Es muss zusätzliche Muskelkraft aufgewendet werden, um sie aufrechtzuerhalten. Die Spieler probieren, die kleinen Veränderungen im Gleichgewicht wahrzunehmen. Ein Spieler kann dann beginnen, den anderen in eine leichte Drehbewegung zu versetzen, indem er sein Zentrum um eine vertikale Achse nach rechts und links bewegt. Die Arme und Schultern bleiben dabei gelöst. Sie übertragen die Bewegung des Körperzentrums auf den Mitspieler, dessen Körper sich auf diese Weise bis in die Fußgelenke bewegen lässt. Starten wir die Drehbewegung aus dem Schultergürtel, spüren wir eine andere Bewegungsqualität. Die Bewegung erfasst nun nicht mehr den gesamten Körper. Die Stabilität geht verloren, Schultern und Arme werden angespannt. Wenn wir die Bewegung mit der Stimme begleiten, können wir jeweils unterschiedliche Klangqualitäten wahrnehmen. Während der zentral angesetzten Bewegung bleibt die Stimme an den Körper angeschlossen. Wir nutzen den gesamten Körper als Klangraum. Nun können wir die Verbindung der Hände auf einer Seite lösen und den Mitspieler mit einer Geste in den Raum hinter uns einladen. Wenn wir ihm unser Gewicht anvertrauen, funktioniert das gut. Versuchen wir, uns selber zu halten, geraten wir aus der Balance. Die Stimme kann in die Verlängerung der in den Raum weisenden Geste gesendet werden, während der Blickkontakt mit dem Mitspieler erhalten bleibt. Wir können den anderen einladen, mit uns ein Eis essen zu gehen. Jeder der Spielpartner versucht, den anderen davon zu überzeugen, dass der von ihm empfohlene Eisladen, der sich in jeweils entgegengesetzter Richtung befindet, die bessere Wahl ist. Die Stimme begleitet die Bewegung und bildet die Entfernung und die Einladung im Klang ab. Nun fassen die Spielpartner wieder beide Hände und laden einander jeweils mit einer Zugbewegung zu sich ein. Ein Spielpartner richtet sich aus dem Zentrum ein wenig auf und zieht den anderen zu sich heran, indem er die Arme nach unten bewegt. Auf diese Weise nähern sich beide Spielpartner einander an. Dieser kleine Impuls aus dem Zentrum kann sofort wieder gelöst werden, sodass sich beide Spielpartner in die Ausgangsposition zurückbewegen. Dieses Spiel kann wechselweise in Form eines Dialogs stattfinden. Die Stimme wird in Form stimmhafter Reibelaute mitgenommen. Es können auch Worte benutzt werden, die den anderen einladen. Um die Klangräume und den Dialog offen zu halten, bitte

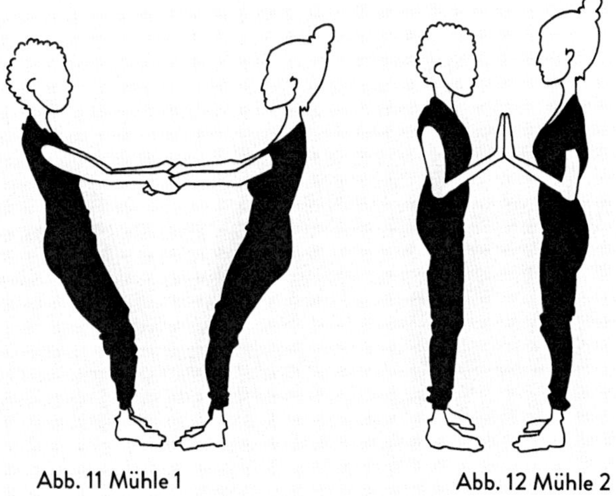

Abb. 11 Mühle 1 **Abb. 12 Mühle 2**

ich die Spieler, die Stimme so lange klingen zu lassen, bis sie ihre Ausgangsposition wieder erreicht haben. Beide Spielpartner versuchen im weiteren Verlauf der Übung, einen gemeinsamen Impuls zum Annähern zu finden. Wenn sie sich in der Mitte treffen, legen sie die Handflächen aneinander und stoßen sich ab, um sich dann wieder bei den Händen zu fassen (vgl. Abb. 12). Auf diese Weise ergeben sich drei Impulse, die stimmlich begleitet werden können. Komm! Geh! Bleib! Dieser Text kann benutzt oder als Untertext für Silben verwendet werden. In Anlehnung an die bereits bekannte Konsonantenreihe F, S, CH, SCH entscheiden wir uns für die Silben WO, SO, JO, wobei die Vokale beliebig verändert werden können. Das Spiel wird in Intensität, Tempo und Rhythmus variiert. Es geht mir in erster Linie darum, eine Wahrnehmung für die Körperlichkeit und die Aktionen der Spielpartner zu entwickeln und sie immer mitzunehmen, ohne sich selbst aufzugeben. Die Spieler probieren, einen gemeinsamen Schwerpunkt zu finden, sich auszubalancieren und gemeinsam zu bewegen. Sie müssen zusammen entscheiden, wann sie sich am besten voneinander lösen und wieder begegnen können. Ihre Körper führen einen Dialog, der die Stimmen mitnimmt. Was ich beschreibe, klingt einfach, führt aber am Anfang immer wieder zu Stabilitätsverlusten. Der Bodenkontakt geht verloren, die Körperzentren weichen nach vorn oder hinten aus, die Köpfe wollen mehr als die Körper. Ich lasse die Spielpartner immer wieder in der Gruppe wechseln. Die Spieler sollen erleben, dass sie sich schnell auf andere Spielpartner einstellen können, wenn sie nicht zu viel über sich nachdenken und sich den anderen zur Verfügung stellen. Sie können das Gewicht und die Stabilität der anderen wahrnehmen, zu der eigenen Körperlichkeit in Beziehung setzen, Entscheidungen treffen und handeln. Vielfach wird in vorauseilendem Gehorsam agiert und reagiert. Da vereinbart ist, was die Spielpartner voneinander wollen, bewegen sie sich, ohne einen körperlichen Impuls bekommen oder einen realen Widerstand wahrgenommen zu haben. Wenn sie das Spiel verstanden haben, nehmen sie ihm schnell die Unschuld des ersten Augenblicks. Dann steht der Kopf dem Körper im Wege. Das ist manchmal kaum zu sehen, aber deutlich hörbar. Die Stimmen verlieren dann ihren körperlichen Anschluss.

Von der Erfahrung dieser Übungen ausgehend bitte ich die Spieler, die Handflächen aneinanderzulegen und sich gegenseitig im Raum zu bewegen. Wenn die Spielpartner, die jeweils bewegt werden, den Widerstand nun immer weiter erhöhen, wird aus dem Miteinander sehr schnell ein Gegeneinander. Dann halten die Spieler den Atem an und drücken auf die Stimmen. Sie setzen Kopf und Oberkörper ein und verlieren den Fokus und ihr Körperzentrum. An dieser Stelle gebe ich ihnen den Hinweis, die anderen auf ein Ziel hin zu bewegen, z. B. zur anderen Seite des Raumes, zur Tür oder zum Fenster, und diese Absicht auch über das räumliche Ziel hinaus zu motivieren. Sie sollen die anderen zur Tür zu bewegen, damit sie hinausgehen, um etwas zu erledigen. Oder sie bewegen sie zum Fenster, damit sie sich dort etwas anschauen. Die gleiche Aufgabe stelle ich den Spielpartnern, die bewegt werden. Sie müssen natürlich ganz andere Motive und Absichten haben. Diese Orientierung auf ein Ziel hin verändert die Körper und die Stimmen gleichermaßen. Die Körper richten sich auf, die Beine erobern den Raum der Spielpartner, das Zentrum wird aktiv, der Oberkörper befreit sich vom Druck, die Stimmen bekommen Raum zum Klingen. Die Wahrnehmung ist auf die Spielpartner und auf die mit ihnen zu vollziehende Handlung gerichtet. Eine weitere Wahrnehmungsaufgabe besteht darin, nicht mit den anderen Spielerpaaren zusammenzustoßen, also eine Verantwortung für die Spielpartner zu übernehmen und dadurch miteinander im Gegeneinander zu agieren. In die Bewegung des Schiebens können kurze Impulse integriert werden. Auf diese Weise werden das reflektorische Atmen und der Wechsel von Spannen und Lösen noch einmal thematisiert. Ich animiere die Studierenden, kräftig Widerstand zu leisten und sich große Entfernungen vorzunehmen. Dadurch greifen die Stimmen gut in den Raum und gewinnen an Intensität, ohne allgemein laut zu werden. Pattsituationen sollen vermieden werden. Es ist durchaus auch intendiert, den Spielpartnern nachzugeben und auf eine neue Chance zu warten bzw. sich diese zu organisieren.

Um die Bezugnahme zum Raum noch einmal zu verändern, bitte ich die Spieler, Rücken an Rücken zu stehen, ohne sich aneinander anzulehnen. Wieder geht es zunächst um die Wahrnehmung des Spielpartners.

Sein Atemrhythmus und seine Körperspannung sind spürbar. Die Aufmerksamkeit für den Raum bleibt dabei erhalten, die Augen sind geöffnet und wach. Mit kleinen Impulsen zum Spielpartner hin wird nun Kontakt aufgenommen im Sinne eines „Wie geht es dir?“ oder „Wollen wir etwas zusammen unternehmen?“. Die Berührung kann ein leichtes Schütteln, Drücken oder Reiben sein und findet zunächst im Bereich des oberen Rückens und dann am Gesäß statt. Es kann auch die ganze Fläche des Rückens eingesetzt werden. Die Stimme wird mitgenommen. Stimmhafte Reibelaute eignen sich wieder gut dafür. Bei kräftigeren Impulsen kann auch ein Vokal angehängt oder ein Wort oder Satz benutzt werden. Dann organisieren die Spielpartner ihre Körper in einer Weise, dass sie sich im Bereich des unteren Rückens berühren. Sie bieten einander die Lendenwirbelsäule an. Es ist wirklich wichtig, dass beide Spielpartner gleichermaßen in die Beziehung investieren, dass also keiner sein Gewicht vollständig an den anderen abgibt. Sie können sich nun gemeinsam bewegen. Zunächst ist es nur eine leichte Verlagerung des Schwerpunkts nach rechts und links, ein gemeinsames Pendeln. Wird die Bewegung zur Seite vergrößert, löst sich der jeweils gegenläufige Fuß vom Boden und die Spielpartner können sich durch den Raum bewegen. Ein Spielpartner übernimmt zunächst die Führung und bewegt den anderen, bis sich dieser entscheidet, seinerseits die Führung zu übernehmen. Die Spielpartner reagieren erst, wenn sie die entsprechenden Impulse bekommen haben. Der Kontakt an der Lendenwirbelsäule bleibt erhalten. Kein Spielpartner bewegt sich von dem anderen weg. Die Pendelbewegung kann nach und nach aufgegeben werden, um die Aktionen direkter, kräftiger und schneller ausführen zu können. Auch bei diesem Arrangement sind Motiv, Absicht, Raumanspruch und ein Miteinander entscheidend für durchlässige und tragfähige Stimmen, die in der Phase des Agierens und Reagierens mitgenommen werden. Die Wahrnehmung für den Resonanzraum des unteren Rückens kann durch dieses Spiel erweitert werden. Wenn der Kontakt zum frontalen und seitlichen Raum aufrechterhalten wird, richtet sich der Oberkörper ein wenig auf, und der Brustraum öffnet sich zusätzlich als Klangraum. Dieses Spiel, das sehr anstrengend ist, verbessert das Gefühl für den inneren und äußeren Raum deutlich. Sind die Spieler gut geerdet, aufgerichtet und wach, können sie weiter gefordert werden.

Beim Pendeln als Wechsel von Anziehung und Abstoßung stehen zwei Spielpartner hintereinander. Der hinten stehende Spielpartner lädt den vorderen ein, sich nach hinten fallen zu lassen. Er initiiert diese Bewegung mit der auf der Schulter des Spielpartners liegenden Hand. Die andere Hand stützt den Körper an den hinteren Rippen ab. Der so nach hinten gependelte Spielpartner braucht eine gute Stabilität in der Körpermitte und sollte die Füße ganzflächig am Boden haben. Das macht es dem Pendelnden leichter, ihn zu halten, und es ist auch für den Gependelten angenehmer. Dann wird der Spielpartner nach vorn bewegt. Die Hände des Pendelnden fassen nun die Schultergelenke des Gependelten und bewegen ihn in eine für ihn angenehme, das heißt leicht zu haltende Schräglage nach vorn. Dazu muss der Pendelnde seine Körperposition etwas verändern. Während die Pendelbewegung wiederholt wird, spricht der Pendelnde eine Einladung aus, wenn er den Gependelten zu sich heran bewegt. Die Stimme kann nur frei und durchlässig bleiben, wenn der Pendelnde sein Körperzentrum einsetzt und das Gewicht des Gependelten genau dort aufnimmt (vgl. Abb. 13). Weicht das Zentrum aus und verlieren die Füße den Bodenkontakt, kann der gependelte Spielpartner nur mit dem Oberkörper gehalten werden, und die Klangräume werden durch Muskelanspannung geschlossen. Die Stimme klingt dann fest und eng, der Atem kann nicht strömen. Dadurch verliert der Gependelte das Vertrauen in den Pendelnden. Beide Spielpartner arbeiten an ihrer Mittelkörperspannung und haben die Möglichkeit, Freiheit an der Peripherie ihrer Körper zu gewinnen. Das Pendeln erfordert Vertrauen in den jeweils anderen. Deshalb sollte der Pendelnde immer eine Hand im Kontakt mit dem Körper des Gependelten haben. Die Stimme ist bei diesem Spiel begrenzt auf einen kleinen, intimen Raum. Um diesen Raum zu öffnen, entscheidet der Pendelnde, den Gependelten in den Raum vor ihm zu schicken. Dieser Impuls muss gut vorbereitet werden. Motiv, Absicht, das Gewicht des Spielpartners und die räumliche Entfernung, die überbrückt werden soll, aktivieren das Zentrum und setzen den ganzen Körper zielgerichtet in Bewegung (vgl. Abb. 14). Die

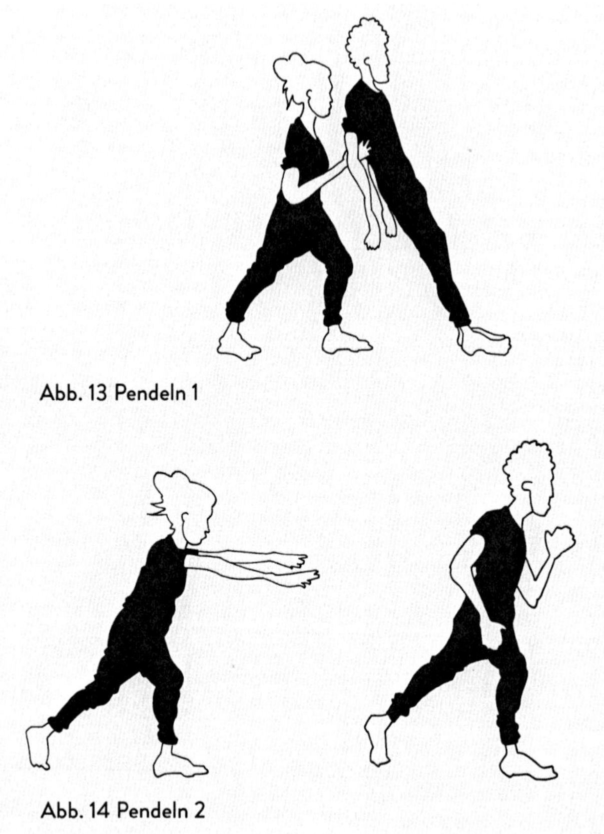

Abb. 13 Pendeln 1

Abb. 14 Pendeln 2

Stimme wird mitgenommen, ohne den Körper zusätzlich anzutreiben und verlängert ihn in den Raum. Wenn der so weggeschickte Spielpartner ausschließlich auf diesen Impuls reagiert, sind der Weg, den er zurücklegt, und die Art und Weise, wie er das tut, ein guter Gradmesser für die Intensität der Aktion. Die Direktheit einer spielerischen, aber physischen Auseinandersetzung ist intendiert. Nur wenn der Körper sich an tatsächlichen Widerständen abarbeiten kann, bildet sich die Körperlichkeit im Klang der Stimme adäquat ab. Um das Spiel weiterzutreiben, bitte ich die jeweils weggeschickten Spieler zurückzukommen, auf ihre Spielpartner zuzugehen, sich kurz vor ihnen umzudrehen und sich rückwärts in ihre Arme zu werfen, um abermals weggeschickt zu werden. Die Wahrnehmung der die Spielpartner aufnehmenden Spieler ist nun ganz darauf gerichtet, mit welcher Vehemenz sich diese fallen lassen werden. Die Pendelnden müssen ihre Körper entsprechend organisieren, um Atem und Stimme frei zu halten und die anderen wieder wegschicken zu können. Die Entscheidung, das zu tun, treffen sie bereits, wenn sie die Spielpartner kommen sehen. Die Körper antizipieren eine Aktion und brauchen dafür die Wahrnehmung der anderen im Gegeneinander und Miteinander. Nun organisiere ich die Studierenden in Dreiergruppen. Es gibt je zwei Pendelnde, die sich an den beiden Enden des Raumes gegenüberstehen. Ein Gependelter ist jeweils in der Mitte. Er bewegt sich auf einen der beiden Spielpartner zu, lässt sich rückwärts in seine Arme fallen, wird mit einem Impuls zum anderen Spielpartner geschickt, läuft auf ihn zu, dreht sich um und lässt sich wieder fallen. Die beiden Spielpartner an den Enden des Raumes kommunizieren im Wegschicken miteinander. „Schau mal, wen ich dir da schicke!", „Kannst du den mal auffangen und zurückschicken!" usw. Die Kommunikation mit den Gependelten findet statt, wenn sie aufgefangen werden. „Na, wo kommst du denn her?", „Macht es Spaß?" oder ähnlich. Die Studierenden haben große Distanzen zu überwinden, mit dem Gewicht ihrer Spielpartner umzugehen, ihre Körper zu organisieren, genaue Impulse zu setzen. Sie müssen sich schnell auf unterschiedliche Räume einstellen. Ich bitte sie nun, emotionale Haltungen zu finden, die sich aus der Situation ergeben können. Sie sind durch die körperliche Anstrengung mittlerweile schon etwas erschöpft, scheinen aber immer noch Kraft und Lust zu haben weiterzuspielen. Sie können sich dieser Herausforderung stellen, ohne dass die Stimmen Durchlässigkeit und Tragfähigkeit einbüßen. Körperliche Erschöpfung führt zum Abbau von Selbstkontrolle und zu größerer Genauigkeit im Handeln. Ich erinnere mich an eine Unterrichtseinheit mit meinem Karatetrainer (ich habe vor vielen Jahren Shotokan Karate betrieben). Mein Trainer animierte mich zu Schlägen gegen einen vor seinem Körper platzierten Medizinball. Ich habe mich sehr bemüht, aber keiner meiner mit großem Aufwand betriebenen Schläge hatte eine andere Wirkung, als dass mein Trainer mich auslachte.

Natürlich wurde ich wütend und versuchte, immer kräftiger zuzuschlagen. Erst als ich körperlich völlig erschöpft und mir alles egal war, landete ich einen Schlag, der meinen Trainer aus der Balance brachte. Wie war mir das gelungen? Ich hatte aufgehört, darüber nachzudenken, wie ich das schaffen kann. Ich hatte meine Selbstkontrolle ausgeschaltet, einfach gehandelt und das Newton'sche Gesetz – Kraft ist Masse mal Beschleunigung – umgesetzt. Diese Erfahrung versuche ich, den Studierenden in anderer Weise zu ermöglichen. Mir ist wichtig, dass sie nicht zu viele Absprachen untereinander treffen, sondern auf das reagieren, was sie wahrnehmen, ihren Ausdruck also aus Eindruck entwickeln. Das Pendelspiel lässt sich in abgewandelter Form auch allein spielen, indem wir uns in einem größeren Raum zwischen zwei Wänden bewegen. Wir stoßen uns jeweils von einer Wand ab, drehen uns in der Mitte des Raumes und bewegen uns auf die andere Wand zu, von der wir uns wiederum abstoßen. Wenn wir unsere Intention dahingehend verändern, dass wir probieren, die Wände zu bewegen, richten wir die Kraftwirkung gegen den Widerstand der Wand und nach außen. Auf diese Weise verändern wir unseren Raumanspruch und unsere Wahrnehmung. Unsere Aktionen werden fokussierter und kosten weniger Kraft. Diese Übungsvariante lässt sich auch gut zu zweit spielen. Die Spielpartner kommunizieren während ihres Tuns miteinander und können den Raum zu fiktiven Zuschauern, die sie z. B. zum Mitmachen einladen, öffnen.

Wahrnehmung

Um die Stimme wahrzunehmen, müssen wir sie zunächst hören können. Während unsere visuelle Wahrnehmung auf Objekte in unserem Blickfeld beschränkt ist, eröffnet das Hören eine zusätzliche Wahrnehmungsdimension im Raum. Wir können hören, was wir nicht sehen. Wahrnehmbarer Luftschall besteht aus Druckänderungen, die das Ohr erreichen. Die Anzahl der Druckänderungen pro Sekunde wird als Frequenz des Schalls beschrieben. Wir können kleinste Druckänderungen, die am Trommelfell einen Ausschlag von weniger als einem Wasserstoffmolekül verursachen, wahrnehmen und Schalldrücke, die eine Million mal höher sind. Unsere Ohren beherbergen sowohl den Hörsinn als auch den Gleichgewichtssinn. Sie bestehen von außen nach innen aus der Ohrmuschel, dem Gehörgang und dem Trommelfell als Übergang zum Mittelohr und dem Innenohr. Die Ohrmuschel wirkt wie ein akustischer Trichter, der den Schall verstärkt und in den Gehörgang leitet. Ohrmuschel und Gehörgang besitzen eine Eigenschwingung, mit der sie die für die Sprachwahrnehmung wichtigen Frequenzen verstärken. Das Trommelfell nimmt die Schallwellen auf und leitet sie über die im mit Luft gefüllten Mittelohr aufgehängten Gehörknöchelchen (Hammer, Amboss, Steigbügel) an das ovale Fenster, eine an das Innenohr grenzende Membran, weiter. Das mit Lymphe gefüllte Innenohr hat die Form einer Schnecke, in der eine komplizierte Struktur von Haarsinneszellen das Corti'sche Organ bildet. Die Druckwellen werden vom Medium Luft auf das Medium Flüssigkeit übertragen. Dann wandeln Haarsinneszellen die Bewegung in Nervenimpulse um, die schnell leitende Nervenverbindungen an die Hörrinde weitergeben. Die Informationen werden in verschiedenen Arealen isoliert, analysiert, verglichen und kategorisiert. Die größte Schallempfindlichkeit unserer auditiven Wahrnehmung liegt im Bereich der Tonhöhe zwischen 1500 und 3000 Hertz und bezogen auf die Lautstärke zwischen 80 und 120 Dezibel. Wir nehmen kategorial wahr, was bedeutet, dass akustische Einzelereignisse zusammengefasst werden. Mehr als fünf bis maximal sieben Einzelereignisse können wir nicht mehr unterscheiden. Sprachereignisse wie Vokale und Konsonanten sind Kategorien individueller Klänge und Geräusche, deren Unterschiede bis zu einem gewissen Grade vernachlässigt werden, um Verständnis zu ermöglichen. Wir haben Kodiersysteme erlernt, mit denen wir sowohl optisch als auch akustisch fehlende Informationen ergänzen können. Unsere Spracherkennung arbeitet mit Wahrscheinlichkeiten. Aufgrund der Struktur vorhandener sprachlicher Elemente wird auf die fehlenden Elemente geschlossen. Verschiedene Beispiele von Buchstabensalat, also willkürlich vertauschten Buchstaben innerhalb von Wörtern, lassen dieses Prinzip als optische Wahrnehmungsleistung erkennen.[82]

Bcuhsatbenslaat

Wuram knenön Sie deiesn Txet fast moelhüs lseen? Die Regihenfloe der Buhcsatebn ist dcoh vlonstlädig ducirhenaednr! Aebr dauarf kmomt es acuh gar nihct an. Das stleletn birstihce Wesesnhcaftlsir vor mher als 25 Jhraen fset. Sie baetn Sendutten, Txete mit cohaticsh vetrusachetn Bcuhsatebn zu leesn. Kenier von inehn httae Peborlme dmiat, sloagne nur der esrte und der ltetze Bcushsatbe jeeds Wroets rihcitg war. Das Emerpexint biesewt, dsas Wetörr als gnaze whemogranmen wreedn, und dsas das Hrin biem Lseen stniädg Hopyhtseen afuatslelt. Wnen scih dsiee biem Bcilk auf das Writbold acuh nur ofberllcähcih bsietetägn, wreedn die ennilezen Busahtcebn pkarctsih gar nchit mher wramgomhenen.[83]

Im Bereich der auditiven Wahrnehmung gibt es Beispiele, in denen die Konsonanten nach und nach aus dem gesprochenen Text eliminiert werden, ohne dass das Textverständnis völlig verloren geht. Einen eindrücklichen Beweis dafür liefert der niederländische Klangpoet Jaap Blonk mit dem Gedicht „Der Minister II“ auf dem Album „Flux de Bouche“ aus dem Jahr 1992. In dem Gedicht wiederholt der Künstler die Zeile „Der Minister bedauert derartige Äußerungen“ unter fortschreitendem Verzicht auf die Konsonanten auf sehr unterhaltsame Art. In dieser Hinsicht ebenfalls beeindruckend und gut geeignet, um uns im Sprechdenken zu üben, ist der Text „Freme Bekannte“ des deutschen Dichters und Bühnenautors Friedhelm Kändler aus „Das Leben ist ESO: WoWo“. Der österreichische Lyriker Ernst Jandl hat mit dem 1957 entstandenen Gedicht „schtzngrmm“, zu finden in dem Gedichtband „Laut und Luise“, ein Klangerlebnis ganz anderer Art geschaffen, das zeigt, dass sich uns auch ohne Vokale Verständnis erschließt.

Wir hören einander über das Medium Luft. Die Ausbreitung von Schalldruck, die Bewegung der Luftmoleküle erreicht unser Ohr. Die eigene Stimme nehmen wir sowohl über die Luftleitung als auch über die Vibrationen unserer Knochen wahr. Zu einer Dämpfung des Schalls der eigenen Stimme im Mittelohr kommt es immer in dem Moment, in dem wir beginnen zu sprechen. Dafür sorgt die reflexartige Aktivität des Steigbügelmuskels, der unser Ohr vor der eigenen Stimme und lauten Umgebungsgeräuschen schützt.[84] Wir hören unsere Stimme also anders, als sie von anderen gehört wird. Hinzu kommt, dass wir eine Vorstellung von der eigenen Stimme haben, die sich an soziale Erfahrungen anlehnt. Auch deshalb erscheint uns die eigene Stimme, wenn wir sie von einem Tonträger hören, zunächst fremd. In meinem Unterricht verwende ich Tonaufzeichnungen zu Übungszwecken mittlerweile nur auf ausdrücklichen Wunsch der Studierenden. Ich möchte, dass sie ihre Wahrnehmung erweitern. Funktionelles Hören als „das Vermögen, von dem Klang der Stimme (der eigenen wie auch der fremden), von der akustischen Wahrnehmung der Artikulation auf die Stimmfunktion und die Artikulation selbst schließen zu können“, ist ein wichtiger Aspekt der auditiven Wahrnehmung.[85] Um die Stimme genauer wahrzunehmen und zu beurteilen, ist ein ganzheitliches Hören notwendig, das Zwischentöne, den Klang hinter den Worten, Widersprüche zwischen körperlichem Ausdruck und stimmlicher Äußerung miteinbezieht. Es befragt das Verhältnis von Sagen und Meinen. Es versucht zu verstehen, was der Text und was der Untertext sagt. Es ist ein Zuhören im Sinne eines pathischen Nachvollzugs. Die Wahrnehmung der Stimme geht über das Hören hinaus.

Wie unsere Sinne zusammenarbeiten

Wir sehen, hören, schmecken, riechen, fühlen, erleben den Raum in uns wie den Raum um uns herum. Unsere Sinne arbeiten zusammen. Multisensorische Interaktion ist eine Fähigkeit, die unser Überleben sichert. Geschmack und Geruch sind eng aneinander geknüpft. Wenn ein Schnupfen unseren Geruchssinn einschränkt, spüren wir, welche Auswirkungen das auf unseren Geschmackssinn hat. Die Farbe und Konsistenz von Speisen kann unser Geschmacksempfinden verändern. Intensive Sinnesreize lösen eine hohe neuronale Aktivität in den Wahrnehmung verarbeitenden Arealen unseres Gehirns aus. Wahrnehmungsmodalitäten in benachbarten Hirnregionen beeinflussen sich gegenseitig. Manchmal reicht es aus, müde und schlecht aufgestellte Studierende auf die Vielfalt ihrer Wahrnehmungsmöglichkeiten zu verweisen, und sie werden wacher, öffnen sich, ihre Stimmung steigt, und die Stimme transportiert diese Stimmung. Der Körper richtet sich aufgrund der nach außen gerichteten Wahrnehmung auf natürliche Weise aus, der Atem schließt sich an, öffnet neue Wahrnehmungsräume, die Stimme lässt den Körper erklingen und erobert den ihn umgebenden Raum.

Diese gelöste Handlungsbereitschaft bezeichnet Volkmar Glaser, der Begründer der Psychotonik, als Transsensus oder ein Über-sich-hinaus-Spüren. „Der Vollzug des Transsensus ist an eine persönliche Entscheidung zur Hinwendung auf die Umwelt gebunden.“[86] Innerer und äußerer Raum treten in Kontakt. Wir nehmen die Wirklichkeit durch all unsere Wahrnehmungskanäle in uns auf, konstruieren sie in unserem Gehirn, beeinflussen sie, um sie verändert wieder wahrzunehmen. Dabei stellen wir uns anderen Menschen zur Verfügung, indem wir uns etwas an sie anlehnen und gleichzeitig Anlehnung anbieten. Stellen sich Sprecherzieher in diesem Prozess als Spielpartner zur Verfügung, entsteht ein Dialog, ein gegenseitiges Geben und Nehmen, das die Grundlage für die gemeinsame Arbeit an der Wahrnehmungsfähigkeit bildet. Funktioneller Nachvollzug der Sprechweise der Studierenden verhindert, dass das Sprechen zu stark bewertet wird. Das gestische Sprechen arbeitet weniger mit einer Draufsicht auf das Kommunikationsgeschehen und die Studierenden als vielmehr mit einer Nachahmung durch inneres Sprechen. Das Hören wird vom Sehen begleitet, das Sehen vom Hören. Gleichzeitig sind unser Geruchs-, Geschmacks- und Tastsinn aktiv. Wir nehmen den Raum, Bewegung und Ruhe, Zahl, Gestalt und Größe von Objekten sowie die Schwerkraft wahr. Wir spüren Vibrationen und verfügen über ein kinästhetisches Empfinden, das es uns ermöglicht, uns auszubalancieren und unsere Bewegungen zu koordinieren. Wir nehmen Schmerz und Temperatur wahr, wir empfinden unsere inneren Organe. Und wir haben Vorstellungen von Wahrnehmung. Wir können unsere Sinne nicht willkürlich abschalten. Selbst nach einem viertägigen Experiment in einem völlig dunklen Raum spürte ich die Eigenaktivität meiner Netzhautzellen in Form von Farb- und Lichtwahrnehmungen. Ich hatte den Eindruck, dass mein Gehirn nicht vorhandene visuelle Reize durch gespeicherte Erfahrung ersetzte. Halten wir uns die Ohren zu, hören wir mindestens immer noch das Rauschen unseres Bluts.

Synästhetiker verfügen über die Fähigkeit, Klänge und auch Räume als Farben zu sehen oder zu schmecken, auch Geschmack und Geruch zu tasten. Sie verbinden mehrere Sinne zu komplexen, wiederholbaren und realen Wahrnehmungen. Synästhesie ist unmittelbar, direkt und sinnlich konkret. Gleichzeitig verfügen Synästhetiker über ein besonderes Erinnerungsvermögen. Sie erinnern den sinnlichen Eindruck und schließen daraus auf Ereignisse oder Personen. Eine Studentin, mit der ich auf einer großen Bühne gearbeitet hatte, merkte sich Bühnenpositionen mittels ihrer Synästhesie. Sie bewegte sich nicht von rechts nach links sondern von Rot auf Grün. Für den amerikanischen Neurologen Richard E. Cytowic sind Synästhetiker „kognitive Fossilien". Für ihn ist „die synästhetische Sicht der Realität nur eine Fähigkeit, die unserem Bewusstsein verloren gegangen ist."[87] Das bekannte Gedicht „Vokale" von Arthur Rimbaud, um das Jahr 1872 entstanden, eröffnet eine ungewöhnliche Welt des Farbhörens, in der Texturen, Räumen und Gerüchen zusätzlich Klänge zugeordnet werden. Hier sei die erste Strophe wiedergegeben:

A schwarz, E weiß, I rot, U grün, O blau: Vokale,
Einst spreche ich die Dinge aus, die in euch liegen:
A, schwarzes, samtenes Korsett schillernder Fliegen,
Die sich versammeln auf verfaultem, grausem Mahle [...][88]

Der Dichter beschreibt seine Arbeit an dem Gedicht mit den Worten: „– Ich bestimmte Form und Bewegung eines jeden Konsonanten, und ich traute mir zu, im Medium der natürlichen Rhythmen ein poetisches Wort zu erfinden, das eines Tages allen Sinnen zugänglich sei."[89] Für Rimbauds Synästhesie liegen keine biografischen Beweise vor, vielmehr geht die Forschung davon aus, dass er lediglich synästhetische Metaphern verwendete. Gleichwohl gewährt uns das Gedicht eine Ahnung gleichzeitiger Sinneswahrnehmung, wie sie in der Dichtung häufig anzutreffen ist.

Unsere Sinne sind den sich stets wandelnden Reizen der uns umgebenden Welt ausgesetzt, die unser Gehirn zu Konstanten und Kategorien zusammenfasst. Das Meer ist blau, die Wiese ist grün. Gleichwohl können wir die feinen farblichen Unterschiede, die Licht und Schatten, die Jahres- und Tageszeiten entstehen lassen, wahrnehmen. Natürlich ist das Meer nicht immer blau, die Wiese nicht nur grün. Sollten Sie es bisher nicht bewusst wahrgenommen haben, lohnt es sich, in die Natur zu gehen oder eine Ausstellung impressionistischer Malerei zu besuchen. Der israelische Linguist Guy Deutscher beschreibt auf sehr unterhaltsame Weise, warum die Farben der Welt in anderen Sprachen anders wahrgenommen werden und wie unsere Fähigkeit zur kategorialen Wahrnehmung dem Wandel der Zeiten und kulturellen Codes unterworfen ist.[90] Nach Thomas Görne entschlüsselt unsere Wahrnehmung Informationen und sucht nach Struktur. Sie will Ordnung in das Chaos der Welt bringen und einen Sinn erkennen. „Unendlich viele, unendlich differenzierte Kombinationen von Sinnesreizen werden in vergleichsweise wenigen Kategorien wahrgenommen [...]. Erlernt man im Erwachsenenalter eine Fremdsprache, so verhindert die

Kategorisierung der eigenen Wahrnehmung, die Laute der anderen Sprache korrekt zu erlernen. Die Laute werden zunächst im Hören und dann auch im Sprechen zu den ‚nächstgelegenen' bereits etablierten Kategorien hin verschoben – so entsteht der Akzent."[91] Zwischen den kategorisierten Wahrnehmungen kann unser Gehirn Verbindungen herstellen. Wir müssen nicht über die besondere Fähigkeit der Synästhesie verfügen, um eine helle von einer dunklen, eine kalte von einer warmen Stimme, einen rauen von einem glatten Klang unterscheiden zu können. Stimmen können schneidend klingen oder mulmig. Sie können schmeicheln, triefen, liebkosen, verletzen. Wir sind in der Lage, aufgrund des Hörens zu visualisieren. Andererseits gelingt es uns auch, eine visuelle Wahrnehmung in einen Klang zu transformieren. Geübte Sprecher und viel mehr noch Sänger haben beim Betreten unterschiedlicher Räume Vorstellungen davon, wie diese Räume klingen. Wir haben Wahrnehmungserfahrungen gemacht, die wir unseren Vorstellungen von Wirklichkeit zugrunde legen. Wir lernen hören, wie wir sehen lernen.[92] Unsere Wahrnehmung ist beeinflusst von Erfahrung und Erwartung. Dadurch können wir uns unter einem Klang etwas vorstellen, in ihm eine Bedeutung finden. Die Wahrnehmung der uns umgebenden Welt ist immer auch an eine Vorstellung von ihr gebunden. Das Gedicht des amerikanischen Autors John Hulme „De Inventione Cantus volx. Poetische Grundlagentexte aus der dekonstruktivistischen Frühgeschichte der deutsch-französischen Cohabitation" verbindet Wortbedeutung und Prosodie auf sehr unterhaltsame Weise. Die Fußnoten verweisen auf die wörtliche Übersetzung des eher sinnfeien französischen Textes. Probieren Sie selbst, wie Sie den gesprochenen Text wahrnehmen.

Fou[1] qu'ce d'où astique anse que ce tôt laine,
Guipe[2] si vie d'air hère.
Sens moustiche[3] s'air y est guerre haut laine
Mite[4] d'aime j'y ce couvert.[93]

Die Kopplung von Sinnesmodalitäten wird als kreuzmodale Assoziation bezeichnet. Anders als bei der Synästhesie, bei der ein anderes Sinnesorgan tatsächlich mitstimuliert wird, verbindet die kreuzmodale Assoziation einen Sinn mit den begrifflichen Konzepten eines anderen Sinns. Bereits Kleinkinder können zuvor gesehene Objekte im Dunkeln ertasten und wiedererkennen. Ihre Sinne arbeiten zusammen. Die Fähigkeit zu kreuzmodalen Assoziationen ist eine Voraussetzung für das Erlernen von Sprache. Wir können uns Vorstellungen von der Welt machen, die mehr als einen Sinn erfassen, und auf diese Weise Dingen und Prozessen einen Namen geben. In der deutschen Sprache finden sich zur physikalischen Beschreibung der Stimme lediglich die Adjektive laut und leise. Um das Frequenzverhalten zu beschreiben, müssen wir uns bereits bei anderen Sinnen bedienen. Die Fähigkeit zur kreuzmodalen Assoziation ermöglicht es uns, Frequenzen mit vielen Schwingungen pro Sekunde als höhere Töne wahrzunehmen als Frequenzen mit weniger Schwingungen pro Sekunde. Es findet also eine Assoziation zwischen einer akustischen und einer räumlichen Wahrnehmung statt. Darüber denken wir kaum nach, es erscheint uns selbstverständlich und beruht doch auf einer Interaktion der Sinne. Diese Assoziation zwischen Frequenzverhalten und Raum findet sich in den meisten Sprachen mit Ausnahme des Farsi, des Zapotec und des Türkischen. In diesen Sprachen entspricht hoch/tief der Assoziation dünn/dick.[94] Die räumliche Assoziation der hohen Stimme ist gleichzeitig an eine andere visuelle Assoziation gebunden. Hohe Stimmen klingen hell, tiefe Stimmen dunkel. Entsprechende Erwartungen haben wir an eine Stimme, die Hochstimmung ausdrückt, und an eine tieftraurige Stimme. Die Engel hören wir mit hellen, hohen, klaren Stimmen singen, während alles, was aus der Tiefe kommt, mit einem dunklen, rauen Klang assoziiert wird. Kreuzmodale Assoziationen zwischen Helligkeit und Tonhöhe wurden bei Kleinkindern nachgewiesen und finden nicht auf perzeptueller Ebene statt, sondern während der zentralen Verarbeitung.[95] Hohe Töne werden auch als klein, scharf, schnell, munter, jung, weiblich –

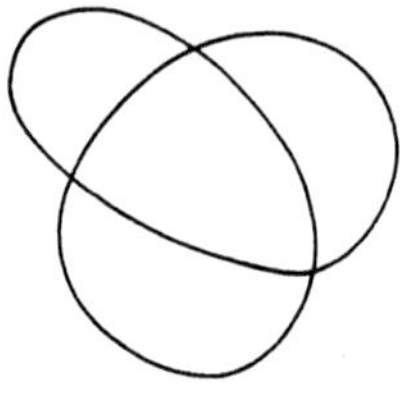

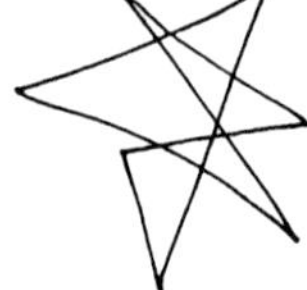

Abb. 15 Maluma Takete

tiefe Töne als groß, stumpf, langsam, schläfrig, alt, männlich beschrieben, um nur einige Beispiele zu nennen. Wolfgang Köhler, einer der Begründer der Gestalttheorie, führte 1929 ein Experiment durch, in dem er Testpersonen jeweils eine eckige und eine runde Figur den Fantasiewörtern MALUMA und TAKETE zuordnen ließ (vgl. Abb. 15). Für welche Zuordnung entscheiden Sie sich?

In neunzig Prozent der Fälle ordneten die Testpersonen die eckige Figur dem Wort TAKETE und die runde Figur dem Wort MALUMA zu. Köhler leitete daraus ab, dass der Klang von Sprache mit der visuellen Wahrnehmung von Formen korrespondiert. Dieser als Anmutung bezeichnete Zusammenhang entwickelt sich aber erst mit dem Spracherwerb. Vierjährige Kinder treffen noch keine signifikante Zuordnung. Die grundsätzliche Fähigkeit, eine visuelle Gestalt mit einer akustischen zu verbinden, führt erst im Verlaufe der Sprachentwicklung zu einer Generalisierung. Dann entwickelt sich auch die als *Theory of Mind* bezeichnete Fähigkeit, sich in andere hineinzuversetzen und zu erkennen, dass andere Menschen etwas anderes denken als man selbst und dass diese Menschen auch falsche Annahmen haben können. Unser Gehirn ist ein soziales Organ. Es verfügt über die Fähigkeit, Gefühle, Bedürfnisse, Bewertungen, Erwartungen und Absichten anderer Menschen zu erkennen und bei seinen Entscheidungen zu berücksichtigen.[96]

Wie wir Wahrnehmungsreize verarbeiten

Wir sollten uns an dieser Stelle ein ungefähres Bild davon machen, wie unser Gehirn aufgebaut ist und wie es Sinnesreize verarbeitet. Unser Zentralcomputer besteht aus Großhirn, Zwischenhirn, Kleinhirn und Stammhirn. Das Stammhirn steuert die reflexartig ablaufenden Vorgänge im Körper wie Herzschlag, Atem, das Regulieren der Körpertemperatur, den Schluck-, Husten- und Würgereflex. Es ist der entwicklungsgeschichtlich älteste Teil unseres Gehirns, eine Region, die vom Hirnforscher Paul McLean als Reptilienhirn bezeichnet wurde. Im Kleinhirn werden unsere Körperbewegungen und Körperhaltungen koordiniert und gegen die Schwerkraft ausbalanciert. Das Zwischenhirn umfasst den Thalamus, der sensorische Informationen an das Großhirn weiterleitet, und den Hypothalamus, der zusammen mit der Hypophyse das Nerven- und Hormonsystem verbindet und das innere Gleichgewicht, die Homöostase im Körper erhält. Das Großhirn besteht aus zwei Hemisphären, die durch den Balken (Corpus callosum) verbunden sind. Die linke Körperseite ist mit der rechten Hemisphäre verbunden, die rechte mit der linken. Die Nervenfasern, die vom Körper in das Gehirn führen, kreuzen sich im verlängerten Rückenmark. Die beiden Hemisphären sind in vier Bereiche unterteilt: Der Frontallappen an der Stirnseite des Kopfes verarbeitet sensorische Signale, indem er sie mit Gedächtnisinhalten und emotionalen Bewertungen verbindet und auf diese Weise das Verhalten steuert. Der Parietallappen am Scheitel des Kopfes ist an der Wahrnehmung von Druck, Temperatur, Vibration und der räumlichen Wahrnehmung beteiligt. Im Temporallappen im Schläfenbereich befindet sich der auditive Cortex. Auch der Hippocampus und die Amygdala, in denen Ereignisse und Fakten mittel- bis langfristig gespeichert bzw. emotional bewertet werden, gehören zum Temporallappen. Im Okzipitallappen im Hinterkopf werden visuelle Informationen verarbeitet. Zahlreiche Furchen unterteilen die Hirnoberfläche in Windungen (Gyri). Im linken oberen Temporalgyrus befindet sich das sensorische Sprachzentrum (Wernicke-Areal), das nach dem deutschen Neurologen Carl Wernicke benannt wurde und das Sprachverständnis ermöglicht. Im linken unteren Frontalgyrus ist das motorische Sprachzentrum (Broca-Areal), benannt nach dem französischen Mediziner Paul Broca, lokalisiert, das die Sprechbewegungen steuert. Eine als Bogenstrang bezeichnete Nervenbahn verbindet die beiden Areale. Nach neuestem Erkenntnisstand müssen wir davon ausgehen, dass auch andere Hirnregionen an der Verarbeitung von Sprache beteiligt sind. In der nur wenige Millimeter dicken Hirnrinde (Cortex cerebri) bilden Milliarden von Neuronen (100 000 pro Quadratmillimeter) ein Netzwerk, in dem mithilfe chemischer Botenstoffe und elektrischer Impulse eine multilaterale Kommunikation stattfindet.[97] Als limbisches System wird das Zusammenwirken verschiedener Hirnareale bezeichnet, die unsere Emotionen, unser

Gedächtnis und unseren Antrieb steuern. Es handelt sich um ein theoretisches Konstrukt, denn das limbische System definiert sich über die funktionalen Verbindungen zwischen verschiedenen Teilen der Basalkerne, des Groß- und Mittelhirns. Unsere Wahrnehmung erfolgt über ein modulares System von spezialisierten Hirnarealen, die wir uns als sensorische und motorische Landkarten vorstellen können. Das Zusammenwirken dieser Module entscheidet über unsere Wahrnehmungsfähigkeit.

Wahrnehmungstäuschungen

Eingehende Wahrnehmungsreize werden zerlegt, analysiert und wieder zusammengesetzt. Durch Spezialisierung gelingt es unserem Gehirn, unterschiedliche Sinneseindrücke zeitgleich zu verarbeiten. Modulare Einzelinformationen werden zu einem Gesamterleben verbunden. Die Module stehen in ständigem Kontakt und beeinflussen sich gegenseitig nach dem Prinzip der Aktivierung und Hemmung. Bei diesem Integration genannten Vorgang kann es zu Wahrnehmungstäuschungen kommen, wie wir sie z. B. im sogenannten Hermann-Gitter vorfinden (vgl. Abb. 16).

Bei einer optischen Wahrnehmungstäuschung nehmen wir die Umwelt nicht mehr so wahr, wie wir es erwartet haben, bzw. gibt es hier immer mindestens zwei andere Möglichkeiten. Die Informationsmenge

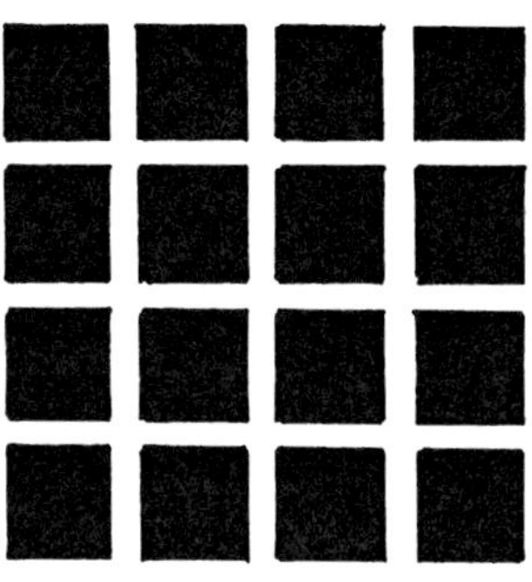

Abb. 16 Hermann-Gitter

wird reduziert, um schneller verarbeitet werden zu können, und aufgrund unserer Erfahrungen ergänzt oder konstruiert. Im Hermann-Gitter sehen wir zwischen den schwarzen Vierecken graue Punkte, die verschwinden, wenn wir unseren Blick auf eines der Vierecke fokussieren. Wir können unsere Wahrnehmung steuern, indem wir unsere Aufmerksamkeit richten. Diese Fähigkeit ermöglicht es uns, auf einer Party mit hohem Geräuschpegel einzelne Stimmen herauszuhören, zu identifizieren und den semantischen Informationsgehalt eines Gesprächs zu erkennen. Der britische Kognitionswissenschaftler und Ingenieur Colin Cherry untersuchte das „Cocktailparty-Problem" Anfang der 1950er Jahre. Er fand heraus, dass beim zeitgleichen Hören von zwei unterschiedlichen gesprochenen Texten, die dem linken und rechten Ohr per Kopfhörer angeboten werden, nur einem Text mühelos gefolgt werden kann, von dem anderen Text aber nichts verstanden wird. Ähnliche Experimente ergaben, dass außerhalb des Wahrnehmungsfokus zwar elementare Eigenschaften von Klängen, nicht aber ihr semantischer Gehalt erkannt werden kann. Die Fähigkeit, unsere Aufmerksamkeit zu richten, kann uns also täuschen und zu einer Taubheit oder Blindheit außerhalb des Fokus führen. Jeder Zauberkünstler nutzt dieses Phänomen. Ein beliebtes Beispiel dafür ist auch die Studie „Der unsichtbare Gorilla" der amerikanischen Experimentalpsychologen Christopher Chabris und Daniel Simons aus dem Jahr 1999. In einer 75 Sekunden dauernden Videosequenz überquert eine als Gorilla verkleidete Frau während eines Basketballspiels das Spielfeld und wird von etwa der Hälfte der zuschauenden Testpersonen, die ihre Aufmerksamkeit auf die Anzahl der Ballwechsel zwischen einem Team in weißen und einem Team in schwarzen Trikots richten, nicht wahrgenommen. Wobei die Testpersonen, die die Ballwechsel des Teams im schwarzen Trikot verfolgten, den Gorilla, der nur 9 Sekunden lang zu sehen ist, verhältnismäßig öfter entdeckten.[98] Wir sehen etwas nicht, das wir sehen könnten, weil unsere Aufmerksamkeit auf andere sichtbare Dinge gerichtet ist. Wir hören etwas nicht, obwohl es hörbar ist, wir es aber nicht erwartet haben. So erging es mir in dem bereits erwähnten Workshop mit Wolfgang Saus, in dem ich lange nicht in der Lage war, die unerwartete Melodie der Obertöne wahrzunehmen. Akustische Wahrnehmungstäuschungen entstehen, wenn wir etwas nicht hören, obwohl es als Schallwellenphänomen im wahrnehmbaren Bereich stattfindet, bzw. wenn wir etwas hören, das als solches nicht oder anders stattfindet bzw. verschiedenartig bewertet wird. Unser Gehirn filtert und interpretiert physikalische Schallwellen, sodass es zu Überlagerungs- oder Verdeckungseffekten kommen kann. So wird von zwei dicht nebeneinander liegenden Tönen nur der lautere wahrgenommen. Oder wir lassen uns hinsichtlich der räumlichen Wahrnehmung von Schallquellen täuschen. Für die Stimmen, die Bauchredner ihren Puppen leihen, nehmen wir ganz selbstverständlich die Puppen als Schallquellen an. Der Effekt wird dadurch unterstützt, dass Bauchredner eine besondere Sprechtechnik entwickelt haben, die die Artikulationsbewegungen extrem verkleinert. Wir nehmen ihr Sprechen in dem Moment, in dem die Puppen es imaginieren, optisch kaum wahr, während die vergrößerten Sprechbewegungen der Puppen uns sofort auffallen. Aber selbst wenn Puppenspieler neben den Puppen, die sie führen, als sprechende Personen wahrgenommen werden, bleibt die Illusion der sprechenden Puppen erhalten. Kann der Sprechimpuls im Puppenkörper als ein körperlicher optisch wahrgenommen werden, hören wir die Puppe sprechen. Mehr noch, beim Betrachten dieses Phänomens können sich akustische Kippbilder ergeben. Wir sehen und hören nacheinander die Puppen und/oder die Puppenspieler sprechen. Wir nehmen die Illusion wahr und sehen, wie sie hervorgebracht wird – ein sehr vergnüglicher Vorgang. Wir entscheiden uns, wohin wir unsere Aufmerksamkeit richten, können dem Gesamtvorgang aber weiterhin folgen. Wir sind in der Lage, sequenzielle Ereignisse gut miteinander in Beziehung zu setzen. „Im Sinne einer bestmöglichen Anpassung an die Umwelt ist optimale Aufmerksamkeitsausrichtung nicht gleichzusetzen mit einer perfekten Fokussierung auf die momentan relevante Schallquelle, sondern mit dem Ausloten einer guten Balance zwischen Abschirmung (um akustische Informationen relativ verlustfrei aufzunehmen) und Offenheit für Neues (um Gefahren in der Umwelt – oder auch noch interessantere Schallquellen – rechtzeitig zu erkennen).“[99] Wir können mit den Augen hören, wie wir mit den Ohren sehen können. Optische Kippfiguren wie die Rubinvase oder der Hasen-Enten-Kopf (vgl. Abb. 17), auch die Ballerina, die sich zunächst rechts- und plötzlich linksherum dreht, sind wohl jedem von uns bekannt, einschließlich des Aha-Effekts, der den Moment des Kippens in eine andere Bedeutung begleitet. Akustische Kippfiguren rufen eine ambivalente Semantik im Höreindruck hervor. Das Gehirn wechselt zwischen zwei oder mehr Interpretationen des akustischen Eindrucks. Diese akustische Bi- oder Multistabilität wurde von dem amerikanischen Wahrnehmungspsychologen Richard M. Warren als *Verbal Transformation Effect* beschrieben. Das physikalisch wahrnehmbare Signal ändert sich nicht, wird aber verändert wahrgenommen. So kippt die Wahrnehmung des immer wieder hintereinander gehörten Wortes Barbara plötzlich zu Rhabarber oder blau kippt zu Laub. „Der *Verbal Transformation Effect* beschreibt die akustische Illusion, bei der die Repetition einer kurzen Sprachsequenz zur Wahrnehmung immer wieder neuer, verschiedener Worte führt.“[100] Als McGurk-Effekt wird eine von den britischen Psychologen Harry McGurk und John MacDonald 1976 beschriebene audiovisuelle Täuschung bezeichnet, bei der ein akustisches Sprachsignal durch das gleichzeitige Betrachten von Artikulationsbewegungen Sprechender anders wahrgenommen wird, als es tatsächlich klingt. In dem Experiment wurde Testhörern ein Video gezeigt, in dem eine Person die Silben GAGA artikuliert. Die gleichzeitig abgespielte Tonspur wurde manipuliert und lässt die Silben BABA hören. Über neunzig Prozent der erwachsenen Testhörer hörten die Silben DADA. Augen und Ohren arbeiten beim Wahrnehmen von gesprochener Sprache zusammen. „Informationen aus mehreren sensorischen Quellen können unbewusst verknüpft werden – bewusst nehmen wir nur das Ergebnis zur Kenntnis.“[101] Unser Gehirn rekonstruiert Wirklichkeit, indem die unbewusste Wahrnehmung ständig Vorschläge macht, aus denen die bewusst

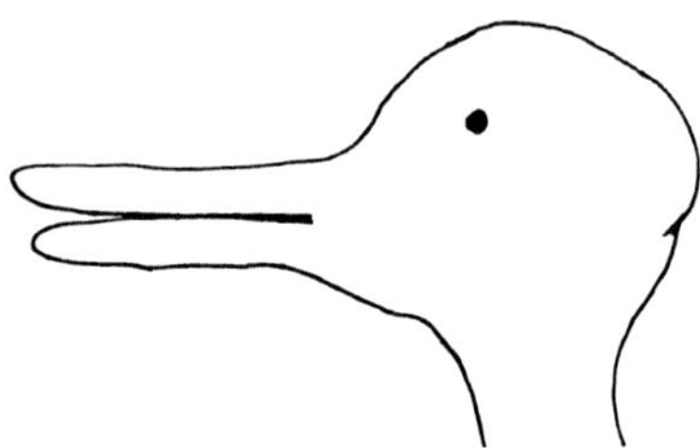

Abb. 17 Hasen-Enten-Kopf

gerichtete Aufmerksamkeit mögliche Interpretationen auswählt und damit andere Optionen ausschließt. Eine „Armee unbewusst arbeitender Neuronen liefert eine Annäherung an die wahre Wirklichkeitsverteilung der Welt“.[102]

Eindruck macht Ausdruck – Ausdruck macht Eindruck

Die Kopplung von akustischer und visueller Wahrnehmung ist eine der menschlichen Fähigkeiten, auf die wir im gestischen Sprechen zurückgreifen können. Wir schauen Schauspielern beim Spielen zu. Die visuelle Wahrnehmung ist, zumindest in der deutschen Sprache, bereits im Wort enthalten. Dadurch, dass wir über den Sehsinn vielerlei Informationen über das Spiel erhalten, müssen Schauspieler das Sichtbare nicht noch einmal mit dem Stimmklang oder den Worten erklären. Greifen wir, um den Zusammenhang zu verdeutlichen, noch einmal nach dem Beispiel der Odysseus-Figur. Bildet sich allein der physische und psychische Zustand der Figur in der Stimme und Sprechweise ab, z. B. indem wir die diesen Zustand beschreibenden Worte akzentuieren oder unserer Stimme einen entsprechenden Klang verleihen, wird nur eine Assoziationsebene im Gehirn der Zuschauer bedient. Erkennen wir aber einen Widerspruch zwischen dem Zustand des Odysseus und seinem sich aus der Situation ergebenden Verhalten, werden wir mit auf die Reise genommen. Wir sind neugierig, wie es mit ihm weitergeht. Die Fähigkeit, mit den Ohren sehen zu können, bezieht das Sehen also eher auf ein bewegtes Bild, einen Film mit unterschiedlichen Einstellungen und Schnitten oder auf Handlungen, die wir zu einer Geschichte zusammenfassen können. Aber auch der umgekehrte Fall, bei dem die gesprochene Sprache mit dem Körper illustriert wird, kann die Zuschauer ermüden. Dirigieren die Hände den Text, indem sie sich im Rhythmus der Verse mitbewegen, sind sie nicht frei, etwas anderes als ebendieses Skandieren auszudrücken. Gleiches gilt für den Oberkörper oder Kopf, der dieses rhythmische Mitschwingen auch gern übernimmt. Erhalten wir auf zwei Wahrnehmungskanälen lange Zeit die gleiche Information, langweilen wir uns relativ schnell. Die Fähigkeit zur kreuzmodalen Assoziation und zur Metaphernbildung gewährt eine weitaus größere Unterhaltung. Neben den beiden Hauptsinnen Sehen und Hören lassen sich auch alle anderen Wahrnehmungskanäle für das gestische Sprechen nutzen. Unser Körper reagiert auf Geruchs- und Geschmacksempfindungen. Allein der Gedanke an Zitronenscheiben lässt den Speichel vermehrt fließen und erhöht den Muskeltonus im gesamten Mundraum. Die Vorstellung sehr scharfer Speisen führt zu einem Einatmungsreiz und weit geöffnetem Mundraum, als wolle man die brennende Stelle kühlen. Süßes kitzelt unsere Zungenspitze und aktiviert die Mundlippen. Immer ist der gesamte Körper, der auf die tatsächlichen oder vorgestellten Reize reagiert, als Klangraum beteiligt. Verbindet sich der Stimmklang mit durch Reize oder unsere Vorstellungskraft ausgelösten körperlichen Reaktionen, bildet sich der auf die Vorstellung reagierende Körper im Stimmklang ab. Das ist deutlicher für andere wahrnehmbar, wenn wir unsere Vorstellung mit ihnen teilen. Durch den pathischen Nachvollzug sehen wir, was andere imaginieren, wir können es hören, und es widerfährt uns in gewisser Weise auch. Ähnlich stimulierend wirken Gerüche auf den Stimmklang. Das reflexhafte Verhalten unserer Artikulationsorgane und des Kehlkopfes bringt, wenn es lustvoll spielerisch angeregt wird, eine Vielzahl von Klangvariationen für die Sprechstimme mit sich und kann habituelle Muster wie das feste Wiederverschließen des Mundes nach dem Sprechen oder den erhöhten Druck der Zunge gegen die Rachenhinterwand kurzzeitig auflösen oder überhaupt erst spürbar machen. Da Stimmgebung und Sprechen die entwicklungsphysiologisch jüngeren Funktionen darstellen, werden sie durch das reflektorische Verhalten der die Atmung und Nahrungsaufnahme regulierenden Stimm- und Sprechorgane allzu häufig dominiert. Eine völlige Entkopplung der Funktionskreise ist grundsätzlich nicht möglich. Angstbesetzte Muster bewusst zu machen und aufzulösen bzw. spielerisch mit ihnen umzugehen, kann uns aber sehr wohl gelingen.

Wie wir unsere Wahrnehmung erweitern können

Über unseren Tast- und Hautsinn nehmen wir Vibrationen wahr. Legen wir die Hände auf den Kehlkopf und tönen, überträgt sich die Schwingung des primären Stimmschalls fühlbar. Wir können die Schwingungen im gesamten vorderen und seitlichen Halsbereich und im Nacken auf unsere Hände übertragen. Ähnlich verhält es sich mit den äußeren Wangen, den Nasennebenhöhlen und dem Mundboden. Beim Summen auf M spüren wir die Vibration der Mundlippen, bei Phonation auf N vibriert der Zungenspitze. Nähern wir die Backenzahnreihen sehr vorsichtig einander an und tönen auf M, spüren wir die Vibration an den Zähnen. Wenn wir uns nach und nach in den Mundraum vortasten, nehmen wir die Vibration der inneren Wangen, des Raumes unter der Zunge, der Zunge, des Gaumens wahr. Vielerlei Vorstellungsbilder helfen, dem Klang einen Raum zu geben. Je nachdem, ob wir unsere Vorstellungskraft auf den Nasenraum, die Ohren, die Augen, die Kopfspitze lenken, verändert sich die Qualität des Klanges. Bei diesem Spiel mit dem Stimmklang vermindert sich der Atemdruck meist sehr schnell. Es geht weniger darum, etwas zu produzieren, als darum, etwas zu entdecken. Durch fein koordinierte Bewegungen lässt sich der Klang im Ansatzrohr bewegen. Wir erforschen unsere Klangräume und setzen sie unterschiedlich zusammen. Das betrifft zunächst den gesamten supraglottischen Raum. Aber auch unterhalb des Kehlkopfes gibt es einiges zu entdecken. Legen wir die Hände auf die Brust oberhalb des Brustbeins, nehmen wir andere Vibrationen wahr. Auch der obere Rücken schwingt. Dieses Phänomen lässt sich gut wahrnehmen, wenn man mit jemandem auf einer Bank mit Holzlehne sitzt. Die Schwingungen des Stimmschalls übertragen sich über das Holz auf den Körper des jeweils anderen. Je weiter wir uns nun vom Kehlkopf wegbewegen, desto schwieriger wird es, an der äußeren Begrenzung des Körpers Vibrationen wahrzunehmen. Wenn wir den Körper an den Rippenbögen, dem Brustbein, dem Bauch- und Beckenraum, den Armen und Beinen beklopfen und schütteln, spüren und hören wir, wie die Stimme auf diese Veränderungen reagiert. Wir erinnern uns, wie wir als Kinder laut tönend mit dem Fahrrad über Kopfsteinpflaster gefahren sind und wie die Reaktion der Stimme uns belustigte. Durch den Stimmklang ausgelöste Vibrationen lassen sich mit ein wenig übender Geduld auf die gesamte den Körper begrenzende Fläche übertragen. Der Körper schwingt und gewinnt an Durchlässigkeit, er wird zum Klangkörper. Gerät er in Bewegung, verändert sich sein Schwingungsverhalten und damit auch der Stimmklang. Bewegt das Denken oder Empfinden den Körper, bildet sich die Art und Weise des Denkens und Empfindens im Stimmklang ab. Unabhängig davon, ob Worte gesprochen werden oder ob wir gesprochene Worte verstehen, können wir die Denk- und Gefühlsbewegungen mitempfinden, und es stellt sich ein Verstehen jenseits der Worte her. 1996 sah ich eine Inszenierung des „Tartuffe“ von Molière in der Regie von Ariane Mnouchkine und dem Théâtre du Soleil während eines Gastspiels in Berlin. Und obwohl ich kein Wort Französisch verstehe, konnte ich dem ungewöhnlich fesselnden Spiel mühelos folgen. Die Regisseurin hatte die Komödie in eine von religiösem Fanatismus und politischer Willkürherrschaft geprägte Gesellschaft des Vorderen Orients verlegt. Das klassische Stück hatte einen sehr gegenwärtigen Bezug bekommen. Die Schauspieler kamen aus unterschiedlichen Kulturen. In der Sprache, es wurde klassisches Französisch gesprochen, wie ich mir sagen ließ, bildete sich auf spielerisch leichte Weise die gemeinsam erzählte Geschichte ab. Klang und Rhythmus waren von zwingender Klarheit und genauer Gerichtetheit. Natürlich gab es eine Unmenge theatraler Zeichen. Bühnenbild, Kostüme, Musik und Arrangements trugen zum sinnlichen Verstehen bei. Aber die Sprache und die sie tragenden Stimmen waren ganz selbstverständlich mit den Situationen verbunden und ließen sie erlebbar werden. Für die Arbeit mit fremdsprachigen Schauspielstudierenden war diese Erfahrung sehr hilfreich. Ich lernte, anders zu hören, meine Sinne zusammenarbeiten zu lassen. Darüber hinaus veranlasste mich das Erlebnis, meinen Studierenden eine andere körperlich-gestische Genauigkeit abzuverlangen, bevor sie sich sprechend äußern. Ich ermunterte sie in Übungssituationen, das Wort zurückzuhalten, bis die Eindrucksmöglichkeiten ihrer Sinne und die Ausdrucksmöglichkeiten des Körpers ausgereizt waren. So konnten sie in der Stimme und Sprechweise abbilden, was sie zuvor als Eindruck im Körper akkumuliert hatten. Das Empfinden auf die innere Vibration des Körpers zu lenken, braucht etwas mehr Zeit und Übung. Die Stimmanthropologin Ulrike Sowodniok hat in ihrem Buch „Stimmklang und Freiheit“ ausführlich ihre Betrachtungsweise der Stimme beschrieben, die auf der von der Sängerin und Gesangspädagogin Gisela Rohmert entwickelten Lichtenberger Methode beruht. Sowodniok hat hier einen höchst interessanten anthropologischen Ansatz zum Verhältnis von Körper und Stimme entworfen. Demzufolge bringt das Gewebe des menschlichen Körpers eine als Klang erlebbare Schwingungsform hervor. Während die hochfrequenten Anteile des Gewebes vibrieren, pulsieren die langsam schwingenden Gewebeanteile. Wahrnehmbar sind beide Phänomene durch ein Empfinden im „Intersensus“. Dieser von Sowodniok eingeführte Begriff bezeichnet ein Durch-sich-hindurch-Spüren in Anlehnung an den von Glaser geprägten Begriff des Transsensus, der ein Über-sich-hinaus-Spüren beschreibt. Der Intersensus ist der Sinn, der sich aus allen Vibrationsorganen im Bindegewebe des Körpers zusammensetzt. Über diesen Sinn erschließt sich der Bindegewebsraum als Klangraum. Rezeptoren in den Faszien, die auf kleinste Veränderungen reagieren, lassen uns Schwingungsbeziehungen wahrnehmen, die sich im Stimmklang als ein Pulsieren und Vibrieren abbilden. Diese Form der Wahrnehmung wird als vegetatives Hören bezeichnet und führt zur inneren, räumlichen Selbstwahrnehmung des Stimmklangs. „In der kinästhetischen Tiefenwahrnehmung des *Intersensus* empfindet sich der Körper als transparenter Raum, der an die Umwelteinstellung durch den *Transsensus* angebunden ist.“[103] Die kurze Begegnung, die ich im Rahmen eines Moduls des Workshops Angewandte Stimmanthropologie mit ihr hatte, führte mich nach kurzer Zeit zu einer veränderten Wahrnehmung des eigenen Stimmklangs. Meine nach außen gerichtete Wahrnehmung blieb allerdings eingeschränkt. Interaktion erschien mir ohne Reibungsverluste zwischen innerem und äußerem Raum nicht möglich. Ich kann auch nicht mit Sicherheit sagen, inwieweit meine Wahrnehmung eine Vorstellung war. Aber unser Körper ist wohl die Vorstellung, die wir uns von ihm machen. Vielleicht verhält es sich mit der Stimme ähnlich.

In der sprecherzieherischen Arbeit mit Schauspielstudierenden kann eine zu starke Orientierung auf das innere Klangempfinden zu Einschränkungen im Partnerkontakt und zum leeren Tönen führen. Eine im Klang gut auf den Bühnenraum eingestellte und durchlässige Stimme ist das Ziel des gestischen Sprechens. Ein Zuwachs an Klang ergibt sich durch angstfreies und lustvolles Sprechen mit einer an den Körper angeschlossenen Stimme. Gesamtkörperlicher Anschluss des Stimmklangs kann durch eine motivierte und absichtsvolle Zuwendung zu Spielpartnern und/oder Zuschauern erreicht werden. Indem das Denken, Handeln und Erleben von Figuren verkörpert wird, verändern sich die inneren Klangräume und bilden das Verhalten im Stimmklang und in der Sprechweise ab. Wir können es sehen, wir können es hören, wir können es pathisch nachvollziehen.

Menschliches Verhalten ist aber nicht immer eineindeutig. Es steckt voller Widersprüche. Für Schauspielstudierende gibt es auf diesem Gebiet viel zu entdecken. Nach welchen Strategien und Taktiken greifen Figuren, um ihre Absichten durchzusetzen? Wann lügen sie offen oder verdeckt, wann wissen sie, dass sie lügen, wann nicht, wann sind sie naiv oder durchtrieben? Um die Wahrnehmungsfähigkeit zu verfeinern und den Ausdruck vom Nachdruck zu befreien, kann der Weg nach innen manchmal hilfreich sein. Er muss uns aber wieder nach außen führen. Der Weg zum Ich führt über das Du. „Also kommt zu sich nur derjenige, der von sich weg will; das Weg-Wollen gibt direkt die Richtung des ‚Weges' an, den die Selbstsuche beschreitet."[104]

Wir erlernen das Hören, wie wir das Sprechen erlernen. Wir eignen uns die Varietät der Sprache an, mit der wir aufwachsen. Dialekte, Mundarten, Soziolekte und Akzente weisen eine große Bandbreite an Klangdifferenzierungen bei den Lauten auf. Zwischen den Vokalen O und A oder U und O gibt es klangliche Verschiebungen, die das Verständnis von Sprache kaum mindern. Das menschliche Hören ist soziokulturell ausgerichtet. Wir wollen einander verstehen und nehmen klangliche Verschiebungen in einem gewissen Maße in Kauf. Wir hören, was wir erwarten zu hören. Wird unsere Erwartung allerdings zu oft und zu lange unterlaufen, müssen wir unsere Ohren spitzen und unsere Aufmerksamkeit genauer ausrichten. Ich bin eine gutwillige Zuhörerin und bemühe mich, den Schauspielern auf der Bühne alle meine Sinne zu öffnen. Ich verstehe natürlich, dass es an dieser Stelle des Textes nicht Moden, sondern Boden heißen muss. „Ich schmeiße dich auf den Moden" ergibt keinen Sinn. Interessiert mich das Spiel, nehme ich eine Weile in Kauf, dass ich die Worte schlecht verstehe. Präpositionen und Artikel kann ich im Kopf ergänzen. Wenn aber mehrsilbige Wörter oder Satzteile abhandenkommen, kann ich meine Konzentration meist nur eine begrenzte Zeit aufrechterhalten und schalte irgendwann ab. Ich komme noch in den visuellen Genuss einer Szene, verstehe aber nicht mehr alle Feinheiten der Dialoge. Ich bin auf die Informationen, die sich aus dem Stimmklang und aus der Sprechweise herleiten lassen, angewiesen. Natürlich gelingt es mir in meiner Muttersprache viel weniger gut, auf semantische Informationen des Sprechens zu verzichten und allein der Prosodie zu folgen. Mein Gehirn versucht, etwas zu verstehen, es ist in einem Erwartungsmodus, der sich schlecht austricksen lässt. Was mir beim Erleben der Aufführung des „Tartuffe" so gut gelang, bleibt mir in der Muttersprache verwehrt. Der analytisch arbeitende Teil meines akustischen Cortex gibt den Ton an, und ich muss mich immer wieder darauf einlassen, ganzheitliches Hören zu ermöglichen. Wenn das gelingt, stellen sich ähnliche Aha-Effekte ein, wie ich sie bei den optischen und akustischen Kippfiguren erlebt habe. Ein Tonfall, eine Klangfarbe hat mich berührt. Bei mir wird diese andere Art des Hörens viel häufiger ausgelöst durch die veränderte Wahrnehmung von fremdsprachigen Sprechstimmen. Mein Gehirn sucht, wenn es die Bedeutung der Worte nicht entschlüsseln kann, nach anderen Bedeutungen, die sich aus der Verbindung von visuellen und prosodischen Eindrücken generieren.

Im Grunde sind Wahrnehmen und Erkennen zwei aufeinanderfolgende Leistungen des Gehirns. Die primären Sinnesareale nehmen Reize aus der Umwelt auf, die angrenzenden Assoziationszentren deuten sie. Das Gehirn trifft Vorhersagen. Stimmen die Vorhersagen und Wahrnehmungen nicht überein, reagieren wir automatisch wie z. B. bei einem lauten Knall. Oder wir treffen bewusste Entscheidungen und ändern unser Verhalten bzw. nehmen Unerwartetes wie den Gorilla nicht wahr. Schauspielstudierende antizipieren diese Abläufe in gewisser Weise, denn die Drehpunkte einer Szene sind probiert. Vorwegnahme ist ein Mechanismus, der die Trägheit unserer bewussten Wahrnehmung ausgleicht. Bleibt innerhalb der szenischen Absprachen nicht genügend Freiraum für Unerwartetes, für Überraschungen und Unwägbarkeiten, verliert das Spiel an Lebendigkeit. In dem Freiraum zwischen Verabredung und Spontanität ist die ganze Person gefordert, ihre Wahrnehmung, ihr Denken und Fühlen, ihr Körper und ihre Stimme. Die Stimme so flexibel zu erhalten, dass sie momentanes Spiel abbilden kann und sich nicht in die Sicherheit technischer Abläufe flüchtet, erfordert Vertrauen in die eigenen Fähigkeiten. Wie wir sehen können, sind viele dieser Fähigkeiten entwicklungsphysiologisch in uns angelegt. In der Regel können wir mehr, als wir uns zutrauen. Handwerkliche Ausbildung baut auf diesen Fähigkeiten auf und macht sie erlebbar und verstehbar. Kunst beginnt da, wo das Können aufhört bzw. wo sich Fertigkeiten selbstverständlich aus Fähigkeiten ergeben.

Unser Gehirn sucht nach Regeln. Werden die Regeln durch neue Reize gebrochen, reagiert unser Nervensystem mit Aktivität. Die Mischung aus vielen bekannten und einigen ungewöhnlichen Reizen hält unsere Aufmerksamkeit aufrecht. P 300 ist eine Erregungswelle, die 300 Millisekunden nach einem starken Reiz auftritt. „Werden zum Beispiel akustische Reize so gemischt, dass ein Ton zu 80 Prozent erklingt und der andere Ton nur zu 20 Prozent, findet jeweils auf den seltenen Ton hin nach 300 Millisekunden eine deutliche Erregung statt, die mehrere Hundert Millisekunden andauert."[105] Das Gehirn hat bis zu zwei Sekunden zu tun, die Erregung zu verarbeiten, die ein sogenannter *Shock Novel Reiz* auslöst. Neue Informationen, die das Gehirn im Gedächtnis speichern soll, können vier bis fünf Sekunden nach einem *Shock Novel Reiz* besonders gut aufgenommen werden, da sich das Nervensystem in einem wachen Zustand befindet und so die neuen Informationen integrieren kann. Das Gehirn schätzt Routine, ist aber auch immer auf der Suche nach neuen Erfahrungen.[106] Kurzzeitige Überforderung versetzt uns in eine mentale Alarmbereitschaft, die nachhaltiges Lernen unterstützt. Dauernde Überforderung bewirkt das Gegenteil. Im Einzelunterricht Sprechen besteht bei einfühlsamer Anleitung relativ wenig Gefahr einer dauernden Überforderung. Die Ziele der Ausbildung müssen von den individuellen Möglichkeiten der Studierenden aus angegangen werden. Das Gras wächst nicht schneller, wenn man daran zieht. Ein kontinuierlicher Übungsaufbau, der nach und nach eine Vielzahl von Sinneswahrnehmungen miteinbezieht, versteht sich von selbst. Vom Körper zum Atem, vom Atem zur Stimme, von der Stimme zur Sprache, von der Sprache über das Denken zum Text, vom Text ins Handeln, vom Ich zum Wir. Die Reihenfolge ändern, anders ändern, nicht ändern, wiederholen, etwas Neues anbieten oder besser noch anbieten lassen, gemeinsam forschen, ausprobieren.

DAS SPIEL MIT DEN AKZENTEN

Das Wissen um die zeitlichen Abläufe bei der Verarbeitung neuer Sinnesreize und Informationen ist hilfreich und führt zu nachhaltigen Ergebnissen, setzt aber eine gewisse Flexibilität und Wachheit auch bei Lehrenden voraus, die sich in einem gleichberechtigten Dialog meist sehr schnell einstellt und lange aufrechterhalten lässt. Im Gruppenunterricht gestaltet sich dieser Prozess schwieriger. Was für die einen Studierenden neu ist, kennen andere möglicherweise schon. Sind die einen bereits zu Beginn der Übung überfordert, sind es die anderen noch lange nicht. Ein ausgewogenes Verhältnis von Über- und Unterforderung zu finden und allen Studierenden eine Verantwortung für eine gemeinsame Aufmerksamkeit abzuringen, setzt Erfahrung und Fingerspitzengefühl voraus und ist oftmals durch gruppendynamische Prozesse nur schwer oder nicht ganz zu erreichen. Alle Jahre wieder scheitere ich an folgendem Übungsablauf. Das Übungsmaterial besteht aus sechs Silben: NOLLO-NOLLO-NOLLO. Zunächst versuchen wir, der artikulatorischen Besonderheit des Wechsels zwischen N und L nachzuspüren. Beide Konsonanten werden in der Regel apikal gebildet. Der vordere Zungenrand liegt hinter den oberen Schneidezähnen. Wie er dort jedoch platziert wird und wie sich der Luftstrom während der Artikulation verhält, macht eben genau den Unterschied im Klang aus. L ist ein lateraler Engelaut. Der vordere Zungenrand hebt sich hinter die oberen Schneidezähne an den Zahndamm und bildet dort einen Verschluss. Der Phonationsstrom entweicht beidseitig durch die Enge zwischen den seitlichen Zungenrändern und oberen Backenzähnen. Der Zungenrücken bleibt flach. Das Gaumensegel ist gehoben. Auch bei der apikalen Artikulation des N stellt der vordere Zungenrand hinter den oberen Schneidezähnen und am Zahndamm einen Verschluss her, und die seitlichen Zungenränder liegen an den seitlichen Flächen der oberen Backenzähne. Jedoch entweicht der Phonationsstrom bei gesenktem Gaumensegel durch die Nase. Bei der dorsalen Bildungsvariante liegt der vordere Zungenrand hinter den unteren Schneidezähnen, und der Zungenrücken wölbt sich verschlussbildend zum Zahndamm der oberen Schneidezähne. Vor allem das L ist anfällig für ein seitliches Ausweichen der Zunge nach rechts oder links. Der Luftstrom wird einseitig abgelenkt, was in Verbindung mit anderen Konsonanten zu Ungenauigkeiten im Sprechklang führen kann und auch optisch auffällt. Die dorsale Bildung des N kann zu einer Verlagerung des Klangs nach hinten führen. Bei den zwischen den beiden Konsonanten zu artikulierenden Vokalen liegt die Zungenspitze jeweils hinter den unteren Schneidezähnen. Im Idealfall haben wir es also mit einem steten Bewegungsablauf der Zungenspitze von oben nach unten und einem Wechsel von nasal zu oral zu tun. Außerdem wechselt die Qualität der Vokale in der Weise, dass jeweils der erste, dritte und fünfte Vokal offen und kurz wie in dem Wort OFFEN gesprochen wird, der zweite, vierte und sechste Vokal wird geschlossen und kurz gesprochen, wie das O in dem Wort KINO. Es erfordert ein wenig Übung, um zu einer guten Geläufigkeit zu kommen.

Nun geht es darum, den Sprachimpuls mit dem Körperimpuls zu verbinden und den Sechssilber in den Raum zu entlassen. In der Regel ist die Konzentration auf den schwierigen Wechsel zwischen den beiden Konsonanten gerichtet, die sich in ihrer Bildung nur wenig unterscheiden, und die Vokale verlieren Öffnung und damit Klang. Also gehen wir einen Schritt zurück und üben OLLOLLOLL und NONNONNO, TOLL und DOLL oder Olala, um die Lautfolge dann wieder zusammenzubauen. Gelingt das, werden der bis jetzt sinnlosen Lautfolge Haltungen und Untertexte gegeben. NOLLONOLLONOLLO kann dann beispielsweise anerkennend heißen: „Du siehst heute aber gut aus." Das kann ich natürlich auch ironisch meinen.

Dann hat es schon einen Aufforderungscharakter und meint: „Zieh dich mal ordentlicher an!" Jetzt wird mit Sprache gehandelt, und es kann sich ein Dialog entspinnen. Wir können die Aufmerksamkeit unserer Spielpartner auch auf etwas richten und eine Verbindung zwischen ihnen, einem Objekt und anderen Spielpartnern aufbauen. Dafür können auch allerlei Hilfsmittel wie Bälle, Stäbe, kleine Sandsäckchen und an den Körper angeschlossene Gesten verwendet werden.

Bis dahin folgen mir die Studierenden in der Regel ohne Mühe. Jetzt verändern wir die rhythmische Struktur der Silbenfolge. Wir beginnen damit, die erste Silbe zu betonen. Am Beispiel eines sechssilbigen Satzes mit ähnlicher Struktur würde **NOL**LONOLLONOLLO jetzt mit der Betonung auf der ersten Silbe gesprochen werden wie in dem Satz „***Ich*** geh jetzt nach Hause", als Antwort auf die Frage „Wer geht jetzt nach Hause?" In der Wiederholung des Sechssilbers legen wir nun den Akzent auf die dritte Silbe wie in dem Satz „Ich geh ***jetzt*** nach Hause" als Antwort auf die Frage „Wann gehst du nach Hause?", also NOLLO**NOL**LONOLLO. Danach sprechen wir die Silbenfolge mit dem Akzent auf der fünften Silbe, NOLLONOLLO**NOL**LO, wie in dem Satz „Ich geh jetzt nach **Hau**se" als Antwort auf die Frage „Wo gehst du jetzt hin?" (Die fett gedruckten Buchstaben kennzeichnen die akzentuierte Silbe.) Das klingt simpel, stellt aber in der Praxis eine Herausforderung dar. Das alleinige Betonen der entsprechenden Silben lässt sich ohne konkrete Untertexte und ohne eine Intention, vor allem wenn die Übung komplexer wird, nicht oder nur schwer herstellen. Es verbraucht als rein mechanische Wiederholung zu viel Energie. Die Betonungen sind zu stark, die Stimmen klingen gedrückt und unnatürlich. Wir müssen also wieder zurück und den einzelnen Silbenfolgen mit ihrer spezifischen rhythmischen Struktur einen Sinn geben. Wir üben das Sprechen aus Haltungen. Gelingt das, geben wir die Silbenfolge im Kreis herum, und die Spieler müssen ihre Wahrnehmung schärfen, um zu erkennen, um welchen der unterlegten Sätze und um welche Haltung es sich handelt, um dann den nächsten Satz weiterzugeben. Es ergibt sich also von Spieler zu Spieler: **NOL**LONOLLONOLLO – NOLLO**NOL**LONOLLO – NOLLONOLLO**NOL**LO.

Was auf den ersten Blick wie ein mechanisches Üben aussieht, ist tatsächlich eine komplexe Wahrnehmungsleistung, die Sprech-Denkprozesse in Gang setzt und gesamtkörperliches sprechsprachliches Verhalten fordert. In der Weiterführung der Übung wird nun die Vokalreihe O-U-A-E-I-Ö-Ü-Ä-EU-EI-AU zugrunde gelegt. Mit jeder Akzentverschiebung wechselt jetzt auch der Vokal entsprechend der Reihenfolge in der angegebenen Reihe. Es ergibt sich die Abfolge: **NOL**LONOLLONOLLO – NULLU**NUL**LUNULLU – NALLANALLA**NAL**LA – **NEL**LENELLENELLE – NILLI**NIL**LINILLI – NÖLLÖNÖLLÖ**NÖL**LÖ usw. Die Übung wird zunächst chorisch gesprochen. Die Sprechhandlung ist das gemeinsame Erinnern an die Spielregeln. Dazu verwenden wir wieder unterschiedliche Haltungen von unsicher bis sicher, von gelangweilt bis belustigt. Schauspielstudierende bieten meist spontan Haltungen an, mit denen gearbeitet werden kann. Manchmal versuchen sie, sich gegenseitig zu übertrumpfen, dann bitte ich sie, für die gesamte Gruppe verantwortlich zu sein. Anschließend werden die Sechssilber von Spielpartner zu Spielpartner im Kreis oder in einer anderen räumlichen Anordnung herumgegeben. Es kann aber auch beliebig zwischen den Spielpartnern gewechselt werden. Die Äußerungen werden an Untertexte gebunden, es wird aus Haltungen gesprochen, eine gemeinsame Sprechhandlung kann intendiert werden. Auch Dialoge, die eine Nachfrage beinhalten, sind möglich. So kann die Äußerung, die an einen Spieler gerichtet wird, von diesem mit dem Untertext „Bist du sicher, dass das so richtig ist?“ wiederholt und an den Mitspielenden zurückgegeben werden, um mit der entsprechenden Veränderung an den nächsten Mitspielenden weitergegeben zu werden. Sind alle Spieler gut motiviert, Verantwortung für die gesamte Gruppe zu übernehmen, kann sich ein Spielflow entwickeln, der die Gruppe eine Weile trägt. Die Übung erfordert ein hohes Maß an Wachheit und Konzentration für schnelle und konkrete Wechsel in der Ausrichtung der Aufmerksamkeit sowie im Wechsel von Eindruck zu Ausdruck. Bei einer weniger gut motivierten Gruppe gerät sie schnell zu einer kompletten Überforderung. Dabei bildet sie in komprimierter Form die Realität der Kommunikation auf der Bühne ab, in der mit fremden Gedanken gehandelt wird und in der die Wahrnehmung zwischen den Spielpartnern, dem Raum, den Arrangements und den Zuschauern aufgespannt ist. Trotz der strengen Struktur lässt die Übung geplantes Verhalten kaum zu. Die Spieler müssen während des gesamten Spiels aufmerksam bleiben, sich als Spielpartner anbieten und probieren, das Spiel am Laufen zu halten. Das bedeutet auch, dass sie Ungenauigkeiten in der Akzent- oder Vokalfolge auffangen, indem sie spielerisch damit umgehen. Sie lernen, zuzuhören und im Moment zu reagieren. Sie trainieren ihre auditive und visuelle Wahrnehmungsfähigkeit. Zu viel Ehrgeiz hinsichtlich der richtigen Reihenfolge von Akzentverschiebung und Vokalreihe ist kontraproduktiv. Die Äußerungen werden offener und durchlässiger, wenn durch allerlei Missverständnisse in der Kommunikation ein spielerischer Freiraum entsteht. Läuft es gut, kann diese Übung zusätzlich mit Körperimpulsen, wie beispielsweise Absprüngen, kombiniert werden. Die gesamte Gruppe springt, der Absprungimpuls ist deckungsgleich mit dem Akzent, ohne dass der Gesamtrhythmus ins Stocken gerät. Das Denken wird dadurch an den Körper angeschlossen. Der Körper denkt und handelt und nimmt das Sprechen mit. Wenn es dann noch gelingt, die Musikalität der Übung, ihre rhythmischen Möglichkeiten und den Raumklang wahrnehmbar und veränderbar zu machen, und die Studierenden sich dem Rhythmus überlassen, hat sich die Mühe gelohnt. An dieser Übung scheiden sich wie gesagt die Geister. Es gibt immer wieder Gruppen, die diese Herausforderung lieben und zusätzliche Schwierigkeitsgrade erfinden. Andere fühlen sich unfrei und lehnen diese Art der Wahrnehmungsschulung kategorisch ab. Das Prinzip, mit den prosodischen Merkmalen der Sprache nach einem gewissen Regelwerk zu spielen, lässt sich mit jedem Sprachmaterial nachkonstruieren.

Wahrnehmungsmuster und Vorstellungskraft

Höreindrücke werden gefiltert, in Muster codiert und mit den bereits gespeicherten Hörmustern verglichen. „Wir hören eine Stimme immer nur, wie sie uns erscheint – nie, wie sie an sich ist.“[107] Unser Erfahrungshintergrund und unsere Erwartungen beeinflussen unsere Wahrnehmung. Auch im gestischen Sprechen hängt der funktionale und pathische Nachvollzug der Sprechweise der Studierenden von der Hörerfahrung und Erwartungshaltung der Lehrer ab, so sehr sie sich auch um Objektivität bemühen. Soziokulturelle Muster scheinen die Wahrnehmung also zunächst einzuschränken. Andererseits ermöglicht uns dieses selektierende Hören, Menschen an ihrer Stimme und Sprechweise wiederzuerkennen und aus einem Stimmengewirr herauszuhören. Für die soziale Interaktion ist das ein Vorteil. Da Klang- und Sprechmuster so eng an das Verhalten geknüpft sind, lassen sich Denk- und Verhaltensweisen von Figuren durch Nachahmung oder Assoziation von Nachahmung erarbeiten und wiederholen. Die Art und Weise, wie wir kommunizieren, ist sowohl bei der Produktion als auch bei der Perzeption gesprochener Sprache soziokulturell geprägt. Die Unterschiede dieser Prägung sind vielfältig, können aber erkannt und bis zu einem gewissen Grade erlernt werden. Es kann uns also gelingen, unsere Wahrnehmung zu erweitern und zu öffnen für das Unbekannte, Unerwartete. Es gelingt uns, da wir in vergleichbaren Mustern wahrnehmen und uns in vergleichbaren Mustern äußern. Der Verhaltensforscher Günter Tembrock spricht aufgrund seiner Untersuchungen des Verhaltens von Primaten und Kleinkindern von einer transkulturellen Prosodie der menschlichen Sprache, die er in den regelhaften Tonhöhenbewegungen der frühen Mutter-Kind-Beziehung nachgewiesen hat. Die melodisch organisierte akustische Kommunikation ist seiner Meinung nach „tief im biologischen Substrat unserer Stammesgeschichte verankert“.[108] Wahrnehmung ist eine wechselseitige Kommunikation zwischen der Wirklichkeit, unserem Körper und unserem Gehirn. Im Sinne der *Embodiment-Theorie* der modernen Kognitionswissenschaft nehmen wir die Wirklichkeit durch sensomotorische Koordinationsleistungen in uns auf, indem wir uns in ihr verhalten. Sprechen ist ein Teil dieses Verhaltens. Es ist ein Ausdruck, der sich aus Wahrnehmungseindrücken generiert, die sowohl unser Gehirn als auch unseren Körper für einen Moment verändert haben. Diesen Moment der Veränderung zu erhaschen und in der Stimme und Sprache, im Sprechverhalten abzubilden und wiederholbar zu machen, ist Ziel der Methode des gestischen Sprechens. Feine Wahrnehmung der uns umgebenden Welt ist an eine gewisse Neugier gebunden. Alles auf einmal wahrnehmen zu wollen, kann uns überfordern. Also geht es darum, mit der Wahrnehmung ein wenig zu spielen, sie zu lenken, scharf oder weit zu stellen, sie zu teilen und mitzuteilen.

In den bisher beschriebenen Übungen und Spielen haben wir das Verhältnis von Nehmen und Geben, von Eindruck und Ausdruck bereits kennengelernt. Nach meiner Erfahrung sind wir in der Interaktion eher auf den Ausdruck konzentriert. Selbst wenn wir bereits gelernt haben, mit Sprache zu handeln, sind wir nicht immer in der Lage, den Eindruck, den unsere Sprechhandlung auslöst, entgegenzunehmen. Wir steigen zu früh aus dem Spielpartnerkontakt aus. Der Eindruck, der uns zu einer Äußerung treibt, bleibt dann auf eine oberflächliche akustische Wahrnehmung beschränkt. Warum fällt es uns so schwer, anderen zuzuhören? Vielleicht liegt es daran, dass wir uns zu sehr selbst zuhören. Die auditive Selbstkontrolle entzieht uns dem Spielpartnerkontakt. Wird die sprachliche Äußerung, nachdem wir sie adressiert haben, noch einmal zensiert, sind wir nur noch bedingt offen für einen Eindruck. Wie gesagt, was wir einmal geäußert haben, ist in der Welt, es lässt sich nicht mehr kontrollieren. Insofern ist es hilfreicher, die Aufmerksamkeit auf die Spielpartner zu richten und unseren Ausdruck aus dem Eindruck zu entwickeln, den ihre Körper, ihr Atem, ihre Stimmen und ihre Sprache bei uns hinterlassen.

In der Begegnung mit dem künstlerischen Text stoßen wir auf einen anderen Aspekt. Der Text beschreibt die Wahrnehmung der Autoren und Dichter bzw. der von ihnen erfundenen Figuren. Diesen Wahrnehmungen können wir nachspüren, indem wir uns in die in den Text eingeschriebenen Situationen versetzen. In Robert Musils „Nachlass zu Lebzeiten“ betitelten Prosastücken findet sich im Kapitel Bilder die Miniatur „Hellhörigkeit“.

Hellhörigkeit

Ich habe mich vorzeitig zu Bett gelegt, ich fühle mich ein wenig erkältet, ja vielleicht habe ich Fieber. Ich sehe die Zimmerdecke an, oder vielleicht ist es der rötliche Vorhang über der Balkontür des Hotelzimmers, was ich sehe; es ist schwer zu unterscheiden.

Als ich gerade damit fertig war, hast auch du angefangen, dich auszukleiden. Ich warte. Ich höre dich nur.

Unverständliches Auf- und Abgehn; in diesem Teil des Zimmers, in jenem. Du kommst, um etwas auf dein Bett zu legen; ich sehe nicht hin, aber was könnte es sein? Du öffnest inzwischen den Schrank, tust etwas hinein oder nimmst etwas heraus; ich höre ihn wieder schließen. Du legst harte, schwere Gegenstände auf den Tisch, andre auf die Marmorplatte der Kommode. Du bist unablässig in Bewegung. Dann erkenne ich die bekannten Geräusche des Öffnens der Haare und des Bürstens. Dann Wasserschwälle in das Waschbecken. Vorher schon das Abstreifen von Kleidern; jetzt wieder; es ist mir unverständlich, wieviel Kleider du ausziehst. Nun bist du aus den Schuhen geschlüpft. Danach aber gehn deine Strümpfe auf dem weichen Teppich ebenso unablässig hin und her wie vordem die Schuhe. Du schenkst Wasser in Gläser; drei-, viermal hintereinander, ich kann mir gar nicht zurechtlegen, wofür. Ich bin in meiner Vorstellung längst mit allem Vorstellbaren zu Ende, während du offenbar in der Wirklichkeit immer noch etwas Neues zu tun findest. Ich höre dich das Nachthemd anziehn. Aber damit ist noch lange nicht alles vorbei. Wieder gibt es hundert kleine Handlungen. Ich weiß, daß du dich meinethalben beeilst; offenbar ist das alles also notwendig, gehört zu deinem engsten Ich, und wie das stumme Gebaren der Tiere vom Morgen bis zum Abend ragst du breit, mit unzähligen Griffen, von denen du nichts weißt, in etwas hinein, wo du nie einen Hauch von mir gehört hast!

Zufällig fühle ich es, weil ich Fieber habe und auf dich warte.[109]

In dem 1924 erstmals erschienenen Text ist ein Mann ausschließlich auf seine auditive Wahrnehmung angewiesen. Er beschreibt, was er hören kann, und schließt aus dieser Wahrnehmung auf Vorgänge in seiner Umgebung. Der Mann sieht einer Frau in einem Hotelzimmer mit den Ohren dabei zu, wie sie „hundert kleine Handlungen" vollführt. Er wartet auf die Frau, die Gegenstand seines Begehrens zu sein scheint, um sich letztlich seiner Einsamkeit gewahr zu werden. Sicherlich ist es möglich, diesen Text aus der Rückschau zu erzählen. Wir können die Situation aber auch sinnlich erlebbar machen, indem wir sie im Moment neu entstehen lassen. Den Worten, die auf die jeweils gehörten Ereignisse verweisen, liegt eine Wahrnehmung zugrunde, die immer vor dem Text stattfindet. Der Eindruck speist sich zwar aus dem Text, wird aber nicht durch ihn erklärt. Die verschiedenen Wahrnehmungsereignisse finden vor dem Sprechen der jeweiligen Sätze statt, die auf Ereignisse verweisen, und verändern die Körperlichkeit des Sprechers. Die durch die Vorstellungskraft des Sprechers ausgelöste Sprechweise kann diese Körperlichkeit abbilden. Das Verhalten der Frau und des Mannes und die Beziehung zwischen den beiden werden dadurch sinnlich erlebbar. Der Sprecher verwandelt sich dem Mann an, indem er seine Wahrnehmungen und die durch sie hinterlassenen Eindrücke in der erzählten Situation der Geschichte nachempfindet. Die zeitliche Abfolge und Qualität der Eindrücke lassen einen Spielraum zu. Werden wir durch den Sprecher in die Wahrnehmungsprozesse eingeladen, können wir die Geschichte miterleben und geraten auf diese Weise sowohl in die Fantasiewelt des Autors als auch in die des Sprechers. Beide Welten können sich im Sprechen des Textes begegnen und die Erlebniswelt der Zuhörer berühren. Um den Text im Sprechen lebendig werden zu lassen, legt der Sprecher im Moment der Äußerung frei, was dem Text zugrunde liegen mag. Wir können in der Sprechweise abbilden, dass der Mann wartet, dass er auf die Frau wartet, wie lange er schon auf die Frau wartet, wie er auf sie wartet, in welcher Beziehung er zu ihr steht, was er von ihr erwartet. Was hat der Mann gehört, wenn er sagt: „Als ich gerade damit fertig war, hast auch du angefangen, dich auszukleiden."? Verbindet sich mit dem Satz: „Du kommst" eine Hoffnung? Wird die Hoffnung gestillt? Ist der Mann enttäuscht, wenn er sagt: „um etwas auf dein Bett zu legen"? Woran erkennt er, dass sie den Schrank öffnet? Erinnert er das Geräusch? Das Hinein-Tun oder Heraus-Nehmen kann er akustisch nicht differenzieren. Daraus ergibt sich eine Haltung. Wie empfindet er das Bewegen von harten, schweren Gegenständen? Er hat ja vielleicht Fieber, seine Wahrnehmung ist empfindlich. Das fantasierte Geräusch wird wahrgenommen, bevor der Satz gesprochen wird. Die Art der Wahrnehmung beeinflusst die Sprechweise. Auf diese Weise können wir uns durch den Text fragen und zu konkreten Sprechhaltungen kommen. Der gesprochene Text erklärt die Situation nicht, er lässt sie entstehen und macht sie auf diese Weise sinnlich erlebbar.

Ich möchte betonen, dass es sich bei dieser Arbeitsweise nicht um einen interpretatorischen Ansatz handelt. Die Interpretation des Textes ist davon abhängig, was wir erzählen wollen, und lässt sich aus vielerlei Perspektiven erarbeiten. Diese Arbeit am künstlerischen Text ermöglicht eine erhöhte Wahrnehmung als Voraussetzung dafür, Texte genauer auszuhören und Körper, Atem, Stimme und Sprache mit dem Erleben des Textes zu verbinden. Es gibt eine Reihe von Texten, die dieser Arbeitsweise besonders zugänglich sind. Der Anfang der „Lenz"-Novelle von Georg Büchner (vgl. Kapitel *Sprechweise*) eignet sich ebenso wie der Marokko-Monolog der Lotte aus „Groß und klein" von Botho Strauß. Körper, Atem, Stimme und Sprache als Spielmaterial wahrzunehmen, fällt Schauspielstudierenden am Anfang der Ausbildung nicht immer leicht. Sie bringen Erwartungshaltungen im Hinblick auf ihre Fähigkeiten mit, die sie meist unter ihren Möglichkeiten annehmen und die sich dann im Sinne einer self-fulfilling prophecy auch genauso einstellen. Sie erklären oder zeigen, was ihnen alles nicht gelingen kann, weil das schon immer problematisch war, oder sie stellen im Gegenteil Mittel aus, mit denen sie gute Erfahrungen gemacht haben. Atem-, Stimm- und Sprechübungen wirken daher anfänglich immer etwas bemüht. Schamgrenzen sind zu überwinden, ungewohntes Verhalten erscheint fremd oder übertrieben.

AUFWÄRMEN ERHÖHT DIE WAHRNEHMUNGSFÄHIGKEIT

Ein gutes Aufwärmtraining besteht darin, sich sowohl körperlich als auch mental vorzubereiten. Im Sport schützt das Warm-up vor Verletzungen. Durchblutung und Stoffwechsel werden angeregt, um die Muskulatur ausreichend zu versorgen. Darüber hinaus ist es sinnvoll, effiziente Verbindungen zwischen dem zentralen Nervensystem und den Muskeln und Gelenken herzustellen. Dadurch können Muskeln, die tatsächlich zum Ausführen von Bewegungen gebraucht werden, gezielt angesprochen werden. Das ist ökonomisch und dadurch schneller und leichter. Das Aufwärmen erhöht die Wahrnehmungsfähigkeit. Es kann, wenn es nicht mechanisch ausgeführt wird, den Unterschied zwischen Spannung und Lösung spürbar machen. Es deckt unökonomische Parallelphänomene zwischen Stimm- und Sprechspannung oder Körperspannung und Atem auf und hilft, diese zu entkoppeln. Das Aufwärmtraining sollte immer auf Spielpartner orientiert sein. Arbeiten wir allein, können wir uns Spielpartner vorstellen oder Objekte ansprechen. Auf diese Weise lernen wir, bei der Eigenwahrnehmung nicht in uns zu versinken, sondern nach außen gerichtet zu bleiben und auf diese Weise innere und äußere Räume zu verbinden. Die Klangräume sollten in all ihren Möglichkeiten genutzt werden, was sich einerseits durch Glissandieren und andererseits durch das Wechseln von Entfernungen und Richtungen gut herstellen lässt. Dadurch wird die Resonanz der Stimme im Körper und im Raum wahrnehmbar. Lustempfindungen beim Bewegen, Atmen, Phonieren und Artikulieren sind Wahrnehmungsleistungen und als solche gewünscht. Und wir sollten die Freude unseres Tuns vor allem im Miteinander nicht unterschätzen. Ein lustlos absolviertes Aufwärmtraining im Sinne eines „Jetzt muss ich mich auch noch einsprechen!" bringt uns nicht weiter.

Ich frage bei den Studierenden Übungen zum Dehnen des Körpers ab. Es gibt vielerlei Vorschläge, mit denen ich umgehen kann. Wir dehnen die Flanken, lassen den Atem in den gedehnten Raum fließen. Wir seufzen die Stimme aus und beklopfen die jeweils gedehnte Flanke leicht, sodass die Stimme davon beeinflusst werden kann. Die Brust dehnen wir, indem wir die Hände hinter dem Rücken verschränken und den Oberkörper aus dem Stand nach vorn beugen. Dabei sind die Kniegelenke gelöst, die Füße haben ganzflächigen Kontakt zum Boden, der Kopf hängt, der Atem bewegt die Flanken. Dann lösen wir die verschränkten Hände, die Arme fallen nach vorn unten und nehmen die Stimme mit, der Kopf oder Oberkörper kann geschüttelt werden. Wenn wir dabei den Körper aufrichten, können wir unsere Äußerung über den Raum zu anderen schicken. Aber auch in der über Kopf hängenden Position sind wir uns der anderen gewahr und führen einen Dialog mit ihnen (vgl. Hangover-Spiel). Wenn wir uns in dieser Weise verhalten, wird unsere Körperspannung nie ganz absinken können. Wir müssen etwas in die Beziehung zu anderen investieren. Dehnend, gähnend und räkelnd nehmen wir die Stimme mit und probieren sie in allen Lagen aus. Welche Dehnungsübung wir auch verwenden, es sollte ihr ein Schütteln folgen, bei dem der Kontakt zu anderen aufrechterhalten bleibt. Separat geschüttelt werden können der Kopf, die Brust, das Becken, die Arme, die Hände, die Beine und alles auf einmal. Dafür lassen sich jeweils konkrete Haltungen finden. Den Rahmen bildet immer der Spielpartnerkontakt. Der Körper richtet sich innerlich auf, weil es ein Motiv und eine Absicht für die Äußerung gibt. Dann untersuchen wir mit den Fußsohlen den Boden. Die Stimme nehmen wir mit, führen einen Dialog mit dem Boden. Wir geben Gewicht ab und kommen in ein Wippen, so, als wollten wir prüfen, ob der Boden uns hält, oder als ob wir ein Erdbeben simulieren und uns dabei um Balance bemühen. Die Bewegung des Wippens sollte ganzkörperlich und nicht aus den Knien initiiert werden. Die Fersen bewegen sich auf und ab. Der Stimmklang wird von der Bewegung erfasst und beeinflusst. Die Stimme kann verschieden ausgerichtet werden. Wir können einen öffentlichen Dialog mit dem Boden führen, die Spielpartner auf die Besonderheiten des Bodens unter uns verweisen. Vielleicht stehen wir auf brüchigem Eis oder machen andere darauf aufmerksam, dass unter ihnen der Boden bebt. Wir animieren dazu, spielerisch Situationen zu kreieren, in denen die Stimme zum Indikator für fantasierte Wahrnehmung wird.

Dabei können wir die Haltungen übertreiben, um zu kräftigen Äußerungen zu kommen. Anschließend gehen wir vom Wippen ins Springen über. Der Stimmklang wird beim Springen stärker verändert. Wenn die Schwerkraft uns erwischt, rutscht die Stimme noch einmal ein Stück in den Unterkörper. Dieser Effekt verführt dazu, den Kontakt aufzugeben. Das ist eines der Parallelphänomene, mit denen wir es häufig zu tun haben. Lösung in einem Systemkreis führt zu unbeabsichtigter Lösung in einem anderen, Gleiches gilt für Spannung. Der Bitte nach präziserer Artikulation wird fast immer mit einer gespannteren Stimme nachgekommen. Sprechen wir schneller, sind wir meist auch lauter. Richten wir uns in einen Teil des Raumes aus, vergessen wir den anderen. Das Aufwärmtraining kann also bereits für die entsprechende Feinarbeit genutzt werden. Das Springen auf der Stelle markiert stimmlich zunächst den Moment, in dem wir auf dem Boden landen. Wir können dazwischen auch immer wieder Absprungimpulse probieren. Die Stimme wird dann genau in dem Augenblick mitgenommen, in dem die Füße sich vom Boden lösen. Nutzen wir für diese Absprünge stimmhafte Reibelaute, können wir die hohe körperliche Spannung gut kanalisieren. Die Vibrationen an der Artikulationsstelle und im Körper sind deutlich spürbar. Nachfolgende Vokale werden auf diese Weise frei und unbelastet von körperlicher Anstrengung in den Raum entlassen. Diese Impulse geben wir spielerisch im Kreis herum und animieren die anderen zum Mitspringen. Oder wir suchen uns eine andere Motivation, wenn wir uns allein aufwärmen. Je nach Tagesform sind verschiedene Steigerungen des Springens möglich. Es können zusätzliche Impulse eingebaut werden: Basketballwürfe, Froschsprünge, Landen in der Hocke. Wer sich dadurch eher ausgepowert fühlt, läuft einfach auf der Stelle. Und es gibt wirklich Hunderte Möglichkeiten, das zu tun, und jede Variante bringt eine andere Stimme hervor. Die Wahrnehmungsleistung liegt nun hauptsächlich im Koordinieren von Bewegungen im Raum in Verbindung mit Atem und Stimme. Wahrzunehmen ist auch, wie viel Energie wir dem Körper zu- oder abführen wollen. Auf diese Weise entwickeln wir eine Sensibilität für das, was wir gerade brauchen. Aufwärmrituale sind sicher sehr gut, weil sie Struktur geben. Wir sind aber nicht immer gleich aufgestellt, und auch dafür können wir ein Gespür entwickeln. Auf Konsonanten sollten Vokale folgen, Vokale werden zu Wörtern, die zu einfachen und später auch zu komplexeren Sätzen zusammengesetzt werden. Es kann auch künstlerischer Text verwendet werden. Dialoge und chorische Arbeiten sollten bei einem Aufwärmen in der Gruppe nicht fehlen. Wahrnehmung im Bereich der Resonanzräume des Ansatzrohres lässt sich durch Schnüffeln, Schmecken, Kauen, Schmatzen, Schlürfen usw. mit der Beweglichkeit der Artikulationsorgane verbinden und auf den ganzen Körper übertragen. Uns gegenseitig Fratzen schneidend bewegen wir unsere Artikulationsorgane und den Körper. Die Stimme wird in allen Lagen ausprobiert und in unterschiedliche Räume abgegeben. Wir können Töne kneten, abgeben, zurückholen, teilen. Der Fantasie sind keine Grenzen gesetzt, um den Gegensatz von Enge und Weite, Nähe und Distanz, Piano und Forte sowie den Stimmklang in den Registern zu probieren. Alle Äußerungen entspringen dem Bedürfnis nach Mitteilung und sind an Haltungen angeschlossen, die unser Denken und Fühlen erkennen lassen. Flüstern, Raunen, Lachen, Weinen und Äußerungen an den Grenzen des Stimmumfangs sowie ausgewählte Zungenbrecher und Geläufigkeitsübungen gehören je nach Bedarf in das Repertoire des Aufwärmprogramms.

Gedanken und Gefühle ausdrücken

Wir können Gedanken und Gefühle in der Stimme und Sprechweise abbilden. Konventionen und die mit ihnen einhergehenden Blockierungen schränken die emotionale Durchlässigkeit manchmal ein. Findet emotionale Spannung keinen Ausdruck, sucht sie sich andere Wege. Muskuläre Verspannungen, die den freien, selbstverständlichen Rhythmus des Körpers und sein biologisches Gleichgewicht stören, sind die Folge. Wir können nicht loslassen, fühlen uns angespannt, müde, verkrampft. Unsere Muskulatur möchte sich ausdrücken, darf es aber nicht. Der Druck sammelt sich in uns an, es entstehen muskuläre Einschränkungen und Strategien, mit ihnen umzugehen.

Blockierungen und ihre Auswirkungen aufzuspüren, mit ihnen zu arbeiten und sie vielleicht aufzulösen, umfasst einen individuell unterschiedlichen Teil der sprecherzieherischen Arbeit mit Schauspielstudierenden. Auch diese Arbeit hat zunächst mit Wahrnehmung zu tun. An der Hochschule für Schauspielkunst Ernst Busch sind wir noch immer in der glücklichen Lage, methodisch an einem Strang zu ziehen. Die Studierenden können an ihrer körperlichen und stimmlichen Durchlässigkeit unter den verschiedenen Schwerpunktsetzungen der einzelnen Fächer mit dem Ziel eines freien, partnerorientierten Spiels arbeiten. Unter den qualitativ wie quantitativ hohen Anforderungen der Ausbildung gelingt es nicht immer, einen völlig angstfreien Raum zu schaffen. Gedanken und Gefühle sind insofern nicht nur Gegenstand der schauspielerisch-gestischen

Äußerung, sondern befördern oder hindern immer auch den Arbeitsprozess. Um schauspielerisch-gestischen Äußerungen einen glaubhaften Ausdruck zu verleihen, sollten sie den Spielpartnern und den Zuschauern ein Erleben ermöglichen. Das kann in einem pathischen Nachvollzug von sinnlich wahrnehmbaren Emotionen bestehen. Ein verzerrter Gesichtsausdruck oder ein Schrei lassen uns den Schmerz einer Figur mitfühlen, mit einer atemlosen Stimme assoziieren wir vielleicht Erregung oder Angst. Das Erlebnis stellt sich ein, weil wir mithilfe neurobiologischer Resonanzsysteme Emotionen aus dem Körperverhalten anderer herauslesen können. Anfang der 1990er Jahre untersuchte ein Forscherteam unter Leitung des italienischen Neurophysiologen Giacomo Rizzolatti an Affen Nervenzellen, die Handlungen steuern. Rizzolatti entdeckte, dass diese Zellen auch feuern, wenn die Affen Handlungen beobachten. Er übertrug seine Forschungsergebnisse auf menschliches Verhalten, nannte die Zellen Spiegelneuronen und schrieb ihnen wichtige Funktionen bei der Imitation und Empathie und beim Sprachverständnis zu. Diese Theorie ist über die Jahre weiterentwickelt worden. Der amerikanische Hirnforscher Gregory Hickok geht davon aus, dass die neuronalen Mechanismen der Wahrnehmung, des Verstehens und Mitempfindens sowie auch mögliche Voraussagen von Handlungen sich nicht auf die Aktivität einzelner Nervenzellen beschränken lassen. Vielmehr müssen wir davon ausgehen, dass die entsprechenden Funktionen über das Gehirn verteilt sind und ein System bilden, das uns soziales Verhalten ermöglicht.[110]

Gefühle und Emotionen

Die modernen Neurowissenschaften unterscheiden zwischen Emotionen und Gefühlen. Der portugiesische Neurowissenschaftler Antonio Damasio beschreibt Emotionen als Ausdruck des Körpers, Gefühle als mentale Phänomene. Emotionen sind sichtbar. Sie beeinflussen die Mimik und Gestik, die Körperspannung, die Funktionsabläufe der inneren Organe. Die Hände werden feucht, die Ohren glühen, der Mund wird trocken, der Atem stockt. Emotionen entstehen in verschiedenen, miteinander verbundenen Regionen des Gehirns und lösen körperliche Reaktionen und subjektive Gefühle aus. Diese Gefühle bleiben verborgen. Erst die körperliche Reaktion auf emotionale Reize führt zum Entstehen von Gefühlen, die wir mental wahrnehmen können. Gefühl ist Wahrnehmung von Teilen des Körpers und/oder des gesamten Körperzustandes und Wahrnehmung von Gedanken, die dadurch ausgelöst wurden. Im Gefühl machen wir uns Gedanken über unsere Emotionen. Diese Gedanken können die Emotionen verstärken oder weitere Emotionen auslösen. Für Damasio ist ein Gefühl „die Wahrnehmung eines bestimmten Körperzustandes in Verbindung mit einer bestimmten Art zu denken".[111] Das Gefühl generiert sich aus der Veränderung des Muskeltonus, der Herzfrequenz, des Atemrhythmus und Hautwiderstandes sowie der Zusammensetzung des Bluts.

Die primären Emotionen Freude (Glück), Trauer, Furcht, Ärger (Zorn, Wut), Überraschung, Ekel sind universell. Der amerikanische Anthropologe und Psychologe Paul Ekman hat sie klassifiziert, indem er sich an mimischen Ausdrücken orientiert hat.[112] Diese Emotionen werden von Menschen aller Kulturen erkannt und ausgedrückt. Die Anlässe, die zu diesen Emotionen führen, können allerdings interkulturell erheblich variieren. Die verschiedenen Tischgewohnheiten rund um den Globus lösen zum Teil sehr ambivalente Emotionen aus. Auch ungewohnte Speisen können je nach soziokultureller Zugehörigkeit Freude, Überraschung, Ärger oder Ekel hervorrufen. Soziale Emotionen wie etwa Verlegenheit, Eifersucht, Scham, Stolz, Neid oder Dankbarkeit erlernen wir. Primäre und soziale Emotionen beeinflussen sich wechselseitig vor dem Hintergrund von emotionalen Verfassungen wie etwa Wohlbehagen/Unbehagen, Ruhe/Anspannung oder Bedürfnissen und Trieben, die sich aus vielfältigen Reaktionen des Körpers zur Regulierung homöostatischer Prozesse zusammensetzen.[113]

Emotionen passieren uns. Wir nehmen sie als Gefühle wahr, indem unser Gehirn die physiologische Erregung, die durch emotionale Reize ausgelöst wurde, interpretiert. Unsere Wahrnehmungsfähigkeit schließt sowohl die kognitive als auch die emotionale Bewertung aufgenommener Informationen ein. Emotionen werden im Gedächtnis gespeichert, indem sie an Situationen, in denen sie erlebt wurden, gebunden werden. Auf diese Weise können Gerüche oder Klänge, die mit Erinnerungen und Gefühlen verbunden sind, körperliche Attraktionen hervorrufen. Andererseits kann die Erinnerung an emotionale Reize oder die Vorstellung von emotionalen Reizen Gefühle auslösen bzw. die Erinnerung oder Vorstellung kann als ein emotionaler Reiz fungieren. Gefühle können also Emotionen auf gewisse Weise kontrollieren bzw. steuern. Vorgestellte Gefühle verändern die Konstruktion von Körperzuständen im Gehirn, lösen also emotionale Reaktionen aus und führen zu veränderten Denkstrukturen. Andererseits können veränderte Denkstrukturen Emotionen und Gefühle hervorrufen. Das ist ein wichtiger Zusammenhang, auf den wir in der Textarbeit zurückkommen werden. Ein gespielter emotionaler Ausdruck vermag ein Gefühl und entsprechende Gedanken entstehen zu lassen. „Die Manifestationen von Emotionen beschwören Gefühle und Gedanken jeder Art herauf, von denen wir gelernt haben, dass sie mit diesen Manifestationen verbunden sind."[114] Übungen aus dem Lachyoga, die unter der Überschrift „Fake it till you make it" stehen, funktionieren nach diesem Prinzip. Wir fühlen also, weil wir in der Lage sind, Körperzustände im Gehirn abzubilden oder anders gesagt, Wahrnehmungen hervorzurufen, die wir Gefühl nennen.

Was nutzen uns nun aber diese Gefühle, wenn bereits Emotionen sowohl biologisch als auch sozial regulierend wirken, unser Verhalten organisieren und motivieren sowie unser Handeln bestimmen? Wir brauchen Gefühle, um komplexe Probleme zu lösen und Entscheidungen zu treffen. „Der Prozess des Fühlens macht den Organismus aufmerksam auf das Problem, mit dessen Lösung die Emotion begonnen hat [...]. Das ‚Fühlen' von Gefühlen erweitert die Wirkung von Emotionen, indem es die Planung von neuen spezifischen Anpassungsreaktionen fördert."[115] Gefühle markieren Ereignisse in unserer Erinnerung und helfen uns, unser Verhalten bewusst zu steuern. Auf diese Weise beeinflussen sie Lernvorgänge sowohl in eine positive als auch in eine negative Richtung. Indem wir fühlen, können wir mit unseren Emotionen umgehen. Die Wahrnehmung von Gefühlen ist an Situationen gebunden. Ich habe einige Situationen erlebt, in denen Zuschauer oder Spielpartner Verletzungen von Schauspielern eher bemerkten als die Betroffenen selbst. Im Spielflow werden Schmerzen oft nicht wahrgenommen. Unser Gehirn nimmt die Konstruktion von Körperzuständen wahr. In diesem Prozess kann es zu Überlagerungen und Wahrnehmungen kommen, die der Realität widersprechen. Emotionen können bewusst und unbewusst unterdrückt und durch Gefühle gesteuert werden.

Lassen Sie uns den interessanten Zusammenhang von Emotion und Körper, von Fühlen und Denken hinsichtlich seiner Bedeutung für das gestische Sprechen untersuchen. Emotionen sind unmittelbar, sie werden durch Wahrnehmung ausgelöst. Wir können sie spüren, sehen, hören, schmecken. Sie drücken sich im Körper und Atem, in der Stimme und Sprache spontan aus. Wir können sie zulassen oder mit dem Gefühl, das sie in uns auslösen, umgehen, indem wir uns dazu verhalten. Primäre, soziale und Hintergrundemotionen bilden sich in uns ab, werden im Gefühl gedämpft, verstärkt, unterdrückt, beeinflussen unser Denken und unsere Handlungen. Durch pathischen Nachvollzug nehmen wir Emotionen anderer wahr. Wir hören und sehen ein Lachen, das uns ansteckt. Wir lesen oder hören eine Geschichte, die uns zum Schmunzeln bringt. Wir singen ein heiteres Lied und tanzen einen flotten Rhythmus mit. Wenn die Situation, in der das geschieht, unser Verhalten rechtfertigt und vielleicht sogar unterstützt, verhalten sich Eindruck und Ausdruck zueinander annähernd proportional. Empfinden wir das Lachen als ein hämisches und beziehen wir es auf ein uns widerfahrenes Missgeschick, fühlen wir uns vielleicht ausgelacht und empfinden Scham. Ist die lustige Geschichte ein politischer Witz, dessen Weitergabe unter Strafe steht, oder ist es verboten, auf diese Weise zu einem Lied zu tanzen, kann ein Widerspruch zwischen dem emotionalen Reiz, dem Eindruck, den er bei uns hinterlässt und dem Verhalten in einer konkreten Situation entstehen. Emotion und Gefühl, Denken und Verhalten reiben sich aneinander und generieren eine Bedeutung, die einen Widerspruch beinhaltet. Diese Anpassungsleistungen sind uns allen bekannt. Jeder hat schon einmal versucht, Emotionen zu unterdrücken, zu kontrollieren oder bewusst emotional zu lügen oder zu täuschen. Wir wissen, von wie vielen Komponenten es abhängt, ob es uns gelingt, uns zu beherrschen oder zu verstellen. Jeder hat den emotionalen Ausdruck anderer schon einmal „falsch" interpretiert und vielleicht mit einem „so war das doch gar nicht gemeint" reagiert.

Emotionen und Verhalten

Für die sprecherzieherische Arbeit mit Schauspielstudierenden erscheint es mir zunächst wichtig, emotionalen Ausdruck bei sich und anderen wahrnehmen zu können. Bezogen auf die Eigenwahrnehmung arbeite ich vor allem am Verhältnis von Spannung und Lösung. Eine Reihe von Lockerungs- und Dehnübungen wärmen den Körper auf und lösen leichte Blockierungen. Seufzen, Stöhnen, Jammern, Lachen, Juchzen, Raunen, Flüstern eignen sich als emotional aufgeladene Sprechhandlungen, mit denen Situationen gebaut werden können, die diese Sprechhandlungen befeuern. Auf diese Weise können Körper und Stimme durchlässig werden und emotionalen Ausdruck abbilden. Damit sich die Studierenden nicht zu viel mit sich selbst beschäftigen, lenke ich ihre Aufmerksamkeit immer wieder auf den Ausdruck der anderen. Ich lade sie ein, genau hinzuschauen und zuzuhören, Schwingungen aufzunehmen und emotionalen Ausdruck zu erkennen und zu verstehen, sich „beeindrucken" zu lassen und auf komplexe Gefühle zu schließen. Wenn wir die eindrückliche emotionale Gestimmtheit anderer in gleicher Weise zurückgeben, besteht der Dialog darin, emotionalen Ausdruck aufrechtzuerhalten oder gegenseitig zu verstärken. Freude begegnet Freude, Ärger wird mit Ärger erwidert, Stolz mit Stolz usw., um bei diesen einfachen Kategorien zu bleiben. Wir können den von uns gefühlten Emotionen der anderen aber auch etwas entgegensetzen, indem wir ihnen handelnd begegnen. Der Dialog setzt nun nicht mehr darauf, Ausdruck zu erwidern, sondern ihn zu verändern. Wir versuchen, unseren jammernden Spielpartner aufzuheitern oder den lachenden zu einem ernsten Gespräch zu verleiten. Die Möglichkeiten spielerischer Situationen sind schier unerschöpflich und werden körperlich ausagiert. Eindruck und Ausdruck stehen im Verhältnis eins zu eins, wenn sich Schauspielstudierende in die beispielsweise traurige und ausweglose Situation von Figuren oder in Geschichten einfühlen und in ihren Körpern und in ihrer Sprechweise ungefiltert abbilden. Studierende sind dann zuweilen so beeindruckt von der Kongruenz zwischen ihrer eigenen und der Emotionalität der Figuren, dass sie von ihren Gefühlen ergriffen sind und in emotionale Zustände geraten. Diese Zustände können von Spielpartnern und Zuschauern wahrgenommen werden und ambivalente Gefühle auslösen. Einigen ist es möglich mitzuschwingen, den emotionalen Zustand also pathisch nachzuvollziehen, andere möchten sich emotional distanzieren.

Das gestische Sprechen bezieht sich auf das Verhalten von Menschen. Es lenkt das Interesse auf den Zusammenhang zwischen Wahrnehmen und Handeln und untersucht, wann wir einem durch eine Emotion ausgelösten Handlungsimpuls nachgeben, wann nicht. Wie gehen wir mit Emotionen, wie gehen wir mit Gefühlen um? Wann und wo lassen wir Emotionen zu oder versuchen, sie zu verstecken? Wie drücken sich behauptete Gefühle aus, die an keine Emotionalität gebunden sind? Was ist emotionales Denken? Die Fragen lassen sich nur vor dem Hintergrund einer konkreten Spielsituation beantworten. Spielsituationen sind eine unbedingte Voraussetzung, um Hemmungen und Ängste zu minimieren und um dialogisch und prozessual zu arbeiten. Das Spiel lenkt die Aufmerksamkeit auf andere, deren reaktives Ausdrucksverhalten zur Kontrollinstanz für eigenes Verhalten wird. Anregungen und Korrekturen können im Sinne von Vorschlägen oder Imitationen ins Spiel eingebracht oder mit den Studierenden besprochen werden.

Privat oder persönlich

Es bleibt nicht aus, dass auch in einer offenen und lustvollen Arbeitsatmosphäre bei Studierenden starke Emotionen und Gefühle ausgelöst werden, die sie nicht erwartet hatten. Manchmal ist es nur ein Aha-Effekt oder die Überraschung über die eigene, so noch nie gehörte Stimme. Es können aber auch Tränen fließen oder Wutausbrüche auftreten, weil sich eine gut versteckte Erinnerung aufgetan hat. Zuweilen mischen sich Gefühle des Ärgers oder der Verzweiflung ein, wenn zum wiederholten Male ein selbst gestecktes Ziel nicht erreicht wurde. Es ist nicht immer leicht zu entscheiden, was der Anlass für das Verhalten war und ob es richtiger ist weiterzuarbeiten, also die besondere Qualität des aktuellen emotionalen Ausdrucks zu nutzen, oder die Übung abzubrechen und das Gespräch anzubieten. Private Gefühle sollten in der Arbeit in jedem Fall als solche kenntlich gemacht werden.

Ein entscheidendes Kriterium der schauspielerisch-gestischen Äußerung ist, dass sie motiviert ist. Da will sich einer äußern, und er hat eine Vorstellung davon, warum er sich äußert. Der Wille zur Äußerung ist bereits Ausdruck, der den Körper erfasst, zu einer Sprechspannung führt und der sprechsprachlichen Äußerung Inhalt und Form gibt. Das Motiv, sich zu äußern, müssen sich die Studierenden selbst erobern. Nur dieses begründete Bedürfnis materialisiert sich in der Einheit von Fühlen, Denken, Handeln und Sprechen. In spielerischen Übungssituationen mahne ich mich selbst immer wieder zur Geduld, um die Studierenden ihre eigenen Motive finden zu lassen. Sie sollen lernen, mit *ihrer* Fantasie zu arbeiten. Um diese Eigenständigkeit zu ermöglichen, biete ich einen Raum zum Ausprobieren an, der die Lust am Risiko fördert und es möglich macht, Grenzen auszuloten und zu überschreiten und sich in fremde Erlebniswelten zu begeben. Wahrnehmungsfähigkeit wird zur Vorstellungsfähigkeit, die sich im Denken, Fühlen und Handeln konkretisiert. Situatives Verhalten soll mir ihre Vorstellungskraft erkennbar und sinnlich erlebbar machen. In der Stimme und Sprechweise bildet sich ab, was durch die Vorstellungskraft im Körper akkumuliert wurde. Private Befindlichkeit und Ergriffenheit der Studierenden versuche ich, als solche zu benennen und fordere immer wieder konkretes Verhalten in gemeinsam geschaffenen oder vorgegebenen Spielsituationen ein. Glaubhafter schauspielerisch-gestischer Ausdruck ist persönlich, aber nicht privat. Die oft gestellte Frage, ob Schauspieler fühlen sollen, was sie spielen, oder lediglich spielen sollen, dass sie fühlen, lässt sich vielleicht nicht grundsätzlich und nicht für jeden Schauspieler mit einem Ja oder Nein beantworten. Das gestische Sprechen als sehr eng an die szenische Arbeit geknüpfte Ausbildungsmethode stellt sich diese Frage in differenzierter Form, indem sie die Unterscheidung von persönlichem und privatem Verhalten untersucht. „Je intensiver der Schauspieler auf der Bühne fühlt, desto flacher das Gefühl beim Zuschauer. Es ist kein Qualitätskriterium, wenn der Spieler sich auf der Bühne in falsch verstandener

Wahrhaftigkeit emotional auslebt, weil er genau dadurch dem Zuschauer die Möglichkeit zum Mitgefühl nimmt. Wenn der Schauspieler sich in der Figur fühlt und in einem emotionalen Zustand versackt, lässt er dem Zuschauer keinen Raum für dessen Mitgefühl. Er okkupiert stattdessen den emotionalen Raum für sich selbst, statt eine Leerstelle zu schaffen, die den Zuschauer einlädt, sich einzubringen."[116] Persönliches Ausdrucksverhalten entsteht, wenn die konkreten situativen Merkmale einer Geschichte oder eines Figurenverhaltens hinsichtlich ihrer Widersprüche untersucht und differenziert geäußert werden. Persönliches Ausdrucksverhalten ist glaubhaftes Fremdverhalten. Es entführt den Zuschauer in fremde Denk- und Gefühlswelten. Ist es sozial fantasiert, kann es hinter den Verhaltensweisen von Figuren oder im Hintergrund einer Geschichte gesellschaftliche Strukturen aufdecken. Privates Ausdrucksverhalten bleibt der Welt der Studierenden und ihrem Erfahrungshintergrund verhaftet. Es steckt fest in ihrer Biografie und Gefühlswelt. Ich möchte an dieser Stelle nicht polemisch werden. Sowohl persönliches als auch privates Entäußern findet auf dem Theater statt. Innerhalb eines erfolgreichen Theaterabends können Schauspieler zwischen beiden Äußerungsformen hin und her wechseln. Inszenierungen des Regisseurs Peter Kleinert mit Studierenden der Hochschule für Schauspielkunst Ernst Busch an der Berliner Schaubühne sind dafür ein Beispiel. Aber Schauspielstudierende können ja bereits sprechen. Ihr privates Sprechverhalten steht ihnen zur Verfügung. Zum Gegenstand des Sprechunterrichts wird es lediglich in der Abgrenzung zur persönlichen schauspielerisch-gestischen Äußerung.

Der Schauspieler Karl Paryla hat davor gewarnt, Gefühle auf der Bühne zu mischen. Er empfahl darüber hinaus, beim Sprechen nicht zu reflektieren. Zu Recht verweist er auf die wichtige Funktion des Atems beim Ausdruck von Gefühlen. Er beschreibt ihn als einen Fluss, der vom Unterleib bis zum Stirnansatz reicht und auf dem das Boot des Schauspielers schaukelt. Jedes Gefühl hat seinen Atem. Paryla empfiehlt trockenes Sprechen anstelle von Dampf und Hauch und verweist auf den Widerspruch von Tempo und gedanklicher und sprecherischer Genauigkeit. „Der Mensch im Leben ist nicht ‚tragisch', seine Geschicklichkeit besteht darin, ‚Tragisches' zu verstecken ..."[117]

Nonverbales Verhalten

Sprechen ist ein Teil unseres Kommunikationsverhaltens. Aber wir kommunizieren auch, wenn wir nicht sprechen. Unser Körper sendet ständig Signale aus, mit denen er auf die Umwelt reagiert und die von anderen interpretiert werden. Der Körper äußert sich. Er verrät unsere Einstellungen. Manchmal verrät er etwas, was wir nicht äußern wollten, manchmal etwas, das dem, was wir sagen wollten, widerspricht. Dann staunen wir, wie wir wirken. Beim Sprechen werden an Sprache gebundene und auf Sprache bezogene Ausdrucksmittel verwendet, die die Sprache unterstützen, verändern, ersetzen und manchmal auch zum Gegenteil dessen führen, was ausgedrückt werden sollte. Bewertungen entstehen im wechselseitigen Wahrnehmen der anderen.[118] Der Sprachwissenschaftler Axel Hübler klassifizierte nonverbales Verhalten nach Untersuchungen der amerikanischen Anthropologen und Psychologen Paul Ekman und Wallace V. Friesen (1969) unter Berücksichtigung neuerer Forschungsergebnisse.[119] Dieser Beschreibung werde ich im Wesentlichen folgen, hier und da einiges zusammenfassen und für den Diskurs gestischen Sprechens benutzen und weiterführen. Meine Betrachtung zielt darauf, auf welche Weise das breite Repertoire menschlichen Verhaltens Schauspielstudierenden als Untersuchungsmaterial dienen kann.

Gestische Ausdrucksmittel

In einer Kommunikationssituation, in der Sprecher und Hörer körperlich anwesend sind, nehmen die Kommunikationspartner die Körper der anderen wahr. Das betrifft die Körperhaltung von offensiv bis defensiv und die Körperspannung von überspannt bis unterspannt sowie Bewegungen des Körpers oder einzelner Teile des Körpers, Gestik (Hand- und Armgesten) und Mimik (Lächeln, Stirnrunzeln usw.). Das Repertoire der Gestik umfasst gerichtete und ungerichtete Gesten, die auf den Inhalt oder auf die Interaktion bezogen sein können.

Lexikalisierte Gesten

Lexikalisierte Gesten und Embleme können für sich stehen und Sätze oder Wörter ersetzen. Denken wir an die Money-Geste, das Aneinanderreiben von Daumen und Zeigefinger. Werden Daumen und Zeigefinger zu einem Ring zusammengeführt, während die restlichen Finger abgespreizt werden, entsteht ein Emblem, das kulturell sehr unterschiedlich interpretiert werden kann. Während es in den USA eine überwiegend positive Konnotation hat, ist es in einigen Ländern Europas ein Ausdruck für wertlos oder bezeichnet eine Person als „Arschloch" bzw. in Teilen Südamerikas als männlichen Homosexuellen. In Japan steht es als Zeichen für Geld. Welche interkulturellen Missverständnisse sich dadurch ergeben können, zeigt folgende Geschichte: „Ein amerikanischer Geschäftsmann verhandelt mit potenziellen japanischen Geschäftspartnern in Tokio. Am späten Nachmittag schlagen die Japaner vor, die Sitzung in ein nahegelegenes Restaurant zu verlegen, und laden den Amerikaner zum Essen ein. Der lächelt und stimmt [mit der entsprechenden Geste] zu. Die Japaner verstummen, lächeln dann und sagen, das Restaurant sei nicht teuer. Die Verhandlungen scheitern."[120]

Beschreibende Gesten

Beschreibende Gesten werden als Illustratoren bezeichnet. Sie ahmen Handlungen nach, wie den torkelnden Gang des Kollegen, der zu tief in die Flasche geschaut hat, oder sie beschreiben die Form, Größe oder Distanz von Gegenständen oder Personen. Sie unterstreichen beziehungsweise verstärken die sprachliche Äußerung oder illustrieren sie und können auch metaphorische Bedeutung haben, indem sie sich auf Ideen beziehen. Sogenannte Regulatoren wirken unterstützend oder Einhalt gebietend. Kopfnicken, Augen aufreißen, das Hochziehen der Augenbrauen oder entsprechende Hand- oder Armgesten gehören in diese Kategorie. Sind sie intendiert, strukturieren sie die sprachliche Äußerung und den Dialog und stellen Bezüge her.

Spannung abbauende Gesten

Adaptoren stellen Spannung abbauende Gesten dar und kommen meist als Handgriffe am eigenen Körper, als das Berühren von Teilen des Gesichts oder der Haare daher. Sie zeigen sich aber auch bezogen auf den Körper anderer, etwa wenn imaginäre Fussel entfernt werden. Diese Gesten stellen einerseits internalisierte Übersprunghandlungen dar, die meist mit einem dafür typischen Sprechverhalten, das eher indirekt auf den Hörer gerichtet ist, verbunden sind. Berührende Gesten werden andererseits intendiert eingesetzt, um andere einzuladen, ihre Aufmerksamkeit zu lenken oder sie zu dominieren. Sie können auch internalisiert sein und auf diese Weise unbewusst soziokulturelle Zugehörigkeit ausdrücken oder als quasi internalisierte Gesten zielgerichtet eingesetzt werden. Das gegenseitige Berührverhalten des französischen Staatspräsidenten Emmanuel Macron und des Präsidenten der USA Donald Trump während ihrer Treffen in den Jahren 2017 und 2018 bietet in dieser Hinsicht allerlei Interpretationsspielraum.

Zeigegesten

Zeigegesten verweisen auf tatsächliche oder vorgestellte Objekte, Personen, Sachverhalte oder auch Ideen in realen und imaginierten Räumen. Sie können mit vielen Körperteilen ausgeführt werden. Sie sind zielgerichtet und für die sprecherzieherische Arbeit sehr hilfreich. Sie lenken die Aufmerksamkeit von Sprechern und Hörern. Sie laden ein oder aus, lenken die Aufmerksamkeit zu etwas hin oder von etwas weg oder erhalten sie aufrecht. Die Qualität dieser Gesten kann sehr unterschiedlich sein. In gewissen Kommunikationssituationen wird es ausreichen, die Aufmerksamkeit anderer mit dem Zeigefinger, der Hand oder durch die Bewegung des Kopfes auszurichten, während der übrige Körper passiv bleibt. Nehmen die Dringlichkeit der Kommunikationsabsicht oder der Widerstand der Kommunikationspartner zu, wird zunehmend der ganze Körper ins Spiel gebracht. Die Absicht wird gesamtkörperlich durchgesetzt, indem die Geste an das Körperzentrum angeschlossen wird. Geste und Körper verbinden sich zu einem Gestus. Der Äußerung wird ein Gewicht verliehen, das den Körper sichtbar abbildet. Es entsteht eine zwingende Dreiecksverbindung zwischen dem Sender, dem Gegenstand oder Sachverhalt oder weiteren Personen und dem Empfänger. Wird die Geste an den Körper angeschlossen, geschieht das in der Regel auch mit der die Geste begleitenden Stimme, die die sprachliche Äußerung durch den Raum transportiert. Der Körper bildet sich in der Stimme und in der Sprechweise hörbar ab. Ein anderes Klangereignis entsteht, wenn die Stimme über eine periphere Geste ohne die entsprechende Körper- und Sprechspannung transportiert wird. Widersprüche zwischen dem Verhalten des Körpers und der Stimme ergeben sich aus konkreten Kommunikationssituationen und können zu Irritationen bei der Wahrnehmung führen. Das geschieht in Alltagssituationen, wenn körperlicher und stimmlicher und/oder sprecherischer Ausdruck divergieren, bzw. wenn der sprachliche Inhalt der Äußerung dem körperlichen und/oder stimmlichen Ausdruck entgegensteht. Es wird verbal etwas behauptet, das vom körperlichen und/oder stimmlichen Ausdruck nicht mitgetragen wird. Wenn wir mit verschränkten Armen behaupten, uns zu freuen, jemanden wiederzusehen, oder wenn wir die Arme ausbreiten, unsere Stimme aber die verschränkten Arme durchklingen lässt, werden andere misstrauisch werden. Vielleicht werden sie es aber auch nicht, weil sie uns nie anders erlebt haben, und wären es geworden, wenn Inhalt und Form kongruent gewesen wären. Wir sehen also, dass die Kommunikationssituation ein wichtiger Indikator für die Interpretation von Äußerungen ist. Dazu gehört auch der gemeinsame Erfahrungshintergrund. Für Schauspielstudierende bieten diese Widersprüche ein reiches Repertoire an Verhaltens- und Ausdrucksmöglichkeiten einerseits und Eindrucks- und Interpretationsoptionen andererseits.

Der Körper spricht

Neben den Gesten werden physische Eigenschaften des Gegenübers wie Größe, Gewicht, Geruch oder Attraktivität wahrgenommen und beeinflussen das Kommunikationsverhalten dadurch, dass Bewertungen angestellt werden. Dazu gehören auch Alter, Geschlecht und Hautfarbe. Ähnlich verhält es sich mit Artefakten wie Kleidung, Parfüm, Sonnenbrille, die die Kommunikation in gewisser Weise stimulieren können. Einige physische Eigenschaften bilden sich im Stimmklang ab. So können Geschlecht und Alter eines Sprechers am Telefon meist gut bestimmt werden. Statur und Gewicht oder Habitus lassen sich mit einer relativ kleinen Fehlerquote voraussagen. Sogar über die Attraktivität von Sprechern am Telefon wollen Hörer Aussagen machen können.

Nonverbales Verhalten setzt sich aus vielen Komponenten zusammen. Gesten werden von Mimik begleitet. Der Körper spricht und ist damit ein Teil der Sprache, genauso wie sich Denken in Kategorien der Körperlichkeit vollzieht.

Unsere Körpersprache ist von Konventionen geprägt und von konkreten Kommunikationssituationen abhängig. Sie drückt aber auch unsere Individualität aus. Unser Körperverhalten wird auf der Grundlage unserer Gesamterscheinung, unserer Kleidung, unserer Bewegung, unseres Gesichtsausdrucks bewertet. Dazu gehören auch unser Blick, Geruch, unser Berührverhalten, Raumgefühl und Zeitempfinden. Wir schreiben dem eigenen Körperverhalten wie dem der anderen Bedeutung zu. Wir interpretieren vor dem Hintergrund der Gruppe von Menschen, mit der wir Werte, Überzeugungen, Geschichte und Sprache teilen. Erst durch Missverständnisse wird uns unser Verhalten bewusst. Wenn wir fremdes Verhalten als Folie des eigenen Verhaltens benutzen, wenn wir uns durch den Perspektivwechsel mit den Augen anderer sehen, können wir unsere eigenen Strukturen manchmal besser erkennen und verstehen. Respekt bezeugt man in Deutschland, indem man aufsteht. Ich habe als Kind gelernt, aufzustehen, mich gerade hinzustellen und Erwachsenen in die Augen zu schauen, wenn ich mit ihnen rede. In einigen polynesischen Ländern setzt man sich, um Respekt zu erweisen.[121] Kulturelle Differenzen in der Körpersprache können wir als Spielmaterial nutzen, um damit das Repertoire der eigenen Körpersprache zu erkennen und zu erweitern. Nonverbales ist sehr nuancenreich und als Phänomen universal. Auch Gefühlsausdrücke können soziokulturell variieren, wobei es meist verschiedene Anlässe für Freude oder Leid sind, die dazu führen. Missgeschicke beispielsweise sind in China eine unerschöpfliche Quelle der Heiterkeit.

Innerhalb bestimmter Gruppen gibt es Regeln für die Art und Weise, wie, wo und wann man Gefühle zeigt oder unterdrückt. Gefühlsausdrücke sind sowohl von außen als auch von innen manipulierbar, wie wir von den Krokodilstränen wissen. Der gesamte Bereich nonverbalen Verhaltens kann mehr oder weniger erfolgreich kontrolliert werden. Das reichhaltige Angebot an Schulungen in Rhetorik und Präsenz zeigt, dass es möglich ist, nonverbales Verhalten zu erkennen und zu verändern, um im Kommunikationsprozess Wirkungen zu erzielen. Wie hoch der Anteil nonverbalen Verhaltens in der Kommunikation ist, hängt von der jeweiligen Kommunikationssituation ab. Er ist naturgemäß dort höher, wo eine Situation einen höheren affektiven Anteil am Verhalten zulässt. In Situationen mit hohem Erkenntnisbezug, wie z. B. Vorlesungen oder Informationsveranstaltungen, wird das in der Regel nicht der Fall sein. Erst wenn in diesen Situationen Störungen auftreten, wenn die Kommunikationspartner unterschiedlicher Meinung sind oder sich unangemessen verhalten, wird der Affektbezug ansteigen und Nonverbales faktische Inhalte stärker beeinflussen. Die Fähigkeit, nonverbales Verhalten zu verbalem Verhalten ins Verhältnis zu setzen, variiert individuell und hängt vom Lebensalter ab. Kinder sind dazu erst ab einem bestimmten Alter in der Lage, wiewohl sie rein nonverbales Verhalten in der Regel gut verstehen. Prozentuale Angaben über das Verhältnis von Verbalem und Nonverbalem, wie sie von einigen Anbietern zur Präsenzschulung gemacht werden, sind daher mit Vorsicht zu genießen.

Nonverbales Verhalten beeinflusst, wie jemand als Person wahrgenommen wird. Axel Hübler hat auch hierzu einiges zusammengetragen. Er beschreibt, wie die Werbung das kindliche Frauengesicht nutzt, um Käufern Vertrauen in ein Produkt zu vermitteln. Reife Männergesichter stehen für mehr Sachverstand und sprechen Käufer in anderer Hinsicht an. Personen, die sich spontan und unzensiert nonverbal äußern, wirken sympathischer als Personen, die ihr nonverbales Verhalten kontrollieren. Personen, die Berührverhalten initiieren, werden im Status höher eingestuft als Personen, die sich berühren lassen. Expressives verbales und nonverbales Verhalten signalisiert, wenn es gerichtet ist, Involviertheit. Bezogen auf den Gebrauch von Gesten wirkt involviertes Verhalten günstiger als nicht involviertes. Viele und starke Gesten vermitteln das Bild einer lebendigen, warmherzigen und entspannten Person, wirken aber gleichzeitig weniger klar und verständlich in dem, was sie vermitteln. Personen, die weniger Gesten gebrauchen, wirken aufgabenorientierter. Als Gradmesser für den angemessenen Gebrauch nonverbalen Verhaltens wird der Begriff Assertion verwendet, der darüber Auskunft geben soll, ob Personen für die eigenen Rechte eintreten und Gedanken, Gefühle und Überzeugungen in direkter, ehrlicher und angemessener Form ausdrücken, ohne die Rechte anderer zu verletzen.[122] Es handelt sich um glaubhaftes und einsehbares Kommunikationsverhalten, das sich sowohl im Körper als auch in der Stimme und Sprechweise abbildet.

Prosodie – sprecherische Mittel

Ein wesentliches Merkmal nonverbalen Verhaltens ist die Parasprache. Dazu gehören alle nichtsprachlichen Äußerungen wie Schlucken, Räuspern, Schnalzen usw. einerseits und prosodische Mittel andererseits. Der Begriff der Prosodie wird in der Sprachwissenschaft nicht eindeutig definiert. Er stammt aus dem Griechischen und bedeutet „etwas hinzusingen". Den Worten, die wir sagen, wird etwas einverleibt, das unser Sprechen von dem anderer unterscheidet. Es ist an die Sprache, in der wir uns äußern, gebunden und gibt Auskunft über uns als Person, über unser Denken, unsere Gestimmtheit, über unser aktuelles Verhalten in konkreten Situationen. Die Grunddisposition unseres Körpers, seine Bewegungen, der Rhythmus unseres Atems geben unseren sprecherischen Äußerungen einen interpretierbaren Ausdruck. Die Prosodie überlagert die Bedeutung der gesprochenen Worte und verändert ihre Bedeutung. In Anlehnung an die Hallenser Sprechwissenschaft verwende ich, um den prosodischen Anteil der Äußerung zu beschreiben, den Begriff sprecherische Mittel, wie er in der Ausbildung von Schauspielstudierenden häufig anzutreffen ist. Sprecherische Mittel im Bereich der Prosodie bezeichnen Akzentuierung, Rhythmus, Sprechmelodie, Sprechgeschwindigkeit, Lautstärke und Stimmklang.

Akzentuierung

Akzentuierungen betreffen den Wortakzent und Haupt- und Nebensatzakzente innerhalb eines gesprochenen Gedankens. Verändern wir den Wortakzent in dem Wort umfahren, verändert sich die Bedeutung des Wortes in kontextuellem Zusammenhang. Wir können uns entscheiden, ob wir das Hindernis auf der Straße mit dem Auto **um**fahren oder ob wir es um**fahr**en. Entscheiden wir uns für die friedliche Variante, umfahren wir das Hindernis. Verändern wir neben dem Wortakzent auch die Syntax des Satzes, fahren wir es um. Verändern wir den Satzakzent, ergeben sich wiederum andere Bedeutungen. Wir können uns darüber streiten, wer von uns das Hindernis umfahren soll. Wenn ich darauf bestehe, es selber zu tun, werde ich den Satzakzent auf das erste Wort legen. **Ich** umfahre das Hindernis und nicht Sie. Wenn es mehr als ein Hindernis gibt, könnten wir uns einigen. Dann umfahre ich **das** Hindernis und Sie das andere. Gibt es auf unserer Straße noch mehr zu umfahren als Hindernisse, dann könnte ich das **Hindernis** umfahren und Sie die Personen ...

Akzentuierung ist kontextabhängig und entsteht aus einem Dialog, der sich aus der Beziehung zu anderen ergibt und diese Beziehung beeinflusst. Wir können in einem beliebigen Satz nicht nur einen Sinn entdecken. In der Akzentuierung bildet sich vielmehr Verhalten ab (vgl. Kapitel *Sprechen und Denken).* Akzentuierung entsteht durch Veränderung der Tonhöhe, der Tonstärke oder der Tonhaltedauer. Im Deutschen wird vorwiegend dynamisch akzentuiert. Aber auch der Klangfarbe einer akzentuierten Silbe oder eines akzentuierten Wortes kommt eine Bedeutung zu. Die Qualität des Zusammenspiels vom Heben der Stimme bis zum Verändern der Klangfarbe lässt sich nicht festlegen, sondern ergibt sich aus der Sprechsituation und den durch sie hervorgerufenen Affekten. Lautstärke, Rhythmus, Melodieführung und Sprechgeschwindigkeit bestimmen die Qualität des Akzents also in gleicher Weise wie die Klangfarbe der Stimme. Sprecherische Mittel sind schwer voneinander zu trennen. In meiner sprecherzieherischen Arbeit versuche ich, durch Fragen nach der erzählten Situation im Text und nach der aktuellen Sprechsituation

Akzentuierungen zu provozieren. Aus meiner Arbeit als Sprecherzieherin am Theater weiß ich, wie schwer es Schauspielern fallen kann, von Regisseuren vorgegebene Betonungen zu wiederholen, wenn sie keinen Grund dafür erkennen können, der sich aus dem Figurenverhalten ergibt. Die Betonung wird mechanisch wiederholt, und der Text bleibt unbelebt, das Verhalten mit Sprache wirkt wenig glaubhaft. Die Arbeit am Akzent schult die Wahrnehmung und die Flexibilität im Denken und Handeln. Dabei versuche ich, der Empfehlung des verehrten Dichters und langjährigen Professors für Diktion Karl Mickel zu folgen, der Wert darauf legte, Worte richtig auszusprechen, anstatt sie zu betonen.

Rhythmus

Die rhythmische Gliederung des Sprechens ist von der jeweiligen Sprache abhängig. Die deutsche Sprache ist rhythmisch sehr auffallend gegliedert durch das Neueinsetzen der Vokale am Wort- und Silbenanfang und die Auslautverhärtung stimmhafter Explosivlaute. Meine Frage nach dem Klang der deutschen Sprache wurde von ausländischen Studierenden mit der Assoziation von Maschinengewehrsalven oder dem Geräusch, das jemand macht, wenn er die Treppe herunterfällt, beantwortet. Diese rhythmische Auffälligkeit schwächt sich in den meisten deutschen Mundarten und Dialekten und in der Alltagssprache deutlich ab. Regeln zur Koartikulation, wie sie im Wörterbuch der deutschen Aussprache niedergelegt sind, fordern mittlerweile in einigen sprachlichen Positionen einen geringeren Standard, als ich ihn für die Bühnenaussprache für angemessen halte. Die Wirkungen, die durch den Gebrauch des sprecherischen Mittels Rhythmus erzielt werden können, sind sehr unterschiedlich. Ich gebe zu, dass ein rhythmisch nach den Regeln der deutschen Hochlautung konsequent gesprochener Text gestelzt klingen kann. Entscheidend ist auch hier, dass das Mittel an die Situation angepasst wird, bzw. dass es dazu taugt, die Situation zu verändern. Wir kommen darauf zurück, wenn wir uns mit der Arbeit am künstlerischen Text befassen.

Sprechmelodie

Die Sprechmelodie bewegt sich während des Sprechens. Monotone Melodieverläufe nehmen wir als Leiern wahr. Dabei kann es sich um Sprechgewohnheiten handeln oder darum, dass Inhalte ohne oder mit zu kleinen Motiven und Absichten vermittelt werden. Bewegt sich die Sprechmelodie übermäßig, gibt es ein dauerndes Auf und Ab, fehlt die Konzentration auf das Wesentliche. Es wird zwar deutlich, dass die Sprecher motiviert sind, aber welche konkrete Absicht sie haben, bleibt meist vage. Alles ist wichtig und damit auch beliebig. Zur Zeichnung von Figurenverhalten kann diese Art der Melodisierung wie auch das monotone Sprechen aber sehr wohl als sprecherisches Mittel taugen. Wir sehen, es geht weniger um richtig oder falsch als vielmehr darum, sprecherische Mittel schauspielerisch-gestisch einsetzen zu können. Damit das gelingt, müssen wir sie zunächst als solche wahrnehmen, sie probieren und ihre Wirkungen erleben. Die Melodieführung am Ende eines Satzes wird als Kadenz bezeichnet. In Aussagesätzen, die etwas feststellen, in rhetorischen Fragen, deren Antwort bereits bekannt ist, und in W-Fragen senken wir die Stimme am Ende des Satzes. Diese fallende Kadenz wird als Punktsprechen bezeichnet. Reine Feststellungen werden auf der Bühne nur selten getroffen. Im Gegensatz zu einem Vortrag oder einer Vorlesung geht es vielmehr darum, auf der Beziehungsebene zu handeln, einen Prozess in Gang zu setzen, zu spielen. Die Darstellungsfunktion des von Bühler beschriebenen sprachlichen Zeichens tritt hinter der Symbol- und Appellfunktion zurück. Die fallende Kadenz von Aussagesätzen sollte darum in der spielerischen Interaktion im Körper der anderen einen Punkt setzen. Wir lassen die Stimme in den Körper der Spielpartner hineinfallen. Wird dieser Weg zu den anderen hin unterschlagen, setzt der Sprecher den Punkt bei sich und beendet den Dialog. Die Äußerung gerät zu kurz, der Punkt hat keine Kraft, in den Spielpartnern etwas auszulösen. Insofern kann die Regieanweisung „Sprich das mal auf Punkt!“ etwas über eine von Regisseuren intendierte Äußerung aussagen, allerdings ohne dass Schauspielstudierende wissen, was sich spielerisch für sie dahinter verbirgt. Punktsprechen kann, wenn es intendiert eingesetzt wird, Gewicht und Kraft der Sprecher in der Stimme abbilden. Die Sprecher stehen dann in gewisser Weise mit ihrem ganzen Körper zu dem, was sie mitteilen. Darüber hinaus kann es Distanzen zu anderen sehr genau festlegen und dafür sorgen, dass sie eingehalten werden. Punktsprechen duldet keinen Widerspruch.

Die steigende Kadenz ist mit einer Hebung der Stimme, einem Melodieverlauf nach oben verbunden. Wir verwenden sie, wenn wir echte Fragen stellen. Sind Aussagesätze affektiv aufgeladen bzw. laden sie zu einer Handlung ein, werden wir die Stimme ebenfalls heben. Die einfache Aussage „das ist ein Tisch" bleibt mit fallender Kadenz gesprochen eine Feststellung. Sprechen wir den gleichen Satz mit der Absicht, die Aufmerksamkeit anderer auf ebendiesen Tisch zu richten, wird der Grad der Hebung der Stimme vom Widerstand der anderen abhängen. Intendieren wir, die anderen zu einer Handlung mit ebendiesem Tisch einzuladen, wird sich die Melodieführung unseres Satzes auch eher nach oben oder mindestens in die schwebende Kadenz bewegen. Unsere Intonation passt sich der Kommunikationssituation an und verändert sie gleichzeitig.

Die schwebende Kadenz bewegt sich zwischen den beiden beschriebenen Polen. Sie macht deutlich, dass es noch weitergeht, dass ein Gedanke noch nicht zu Ende gedacht, eine Handlung noch nicht vollzogen ist. Langen Gedankenbögen zu folgen, wie sie in Texten von Franz Kafka oder Heinrich von Kleist, Thomas Mann oder Georg Büchner vorkommen, bereitet Studierenden oftmals Probleme. Sie backen kleine Gedankenbrötchen, die sie mit fallenden oder steigenden Kadenzen voneinander trennen. Die fallende Kadenz erweckt den Eindruck, dass der Gedanke zu Ende ist. Die steigende Kadenz macht uns zwar neugierig, ist aber immer auch mit einer Akzentuierung verbunden, sodass viele Betonungen entstehen und Wichtiges von Unwichtigem schwer getrennt werden kann. Die schwebende Kadenz weckt unsere Aufmerksamkeit, macht aber auch deutlich, dass die wichtigen Dinge noch kommen. Sie hält auch den Partnerkontakt in einem Schwebezustand, der andere zum Zuhören verführt. Die Qualität der Schwebung kann vielfältig sein und zur Hebung oder zur Senkung tendieren. Im Wechselspiel mit den anderen sprecherischen Mitteln entsteht eine sehr große Varianz an Möglichkeiten.

Nach Hübler übertragen wir das körperliche Schema der Vertikalität auf die Sprache. So entstehen Metaphern. Wir drehen die Heizung rauf oder runter, die Preise steigen oder fallen. Mehr ist immer oben, unten ist immer weniger. Hübler beschreibt auch parallele Gesten und Mimiken im Zusammenhang mit prosodischen Merkmalen, wie etwa das Heben der Augenbrauen und Arme bei echten Fragesätzen und das Senken der Augenbrauen und Arme bei Aussagesätzen sowie Bewegungen zum Partner hin und vom Partner weg, einen Wechsel zwischen Geben und Nehmen. Der Melodieverlauf mit der Akzentuierung und der rhythmischen Gliederung der gesprochenen Äußerung variiert in Abhängigkeit von der Beziehung zu anderen. Auf entsprechende Untersuchungen durch Günter Tembrock wurde an anderer Stelle bereits verwiesen (vgl. Kapitel *Wahrnehmung)*. Danach können bestimmte Frequenzmodulationen emotional motivierte Absichten übertragen. Festlegungen darüber, was wann und wo und wie betont, melodisiert oder rhythmisiert werden soll, bringen Schauspielstudierende nicht weiter, zumal die individuellen Fähigkeiten zur Wahrnehmung von Tonhöhenunterschieden stark variieren können. Und doch gibt es Sprechweisen, die eine klare Struktur im Zusammenspiel sprecherischer Mittel erkennen lassen. Die Art und Weise, wie wir bitten, fordern, trösten, schimpfen, uns sprechend erinnern usw., wird unabhängig von Wortbedeutungen erkannt und verstanden. Gestische Sprechweisen bilden unmittelbar Verhalten ab und verweisen auf Sprechhandlungen jenseits der Worte.

Sprechgeschwindigkeit

Die Suche nach dem Gestus entscheidet darüber, welche sprecherischen Mittel ihn tragen sollen. Das betrifft auch Sprechgeschwindigkeit und Lautstärke. Dass das äußere Tempo nie höher sein sollte als das innere, ergibt sich von selbst. Gehen Schauspielstudierende mit Fremdtext um, müssen sie fremde Gedanken zu den ihrigen machen. Sprechen sie schneller, als sie selber und die Figuren denken, können sie sowohl die Spielpartner als auch die Zuschauer verlieren. Sie entwickeln die Gedanken nicht, sie behaupten sie. Das kann Teil einer szenischen Handlung und bei hoher Virtuosität im Artikulieren auch effektvoll sein. Für die sprecherzieherische Arbeit steht aber zunächst die Tippeltappeltour auf dem Programm, das heißt, die Sprechgeschwindigkeit wird am Sprech-Denk-Vorgang bemessen. Sprechgeschwindigkeitsbewegungen ergeben sich, wenn Wichtiges von Unwichtigem getrennt wird und, ich kann es nur immer wieder betonen, aus der Situation und der Beziehung zu anderen. Stellen wir uns langsam gesprochene, vorsichtige Beschwichtigungen vor, die von schnellem Beiseitesprechen unterbrochen werden. Oder denken wir an eine rituelle Handlung, die permanent gestört wird. Die verschiedenen Störenfriede müssen jeder auf eine bestimmte Art zur Ordnung gerufen werden. Schnelles Sprechen ist ein gutes Training für die artikulatorische Geläufigkeit, und es provoziert schnelles Denken. Übungen mit hoher Sprechgeschwindigkeit betrachte ich als ein probates Mittel, um größere Flexibilität im Sprechen zu entwickeln und Texte in einer Haltung durchsprechen zu können.

Lautstärke

Einen der ersten Grundsätze, den ich mir als Berufsanfängerin von meinem Mentor hinter die Ohren schreiben lassen musste, hieß: Sei mit der Stimme nie lauter als mit dem Körper! Ich habe einige Jahre auf diesem Satz herumgekaut, ehe er sich in meiner Arbeit verstoffwechseln konnte. Die Lautstärke verändert sich in Abhängigkeit vom Atemdruck und wird als wahrgenommene Lautheit auch von der Tonhöhe beeinflusst. Hoher Atemdruck erfordert eine Spannungszunahme im gesamten Körper. Verstärken wir die Spannung nur in den unmittelbar an der Stimmgebung beteiligten Organen, entsteht eine Lautheit, mit der wenig Durchsetzungsfähigkeit assoziiert wird. Wir sprechen aus dem Hals. Unsere Stimme verliert an Flexibilität, lässt wenige Feinheiten durchklingen und kann nicht genau gerichtet werden. Die Stimme ist laut, aber nicht durchlässig und ermüdet rasch. Wird dagegen der gesamte Körper von einem intensiven Verhalten erfasst, nimmt er die Stimme mit, und die Äußerung wird gestisch. Insofern erscheint es mir günstiger, von Stimmintensität als von Lautstärke zu sprechen. Hohe Stimmintensität verlangt nach einem Motiv und einer Absicht. Sie ergibt sich also wiederum aus einer konkreten Situation. Der Wechsel von Spannung und Lösung im Körper, die Flexibilität der Atemmuskulatur und die Öffnung und Rücknahmefähigkeit der Stimme sind technische Kriterien, welche die sprecherzieherische Arbeit an Stimmintensitäten unterstützen. Wenn wir motiviert sind und konkrete Absichten haben, wenn wir wahrnehmen, wie hoch der vom Spielpartner und/oder Zuschauer ausgehende Widerstand ist, wenn wir den Raum füllend unsere Affekte steuern können, verleihen wir unserer Stimme Intensität und Kraft. Sind die Äußerungen im Rahmen sogenannter emotionaler Ausbrüche oder bedingt durch ungünstige Positionierungen im Raum nicht zu verstehen oder nachzuempfinden, können die Studierenden Hilfe gebrauchen. In der gemeinsamen Arbeit beschreibe ich zunächst Wirkungen des akustischen Eindrucks, die wir mit den schauspielerischen Intentionen vergleichen. Und indem wir die subjektive Wahrnehmung der Studierenden beim Sprechen in unsere Beobachtung einbeziehen und uns gegenseitig Vorschläge machen, probieren wir, die Stimme an den körperlichen, mentalen und emotionalen Ausdruck anzuschließen. Zwischen der Lautstärke und der Sprechgeschwindigkeit findet sich zuweilen eine unglückliche Paarung, die, wenn sie auftritt, ein Indiz dafür ist, dass der beschriebene Prozess weiter zu untersuchen ist. Große Lautstärke verführt zu schnellerem Sprechen, schnelleres Sprechen verführt zu größerer Lautstärke. Diese Parallelität ist aber nicht zwingend. Sie tritt in der Hauptsache dann auf, wenn Lautstärke behauptet wird. Oftmals reicht es aus, die Wahrnehmung der Studierenden für diese Wechselbeziehung der sprecherischen Mittel zu sensibilisieren und sie auf die Situation zu konzentrieren. In der Regel bieten sie selbstständig andere Lösungen an. Ein ähnliches Phänomen können wir im Verhältnis von Lautstärke und Tonhöhe beobachten. Aufgrund des vermehrten Atemdrucks steigt auch die Grundfrequenz der Stimme. Laute Stimmen klingen höher. Über die an den Körper angeschlossene Stimme lässt sich diese Parallelität auf das Verhältnis von Grundfrequenz und Obertönen umlenken. Das Klangspektrum der Stimme erweitert sich. Die Stimme klingt voller und greift besser in den Raum.

Stimmklang und Gestus

Stimmklang reduziert Stimmdruck. Das Wechselspiel der sprecherischen Mittel kann sich auf diese Weise günstig auf das gestische Sprechen auswirken. Doch Vorsicht! Zu viel Klang kann den sozialen Gestus verdecken. Dass es mir in der Ausbildung nach der Methode des gestischen Sprechens nicht um die schöne, klangvolle Stimme geht, habe ich im Kapitel *Das Phänomen Stimme* bereits beschrieben.

Um Absichten einen eindeutigen körperlichen Ausdruck zu verleihen, sie ablesbar zu machen in Mimik, Gestik, Körperhaltung, Atem, Stimme und Sprache, können wir die Ausdrucksmöglichkeiten unseres Körpers, die sich aus dem Wechsel von Spannung und Lösung ergeben, so lange erforschen, bis ein erlebbares Bild vom eigenen Körperverhalten entsteht. Die Grundlage für diese neue Beziehung zum Selbstbild stellt die Beziehung zu anderen dar. In der Übungssituation können das die Spielpartner und/oder die Zuschauer sein. Wir finden heraus, wie wir über die Beziehung zu anderen an Stabilität und Flexibilität gewinnen, wie wir uns verhalten, wenn wir etwas fordern oder geben, wie wir einladen, wie wir ausladen und wie veränderte situative Merkmale feine Nuancen im Ausdruck herbeiführen. Atem, Stimme und Sprache werden als Verlängerungen des körperlichen Ausdrucks im Raum vermittelt. Für das, was ich körperlich nicht deutlicher ausdrücken kann, benutze ich nun das Wort, in dessen Klang aufgehoben ist, was durch den intendierten Gedanken im Körper akkumuliert wurde. Auf dieser Grundlage wird ein sehr komplexes Gebilde von sich bedingenden Faktoren des Sprechvorgangs auseinandergebaut und wieder zusammengesetzt.[123] Gestisches Sprechen bezeichnet die Fähigkeit, mit Fremdtext schauspielerisch-gestisch umzugehen und die den schauspielerischen Gestus tragenden sprechsprachlichen Mittel zu beherrschen. Das heißt, in der konkreten Sprechweise einer Figur und in konkreten Situationen individuell und sozial determinierte Handlungsabsichten dieser Figur erkennbar zu machen.

Wie kommt der Mensch zur Sprache?

„Der Mensch ist nur Mensch durch Sprache; um aber Sprache zu erfinden, müsste er schon Mensch sein", so Wilhelm von Humboldt in seiner ersten Rede vor der Berliner Akademie der Wissenschaften am 20. Juni 1820.[124] Die Antwort auf die Frage, wie der Mensch zur Sprache kommt, gibt in gewisser Weise Auskunft darüber, wie die Menschheit zur Sprache kam. Für die Lernschritte, die den Spracherwerb des Kleinkindes kennzeichnen, brauchten unsere Vorfahren allerdings Hunderttausende von Jahren. Es gibt viele Theorien darüber, wann und wie sich die menschliche Sprachfähigkeit entwickelt haben könnte. Aufgrund der Fülle von Spekulationen verbannte die Société de Linguistique de Paris um die Wende zum 20. Jahrhundert jedwede Sprachentstehungstheorie aus ihren Statuten. Doch die Neugier der Wissenschaftler blieb ungebremst. In den 1950er Jahren vertrat der amerikanische Psychologe und Behaviorist Burrhus F. Skinner den Ansatz, der Spracherwerb beruhe lediglich auf Nachahmung bei entsprechend positiver Verstärkung. Sein Landsmann, der Linguist Noam Chomsky, polemisierte gegen den behavioristischen Ansatz Skinners. Chomsky betrachtete Sprache als ein zu komplexes Phänomen, als dass es von einem Kleinkind erlernt werden könnte. Sein nativistischer Ansatz ging davon aus, dass die Fähigkeit, aus der gehörten Sprache grammatikalische Regeln abzuleiten, angeboren ist, dass es eine Universalgrammatik gibt und dass der Spracherwerb intuitiv und unbewusst erfolgt. Es sei weniger das Kind, das die Sprache erlerne, vielmehr geschehe der Spracherwerb dem

Kind unter fördernden Bedingungen, wie auch sein Körper sich ohne sein Zutun entwickle. Den Kern der Sprachentwicklung bilde das Wissen um die Grammatik. Es sei universell und genetisch programmiert. Zwischen Chomsky und seinem Kontrahenten, dem Schweizer Psychologen Jean Piaget, entspann sich in den 1970er Jahren eine Debatte um die in der Kognitionswissenschaft widersprüchlich diskutierte Frage, wie Sprache und Denken zusammenhängen. Piaget stellte die Verknüpfung von Sprache und Denken aufgrund ganzheitlicher Wirklichkeitserfahrung in den Vordergrund seiner Überlegungen. Er vertrat die Auffassung, dass Sprache erlernt wird, indem koordinierte Handlungen generalisiert und auf andere Situationen angewendet werden. Dabei kommt es zur Bildung von Konzepten und Schemata. Piaget ging davon aus, dass die Sprache das Denken voraussetzt, während Chomsky vom Gegenteil überzeugt war.

Die modernen Neurowissenschaften können auch heute noch nicht alle damals aufgeworfenen Fragen beantworten. Sie vermuten, dass ein Klimawandel unsere Vorfahren vom Wald in die Savanne getrieben hat. Die Anpassung an den neuen Lebensraum mit einem anderen Nahrungsangebot führte sie in die Vertikale. Der aufrechte Gang verlangte neue sensomotorische Fähigkeiten im Halten des Gleichgewichts und im Koordinieren von Armen und Beinen. Die Hände wurden nicht mehr für die Fortbewegung gebraucht und konnten vielfältig genutzt werden. Komplexere Nervenstrukturen ließen das Gehirn wachsen. Dadurch wurden Kapazitäten für höhere kognitive Fähigkeiten zum Planen von Handlungen und zur Organisation des Sozialverhaltens frei. Nach der Walkie-Talkie-Theorie des amerikanischen Neuropsychologen Robert Provine ermöglichte der aufrechte Gang, die Atmung vom Gehen und Laufen zu entkoppeln und sie so zu kontrollieren.[125] Durch das Absenken des Kehlkopfes entstand darüber hinaus ein größerer Klangraum im supraglottalen Bereich. Das waren wichtige anatomische Voraussetzungen für die Entwicklung des Sprechens. Vor etwa 1,5 Millionen Jahren begannen die Hominiden, das Feuer zu nutzen und gezielt Werkzeuge herzustellen. Der Faustkeil wurde immerhin über eine Million Jahre lang erfolgreich benutzt. Seine Erfindung und Herstellung setzte neben einem guten räumlichen Vorstellungsvermögen voraus, Pläne machen zu können, also vorausschauend zu denken und mit anderen zu kooperieren. Das sind kognitive und soziale Fähigkeiten, die für die Entwicklung von Sprache unabdingbar sind. Der amerikanische Anthropologe Stanley Ambrose vertritt die Auffassung, dass die Kunstfertigkeit ihrer Finger die Menschheit zum Sprechen brachte. Er begründet seine Annahme damit, dass die Hirnareale zum Steuern der Feinmotorik der Hand und der Sprechbewegungen nebeneinanderliegen.[126] Auch der neuseeländische Psychologe Michael Corballis ist davon überzeugt, dass die Gebärde am Anfang der Sprachentwicklung stand.[127]

Charles Darwin glaubte, dass unsere Vorfahren eine musikalische Protosprache benutzten, die sie aus dem Nachahmen von Naturgeräuschen entwickelten.[128] In den 1990er Jahren beschreibt der amerikanische Sprachwissenschaftler Derek Bickerton, ausgehend von seinen Untersuchungen an Pidgin-Sprachen, eine solche Protosprache aus einfachen Wörtern, die ohne syntaktische Regeln miteinander verbunden sind.[129] Pidgin-Sprachen werden von Sprechern unterschiedlicher Muttersprachen als Lingua franca (Verkehrssprache) benutzt. Aus ihnen entwickeln sich unter bestimmten Umständen eigenständige Kreolsprachen.

Vorzeitliche Relikte lassen vermuten, dass es vor rund 100 000 Jahren einen abrupten Innovationsschub im Werkzeugbau gegeben haben muss. Handel, Kultur und Kunst entwickelten sich. Wörter wurden zu Sätzen verknüpft. Mithilfe syntaktischer Strukturen konnte nun vermittelt werden, wer mit welchem Ziel gehandelt hat und wem die Handlung widerfuhr. Unsere Vorfahren waren dadurch in der Lage, sich über Dinge zu verständigen, von denen sie Vorstellungen hatten. Sie konnten ihre Vorstellungen und die anderer teilen und mitteilen. Die Grammatik erlaubte es ihnen, kompliziertere Gedanken zu denken. 1998 entdeckten Forscher um den britischen Genetiker Anthony Monaco ein Gen auf dem Chromosom 7, das beim Spracherwerb eine entscheidende Rolle zu spielen scheint. Untersucht wurden Angehörige einer Londoner Familie, in der über mehrere Generationen eine auffällige Häufung von speziellen Sprachstörungen aufgetreten war. Das FoxP2-Gen steuert unter anderem die Vernetzung von Nervenzellen im Gehirn, die für das Sprachverständnis, das Sprechvermögen und die Grammatik zuständig sind. Der schwedische Biologe und Mediziner Svante Pääbo kam aufgrund seiner Untersuchungen zu dem Schluss, dass eine Mutation des sogenannten Sprachgens vor etwa 200 000 Jahren den evolutionären Startschuss für die Entwicklung der menschlichen Sprache gegeben haben könnte.[130] Abschließende und wirklich überzeugende Forschungsergebnisse auf diesem Gebiet gibt es bislang noch nicht.

Die Menschheit ist weiterhin auf der Suche nach dem Ursprung der Sprache. Einig sind sich die Wissenschaftler darin, dass ihr Gebrauch einen Überlebensvorteil für unsere Spezies darstellte. Im sozialen Miteinander entwickelten sich die anatomischen und kognitiven Voraussetzungen für gemeinsame Ideen, Vorstellungen und Fantasien, über die wir uns verständigen können.

Der Spracherwerb

Der Spracherwerb beginnt im Mutterleib. Etwa ab der 22. Schwangerschaftswoche sind die Gehörgänge des ungeborenen Kindes so weit ausgebildet, dass es akustische Eindrücke wie die Körpergeräusche und die Stimme der Mutter wahrnehmen kann. Die Gebärmutter ist kein Ort der Stille. Allein die mütterlichen Darmgeräusche erreichen einen Pegel um 80 Dezibel. Das ist vergleichbar mit Großstadtlärm. Der Beat des mütterlichen Herzschlags, die Phrasierungen des Atemrhythmus und die melodischen Abläufe von Spannung und Lösung im mütterlichen Körper ergeben ein pränatales Concerto grosso. Die Mutterstimme wird über das Gehör, das Gewebe und die knöchernen Strukturen der Wirbelsäule und vor allem des Beckens direkt auf das ungeborene Kind übertragen. Das Hören der mütterlichen Stimme ist ein gesamtkörperliches Ereignis. Andere Stimmen werden nur gedämpft wahrgenommen. Das Gleiche gilt für Musik. Lediglich von außen kommende, sehr tiefe Frequenzen können über die Körperresonanz besser gehört werden. Die körperliche Reaktion der Mutter auf Musik aber nimmt das Ungeborene sehr wohl wahr. Die Mutter überträgt ihre Emotionen und Gefühle beim Hören von Musik auf den Fötus. Eine qualitative Entscheidung darüber, was bei Mutter und Kind gute Gefühle auslöst, trifft allein die Mutter. Die Behauptung, dass Säuglinge beim Hören von Mozart besser einschlafen als bei Rockmusik, hängt dann wohl eher davon ab, was die Mutter beim Hören der jeweiligen Musik während der Schwangerschaft gefühlt hat.[131] Bewiesen ist aber, dass starke auditive Reize motorische Reaktionen des Fötus auslösen und seine Herzschlagfrequenz verändern. Von dem Sprachwissenschaftler Jürgen Dittmann beschriebene Untersuchungen belegen, dass Neugeborene die Stimme ihrer Mutter wiedererkennen und neben anderen weiblichen Stimmen bevorzugen. Voraussetzung für das Gelingen des Experiments war allerdings, dass die Mutter mit normaler Intonation sprach, auf monotone Äußerungen reagierten die Säuglinge nicht entsprechend. Sie orientierten sich demnach an den prosodischen Eigenschaften der mütterlichen Stimme. Neugeborene erkannten sogar eine Geschichte wieder, die ihnen während der letzten sechs Schwangerschaftsmonate vorgelesen wurde. Zwei bis drei Tage nach der Geburt waren die Babys in der Lage, diese Geschichte von einer anderen zu unterscheiden, und zwar unabhängig davon, ob die Geschichte von der Mutter oder von einer anderen Person vorgelesen wurde. Auch in diesem Fall reagierten die Säuglinge auf die Prosodie. Die Untersuchungen bewiesen, dass pränatale Sprachschallreize die Wahrnehmung in den ersten postnatalen Lebenstagen beeinflussen und dass es ein sehr frühes Gedächtnis für Sprachschalleindrücke gibt. Dass Neugeborene zwischen Fremdsprachen unterscheiden können, die starke Unterschiede in ihren prosodischen Eigenschaften aufweisen, lässt uns erahnen, auf welche akustische Wahrnehmung sich diese Differenzierungsfähigkeit gründet.[132] Charakteristische Muster einer Sprache bilden sich aus Rhythmus, Tempo, Tonfall, Melodie und Intonation. Es sind Betonungsmuster oder sprachtypische Folgen von Lauten, auf die wir zurückgreifen, wenn wir eine Fremdsprache imitieren. So werden z. B. im Deutschen zweisilbige Wörter auf der ersten Silbe betont und im Französischen auf der zweiten.

Die erste stimmliche Äußerung menschlicher Individuen ist der reflektorische Schrei Neugeborener. Schreien ist Ausdruck unmittelbarer Bedürfnisse. In den ersten Lebenswochen verändern sich Klang, Intensität und Dauer der Schreie und drücken bereits differenzierte Emotionen aus. Unmittelbar nach der Geburt reagieren Neugeborene auf die mütterliche Stimme und können bereits einzelne Sprachlaute differenzieren. Die Variabilität von Sprachsignalmerkmalen ist hoch, keiner weiß das besser als der Sprecherzieher. Trotzdem können Neugeborene Sprachlaute voneinander abgrenzen und kategorisieren. Bei einer schier unendlichen Anzahl von Klangvarianten verfügen wir über eine begrenzte Zahl von Wahrnehmungskategorien. Das auditive System vereinfacht auf diese Weise die akustische Wahrnehmung. Die relevanten Eigenschaften des Sprachschalls können bis zum ersten Lebensjahr unabhängig von der Muttersprache wahrgenommen werden. „Beispielsweise konnten sechs bis acht Monate alte Säuglinge, die in einer englischsprachigen Umgebung aufwuchsen, phonetische Unterschiede des Hindi wahrnehmen, die das Englische nicht macht."[133] Die Fähigkeit zur kategorialen Wahrnehmung ist demnach angeboren, die Spezialisierung auf die Muttersprache ein erlernter selektiver Vorgang, der auf Nachahmung beruht. Ab der zweiten Lebenswoche werden neben dem Schreien auch ruhige Grundlaute geäußert, und ab der achten Woche beginnen die Babys zu gurren. In der dritten bis vierten Woche setzen soziales Lächeln und Mimik ein und entwickeln sich innerhalb des dritten Lebensmonats zum Lachen und zu ersten Zeigegesten. Die anatomischen Voraussetzungen für das Hören sind vorgeburtlich angelegt, lediglich die Funktion entwickelt sich weiter. Die Voraussetzungen für die Sprachschallproduktion bilden sich erst ab dem zweiten Lebensmonat heraus. Der Entwicklungsprozess ist zum Ende des ersten Lebensjahres abgeschlossen, wenn sich der Kehlkopf auf Höhe des vierten bis siebenten Halswirbels abgesenkt hat. Da beim Säugling die Öffnung des Kehlkopfes höher liegt als der Eingang zum Magen, kann er gleichzeitig die Nase mit der Luftröhre verbinden und den Mund mit der Speiseröhre. Der Säugling kann also parallel schlucken und atmen. Die Möglichkeiten der Resonanzbildung sind durch den Kehlkopfhochstand allerdings eingeschränkt. Durch das Absenken des Kehlkopfes vergrößert sich das Ansatzrohr bestehend aus Rachen-, Mund- und Nasenraum. Die Zunge, die vorher praktisch die ganze Mundhöhle ausfüllte, kann nun besser bewegt werden. Die Voraussetzungen, unterschiedliche Vokale zu artikulieren, haben sich entwickelt. Der Preis, den die Evolution dafür fordert, besteht in der Gefahr, sich zu verschlucken oder gar zu ersticken. Das Schlucken der Nahrung entwickelte sich deshalb zu einem komplizierten, zentral gesteuerten Vorgang, an dem nicht weniger als 26 Muskelpaare beteiligt sind. Ab dem vierten Monat ist es möglich, das Gaumensegel kontrolliert zu bewegen. Mund- und Nasenraum können nun isoliert genutzt werden, nasale und orale Laute entstehen. Die Artikulationsbewegungen werden zunehmend flexibler, und die Phonationsatmung kann willentlich gesteuert werden.

Spielerisch entwickelt sich die Sprechfähigkeit weiter und erreicht das kanonische Babbelstadium oder zweite Lallstadium, in dem Lautfolgen (gagaga) begleitet von rhythmischen Bewegungen des Körpers wiederholt werden. Die Kinder erproben auf diese Weise prosodische Muster. Die Lautbildung in der Babbelphase beginnt in allen Sprachen im hinteren und erobert sukzessive den vorderen Artikulationsraum, arbeitet sich also von der Grobmotorik zur Feinmotorik vor. Velare Laute wie /k/ und /g/ werden durch Kontraktion des Zungenmuskels, bilabiale Laute wie /p/ und /b/ durch Kontraktion der Lippen, dentale und alveolare Laute wie /n/, /t/ und /d/ durch Bewegungen des vorderen Zungenteils hergestellt. Die Schließbewegungen des Unterkiefers unterstützen die Muskelbewegungen im vorderen Mundbereich. Während beim kanonischen Babbeln einzelne Silben wiederholt werden, mischt das bunte Babbeln unterschiedliche Silben miteinander (daduga). Kinder festigen auf diese Weise muttersprachliche Intonationsmuster.

Zwischen dem sechsten und zwölften Monat hat sich ein Gefühl für die Muttersprache herausgebildet. Es werden erste Silben geplappert, die zu Einwort-Äußerungen führen. Mit etwa sechs Monaten sind Kinder dazu in der Lage, innere Vorstellungen von der Wirklichkeit zu entwickeln. Versteckt die Mutter das Spielzeug, weiß das Kind, dass das Spielzeug immer noch da ist. Es hat sich ein Bild davon gemacht, das es mit einem Symbol verknüpfen kann. Die Symbolfunktion der Sprache prägt sich mit dieser Objektpermanenz weiter aus. Gleichzeitig werden gerichtete und mit Bedeutung aufgeladene Zeigegesten benutzt, und der Ausdruck von Gefühlen differenziert sich weiter aus. Das Kind kommuniziert nun nicht mehr nur, um seine Bedürfnisse zu erfüllen, sondern um des Kommunizierens willen.

Zwischen dem ersten und zweiten Lebensjahr benutzen Kinder ikonische Gesten und beginnen, Nomen und Zweiwortsätze zu sprechen. Wortäußerungen setzen einerseits voraus, dass das Kind die Glottis öffnen und schließen und die Zungenstellung mit dem Öffnen und Schließen des Kiefers koordinieren kann und dass andererseits die gesprochenen Laute Bedeutung unterscheidende Funktion besitzen und als Phoneme benutzt werden können. Phoneme sind die kleinsten Bedeutung unterscheidenden Merkmale gesprochener Sprache. Die Qualität und Quantität des Phonem /i/ unterscheidet z. B. die Bedeutung der Worte Miete und Mitte. Jürgen Dittmann diskutiert in seinem hier viel zitierten Buch „Der Spracherwerb des Kindes“ die Hypothese des russischen Linguisten Roman Jakobson, wonach der Phonemerwerb im Gegensatz zum Lauterwerb in der Babbelphase vom vorderen zum hinteren Artikulationsgebiet verläuft. In allen Sprachen treten hinten gebildete Konsonanten nur dann auf, wenn es vorn gebildete gibt. Der Konsonant /k/ kommt also nur vor, wenn es ein /p/ gibt. Bevor ein Kind das Phonem /f/ erwerben kann, muss es das Phonem /p/ erobert haben. Interessanterweise kommen Plosive in allen Sprachen vor, Frikative nicht. Das erste konsonantische Gegensatzpaar des Kindes besteht in dem Plosiv /p/ und dem Nasal /m/. Der erste vom Kind gebildete Vokal ist das /a/. Der Konsonant /p/ wird mit dem höchsten Energieausstoß gebildet, der Vokal /a/ weist die größte Öffnung auf. Nach Jakobson bilden der „optimale Konsonant“ und der „optimale Vokal“ in ihrer Abfolge einen „maximalen Kontrast“. So kommt es weltweit zu Äußerungen wie papa, mama, gefolgt vom konsonantischen Gegensatzpaar /t/ und /n/ in tata, nana. Der Vokal /i/ bildet den stärksten Kontrast zum Vokal /a/ und kann erst später gebildet werden. Der hinten gebildete Plosiv /k/ wird am Anfang der Sprachentwicklung noch durch den vorderen Plosiv /t/ ersetzt.[134] Phoneme werden im Zusammenhang mit Wörtern erworben, in denen sie in der zu erlernenden Sprache vorkommen. Stehen die Phoneme noch nicht zur Verfügung, werden sie durch sogenannte wilde Laute (Schnalzen, Pusten) ersetzt.

Mit zwei oder zweieinhalb Jahren sind das Lautsystem und die Prosodie der Muttersprache ausgebildet. Die Fähigkeit, Mehrwortsätze zu sprechen, entwickelt sich bis zum dritten Lebensjahr. Dann kann das Kind bereits über Gefühle sprechen und einen Dialog führen. Es ist in der Lage, Verhaltensweisen anderer zu identifizieren und dieses Wissen zu nutzen, um andere zu täuschen. Es kann sich in andere hineinversetzen und hat Vorstellungen von Motiven und Absichten. Bis ein Kind vier Jahre alt ist, erweitert es seinen Wortschatz sprunghaft und spricht dann etwa hundert Wörter. Ab dem sechsten Lebensjahr beginnt das Erzählen. Das Kind verfügt über eine Intentionalität dritter Ordnung. Es kann sich vorstellen, welche Gedanken sich eine zweite Person über eine dritte Person macht. Mit sieben Jahren ist die phonologische und mit zwölf Jahren die Wortschatzentwicklung abgeschlossen.

Das Kind erlernt seine Muttersprache durch Nachahmung. Besonders nachahmenswert erscheint ihm die explizit an es gerichtete Sprache. Das ist im ersten Lebensjahr die sogenannte Ammensprache, eine stark vereinfachte Sprache, die kulturell unterschiedlich benutzt wird. Die stützende Sprache entwickelt sich im zweiten Lebensjahr und gründet auf dem Mutter-Kind-Dialog. Nach Dittmann sind die speziellen Ansprechformen sowohl der Ammensprache als auch der stützenden Sprache für den Spracherwerb nicht zwingend notwendig, wiewohl sie ihn positiv beeinflussen sollen. Fest steht, dass das Kind für den Spracherwerb auf einen entsprechenden Input angewiesen ist. Schicksale sogenannter Wolfskinder untermauern diese These. Imitation bezieht sich jedoch nicht allein auf den Wortschatz. Das Regelwerk der Muttersprache wird nachahmend verinnerlicht, sodass das Kind fähig wird, neue Wörter und Wortverbindungen zu verstehen und zu kreieren. Die Aneignungsstrategien variieren je nach Disposition der Kinder zwischen analytischem und ganzheitlichem Vorgehen. Analytisch vorgehende, sogenannte referenzielle Kinder sammeln Dingwörter und beziehen sich vorwiegend auf Objekte. Sie erweitern ihren Wortschatz relativ schnell, sind flexibel im Wortgebrauch und gut verständlich. Expressive Kinder gehen holistisch vor und reproduzieren zusammengesetzte Äußerungen, die sie imitieren, ohne sie gänzlich zu verstehen. Sie sind weniger flexibel im Wortgebrauch und meist schlechter zu verstehen, und sie beziehen sich auf soziale Interaktion. Mit längeren unverständlichen Äußerungen, sogenannten Jargonäußerungen, kreieren diese Kinder Kommunikationssituationen und probieren Dialoge, für die ihnen zwar noch nicht alle notwendigen Wörter, aber die prosodischen Möglichkeiten der Sprache zur Verfügung stehen. Die Unterteilung in referenzielle und expressive Kinder ist eine theoretische, da die Kinder die entsprechenden Aneignungsstrategien an die Kommunikationssituation anpassen. Die expressive Strategie verfolgt eher soziale Ziele und bedient den Beziehungsaspekt des Sprechens, während der referenzielle Stil eher auf die Symbolfunktion der Sprache orientiert ist. Wir sehen also, dass bereits beim Spracherwerb Sprechen als Teil einer Handlung funktioniert und dass Kinder Einbußen hinsichtlich der Verständlichkeit in Kauf nehmen, um in Beziehung zu treten. Vielleicht haben die Vertreter der generativen Grammatik die in die soziale Umgebung eingebundenen komplexen kognitiven Fähigkeiten von Kleinkindern unterschätzt.

Bevor Kinder sprechen können, sind sie in der Lage, ihre Aufmerksamkeit mit anderen zu teilen. Sie können dem Blick und der Geste anderer bezogen auf von ihnen entfernte Objekte folgen, und sie können die Aufmerksamkeit anderer, ohne explizit sprachliche Zeichen zu verwenden, auf von ihnen entfernte Objekte lenken. Auf diese Weise lernen sie nachahmend, gerichtetes Handeln anderer Personen zu erfassen und zu initiieren. Nachahmung entspringt dem Wunsch, so zu sein wie andere. Dieser Wunsch und das Bedürfnis, sich mitzuteilen, motivieren das Kind, Sprache zu erlernen. Nachahmend benutzt das Kind Symbole, bevor es ihre Inhalte genau kennt. Während des Gebrauchs werden Analogien gebildet und Abstraktionsprozesse in Gang gesetzt, indem Muster wahrgenommen und kategorisiert werden. Um ein Wort zu erkennen, es von anderen abzugrenzen und zu wissen, wozu es gebraucht wird, muss das semantische und pragmatische Muster von Äußerungen erkannt werden. So bilden sich senso-motorische Schemata heraus, und die Grammatik als bedeutungstragende sprachliche Konstruktion kann erobert werden. Grammatikalische und syntaktische Muster unterscheiden sich in ihrer Bedeutung von den Bedeutungen der Einzelelemente. Wörter werden grundsätzlich hinsichtlich ihrer Bedeutung und ihrer Funktion erworben. Dittmann diskutiert die Frage nach dem Erwerb der Grammatik sehr ausführlich und kommt zu dem Schluss, dass die menschliche Sprachfähigkeit im Genom fundiert ist. Die Existenz einer Universalgrammatik schließt er aus. Im menschlichen Erbgut scheint es eine Art Blaupause zu geben, die im Gehirn die für den Spracherwerb notwendigen Areale wachsen lässt. Grammatikalisierung ist ein kultureller Prozess.

Die Fähigkeit zur Kooperation

Für den Primatenforscher, Entwicklungs- und Kulturpsychologen Michael Tomasello ist die menschliche Kommunikation eine Anpassungsleistung, die soziale Interaktion und Kooperation als Überlebensvorteil nach dem Motto „helfe ich dem anderen, helfe ich mir selbst" möglich machte. „Die Ursprünge der menschlichen Sprache liegen nach Tomasello in natürlichen, spontanen Gesten [...] und in einer einzigartigen Fähigkeit zur geteilten Intentionalität (*shared inentionality*; gemeinsame Ziele, Absichten und Überzeugungen), die durch drei Motive gesteuert wird: *Einfordern* – von Hilfe und Information – (‚ich möchte, dass DU etwas für MICH tust, mir hilfst'), *Informieren* (‚ich möchte, dass DU etwas weißt, weil ich denke, dass es DIR hilft oder DICH interessiert') und *Teilen* – von Emotionen oder Haltungen – (‚ich möchte, dass DU etwas fühlst, damit WIR Einstellungen oder Gefühle teilen können')."[135] Tomasello geht davon aus, dass die ersten menschlichen Formen von Kommunikation in Zeigegesten und ikonischen Gesten, die er Gebärdenspiel nennt, bestehen. Die Sprachentwicklung des Kindes wiederholt in gewisser Weise im Zeitraffer die Entwicklung der Sprache des Menschen als Gattungswesen. Das Kind zeigt, bevor es sprechen kann, auf Dinge und Personen, um einzufordern, zu informieren und zu teilen. „Reagiert sein erwachsenes Gegenüber positiv auf seine Zeigegeste – etwa durch abwechselndes Blicken auf das Kind und das Objekt –, entsteht ein gemeinsamer Aufmerksamkeitsrahmen, eine geteilte Welt, in der nicht nur beide, Kind und Erwachsener, das Objekt sehen, sondern in der auch beide wissen, dass der andere es sieht und weiß, dass sie selbst es sehen. Dieser gemeinsame Hintergrund liefert den gemeinsamen Sinnhorizont, die Grundlage, auf der sprachliche Kommunikation entstehen kann."[136]

Mit etwa zwölf Monaten beginnen Kinder, die Absichten anderer zu lesen. Dadurch, dass das Kind innerhalb eines gemeinsamen Aufmerksamkeitsrahmens z.B. mit der Mutter deren Absichten verstehen lernt, das Verhalten der Mutter imitiert und sich in ihre Rolle versetzt, kann das Kind Muster erkennen und nutzen. Das kommunikative Zeichen entsteht durch Nachahmung und Rollentausch, also durch die Fähigkeit des Kindes, andere als Personen wahrzunehmen, die Ziele haben und Verhaltensweisen wählen, um diese Ziele durchzusetzen. Erst wenn Kinder die kommunikativen Absichten anderer erkennen, beginnen sie zu sprechen. Sie benennen, was sich bewegt, bewegt wird oder bewegt werden kann, und stellen Beziehungen zwischen Personen und Dingen her. Die mit der Mutter geteilte Aufmerksamkeit für Gegenstände oder Handlungen ist die Grundlage für die gemeinsame Kommunikation. Es entsteht ein Dreieck zwischen der Mutter, dem Kind und einem Gegenstand oder Sachverhalt. Diese triadische Verbindung wird uns an anderer Stelle noch interessieren. Sie stellt eine grundlegende Form von Verhaltensarchitektur dar, auf die in der Sprecherziehung immer wieder Bezug genommen werden sollte, da sie die Aufmerksamkeit vom Ich zum Wir lenkt und so die Eigenkontrolle durch den Dialog mit den Kommunikationspartnern regelt.

Michael Tomasellos Untersuchungen basieren auf gezielten Beobachtungen des nonverbalen Verhaltens von Menschenaffen und Kleinkindern. Er beschreibt Gesten, die als vollständige Kommunikationsakte eingesetzt werden, ohne dass sie stimmliche Äußerungen, die Zeichencharakter haben, begleiten. Das sind zum einen Zeigegesten, die die Aufmerksamkeit auf etwas in der unmittelbaren Wahrnehmungsumgebung richten, und zum anderen ikonische Gesten, mit denen Sachverhalte, Gegenstände, Beziehungen, auf die sich die Kommunizierenden nicht unmittelbar räumlich und zeitlich beziehen können, simuliert werden. Empfänger dieser geäußerten Gesten versuchen, die Intentionen ihrer Kommunikationspartner zu erschließen. Die Kommunikationspartner teilen ihre Absichten, indem sie etwas zusammen tun und wissen, dass sie es tun. Tomasello nennt das die Fähigkeit zur Kooperation, die er als eine Grundvoraussetzung für den Spracherwerb beschreibt. Durch diese Fähigkeit kann ein gemeinsamer Handlungsrahmen geschaffen werden, den er

Kommunikationskontext nennt. Der Kommunikationskontext ist „das, was für die soziale Interaktion relevant ist, das heißt, was jeder Beteiligte als relevant einschätzt und wovon er weiß, dass der andere es ebenfalls als relevant betrachtet – und weiß, dass der andere das auch weiß usw., usw.“.[137]

Die geteilte Situation beinhaltet einen gemeinsamen Hintergrund, der sich auf die gemeinsame unmittelbare Wahrnehmung und auf die gemeinsamen Erfahrungen stützt. Auf der Bühne wird die geteilte Situation erfunden und in gewisser Weise probierend organisiert. Der gemeinsame Hintergrund bezieht sich auf darzustellende Figuren. Die von Tomasello beschriebene Fähigkeit zum Rollentausch ermöglicht es, sowohl aus der Perspektive der Figuren zu agieren und zu reagieren als auch die Perspektive der Spielpartner einnehmen zu können, mit denen aus der Figurenperspektive kommuniziert wird. Wobei uns an der Interaktion von Figuren zwar auch die Gemeinsamkeiten von Wahrnehmungen und Absichten, vor allem aber die Unterschiede interessieren. Es sind die Widersprüche im Verhalten, die uns einen Konflikt erleben lassen. Auch wenn wir wie Tomasello die Fähigkeit zur Kooperation als Grundvoraussetzung dafür annehmen, Sprache erwerben zu können, führt uns das nicht zwingend dazu, ständig zu kooperieren. Lassen sich Intentionen nicht teilen, entsteht ein Widerspruch, der gelöst werden kann oder sich auflöst, indem er in eine Katastrophe führt.

Den Klang der Welt nachahmen – mit Sprache spielen

Wie wir gesehen haben, entwickelt sich die Fähigkeit, Sprache wahrzunehmen und prosodische Merkmale von Sprache zu unterscheiden, bereits vorgeburtlich. Zusammen mit den sich im vorsprachlichen Stadium der ersten Lebensmonate entwickelnden anderen basalen Kompetenzen entsteht sehr schnell ein Spektrum an Äußerungsmöglichkeiten, die noch nicht von Konventionen bestimmt werden. Aneignungsprozesse sind von Neugier und Spieltrieb bestimmt. Auch wenn wir uns an diese frühe Lebensphase nicht erinnern können, ist es möglich, spielerisch an basale sensomotorische Fähigkeiten anzudocken. Lautmalerei erinnert am ehesten an unser vorsprachliches Artikulationsvermögen. Kleinkinder, die bestimmte Phoneme ihrer Muttersprache noch nicht korrekt bilden können, sind in der Lage, diese Laute zu bilden, wenn sie Geräusche aus ihrer Umgebung nachahmen. Onomatopoesie ist die lautliche Nachahmung von Schallereignissen. Der Klang der Stimme versucht, den Klang der Welt zu imitieren. Und so raschelt's und huscht's, krachzt's und kräht's, poltert's, plumpst's, zwitschert's und rutscht's in unserer Sprache an allen Ecken und Enden. Interjektionen wie autsch, hui, hach, ba, hu, ha, iii, hm usw. sind unmittelbarer Ausdruck unserer intentionalen Emotionalität. Lautmalerei ist an die phonologischen Muster der einzelnen Sprachen gebunden. Die Hühner gackern in jeder Sprache etwas anders: cackle, caquet, gēgē shēng, cacareo, schiamozzo ... Ein sehr schönes Beispiel für Lautmalerei liefert der amerikanisch-kanadische Experimentalpsychologe, Kognitionswissenschaftler und Linguist Steven Pinker mit der Phonästhesie SCHN, die er allem, was mit der Nase zu tun hat, zuordnet: schniefen, schnäuzen, schnauben, schnarchen, schnüffeln, Schnodder, Schnupfen. Sogar bei schnieke trägt einer die Nase hoch.[138]

Wie wir im Kapitel *Wahrnehmung* gesehen haben, verbindet unser Gehirn über kreuzmodale Assoziationen Wahrnehmungsleistungen verschiedener Sinnesmodalitäten. Auf diese Weise haben wir eine sinnliche Vorstellung von schreienden Farben und weißem Rauschen. Darüber hinaus gibt es Wörter und Wortverbindungen, deren Klang nahelegt, wie das, was diese Wörter bezeichnen, aussieht, bzw. wie es emotional zu bewerten ist. Köhlers Maluma-Takete-Experiment wurde 2011 von dem indischen Neurologen Vilayanur Ramachandran mit den Kunstwörtern Bouba und Kiki wiederholt und führte zu vergleichbaren Ergebnissen. Die Verbindung von Klängen und Objekten zeigt sich in der körperlichen Erfahrung der Artikulation. Ein großer Klangraum wie bei A und O sowie das weiche B stehen für runde Formen. Der kleine Klangraum des I sowie der harte stimmlose Explosivlaut K muten spitz an. Darüber hinaus wird eine Verbindung zwischen der Aktivität von Hand und Mund, Geste und Mimik als Synkinese vermutet, das heißt, was wir hören, können wir sehen, und was wir sehen, können wir hören. Wir hören und sehen, was wir artikulieren. Visuelles wird auf Akustisches, Akustisches auf Motorisches übertragen. Die Artikulation ahmt die Gestik nach, die Gestik imitiert die Artikulation. Kieferöffnung und Geste korrespondieren, wenn wir die Größe von Dingen oder Distanzen beschreiben. Ausufernde, weiche Armgesten klingen anders als kleine, zackige.[139]

Ohne auf die Schlussfolgerungen, die Ramachandran aus seinen Untersuchungen für die Evolution von Sprache zieht, näher einzugehen, kann ich seine Beobachtungen teilen. Verbindungen zwischen Laut und Geste stellen sich oft automatisch ein und lassen sich für den Unterricht nutzen. Ist die Lautgebärde Selbstzweck, will sie nichts verändern, und wird sie nicht genau gerichtet, dann bleibt sie technisch und leblos. Nur wenn unsere Absicht entschieden genug ist und wir wirklich etwas am Verhalten anderer verändern wollen, verbinden sich Geste, Stimme und Sprache mit dem gesamten Körper und geben unserer Äußerung Kraft und Sinnlichkeit. Auch emotionale Grundhaltungen wie Ekel oder Staunen beeinflussen unsere Körperspannung, unsere Mimik und Artikulation. Den einzelnen Vokalen lässt sich eine Reihe von Ausdruckshaltungen zuordnen. In einem konkreten Kontext erschließt sich Sinn nicht nur aus der Zuordnung von sprachlichem Zeichen und Bedeutung. Auf den Sinn eines Wortes oder Satzes deutet auch seine Lautfigur. Deren „Artikulation spiegelt bereits bestimmte objektive Eigenschaften wider, die sich aufgrund unserer elementaren sensomotorischen Erfahrungen herausgebildet haben".[140] Als besondere Formen der Spielsprache eignen sich in der Sprecherziehung individuelle Fantasiesprachen wie Gromolo, auch Gibberish genannt. Diese Sprachform verzichtet auf die Zuordnung von sprachlichen Zeichen und Bedeutungen, womit natürlicherweise ein Informationsverlust für Sprachinhalte einhergeht. Was gesprochen wird, verschwindet hinter der Art und Weise, wie es gesprochen wird. Die Sprechweise verweist auf Inhalte, die unter Berücksichtigung der Kommunikationssituation spielerisch entschlüsselt werden können. Stehen Sprechern die Worte als Bedeutungsträger nicht mehr zur Verfügung, müssen sie andere Ausdrucksmöglichkeiten finden, um ihre Intentionen durchzusetzen. Prosodische und nonverbale Ausdrucksmittel kommen nun stärker zum

Einsatz. Im Improvisationstheater und in der Clownerie wird dieser Effekt genutzt, um zu fantasievollen und freien Äußerungen zu gelangen, die auf ein anderes, körperliches Verstehen fokussieren. Gromolo-Sprechen scheint in Teilen auf Wahrnehmungsfähigkeiten zurückzugreifen, die sich bereits im Mutterleib entwickelt haben. In der Arbeit mit Schauspielstudierenden ist es immer wieder sehr hilfreich, den Druck der Semantik zu reduzieren und mit sinnlosen Lautreihen, Fantasiewörtern, Onomatopoetika zu experimentieren. Wenn es inhaltlich nichts zu erklären gibt, wenn die Symbolfunktion des sprachlichen Zeichens nicht bedient wird, verkörpert sich das Sprechen leichter. Die Stimme klingt meist freier, der Kiefer löst sich und mit ihm die Atmung, das Ansatzrohr wird zu einem Ort lustvollen Ausprobierens. Vielleicht bereitet es den meisten Studierenden so viel Vergnügen, mit den prosodischen Eigenschaften der Sprache zu spielen, weil sie auf eine ihnen vertraute Fähigkeit zurückgreifen können. Die Bandbreite reicht vom völlig freien und spontanen Erfinden von Lautkombinationen über das Nachahmen einer Fremdsprache oder den Gebrauch selbst erfundener oder vorgegebener Lautverbindungen wie z. B. BAMOBAMAWOBAMAWAGO ... Stimmlich ist alles erlaubt, was die Kehle nicht einengt. Nur sollte die Stimme nie lauter sein als der Körper, was selten passiert, wenn die Imagination nicht direkt vom Hirn in die Stimme geschickt wird.

DAS KLANGBALLSPIEL

Ein Spiel mit den prosodischen Eigenschaften der Sprache könnte folgendermaßen aussehen: Eine Gruppe von Studierenden steht im Kreis. Körperliche und stimmliche Äußerungen können von ihnen frei gewählt werden, um Gegenstände, Sachverhalte oder Beziehungen zu kreieren. Ein Studierender beginnt, mit einem erfundenen Klangball zu spielen, der seine Form, Konsistenz, sein Gewicht und seine Elastizität beliebig verändern kann. Der imaginierte Ball kann sich ausdehnen und schrumpfen, er kann leicht wie eine Seifenblase werden und zerplatzen, oder er wird so schwer, dass er nur mithilfe der Spielpartner zu bewegen ist. Er kann glühend heiß werden oder an der Hand kleben bleiben, er kann einen Geruch haben oder sich besonders anfühlen. Der Fantasie sind keine Grenzen gesetzt. Werden Stimme und Artikulation begleitend eingesetzt, entstehen meist sehr vitale, unkontrollierte und an den Körper angebundene Äußerungen, die eine große Klangvarianz aufweisen. Dem Klangball – auf diese Idee kommen die Studierenden meist von allein – kann auch ein gewisses Eigenleben hinzufantasiert werden. Der Ball verwandelt sich z. B. in ein zu beschützendes kleines Wesen oder attackiert seine Schöpfer oder deren Spielpartner. Die Äußerungen können Reaktionen auf den Klangball sein, oder der Klangball äußert sich durch den Spieler. Die Studierenden gehen auf diese Weise sowohl körperlich als auch stimmlich ganz selbstverständlich mit unterschiedlichen räumlichen Distanzen um. Der Klangball wird in der Gruppe von Partner zu Partner zunächst in der Reihe, später auch diagonal herumgegeben, geworfen, geschossen, gelegt oder was auch immer vonnöten ist, und wird durch den jeweiligen neuen Spielpartner verändert. Der Klangball der Spielpartner wird also zunächst angenommen und dann verändert weitergegeben, wobei das Annehmen des Klangballs weniger darin besteht, das Verhalten der Spielpartner zu imitieren als sich zu ihren Angeboten in Beziehung zu setzen. Die Spielpartner teilen ihre Aufmerksamkeit für einen Moment, um sich dann wieder ihrer klangballkreierenden Tätigkeit zuzuwenden. Dabei entsteht ein dialogisches Miteinander. Es kommt vor, dass die Studierenden sich einzig mit der Imagination ihres Klangballs beschäftigen, bevor sie den Kontakt mit der Gruppe wieder aufnehmen. Dann werden sie ermuntert, öffentlich zu bleiben, die Gruppe also in diesen Prozess miteinzubeziehen. So bleiben ihre Äußerungen einsehbar, und alle Beteiligten können an dem kreativen Vorgang teilnehmen, indem sie die Sprechhandlungen körperlich nachvollziehen. Wenn eine Gruppe von Studierenden es schafft, ihre Aufmerksamkeit miteinander zu teilen und im Dialog zu bleiben, kann sie auf diese Weise eine Geschichte erzählen, die Außenstehende sehr wohl nachvollziehen können, obwohl keine verstehbaren Worte geäußert werden. Die Äußerungen werden im Verlauf des Spiels auf Vokale oder Lautfolgen mit unterschiedlichen Artikulationsanforderungen wie BAMOBAMAWOBAMAWAGO, NOLLONOLLO-NOLLO oder andere Übungsreihen eingegrenzt, um die sprecherische Geläufigkeit zu trainieren, ohne den Anschluss an den Körper und die zu bespielende Situation zu verlieren. Auf diese Weise werden die Studierenden lustvoll und spielerisch an die Herausforderungen gestischen Sprechens herangeführt und trainieren gleichzeitig ihre sprecherischen Fertigkeiten. Indem die Spieler die Beschäftigung mit dem zu kreierenden Gegenstand und der mit ihm stattfindenden Handlung mit den anderen Spielern teilen, bleibt das Spiel einsehbar und in seinen Grundzügen wie auch in Einzelteilen nachvollziehbar und lädt darüber hinaus sogar zum Mitmachen ein. In dem Klangballspiel benutzen die Studierenden ikonische Gesten, Regulatoren und Zeigegesten, die nicht nur die Hände, sondern den ganzen Körper erfassen. Der Körper verändert seinen Klangraum entsprechend der Fantasie der Spieler. Schließen Außenstehende die Augen und verlassen sich nur auf die akustische Wahrnehmung, bekommen sie eine Vorstellung davon, wie sich die Körper der Spieler verhalten. Im Klang der Äußerung bilden sich die Körper der Spieler, die sich zu einem von ihnen fantasierten Gegenstand und einer zu diesem Gegenstand eingenommenen Haltung in Beziehung setzen, nachvollziehbar ab. Wenn Außenstehende mit den Spielern einen gemeinsamen Hintergrund teilen, können sie hörend sehen. Sie können die Perspektive der Spieler einnehmen und von ihrem Standpunkt in einen Teil ihrer Welt schauen. Das Spiel ist an keine Sprache als Zeichensystem gebunden. Es bedient sich zunächst ausschließlich vorsprachlicher Mittel. Dadurch ermöglicht es den Studierenden einen unkontrollierten und damit freien Umgang mit ihren stimmlichen und sprachlichen Möglichkeiten. Gleichzeitig erfahren sie die Interaktion mit ihren Spielpartnern als kommunikativen Akt. Der Schwerpunkt der sprecherzieherischen Arbeit kann nun ganz darauf gelegt werden, wie sich die Studierenden kommunizierend zueinander verhalten. Sie erleben, wie sie ihre Aufmerksamkeit mit anderen teilen können, indem sie etwas annehmen, bevor sie es verändern und wieder abgeben.

Dreiecksbeziehungen

Sprechen beruht auf einem Dreiecksverhältnis. Sprecher richten sich an Hörer und beziehen sich dabei auf etwas, z. B. einen Gegenstand oder einen Sachverhalt. Sprecher und Hörer können mit ihrer Aufmerksamkeit zwischen dem Gegenstand oder dem Sachverhalt und den jeweiligen Kommunikationspartnern wechseln. Kinder beginnen im ersten Lebensjahr, mit dem Blick zwischen der Mutter und Objekten in ihrer Umgebung zu wechseln und dem Blick oder der Geste der Mutter zu folgen bzw. explizit auf etwas zu zeigen. So entsteht ein referenzielles Dreieck zwischen Mutter und Kind und einem Gegenstand, auf den beide die Aufmerksamkeit richten. Im Rahmen dieses miteinander geteilten Aufmerksamkeitsraumes geht die Verbindung nicht verloren, wenn die Blicke oder Gesten zwischen den Kommunikationspartnern gewechselt werden. Auf diese sehr frühe Fähigkeit kann in der Ausbildung von Schauspielstudierenden zurückgegriffen werden. Es fasziniert mich immer wieder, wenn es Schauspielern mühelos gelingt, durch einen Blick oder einen klar ausgerichteten Körper die Aufmerksamkeit des Publikums zu lenken, sodass alle Zuschauer gespannt in eine Ecke der Bühne schauen, ohne dass auch nur ein Wort gesprochen wurde. Dieses Phänomen nutze ich im Unterricht. Wenn ich die Aufmerksamkeit der Studierenden beispielsweise auf den neuen roten Ball lenke, der auf dem Fensterbrett liegt, ohne mich explizit stimmlich zu äußern, probiere ich es zunächst mit einem Blick. Um diesen Blick zu bemerken, müssen die Studierenden mir ihre Aufmerksamkeit schenken. Sie müssen zu mir blicken. Ich muss also zunächst ihre Aufmerksamkeit einfordern. Dazu kann ich sie anschauen. Über die unterschiedlichen Qualitäten des Blickkontakts haben wir an anderer Stelle schon etwas erfahren. Der körperliche Aufwand, den ich betreiben muss, richtet sich ganz danach, wie sehr die Studierenden gewillt sind, mir ihre Aufmerksamkeit zuzuwenden. Richte ich meinen Blick nun auf den Ball, werde ich mich vergewissern müssen, ob die Studierenden meinem Blick gefolgt sind. Das kann ich tun, ohne den Ball als Referenzpunkt zu verlieren, denn ich habe mein Ziel, den Blick der Studierenden im Raum auszurichten, ja noch nicht erreicht. Ich versuche, eine Dreiecksbeziehung zwischen mir, den Studierenden und dem Ball aufzubauen. Sind die Studierenden meiner Aufforderung nicht gefolgt, war die Einladung, die von mir ausging, wahrscheinlich zu klein, und ich verwende nun eine Geste. Gesten können unterschiedliche Qualitäten aufweisen. Ich kann wenig Aufwand betreiben und z.B. nur mit dem Daumen auf den Ball zeigen, ohne den Arm zu bewegen, oder eine Bewegung mit dem Kopf in Richtung des Balls versuchen. Dabei begleite ich die entsprechende Geste mit einem Klang (z.B. ein W, das etwa so lang phoniert wird wie der Satz: „Schaut euch mal den Ball an!“). Bildet die Stimme nicht weniger oder mehr ab, als eben genau den gerade betriebenen körperlichen Aufwand, spiegelt die stimmliche Äußerung den Grad der Aufforderung, der durch die Geste betrieben wurde. Wahrscheinlich wird der Stimmschall die anderen nicht einmal erreichen. Ich werde mich wieder versichern, ob die Studierenden meiner Aufforderung folgen, wechsle also mit meiner Aufmerksamkeit zwischen ihnen und dem Ball hin und her in der Hoffnung, mein Ziel zu erreichen. Die Geste werde ich nun von Versuch zu Versuch vergrößern, bis sie meinen ganzen Körper ergreift und ich von Kopf bis Fuß ganz Aufforderung bin. Die Geste bewegt sich auf direktem Weg in Richtung des Balls, der ganze Arm und die Finger werden benutzt, die Wirbelsäule richtet sich auf, möglicherweise verlagere ich sogar meinen Schwerpunkt in Richtung des Balls. Die stimmliche Äußerung verändert sich entsprechend. Sie bildet die körperliche Aktion ab. Der Körper hat der Stimme einen anderen Klangraum zur Verfügung gestellt. Vergrößere ich an dieser Stelle die Distanz zu den Studierenden oder zum Ball, wird sich der körperliche Aufwand entsprechend verändern. Trotz des großen körperlichen Bemühens bleibt meine Stimme gelöst und durchlässig für die Art und Weise, wie ich die Studierenden auffordere. Das kann ich ja in ganz unterschiedlichen Haltungen tun. Ich kann bitten, befehlen, verführen, staunen usw. Je weniger stimmlichen Druck ich aufwende, desto deutlicher kann die Art und Weise, wie ich mich verhalte, durch die Stimme hindurchtönen. Weniger Druck erlaubt mehr Klang, und im Klang bildet sich mein Verhalten sinnlich ab. Nach wie vor bin ich in der Lage, mit meiner Aufmerksamkeit zwischen dem Ball und den Studierenden zu wechseln, ohne die Grundspannung zu verlieren. Das Dreieck, das ich aufgebaut habe, muss an keinem Punkt unserer Kommunikation aufgegeben werden. Obwohl ich sowohl die Geste als auch die Atmung immer wieder löse, kann ich in dem zwischen Spielpartnern und Ball geteilten Aufmerksamkeitsraum verbleiben. Wir sind auch in der Lage, unsere Umgebung außerhalb unseres geteilten Fokus wahrzunehmen und auf Störungen von außen zu reagieren. Haben die Studierenden das Prinzip der Verkörperung der Aufforderung sinnlich erfahren, werden sie auch mit sparsameren Gesten oder einem gezielten Blick auskommen. Entscheidend ist, dass der Körper sich ausrichtet, dass sich das Wollen im Körper verstoffwechselt hat.

Der einfachste Weg, zu einer ganzkörperlich gerichteten Geste zu kommen, besteht darin, mit einer konkreten Absicht auf den Ball zu zeigen, den Studierenden z. B. ein Spiel mit ebendiesem Ball vorzuschlagen. Wieder werde ich mich zunächst der Aufmerksamkeit der Studierenden versichern. Tue ich das bereits in Vorfreude auf das bevorstehende Ballspiel, wird mein Körper ganz selbstverständlich die entsprechende Grundspannung aufbauen. Ich will ja etwas mit den anderen unternehmen. Wahrscheinlich werde ich auch schneller eine auffordernde Geste verwenden, die direkt aus der Körpermitte kommt. Es wird mir auch leichter fallen, mit meinem Fokus zwischen dem Ball und den Studierenden zu wechseln, weil wir nun etwas Konkretes miteinander tun wollen, ein gemeinsames Ziel haben. Ich kann nun auch andere reale oder imaginierte Personen in unsere Beziehung einladen oder sie explizit davon ausschließen bzw. mit den Studierenden differenzierte Beziehungsgefüge aufbauen. Das wechselseitige Versichern des Verständnisses findet in jeder Dialogsituation statt, auch wenn wir statt Zeigegesten ikonische Gesten verwenden, also die Aufmerksamkeit anderer einfordern, indem wir einen Gegenstand, einen Sachverhalt oder eine Beziehung zu jemandem oder zu etwas beschreiben. Auch regulierende Gesten bieten sich an. Wir können, wie im Klangballspiel beschrieben, in der gemeinsamen Aufmerksamkeit verbleiben, wenn wir den anderen den komplizierten Weg von A nach B beschreiben und dabei gestört werden. So natürlich dieses Verhalten ist, so schwierig stellt es sich manchmal in Übungen, in der Arbeit am Text und in Probensituationen dar. „Vergesst den Partner nicht!", „Ihr spielt nicht zusammen!", „Ihr seid nicht im Raum!" Das sind in der Probenarbeit oft gehörte Sätze, die die Selbstkontrolle der Studierenden aktivieren. Es ist hilfreicher, ihre Neugier zu entfachen und ihre Wahrnehmung zu lenken, damit sie sich nicht so viel mit sich selbst beschäftigen. Dann können sie mit den Spielpartnern eine gemeinsame Aufmerksamkeit herstellen und in diesem Raum probieren, ihre Absichten durchzusetzen. Misserfolge müssen nicht dazu führen, uns grundsätzlich infrage zu stellen. Wenn wir unsere Absichten nicht durchsetzen können und mit unserem Vorhaben scheitern, können wir aufgeben oder neue Versuche starten, andere Wege zu unseren Zielen suchen, kreativ werden. Wenn wir uns über uns ärgern, uns schuldig fühlen oder trotzig reagieren, verlieren wir unseren Raumanspruch und unsere Kraft. In der Wirklichkeit der Bühne sind es seltener gemeinsame Absichten von Figuren, die es zu finden gilt. Das Theater lebt von Widersprüchen. Jeder nicht einvernehmlich geführte Dialog, der sich aus einem nicht lösbaren Widerspruch ergibt, bedarf einer gemeinsamen Aufmerksamkeit. In der konfliktgeladenen Situation müssen wir uns der anderen umso mehr versichern, unsere Aufmerksamkeit möglicherweise mehreren Personen schenken und gleichzeitig den Überblick über Rückzugs- oder Fluchtmöglichkeiten oder über den Raum, in dem wir unsere Spielpartner bewegen wollen, behalten. Die Wirklichkeit der Bühne bezieht die Zuschauer mit ein. Das Dreieck, das wir zwischen den Spielpartnern und einem Gegenstand oder einem Thema, zu dem wir uns verhalten, aufgebaut haben, ist um die Zuschauer zu erweitern. Unser Verhalten muss für die Zuschauer einsehbar bleiben und nachvollzogen werden können.

Die in der Ausbildung von Schauspielstudierenden zu vermittelnden Prinzipien gesamtkörperlichen Kommunizierens sind keine Erfindungen der Sprecherzieher. Es handelt sich vielmehr um Fähigkeiten, die uns als biologische Wesen in die Wiege gelegt worden sind und die wir im sozialen und kulturellen Umgang weiterentwickelt haben. Dabei spielen Konventionen eine sowohl fördernde als auch hemmende Rolle, da sie Verhalten kenntlich machen oder Verhalten verdecken. Indem wir die Studierenden unterstützen, auf ihre Instinkte und früh entwickelten Fähigkeiten zu vertrauen, stärken wir sie und entwickeln ein freies, offenes und einsehbares Kommunikationsverhalten. Mithilfe einfacher Vorgänge üben wir, körperlich zu handeln, die Stimme an Handlungen zu koppeln und dabei Raum zu beanspruchen und uns im Raum zu behaupten. Wir beschäftigen uns mit dem, was wir erreichen wollen, und nehmen sowohl Spielpartner als auch Zuschauer mit. Dieses Verhalten interiorisieren wir und können es jederzeit abrufen. Denken wir zu viel über unsere Handlungen nach, verlieren wir die Verbindung zu unseren Zielen und unsere Balance.

Sprechen und Denken

Unsere Haltung zur Welt drücken wir in unserem Verhalten aus. Sprechen ist Teil unseres Verhaltens. Sprechen ist Ausdruck unseres Denkens. Unser Denken drückt unsere Gefühle aus oder unterdrückt sie, was wiederum auch zu Ausdruck führt. Als Sprecherzieher kommen wir nicht umhin, uns diese vielschichtigen Verbindungen immer wieder vor Augen und Ohren zu halten und unsere Beobachtungen mit unseren Studierenden zu teilen. Das Sprechen auszubilden, schließt die Ausbildung des Denkens ein.

Nichtsprachliche Kommunikation ist als Werkzeug zur Steuerung menschlichen Verhaltens älter als sprachliche Kommunikation. Ein zwischen uns und anderen unausgewogenes Verhältnis an Information und Intention – ein Defizit – zwingt uns zum Ausdruck. In der Sprache präzisieren wir diesen Ausdruck insofern, als wir in der Lage sind, uns über Dinge zu verständigen, die in unserer Vorstellung präsent sind.[141] Wir wollen von anderen etwas erfahren. Wir wollen sie von Meinungen überzeugen, zum Handeln überreden, verführen, zwingen oder sie vom Handeln abhalten.

Konzeptuelle Semantik – die Perspektive wechseln

Die Art und Weise, wie wir unsere Gedanken und Gefühle in Worte fassen, sagt nach Steven Pinker etwas über unsere menschliche Beschaffenheit aus. Seine unter dem Begriff Konzeptuelle Semantik zusammengeführten Überlegungen geben uns aufschlussreiche Einblicke in unsere Wahrnehmungs- und Interpretationsfähigkeit und erhellen den Zusammenhang von Sprache und Denken. Die Semantik bildet die Beziehung von Gedanken und Gefühlen zur Wirklichkeit in sprachlichen Einheiten (Wörtern und Sätzen) ab. In der Semantik können wir erkennen, „wie sich Sprecher auf ein gemeinsames Verständnis der Wahrheit einigen und wie ihre Gedanken in Dingen und Situationen in der Welt verankert sind."[142] Darüber hinaus schließt die Semantik die Verbindung zwischen Sprache und sozialen Beziehungen zwischen Menschen ein. Sprachliche Einheiten und Gedanken sind nicht zwingend identisch. Verwenden wir Homonyme wie das Verb kosten und das Substantiv Kosten, das Substantiv Flügel als Bezeichnung eines Tasteninstruments oder eines Flugzeug- oder Vogelteils oder Heteronyme wie das Verb modern und das Adjektiv modern oder Homophone wie das Substantiv Küste und das gebeugte Verb küsste, erschließt sich die Bedeutung erst aus dem Sinnzusammenhang. Darüber hinaus können wir etwas sagen und etwas anderes meinen, wie wir auch etwas sagen und meinen können und doch anders verstanden werden als intendiert.

Wir verhalten uns mehrdeutig, spielen, täuschen, lügen. Sprachliche Bedeutungen sind „als Ansammlung grundlegender Konzepte in einer Sprache des Geistes im Gehirn repräsentiert".[143] Diese Konzepte sind „fundamentale Werkzeuge unserer kognitiven Grundausstattung".[144] Benutzen wir diese Werkzeuge, können wir Dinge, Ereignisse und Situationen aus unterschiedlichen Perspektiven betrachten. Sprache bildet diese verschiedenen Sichtweisen ab. Betrachten wir die folgenden Beispiele:

1) ein Glas mit Wasser füllen

2) Wasser in ein Glas füllen

Wie bei einem Kippbild kommt es zwischen den Beispielen zu einer Gestaltverschiebung. Der veränderte Fokus der Wahrnehmung hat eine Entsprechung in der grammatischen und syntaktischen Konstruktion. Der Perspektivwechsel verändert die Bedeutung, die auf der jeweiligen Interpretation des Ereignisses beruht. Während Beispiel 1 das Wasser in den Fokus nimmt, ist es im Beispiel 2 das Glas. In beiden Beispielen bleibt es spannend, ob das Glas mit Wasser oder Wein befüllt, das Wasser in ein

Glas oder einen Topf gegeben wird. Die Auflösung des Rätsels, die neue und entscheidende Information, befindet sich jeweils am Ende des Satzes. Gesprochene Sprache bietet uns noch weitere Möglichkeiten, die Bedeutung auszudifferenzieren. Eine konkrete Sprechsituation kann es erfordern, das Ereignis aus anderen Perspektiven zu betrachten. Nehmen wir im Beispiel 1 an, es soll ausgeschlossen werden, dass eine Kanne oder ein Topf mit Wasser zu befüllen ist und es sich definitiv um ein Glas zu handeln hat. Dann erhält die gleiche Satzkonstruktion durch die Verlagerung des gedanklichen Schwerpunkts auf das Wort Glas eine veränderte Bedeutung. Der Satz kann auf diese Weise einen Aufforderungscharakter erhalten und uns, wird er auf diese Weise gesprochen, etwas über Beziehungen und damit über eine Situation erzählen. Ein **Glas** mit Wasser füllen! Ähnlich verhält es sich, wenn wir deutlich machen wollen, dass von den vielen zur Verfügung stehenden Gläsern lediglich ein Glas mit Wasser zu befüllen ist, während die anderen, aus welchen Gründen auch immer, leer zu bleiben haben. **Ein** Glas mit Wasser füllen! Es lassen sich auch zwei gedankliche Schwerpunkte setzen, wenn wir davon ausgehen, dass nur ein Glas mit Wasser, die anderen aber mit Wein befüllt werden soll. **Ein** Glas mit **Wasser** füllen! Oder wenn wir deutlich machen wollen, dass das Glas jetzt endlich einmal bis zum Rand voll werden darf. Ein Glas mit Wasser **füllen**!

Die Bedeutung der Dinge beruht darauf, was wir mit ihnen tun können. Die vier Beispiele haben einen Appellcharakter und initiieren Handlungen. Sie können als Aussage, Frage, Aufforderung, Wunsch oder Ausruf und in verschiedenen Haltungen gesprochen werden. Intonation und Klangfarbe, Tempo und Rhythmus stehen uns als sprecherische Ausdrucksmittel zur Verfügung, um mit Sprache handelnd Beziehungen auszudrücken. Es entsteht ein Unterschied zwischen gelesener und gesprochener Sprache. Teile der Situation, in der diese Äußerungen fallen, können aus der Sprechweise herausgehört werden. Verändern wir jedoch lediglich die Betonung der entsprechenden Wörter, ohne unser Denken im Sinne eines Perspektivwechsels zu verändern, verlieren die so gesprochenen Sätze ihre Kraft. Der Wille zum Handeln wird nicht erkennbar oder kommt als Erklärung daher und löst im Kommunikationspartner wenig aus. So setzen wir keine Handlung in Gang und werden durstig bleiben.

Wortbetonungen, die sich nicht aus dem Denken in einer konkreten Situation ergeben, lassen Texte papieren klingen. Sie erscheinen uns wie zitiert oder vorgelesen und nicht im Moment einer Situation und aus einer Notwendigkeit geboren. Diese Art des Sprechens hat auf der Bühne in bestimmten ästhetischen Zusammenhängen und als Ausdruck von Figurenverhalten seine Berechtigung. Wenn wir einen Fremdtext sprechen, ist sie nach meiner Erfahrung allerdings viel leichter herzustellen als handelndes Sprechen und deshalb nur marginales Ziel der Ausbildung. Einem Wort zu einer Schwere oder Leichtigkeit, zu einer konkreten Füllung zu verhelfen, ist unsere eigentliche Aufgabe, und diese Aufgabe ist an konkretes Denken gebunden. Wir verfügen über die Fähigkeit, unseren Blickwinkel verschieben und Bedeutungsnuancen sehr genau ausdifferenzieren zu können. Es macht Freude, in Texten spazieren zu gehen, um sie von allen Seiten und nicht nur mit den eigenen Augen genau anzuschauen. Betrachten wir Texte ausschließlich vor unserem persönlichen Erfahrungshintergrund, werden wir wenig Neues entdecken.

Der Körper denkt mit

In der Regel haben wir ein ausgesprochen feines Gespür dafür, dass in unserer Muttersprache etwas nicht stimmt. Wie kommt es dazu? Wenn es etwa darum geht, ob das Wasser aus dem Glas getrunken werden soll, erscheint uns die Konstruktion, ich möchte ein Glas mit Wasser trinken, ungewohnt und irgendwie nicht richtig. Wahrscheinlich würden wir auf die Präposition – mit – verzichten und die Formulierung, ich möchte ein Glas Wasser trinken, vorziehen. Das Wasser wird nun bereits im Glas angenommen, hat dort vorübergehend einen Platz gefunden. Es muss nicht mehr mit. Wir können uns die Präposition sparen. Andererseits ist der Satz nicht wörtlich gemeint. Wir trinken ja nicht das Glas, sondern das Wasser im Glas oder besser aus dem Glas. Erwähnenswert ist das Glas aber schon, da wir damit deutlich machen können, wie viel oder wenig Durst wir haben. Ich möchte einen Eimer Wasser trinken, würde auf starken

Durst verweisen, ist aber auch nicht wörtlich zu nehmen und wird daher vorzugsweise mit einem anderen Hilfsverb versehen: Ich könnte einen Eimer Wasser trinken. Während die Bitte, ich möchte einen Schluck Wasser trinken, uns angemessen erscheint. Wie wir sehen, bilden sich unsere Vorstellungen von Raum und Zeit in der Sprache ab, bzw. ermöglicht uns Sprache, bestimmte Vorstellungen von Raum und Zeit zu haben. Die Beziehung von Sprache zu Objekten, Raum, Zeit und Kausalität verändert sich in Abhängigkeit von unseren Handlungszielen. Unsere Vorstellung von Raum bildet sich auf der Grundlage unserer Beziehung zu Objekten, die wir wahrnehmen oder uns vorstellen. Zeit verarbeiten wir hinsichtlich wahrgenommener und durchgeführter Handlungen.[145] Unsere Vorstellung von Ursache und Wirkung gründet auf Empirie und einer aus ihr erwachsenen Erfahrung und Erwartung. Weil B immer auf A folgt, ist A die Ursache von B. Unsere Konzepte von Wirklichkeit bestimmen unser Verhalten und werden durch Erfahrungen gefestigt oder infrage gestellt und verändert.

In Metaphern denken

Unsere Fähigkeit, Metaphern zu bilden, zeigt, dass wir auf der Grundlage unserer Erfahrungen über Neues nachdenken können. Wir entdecken Verbindungen zwischen uns bekanntem und unbekanntem Wissen und bauen uns gedankliche Brücken. Metaphern sind sprachliche Bilder, sie übertragen Bedeutung in einen anderen Kontext und schaffen einen Übertragungseffekt zwischen begrifflich getrennten Sinn- und Sinnesbereichen. Wir müssen davon ausgehen, dass die Verbindung zwischen Laut und Bedeutung zunächst arbiträr ist. Ist eine solche Verbindung aber einmal in der Welt, kann sie willentlich metaphorisch benutzt werden. Anstatt von der Stelle, an der ein Ast abzweigt oder sich verzweigt, zu reden, ist es anschaulicher, von der Astgabel zu sprechen. Ist eine Metapher geboren, kann sie, wie der Eurorettungsschirm oder die Schuldenbremse, zunächst Aufsehen erregen. Mit der Zeit gewöhnen wir uns an sie. Sogenannte tote Metaphern wie Stuhlbein oder Buchrücken haben wir als feststehende Begriffe in unsere Sprache integriert. Bei einigen Metaphern bleibt uns das ursprüngliche Bild sogar zunächst verborgen, obwohl wir genau wissen, was gemeint ist. Die Formulierungen auf den Busch klopfen und durch die Lappen gehen sind dem Fachjargon der Jäger entnommen und beziehen sich einerseits auf das Herauslocken und andererseits auf das Entwischen der Beute. Die Bezeichnung springender Punkt verwenden wir für den entscheidenden Aspekt einer Fragestellung. Seinen Ursprung hat diese Metapher bei Aristoteles' Betrachtung eines befruchteten Hühnereis am dritten Tag der Bebrütung. Zu diesem Zeitpunkt etwa zeigt sich ein kleiner roter Punkt, der hüpft und sich zu einem Hühnerherz entwickeln wird. Ob Herzensbrecher oder Rabeneltern, Strohfeuer oder Sturm im Wasserglas, Metaphorisches finden wir in allen Bereichen, in denen wir Sprache gebrauchen.

Semantische Figuren verwenden wir unter anderem als Metonymie (ein Glas trinken), Synekdoche im Sinne eines pars pro toto (unser täglich Brot gib uns heute) oder als Vergleiche und Metaphern. Sie geben über die Komplexität unserer mentalen Vorgänge und unsere Imaginationsfähigkeit Auskunft. Eindrücke werden in unserem Denken, Fühlen und Handeln konzeptuell mit unserem Ausdruck verknüpft. Raum, Zeit, Bewegung bilden sich im Hochgefühl, dem Fernweh oder der Hingabe ab. „Der menschliche Geist ist mit der Fähigkeit ausgestattet, die Verkleidung der äußerlich wahrnehmbaren Erscheinung zu durchdringen und die darunterliegende abstrakte Konstruktion zu erkennen [...]. Mit einem endlichen Vorrat an arbiträren Zeichen und grammatischen Regeln [...] erlaubt uns eine Sprache, unendlich viele Kombinationen von Ideen miteinander zu teilen, die ausdrücken, wer wem was getan hat und wo was ist.“[146] Unsere Kognition beruht auf Assoziationsprinzipien, die es uns ermöglichen, Analogien zu bilden. Wahrnehmung und Erinnerung beeinflussen sich wechselseitig und generieren eine Mehrdeutigkeit, die uns der Wirklichkeit immer ein Stück näher bringt und uns gleichzeitig von ihr entfernt. Der amerikanische Linguist Georg Lakoff und der Philosoph Mark Johnson sind davon überzeugt, dass wir nicht nur in Metaphern sprechen, sondern auch denken. Sie gehen davon aus, dass Metaphern aus direkten, körperlichen Erfahrungen entstanden sind. Abneigung wird mit Kälte assoziiert, Zuneigung mit Wärme. Wir zeigen einander die kalte Schulter oder erwärmen uns für jemanden.[147] Wir können Metaphern verstehen, weil wir davon ausgehen, dass Sprache mehrdeutig ist. Die Bedeutung gesprochener Worte ist von unseren Absichten in konkreten Situationen abhängig. Erst unter intentionalen und kontextuellen Voraussetzungen ergeben unsere in Sprache ausgedrückten Gedanken einen Sinn. Unsere Fähigkeit, miteinander zu kooperieren, uns in den anderen hineinzuversetzen, lässt uns den folgenden Dialog mühelos entschlüsseln: „Auf'n Bier?" „Bin trocken." Er ließe sich in einem entsprechenden Setting sogar auf Gesten reduzieren, ohne Verständlichkeit einzubüßen. Ob es sich bei dieser Form von Selbstorganisation um einen angeborenen Sprachlernmechanismus handelt (Pinker) oder ob wir Wortbedeutungen durch den Gebrauch von Sprache erschließen (Tomasello), hat die Wissenschaft noch nicht grundlegend geklärt.

Denken wir in anderen Sprachen anders?

Die Frage, ob Menschen in einer anderen Sprache anders denken, beschäftigt nach wie vor die Wissenschaft. Die Idee vom sprachlichen Determinismus, wonach die Sprache, in der wir sprechen, unsere Art zu denken formt, begegnet uns in der Sapir-Whorf-Hypothese, benannt nach den Linguisten Edward Sapir und Benjamin Lee Whorf. Anders als in Pinkers konzeptueller Semantik, in der das Denken die Sprache beeinflusst, ist es für Whorf die Sprache, die das Denken bestimmt. Lera Boroditsky, Kognitionspsychologin an der Stanford University, beschreibt kognitive Unterschiede zwischen Menschen verschiedener Sprache. Die Sprachen der Welt ermöglichen, so Boroditsky, eine differenzierte Wahrnehmung von Farben und räumlichen Relationen. Die Thaayorre, ein Aborigine-Volk aus dem Norden Australiens, kennen keine Bezeichnung für rechts, links, vorn und hinten. Sie orientieren sich auch kleinräumig an den Himmelsrichtungen, als verfügten sie über einen integrierten

Kompass. Untersuchungen zur Wahrnehmung von Zeitabläufen ließen eine Beziehung zur Schreibrichtung erkennen. Schreiben wir horizontal von links nach rechts, nehmen wir die Vergangenheit links von der Zukunft an. Im arabischen und hebräischen Sprachraum ist das umgekehrt. Eine Werbekampagne für ein bekanntes Waschmittel, die links einen Haufen Schmutzwäsche, in der Mitte eine Waschmaschine mit dem zu bewerbenden Produkt und rechts einen Stapel frisch gewaschene Wäsche abbildet, führt im arabischen Sprachraum zu der Botschaft: Persil macht Wäsche schmutzig. Für die Thaayorre verläuft die Zeit von Osten nach Westen. Chinesen stellen sich die Zeit vertikal vor. Vergangenes wird oben, Zukünftiges unten verortet.

Sprachen haben verschiedene Wege gefunden, Wirklichkeit zu beschreiben.[148] Menschen unterschiedlicher Sprachen verfügen über die gleichen sprachbildenden Fähigkeiten. Wir nutzen Vorstellungen vom Raum, um unser Zeitempfinden auszudrücken. Auch wenn die Art der Verknüpfung sich unterscheidet, sind wir in der Lage, sie zu verstehen und nachzuvollziehen. Unser Gehirn ist flexibel genug, für die Wahrnehmung von Zeit und Raum verschiedene Koordinatensysteme heranzuziehen und neue Sichtweisen auszuprobieren. Sprache und Denken beeinflussen sich gegenseitig. Für die Arbeit am Sprechdenken scheint mir die Antwort auf die Frage, ob wir in anderen Sprachen anders denken, zunächst nicht besonders relevant zu sein. Aber sowohl für das Verstehen eines Textes als auch dafür, ihn in eine konkrete Sprechsituation einzuordnen und dadurch neu und anders zu verstehen, ist die Fähigkeit, unterschiedliche Perspektiven einzunehmen und Bedeutung zu assoziieren, unabdingbar. Wenn wir vom Faktischen ausgehen und aussagen bzw. behaupten, dass das, was wir sehen, ein Glas Wasser ist – „Das ist ein Glas Wasser" –, ist es uns auf diese Weise möglich, sprechend zu verdeutlichen, dass es keine Alternative zu der Tatsache gibt, dass es sich hier definitiv um ein Glas Wasser handelt. Wenn wir uns dagegen vorstellen, dass dieses Glas Wasser in Beziehung zu unseren Spielpartnern verändert werden kann, weil wir es austrinken, zerschlagen, ihnen ins Gesicht schütten, können wir mit diesem Glas Wasser eine Handlung vollziehen und weitere Handlungen in Gang setzen, um damit Situationen zu kreieren oder zu verändern. Die

Sprechweise wird sich im Fall der Eindeutigkeit von den Optionen zur Mehrdeutigkeit unterscheiden. Wir machen sprechend kenntlich, wie viel Interesse wir dem Gegenstand und den Spielpartnern in Beziehung zu diesem Gegenstand und in Beziehung zu uns entgegenbringen. Wörtliches und figuratives Sprechen verarbeiten wir unter einem pragmatischen Aspekt, der die Sprechsituation und die Sprechabsicht einschließt. „Die Reaktionszeit für die Verarbeitung von Informationen hängt allein von der Identifikation der Sprecher-Intention ab – egal, ob es sich um eine wörtliche, figurative, idiomatische, ironische oder indirekte Aussage handelt."[149] Der Perspektivwechsel gäbe uns mit ähnlicher Konsequenz verschiedene Möglichkeiten, einen Konflikt um ein Glas Wasser zu lösen oder zu verschärfen. Unsere Wahrnehmung für das fremde Denken und Verhalten lässt uns eigene Prägungen erkennen und anders betrachten. Blicke auf fremde Kulturen lassen die Spezifik der eigenen Kultur und Sprache in der Spiegelung deutlicher hervortreten. Es ist nicht unser Spiegelbild, das uns zur Selbsterkenntnis führt, und unser Verhalten ist kein Korsett, in das wir auf ewig geschnürt sind.

Die Artikulation – das Denken ordnen

Beim physiologischen Vorgang der Lautbildung werden die am Sprechen beteiligten Organe neuromuskulär bewegt. Wir koordinieren die Abläufe von Atmung und Stimmerzeugung mit den Bewegungen der Artikulationsorgane. Dabei findet auch eine Verknüpfung von Denkprozessen und Lautbildungsbewegungen statt. Sprechen ist artikuliertes Denken.

Die Sprechlaute werden als Bedeutungsträger im Sprechvorgang gegliedert. Artikulieren heißt gliedern; articulus ist das Gelenk, der Abschnitt, der Moment. Indem wir unsere Gedanken im Sprechen ordnen, geben wir ihnen eine erkennbare individuelle Form, mit der wir handeln. Symbol, Symptom, Signal – die Funktionen des Bühler'schen Organonmodells begegnen uns auch an dieser Stelle wieder. Im Sprechakt richten wir unsere Gedanken an Hörer, die unser Denken beeinflussen, und wir hören uns selbst laut denken. „Die artikulatorische Produktion der Sprache verdoppelt sich im Du."[150] Wir denken, was wir artikulieren, wir empfinden und hören, dass und was wir artikulieren. Und wir wissen, dass andere hören und nachempfinden, was und wie wir artikuliert haben. Artikulation entspringt dem Verhältnis von Anrede und Erwiderung.

Das Bedürfnis nach gedanklichem Austausch schafft sich Artikulation als ein Instrument, das zwischen einem Ich und einem Du vermitteln kann. Es entsteht ein Dialog, der nach dem Religionsphilosophen Martin Buber das grundlegende Konzept des Menschseins darstellt. Das dialogische Prinzip ist der Grundtypus sozialer Interaktion. Buber sieht den Menschen auf ein Du hin ausgerichtet. Der Mensch kommt erst in der Begegnung mit dem Gegenüber zu sich selbst. Seine Interaktion hat ein In-Beziehung-Treten zum Ziel.[151]

Auch das gestische Sprechen betrachtet und praktiziert den Dialog als eine über das Sprachliche erweiterte Beziehung zum anderen. Dabei findet eine gegenseitige Bezugnahme und Orientierung der Kommunikationspartner in Raum und Zeit statt, während der eigene Körper Bezugspunkt des Wahrnehmens und Handelns bleibt. Im gemeinsamen Wahrnehmungsraum richten wir die Aufmerksamkeit auf etwas, wofür wir uns zusammen interessieren können. In diesem aufgespannten Raum-Zeit-Gefüge einer konkreten Kommunikationssituation führen wir einen offenen Dialog, in dem wir flexibel auf veränderte situative Merkmale reagieren, der uns aber nicht permanent zur Selbstvergewisserung zwingt. Artikulation materialisiert unser Denken, sie vermittelt Sinn und Sinnlichkeit. Sie verführt uns, genauer hinzuhören und zu verstehen, oder, wie Peter Sloterdijk sagt: „Wesentliches Sprechen ist immer auch eine Entsprechung zu einem Hörer – vor allem zu einem Gehörthaben. In den inspirierten Wortergriffenheiten entsteht der so seltsame wie begreifliche Effekt, dass durch den Sprecher gleichsam nur noch das Andere zu reden beginnt.“[152]

In der Arbeit am künstlerischen Text ist die Artikulation Teil der gestischen Äußerung verdichteter fremder Gedanken von Figuren verschiedenster Lebenswelten. Wie sich diese Figuren artikulieren, verrät ihre Art zu denken ebenso wie ihr Verhalten in konkreten Situationen. Der soziale Gestus wird in der Artikulation erlebbar.

Aussprachestandards der deutschen Sprache

Die Arbeit an der Aussprache orientiert sich an den Regeln der deutschen Standardaussprache. „Aussprachestandards sind Externalisierungen von Normen sprachlichen Verhaltens.“[153] Die Abteilung Sprechwissenschaft und Phonetik am Institut für Musik, Medien- und

Sprechwissenschaften (IMMS) der Philosophischen Fakultät II der Martin-Luther-Universität Halle-Wittenberg hat umfangreiche Untersuchungen der Sprechwirklichkeit durchgeführt und eine Neukodifizierung der bundesdeutschen Standardaussprache vorgenommen. Das Deutsche Ausspracheworterbuch (DAWB) fasst diese Ergebnisse zusammen und stellt eine gute Grundlage für die Arbeit an der Aussprache von Schauspielstudierenden dar. Um damit arbeiten zu können, sind Kenntnisse des internationalen phonetischen Alphabets (IPA) erforderlich. Da erfahrungsgemäß nicht alle Schauspielstudierende in ausreichendem Maß über diese Kenntnisse verfügen, verwende ich die phonetische Transkription nur als zusätzliches Hilfsmittel, wo es mir angemessen erscheint. Für komplexe phonetische und phonologische Beschreibungen empfehle ich die angegebene Literatur. Wir werden uns auf die erfahrungsgemäß am häufigsten auftretenden Problemstellen der deutschen Standardaussprache konzentrieren.

Die Vokale

Die 16 Vokalphoneme der deutschen Sprache unterscheiden sich je nachdem, ob sie kurz oder lang gesprochen werden, in ihrer Quantität. Ihre Qualität ergibt sich aus der Spannung, mit der sie artikuliert werden. Ungespannte Vokale werden als offen, gespannte als geschlossen bezeichnet. Kurze Vokale werden in der Regel ungespannt, lange Vokale gespannt gesprochen wie in dem Wortpaar offen/Ofen. Der Vokal /a/ unterscheidet sich lediglich in der Quantität, wie der Vergleich der Wörter Stadt und Staat zeigt. Das vokalisierte /r/, das wir nach langen, geschlossenen Vokalen mit Ausnahme des langen /a/ in Wörtern wie Meer oder Uhr und in den Vor- und Endsilben /er-/, /-er/ (erleben, Mutter) sprechen, klingt wie ein ungespanntes reduziertes /a/. Die E-Laute bieten mehr Bildungsmöglichkeiten. Neben dem langen gespannten /e/ wie in Ehre und dem kurzen ungespannten /e/ wie in Elle finden wir ein langes ungespanntes /e/ wie in Ähre und das schwachtonige /e/, den sogenannten Schwa-Laut, ein ungespanntes reduziertes /e/ wie in Hose. Die Qualität und Quantität der Vokale korrespondiert mit der Silbenform und der Wortbetonung. Geschlossene Silben enden konsonantisch, offene Silben lauten vokalisch aus. Betonte Vokale werden in geschlossenen Silben kurz und ungespannt gesprochen (offen), in offenen Silben dagegen lang und gespannt (Ofen). Die Qualität und Quantität der Vokale zu unterscheiden, fällt deutschen Muttersprachlern in Abhängigkeit von ihrer sprachlichen Sozialisation in einfachen Worten relativ leicht. Aber Vorsicht! Jede Regel hat ihre Ausnahmen![154] Vor allem die Verbindung der Vokale mit dem nachgestellten /r/ hat es in sich und kann uns vor allem bei den E-Lauten zuweilen an den Rand der Verzweiflung treiben. Die Worte Schwert, Herd, Wert enden konsonantisch, wir sprechen aber ein langes geschlossenes /e/ und ein vokalisiertes /r/ wie auch in den Worten Meer, schwer, Heer. Die Worte Berg, Herz, Werk folgen der gleichen Regel, werden aber mit einem kurzen offenen /e/ und einem reduzierten /r/ gesprochen. Auch die Worte Erde und Kerbe und werden und werben folgen offensichtlich einer Regel, die Qualität der E-Laute und des nachfolgenden Konsonanten /r/ unterscheiden sich aber jeweils. Welche Regel hebelt hier die andere aus? Strukturell unterscheiden sich Berg und Schwert ebenso wenig wie Kerbe und Erde oder werben und werden. Aber der jeweils geschlossene E-Laut gefolgt vom vokalisierten /r/ wird in dem Wort gesprochen, in dem ein /d/ oder /t/ der Verbindung /er/ folgt. Daran können wir uns orientieren. Aber auch hier lauern Ausnahmen! Einige Eigennamen wie Berta und Herta bestehen auf dem offenen /e/. Daneben finden wir auch ein langes offenes /e/ in Verbindung mit einem vokalisierten /r/ in den Worten Gefährt oder Märchen. Wobei die Sprechwirklichkeit auch in der Standardaussprache eine Tendenz zur Schließung des offenen /e/ erkennen lässt.

Sätze wie: „Er erfährt, dass es am ersten März auf der Erde wärmer werden wird." stellen für einige Sprecher eine Herausforderung dar. Noch durchläuft die Riege der beim Vorspiel an der Hochschule versammelten Sprecherzieher ein kollektiver Schauer, wenn Herr und Heer wieder einmal verwechselt werden. Aber vielleicht hat die Sprechwirklichkeit die Aussprachewörterbücher auch schon überholt. Bedeutungsunterscheidung ließe sich dann leider nur noch aus dem Kontext erschließen. In einigen mundartlichen Varianten kommt das kurze offene /i/ so gut wie nicht vor und wird im Bunde mit einem vokalisierten /r/ grundsätzlich geschlossen und lang gesprochen. Ebenso verwunderlich erscheint mir die verbreitete Aussprache des Wortes Urteil in einer Weise, als hätten wir es mit dem Teil einer Uhr zu tun. Die Liste der Absonderlichkeiten bei der Verbindung Vokal und /r/, kurz oder lang, geschlossen oder offen, vokalisiertes /r/ oder /r/ als Reibe- oder Fließlaut ließe sich hier ohne Weiteres verlängern.

Die Richtung der Zungenhebung lässt uns die Vokale in Vorderzungenvokale /i/, /ü/, /e/, /ö/ und Hinterzungenvokale /u/, /o/ einteilen. Das /a/, das vokalisierte /r/ und der Schwa-Laut nehmen eine zentrale Position ein. /i/, /ü/ und /u/ weisen eine hohe, /e/, /ö/, /o/, vokalisiertes /r/ und der Schwa-Laut eine mittelhohe Zungenhebung auf. Wir empfinden den Klang der Vorderzungenvokale heller als den der Hinterzungenvokale. Bei der Bildung des /a/ liegt die Zunge flach im Mund. Darüber hinaus unterscheiden sich die Vokale hinsichtlich der Mundlippenrundung, die ein Bedeutung unterscheidendes Merkmal darstellt wie die Wortpaare Biene/Bühne und kennen/können verdeutlichen.

In den Umlauten begegnen sich Zungenhebung und Lippenrundung bzw. Kieferöffnung verschiedener Grundvokale. Das /ü/ entsteht aus der Zungenhebung des /i/ und der Mundlippenrundung des /u/, das /ö/ aus der Zungenhebung des /e/ und der Mundlippenrundung des /o/, und wenn wir das /ä/ als Umlaut betrachten, setzt es sich aus der Zungenhebung des /e/ und der Mundöffnung des /a/ zusammen.

Diphthonge entstehen aus der Verbindung zweier Vokale. Bei der Artikulation des /eu/ besteht eine phonetische Verbindung zwischen dem offenen /o/ und dem geschlossenen /ö/. Der Diphthong /ei/ setzt sich aus dem kurzen /a/ und dem offenen /e/, das /au/ aus dem kurzen /a/ und dem offenen /o/ zusammen.

Vokale sind Selbstlaute. Die den Stimmklang tragende ausgeatmete Luft verlässt den geöffneten Mund, ohne ein Hindernis überwinden zu müssen. Über die Entstehung des jeweils typischen Vokalklangs durch Formveränderungen des Ansatzrohres haben wir im Kapitel *Stimme* schon einiges erfahren. Die Abbildung 18 deutet die Bewegung der Zunge und die entsprechende Formveränderung des Ansatzrohres beim Artikulieren der Grundvokale an.

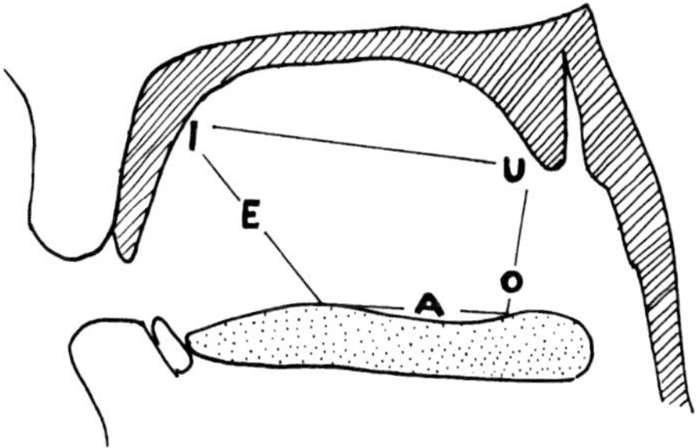

Abb. 18 Vokalviereck

Beim Artikulieren der Vokale ist das Gaumensegel gehoben und verschließt den Nasenraum. Wenn das Gaumensegel entspannt ist, bekommen die Vokale einen nasalen Klang, der zu einem offenen Näseln führen kann, weil beim Sprechen zu viel Atemluft durch die Nase entweicht. Das geschlossene Näseln wiederum äußert sich in einer zu geringen Nasenresonanz und betrifft die Bildung der Nasale. Die Stimme klingt dann verstopft und dumpf. Beide Möglichkeiten des Näselns lassen sich leicht nachahmen.

Der Klangraum der Vokale korrespondiert mit unseren Ausdruckshaltungen. Die im Kapitel *Wahrnehmung* beschriebenen kreuzmodalen Assoziationen und die sich daraus ableitenden Gesetzmäßigkeiten der Prosodie eröffnen uns einen intuitiven und gesamtkörperlichen Zugang zum Vokalklang. Im Vokal bilden sich immer Körper und Raum ab. Vokale können schwer, tief und dunkel, oder hell, hoch und leicht klingen. Sie verleihen den Worten Gewicht oder machen sie beiläufig. Sie durchdringen den Raum, füllen ihn aus oder fallen kaum gesprochen zu Boden. Vokale sind Träger von Emotionen. Das Bemühen, den Regeln der Standardaussprache gerecht zu werden, darf nicht dazu führen, dass den Vokalen die wichtige Aufgabe, uns zu berühren, verloren geht. Normgerechtes Sprechen nützt niemandem, wenn es nur sich selbst genügt. Das Sprechen muss lebendig bleiben und zu einem persönlichen und glaubhaften Ausdruck führen, sodass wir mit den Ohren sehen und uns Stimmen berühren können.

Die Konsonanten

Konsonanten sind Mitlaute. Der ausgeatmete Luftstrom muss ein artikulatorisches Hindernis überwinden. Die deutsche Sprache kennt 21 Bedeutung unterscheidende Konsonantenphoneme.

Die Konsonanten werden je nach ihrer Artikulationsart als Frikative /f/, /v/, /s/, /z/, /ʃ/, /ʒ/, /ç/, /j/, /x/, /ʁ/, /h/, Plosivlaute /p/, /t/, /k/, /b/, /d/, /g/, Nasale /m/, /n/, /ŋ/ und als Lateral /l/ beschrieben. Frikative (Reibelaute) bilden wir durch eine Enge, Plosivlaute und Nasale durch einen Verschluss. Bei den Plosivlauten wird der Verschluss durch den Mund, bei den Nasalen durch die Nase gelöst. Konsonanten lassen sich darüber hinaus nach ihrer Artikulationsstelle differenzieren, die sich an den Lippen, dem Zahndamm, dem vorderen, mittleren und hinteren Gaumen und am Kehlkopf befinden kann. Mit etwas Übung ist es uns möglich, genau zu lokalisieren, welche Artikulationsorgane an welcher Artikulationsstelle mit welcher Spannung bzw. Stimmhaftigkeit die einzelnen Konsonanten bilden. Die Nasale und der Lateral werden stimmhaft gebildet. Reibe- und Plosivlaute treten als stimmlose und stimmhafte Varianten auf. Eine Ausnahme bildet der Hauchlaut /h/. Die Beteiligung der Stimme an der Aussprache dieser Konsonanten ist an die Spannung gebunden, mit der sie realisiert wird. Stimmlose Konsonanten bilden wir mit einer höheren Spannung (Fortis), stimmhafte mit einer geringeren Spannung (Lenis). Verwechslungen im Fortis-Lenis-Bereich sind das tägliche Brot des artikulatorischen Trainings von Dialektsprechern. Sprecherzieherische Übungsbücher bieten ein vielfältiges Übungsmaterial dafür an.[155]

Die stimmhaften Konsonanten /b/, /d/, /g/, /z/, /v/, /ʒ/ werden am Silben- und Wortende stimmlos (Stab, Bad, Berg, Haus, brav, Rouge). Ausgenommen sind Verbindungen mit einem /l/, /n/ oder /r/ zwischen Explosivlaut und nachfolgender Endung wie z. B. in den Worten: Verwandlung, Redner, übrigens. Die Auslautverhärtung verleiht der deutschen Sprache zusammen mit dem Neueinsetzen der Vokale, dem Glottisschlageinsatz, ihren typischen rhythmischen Klang.

Der Glottisschlageinsatz wird als stimmloser glottaler Plosiv beschrieben. Er entsteht, wenn die Stimmlippen aus einem Vollverschluss durch Atemdruck plötzlich geöffnet werden und erst dann zu schwingen beginnen. Wir finden den Glottisschlageinsatz mit einigen Ausnahmen im vokalischen Wort- und Silbenanlaut.[156] Er ist Indikator für eine durchlässige und tragfähige Stimme. Dauerhaft gehauchte, knarrende und gepresste Einsätze lassen auf ein unausgewogenes Zusammenwirken von Körperspannung, Atmung, Glottisfunktion und Artikulationsspannung schließen, können aber auch Mittel der schauspielerisch-gestischen Äußerung sein. In der höchsten Präzisionsstufe der Standardaussprache werden alle vorgeschriebenen Vokaleinsätze realisiert.

Koartikulation und Synkinese

Die Bildung der Konsonanten im fortlaufenden Sprechen ist eine Höchstleistung an Koordination. Die Konsonanten ordnen unsere Gedanken, und unsere Denkbewegungen werden hörbar. Aus der Sprechspannung, mit der die Konsonanten artikuliert werden, können wir auf eine Sprechabsicht und -haltung schließen. Das Zusammenwirken von Denken, Fühlen, Handeln und Artikulieren ergibt einen konkreten Gestus, der sich aus der Sprechweise heraushören lässt. Wie präzise wir artikulieren, wie wir die Stimme führen, die Worte rhythmisch gliedern und andere prosodische Mittel einsetzen, entscheidet darüber, wie wir unsere Gedanken und Gefühle ausdrücken und welche Wirkungen wir damit erzielen. Bewegt unser Denken, Fühlen und Handeln unseren Körper, bewegt es meistens auch unsere Sprechweise, die wiederum den Hörer bewegt. Unsere Artikulation ist also nicht nur in ihrem unmittelbaren Entstehungsgebiet mit dem Körper verbunden. Richten wir unsere Äußerungen absichtsvoll in einen konkreten Raum, initiieren wir diese Bewegung aus dem Mittelkörper. Zwischen unserem Körperzentrum und den jeweiligen Artikulationsstellen besteht eine direkte Verbindung, die über die Atmung reguliert wird. Sprechen ist ein komplexer Bewegungsablauf, bei dem wir keine Einzellaute bilden. Die Artikulationsbewegungen beeinflussen sich im Sprechvorgang gegenseitig durch Koartikulation. Das betrifft den Einfluss vokalischen Lautgriffs auf die Aussprache von Konsonanten und führt auch zur Angleichung von Lautmerkmalen durch Übertragung auf den folgenden oder vom vorangehenden Laut oder zum Ausfall ganzer Laute. Treffen gleiche Reibe-, Plosiv- oder Nasallaute in einem Wort oder in Wortverbindungen zusammen, werden sie zu einem etwas verlängerten Laut zusammengezogen (Waschschüssel), oder es wird nur ein Verschluss geöffnet (Mittäter). In diesem Fall wird der Verschluss des ersten /t/ erst im zweiten /t/ gelöst, und es entsteht eine kleine Punktierung an der Nahtstelle. Nach stimmlosen Konsonanten wird die Stimmhaftigkeit von unmittelbar folgenden Reibe- und Plosivlauten reduziert (Fischsuppe, Christbaum). In der Spontansprache finden wir viele weitere Assimilationen. Entscheidendes Kriterium für den Grad der Koartikulation ist die konkrete Kommunikationssituation.

Wie an anderer Stelle bereits erwähnt, stehen die prosodischen Merkmale der Sprache in wechselseitigem Verhältnis zu der Synkinese, die während des Sprechens stattfindet. Dabei kommt es zu Mitbewegungen von Muskulatur, die nicht zwingend für den beim Artikulieren intendierten Bewegungsablauf aktiviert werden muss. So, wie wir z. B. die Arme beim Gehen mitbewegen, um uns auszubalancieren, verbinden sich unsere Sprechbewegungen mit der das Sprechen begleitenden Mimik und Gestik. Die enge Verknüpfung zwischen den Hirnarealen, die unsere Hände und unseren Mund steuern, ist bei Säuglingen als Babkin-Effekt (reflektorische Mundöffnung bei Druck auf die Handinnenflächen) und im Laufe der kindlichen Entwicklung als Mundöffnungs-Fingerspreiz-Phänomen erlebbar. Ramachandran beschreibt die von Darwin beobachtete Synkinese zwischen Hand und Mund bei Menschen, die etwas mit einer Schere zerschneiden. Der Kiefer scheint die Bewegungen der Hand nachzuahmen, indem er sich im Rhythmus der manuellen Tätigkeit öffnet und schließt.[157] Auch die Bewegungen der Zunge werden auf diese Weise beeinflusst und begleiten Körperbewegungen, die eine hohe Konzentration erfordern. Nach dem Psychologen Arnulf Rüssel werden die Mitbewegungen nicht durch die intendierte Bewegung ausgelöst. Beide Bewegungen folgen einem gemeinsamen Bewegungsimpuls, der die Mitbewegung etwas zeitverzögert stattfinden lässt.[158] Unterstützende Mitbewegungen zu erkennen, zu nutzen und zu kontrollieren erfordert gute Koordinationsleistungen. Der Theaterpädagoge und Sprechwissenschaftler Hans Martin Ritter verwendet in diesem Zusammenhang den Begriff der Lautgeste. Er geht davon aus, „dass Sprache zunächst Körpersprache ist [...] und dass ihr generell die konkrete ‚Behandlung' der Welt und ihrer Gegenstände vorausgeht".[159] Lautgesten haben die Qualität einer Selbstberührung, die den Raum erobernd zu einer Fremdberührung wird. Innerer und äußerer Raum treten in Kontakt. Tatsächlich lassen sich Körperspannung und Artikulationsspannung in der gerichteten Sprechhandlung als Einheit erleben und können über die erzielten Wirkungen kontrolliert und reguliert werden. Auf diese Weise passen wir nachfolgende Äußerungen dem Kommunikationsvorgang an. Die Widerstände, die wir in der Kommunikationssituation überwinden müssen, um unsere Motive und Absichten durchzusetzen, und die Strategien und Taktiken, die wir dafür verwenden, finden eine Entsprechung im artikulatorischen Gestus. Lautgesten nutzen die Synkinese, indem sie mit konkreten oder imaginierten Widerständen umgehen. Wir begreifen die Welt durch die Handlungen, die wir in ihr vollziehen. Auf diese Weise können wir die Korrespondenz der Fingerspitze mit der Zungenspitze bei den Lauten /t/, /d/, /n/, /l/, die Berührung der Mundlippen und Hände im Nasal /m/ oder auch die unterschiedliche Kieferöffnung bei den Vokalen im Zusammenhang mit entsprechenden gesamtkörperlichen Gesten nutzen. Gleichzeitig lassen sich Beziehungen zwischen dem Klang der Laute und ihren Verbindungen z. B. bei den Zischlauten oder Konsonantenhäufungen körperlich ausagieren. Berührungswahrnehmungen und Vibrationsempfindungen werden mit entsprechenden Vorstellungen und Bildern verbunden, die dazu beitragen, ein Gefühl für eine angemessene Sprechspannung zu bekommen. Die Arbeit am Einzellaut wird auf Lautverbindungen, Worte, Wortverbindungen und Sätze übertragen und findet in der Textarbeit und in der sprecherzieherischen Begleitung der szenischen Arbeit ihren Abschluss. Die Lautgesten wie auch Gesten, die den Übergang zwischen Lautverbindungen und Worten oder den Rhythmus des Sprechens begleiten, sind Hilfsmittel. Sie werden durch gerichtete, motivierte und intendierte Gesten ersetzt, die sich aus einer konkreten Sprechsituation im Dialog mit sich selbst, den Spielpartnern und den Zuschauern notwendig ergeben.

Der soziale Gestus der Artikulation erwächst einerseits aus der Notwendigkeit, mit anderen in Beziehung zu treten und Teile ihres Verhaltens zu verändern, und andererseits aus der sich aus der Spielsituation tatsächlich ergebenden Sprechhandlung. Das schließt den sich aus dieser konkreten Situation ergebenden Präzisionsgrad der Artikulation ein. Die Arbeit an Texten verschiedenster phonostilistischer Ausprägung entwickelt ein Gefühl für diese Zusammenhänge. Das schließt mundartlich geprägte Texte ein. Dafür besonders geeignet ist Literatur, die in ihrer schriftsprachlichen Notierung Dialekte, Mundarten und Soziolekte nachvollziehbar macht. Beim Erarbeiten dieser Texte stellen sich sehr schnell eine veränderte Körperlichkeit, ein anderes Denken, ein anderes Tempo und ein anderes Erleben ein. Wir verwandeln uns, weil wir mit dem Sprechen unser Verhalten ändern. Den meisten verdichteten Texten wohnt ein Gestus inne, den es herauszulocken gilt.

Artikulation und Mienenspiel

Unser Mienenspiel ist ein wichtiges nonverbales Ausdrucksmittel. Es ist Teil der gestischen Äußerung und spiegelt unser Denken, Fühlen, Handeln und Erleben. Die Mimik korrespondiert mit dem Körper, der Atmung, der Stimme und der Artikulation und beeinflusst die Prosodie. Wenn wir uns beispielsweise die Hand verbrennen, reagieren unser Körper und unsere Atmung. Vielleicht springen wir auf und ziehen die Luft durch die Zähne, oder wir krümmen uns und halten den Atem an. Unser Gesicht spannt sich zu einem Erschrecken oder ballt sich schmerzverzerrt zusammen. Unsere Stimme und unsere Artikulation, falls wir noch in der Lage sind zu artikulieren, bildet genau diese Körperlichkeit ab. Ähnlich reagieren wir, wenn wir beobachten, dass sich jemand die Hand verbrennt. Wir vollziehen die Körperbewegungen mit. Mimische Mitbewegungen beim Artikulieren entstehen auf andere Weise. Sie können als Teil unwillkürlicher Parallelbewegungen bei der Bildung von Lauten und Lautübergängen auftreten und sind Ausdruck von zu viel oder zu wenig Körper- und/

oder Sprechspannung. Sie begleiten auch als äußerliche Behauptung allgemeinen emotionalen Ausdruck. Zu diesen Mitbewegungen gehören hochgezogene oder hüpfende Augenbrauen, aufgerissene oder zusammengekniffene Augen, feste oder breitgezogene Mundlippen, eine gerunzelte Stirn, ein vorgeschobenes Kinn oder immer wieder gern der vorgestreckte Kopf. Diese Bewegungen dienen weder der Genauigkeit des Ausdrucks noch befördern sie die Artikulation. Sie kosten nur enorm viel Kraft. Da sie den meisten Studierenden am Anfang ihrer Ausbildung nicht bewusst sind, sollten wir sehr zeitig damit beginnen, Artikulationsbewegungen und mimische Mitbewegungen zu entkoppeln und somit Platz für ein durchlässiges Mienenspiel zu schaffen. Übungen zum gezielten Ansprechen der mimischen Muskulatur wie das Heben jeweils nur einer Augenbraue und das Schließen eines Auges sowie isolierte und miteinander verbundene Bewegungen einzelner Muskeln entwickeln ein Bewusstsein dafür und unterstützen die Kontrolle der nicht durch Haltungen ausgelösten Mimik.

Phonostilistische Varianten

Die Standardaussprache weist phonostilistische Differenzierungen auf. In verschiedenen Kommunikationssituationen wird unterschiedlich genau artikuliert. Die Dynamik der sprecherischen Äußerung beeinflusst die Artikulationspräzision. Da die Artikulation Mittel der schauspielerisch-gestischen Äußerung ist, sollte sie Schauspielstudierenden am Ende ihrer Ausbildung in den verschiedenen Präzisionsstufen der Standardaussprache bis hin zum Sprechen von Soziolekten und Mundarten und zum artifiziellen Gebrauch gleichermaßen zur Verfügung stehen.

Die Ausbildung von Schauspielstudierenden im gestischen Sprechen orientiert sich an der höchsten Artikulationspräzision der Standardaussprache. Verssprache und strukturierte Prosa sowie besondere räumliche Anforderungen bestimmter Bühnensituationen verlangen eine hohe Artikulationspräzision. Davon ausgehend lässt sich eine bühnentaugliche stilisierte Alltagssprache entwickeln. Die Arbeit an Dialekten, Mundarten und am artifiziellen Sprechen schließt sich in der Regel an. Dazu gehört auch die Anwendung von Sprach- und Sprechfehlern sowie Sprechen und Lachen und Sprechen und Weinen. Die konkreten Anforderungen des szenischen Unterrichts beeinflussen den Unterrichtsablauf mit. Das gestische Sprechen ist Teil des Ausbildungskonzepts der Hochschule für Schauspielkunst Ernst Busch und orientiert sich an den Bedürfnissen der Studierenden bezüglich der handwerklichen und künstlerischen Anforderungen des schauspielerischen Grundlagenunterrichts, der szenischen Arbeit, der Projekte und Studioinszenierungen. Die Sprecherzieher besuchen die szenischen Proben, beschreiben während oder nach der Probenarbeit ihre Beobachtungen und geben Hinweise zum Umgang mit sprecherischen Mitteln. Im Einzel- oder Gruppenunterricht können sie ihre so gewonnenen Erfahrungen gemeinsam mit den Studierenden bearbeiten. Darüber hinaus sehen sie die Studierenden in den Vorspielen und nehmen an den Auswertungen teil. Wenn es gewünscht ist und sich zeitlich organisieren lässt, wird die Arbeit der Studierenden in Studioinszenierungen, Projekten und Kooperationen mit Theatern oder internationalen Hochschulen von Sprecherziehern begleitet. Dieses an der Hochschule gewachsene Modell beinhaltet eine intensive sprecherzieherische Betreuung. In einem relativ kurzen Zeitraum werden viele Fähigkeiten und Fertigkeiten entwickelt. Um die Selbstständigkeit der Studierenden herauszufordern und sie stärker bei ihren eigenen Weltsichten und Fantasien abzuholen, wurde in Anlehnung an Erfahrungen mit internationalen Kooperationspartnern ein freies Projekt ins Curriculum implementiert. Hier übernehmen die Studierenden die alleinige Verantwortung für ihre künstlerische Arbeit. Das betrifft auch den Umgang mit den sprecherischen Mitteln. Die Handschriften der in der Abteilung Schauspiel arbeitenden Sprecherzieher unterscheiden sich gemäß ihrer Persönlichkeiten und Lebensläufe. Das Prinzip des gestischen Sprechens verbindet sie. In seinem Verhältnis von Nähe und Distanz wird der Kontakt zwischen Lehrenden und Lernenden immer wieder neu ausbalanciert. Der Unterricht ist an den individuellen Bedürfnissen der Studierenden orientiert und durch eine direkte Kommunikation geprägt. Wenn die Aufgabenstellungen im gesamten Kollegium abgesprochen werden und gezielt und gemeinsam am Handwerk gearbeitet wird, läuft die Ausbildung gut und die Studierenden können ihre Fähigkeiten und Fertigkeiten gleichermaßen entwickeln. Bewusstes Artikulieren lässt uns den tieferen Sinn von Worten und ihren Verbindungen entdecken. Wir können den Worten Gewicht verleihen oder sie schnell und doch verständlich wegsprechen. Spielerisch vermittelt ist Sprechen ein sehr lustvolles Unterfangen, bei dem wir die Sinnlichkeit von Sprache physisch und mental untersuchen und ihre Wirkung ausprobieren können. Sprechen ist vergnüglich und kitzelt all unsere Sinne, aber es ist auch mit Arbeit verbunden, wenn wir es entwickeln wollen.

Ausssprachekorrekturen

Die Regeln der deutschen Standardaussprache weisen einige Besonderheiten auf. Da nicht alle Sprecher diese Feinheiten habitualisiert haben, muss der Sprechunterricht manchmal etwas nachhelfen. Es handelt sich weniger um Aussprachefehler als darum, einmal erlerntes Sprechverhalten nicht mit aktuellen Höreindrücken zu vergleichen und zu verändern und die Sprache zu wenig als Instrument des Handelns zu benutzen. Artikulatorisches Training ist zunächst ein Wahrnehmungstraining. Es schult die Aufmerksamkeit und Konzentration. Wir hören die Laute, wir sehen sie, und wir fühlen, wie sie gebildet werden. Wir erleben, wie das Denken und Fühlen den Klang, den visuellen Eindruck und die Kinästhetik unserer Laute verändert. Wir beginnen, Sprache hinsichtlich ihrer Klangstrukturen genauer zu schmecken und auszuhören, und begreifen, wie eng die Artikulation mit unserem Erleben, Denken, Fühlen und Handeln verbunden ist. Durch Selbstbeobachtung, Nachahmung und selbstständiges, kreatives Ausprobieren entwickelt sich allmählich unser Sprachgefühl weiter. Ich stelle hier einige der häufig auftretenden artikulatorischen Stolpersteine vor. Die Beschreibung erhebt keinen Anspruch auf Vollständigkeit. Sie ist das Ergebnis langjähriger Erfahrung und wird immer wieder durch neue Überraschungen ergänzt.

Die Endung /ig/ verwandelt sich beim Sprechen unabhängig von den Regeln der deutschen Auslautverhärtung. Aus dem /Könik/ wird ein /Könich/ [k'ø:nıç] auch in der Flexion zu des Königs neue Kleider [dɛs k'ø:nıçs]. Bei der Pluralbildung verschieben sich die Silbengrenzen, und wir artikulieren den Explosivlaut /g/ [k'ø:nıgə]. Vor den Konsonanten /l/ und /r/ wie in den Worten königlich [k'ø:nıklıç] und Königreich [k'ø:nıkʁaɛç] gelten die Regeln der Auslautverhärtung wieder, und es wird der Plosivlaut /k/ realisiert. Die Verwandlung der geschriebenen Endung /ig/ in die gesprochene Endung /ich/ findet silben- und wortauslautend mit den beschriebenen Ausnahmen statt.

Auch in den Endungen /ung/, /ang/, /eng/, /ing/, /ong/ weicht die Aussprache von den Regeln der Auslautverhärtung ab. Der Vokal wird im Verbunde mit einem Nasal gesprochen. Dadurch entsteht ein weicher Klang wie in den Worten Dung [dʊŋ], Gang [gaŋ], eng [ɛŋ], ging [gıŋ]. Leider scheinen einige Sprecher nicht auf das Geräusch des explodierenden /k/ verzichten zu können. Im Inlaut in den Worten Hunger und Ringer, Wange und Gänge macht das weniger Probleme. Dass der ŋ-Laut vor /g/ und /k/ in eingedeutschten Fremdwörtern wie Ungarn oder Ankara gesprochen wird, scheint dazu zu verführen, ihn auch da zu realisieren, wo das Schriftbild ihn uns beispielsweise in den Wörtern Ankunft und Ungeheuer vorgaukelt. Im Zweifelsfall entscheidet immer die Silbentrennung: Un-geheuer, An-kunft. Hier hat der ŋ-Laut in der höchsten Präzisionsstufe nichts verloren. Um bei den Nasalen zu bleiben, sei auch auf die Verbindung /nm/ in den Worten einmal, anmachen, unmöglich hingewiesen. Die Standardausspracheregeln fordern die Realisierung des /n/, die Umgangssprache hält sich nur selten daran und eliminiert den Laut einfach.

Ähnlich ergeht es dem /s/ vor /sch/ oder dem /ch/ nach /sch/. Dann wird aus der Aus-stellung eine Au-stellung und aus Fischchen Fischen. Die beiden Konsonanten /n/ und /f/ in den Worten Senf, fünf oder Zukunft verbinden sich gern zu einem flotten Dreier aus /mpf/. Die so entstandene Affrikate /pf/ wird in anderen Worten, z. B. Kopfsteinpflaster, gern eliminiert. Auslautendes /t/ in Wortverbindungen wie „Nicht so schnell!“, vor allem aber am Ende von gesprochenen Sätzen werden auf deutschen Bühnen langsam zu einer Rarität. Dabei ist das auslautende /t/ so etwas wie ein artikulatorischer Abstandhalter, der deutlich signalisiert: So nicht! Schwierig wird es, wenn dem Bindewort „und" das /t/ abhandenkommt und aus dem gesprochenen Satz: „Sie war hektisch und aufgeregt" – „Sie war hektisch unaufgeregt" wird. Ähnlich ergeht es dem Ach-Laut in den Worten doch und auch. Die Verbindung /ts/, mit der wir den Buchstaben /z/ realisieren, scheint ebenso vom Aussterben bedroht zu sein wie /ps/ und /ks/. Der Berliner kann das /ts/ mindestens in dem Wort Psyche [tsˈy:çə] richtig aussprechen.

Vor allem in der privaten Alltags- und Spontansprache betreiben wir weniger Aufwand beim Sprechen als in offiziellen Situationen. Wir machen es uns ein bisschen leichter. Das führt zu keinerlei Einbußen bei der Verständigung. Verluste durch Laut- oder Wortschwund gleicht unser Gehirn beim Hören mühelos aus. Wenn wir jedoch motiviert sind und unsere Absichten durchsetzen wollen, verändern wir mit der Körperspannung auch die Spannung unserer Artikulation. Wir konzentrieren und fokussieren uns, denken genauer und sprechen deutlicher. Auch die Zuhörer werden aufmerksamer. Wenn in diesem Prozess artikulatorische Ungenauigkeiten passieren, können wir an Überzeugungs- und Durchsetzungskraft verlieren.

In der Sprechausbildung von Schauspielstudierenden geht es aber vor allem darum, die vielfältigen Verbindungen, die sich beim Sprechen ergeben, verstehbar, erlebbar und anwendbar zu machen. Auf höchstem Niveau zu artikulieren, bedeutet neben den bisher beschriebenen Forderungen auch, das schwachtonige /e/ in den Endungen /en/, /em/, /el/ in allen Positionen zu realisieren wie z. B. in dem Wort fühlen [fˈy:lən]. Damit lässt sich die rhythmische Struktur eines Verses leichter aufrechterhalten. Hinzu kommt, dass wir der Stimme durch den zusätzlichen Klang mehr Tragfähigkeit verleihen. In der stilisierten Alltagssprache und in geringen Präzisionsstufen ist eine Reduktion der Endung möglich.

Konsonantenhäufungen, die spontansprachlich zu Assimilierungen und Elisionen führen, können wir nach Herzenslust genießen: jetzt fließt's spritzend und stinkt's schrecklich. Und bei Georg Büchner – „Der Mensch wird vernichtet, wo er mit ihnen in Konflikt kommt" („Dantons Tod") – lassen wir die Plosivlaute knallen und die Glottis schlagen. Keine Koartikulation kann uns den Klang des Karl-Mickel-Verses: „Ein loses

Blech an höchsten First's Rest schlägt und dröhnt" zerstören.[160] Wir lassen das /r/ kräftig rollen im Anlaut und auslautend zwischen kurzem Vokal und /t/ (hart aber herzlich), moderater und in Abhängigkeit vom Gestus auch schon einmal in nicht akzentuierten Vorsilben (erleben, verlangen) und in auslautender Position nach einem langen /a/ (Bar, klar). Verwechslungen im Lenis-Fortis-Bereich finden wir vorwiegend in mundartlichen Varianten der Standardaussprache. Das betrifft häufig die Sprechspannung und die Stimmhaftigkeit bzw. Stimmlosigkeit der Plosivlaute. Geläufigkeitsübungen wie: blauer Bauklotz bleibt blauer Bauklotz / das sind die Dinge, die die DDR betreffen / ich krieg dich du kriechender griechischer Krieger, bringen es ans Licht. Manchmal sind auch einige Reibelaute von diesen Verwechslungen betroffen.

Vokalverlagerungen in den hinteren Artikulationsbereich und Qualitätsverwechslungen bei den Vokalen treten in unterschiedlicher Ausprägung gehäuft in mundartlichen Varianten auf. Auf die vielen Realisierungsvarianten der E-Laute habe ich an anderer Stelle hingewiesen. Vereinfachungen im artikulatorischen Ablauf führen im Berliner Sprachraum dazu, in dem Wort Tisch anstatt eines /i/ ein /ü/ zu realisieren. Dabei wird der Mundlippenstülpung des /sch/ im /i/ vorgegriffen. Mundartlich geprägte Hörgewohnheiten machen im hessischen Sprachraum aus einem Bürger einen Börger. Im Sächsischen und Bayerischen werden Vokale gern zu Diphthongen verlängert. Das sind nur einige Beispiele aus der Vielzahl von artikulatorischen Bildungsmöglichkeiten. Einschränkungen in der Verständlichkeit treten nur auf, wenn wir Personen begegnen, die einen sehr ausgeprägten Dialekt sprechen. Varianten des Schweizerdeutsch und des Österreichischen stellen uns möglicherweise vor Herausforderungen, etwas zu verstehen, wie das nachfolgende Gedicht des Salzburger Dichters Friedrich Achleitner zeigt:

oa moe
oa moe richdög
oa moe richdög schaissn

auf an boisdaddn brödl
auf an boisdaddn[161]

Dialekte und andere Sprachen laden uns in eine andere Körperlichkeit ein. Das gestische Sprechen bedient sich dieser Möglichkeit, wie es versucht, glaubhafte Äußerungen in der deutschen Standardsprache zu ermöglichen. Es ist der Genuss an der Sprache und am Sprechen, der uns davor bewahrt, uns zu Sprechmaschinen zu entwickeln, die zwar genau, aber leblos artikulieren. Das wäre genauso langweilig, wie das Sprechen grundsätzlich zu zelebrieren. Alle hier von mir verteufelten Nachlässigkeiten und Übertreibungen können andererseits, bewusst eingesetzt, den gestischen Ausdruck befördern. Wir haben sie durch unsere Beschäftigung mit ihnen in den Rang eines Ausdrucksmittels erhoben.

Die Sprechweise, also das Zusammenwirken von Intonation, Lautstärkeveränderungen, Rhythmus, Tempo, Akzentuierung und Pausierung, hat einen erheblichen Einfluss auf die Artikulationspräzision und die Textverständlichkeit. Bewegte Satzmelodieverläufe können vor allem bei hohem Sprechtempo am Übergang von hohen zu niedrigen Intensitäten einzelne Laute und ganze Wörter verschlucken. Ähnlich verhält es sich mit ausgeprägten Akzentuierungen, die in den dem Akzent folgenden Silben zu einer Verminderung der Sprechspannung führen. Sprechen wir schneller als wir denken, kommt uns der Atem und mit ihm das Wort abhanden. Verbinden wir das Denken nicht mit dem Körper, verlieren wir uns selbst. Dann sprechen wir über etwas, aber es spricht nichts aus uns. Auch für die kleinen Wörter, die Präpositionen und Artikel, sollten wir uns Zeit nehmen und sie genießen. Manchmal führen sie den entscheidenden Perspektivwechsel herbei und geben einem gesprochenen Satz einen anderen Sinn.

Die Voraussetzungen, die die Studierenden mitbringen, sind sehr unterschiedlich. Dialekte, Mundarten, Soziolekte und Akzente, Aussprachefehler vor allem aufgrund von Zischlautstörungen sind zu untersuchen und zu bearbeiten.

AUSGEWÄHLTE ÜBUNGEN

Am Anfang der Begegnung findet so etwas wie eine allmähliche Bestandsaufnahme statt. Durch spielerische Nachahmung probieren wir unterschiedliche Optionen zur Bildung der Laute und ihrer Verbindungen aus. Es geht darum, ein Gefühl dafür zu vermitteln, was bei der Lautbildung überhaupt geschieht und welche Artikulationsorgane wann und wie zusammenarbeiten, und darum, Unterschiede auditiv wahrzunehmen.

Da sich einige Laute besonders gut für die Arbeit an der Sprechatmung eignen, beginnt ein Teil des artikulatorischen Trainings bereits, wenn wir uns mit dem Zusammenhang von Körperspannung und Atmung beschäftigen. Die stimmlosen Reibelaute F/S/CH/SCH wurden an anderer Stelle als dafür besonders geeignet beschrieben, da sie ein kontrolliertes Abgeben von Atemluft gut erlebbar machen. Der labiodentale Konsonant F lässt sich relativ leicht nach vorn holen, indem der Luftstrom intentional gerichtet wird. Flächiges Abweichen der ausgeatmeten Luft zu den Seiten wird auf diese Weise korrigiert. Wenn wir die Bildung des Konsonanten an den Mittelkörper anschließen, lässt sich der Atem leichter regulieren. Über- oder Unterspannung wird sowohl kinästhetisch als auch akustisch wahrgenommen. Der linguodentale Konsonant S ist weitaus störanfälliger. Je nachdem, ob die lockeren Kontakt suchende Zungenspitze bei der Bildung gewohnheitsmäßig hinter den oberen Schneidezähnen (apikale Bildung) oder hinter den unteren Schneidezähnen (dorsale Bildung, wobei sich der vorderste Teil der oberen Zungenfläche gegen die oberen Schneidezähne bewegt) platziert wird, ergibt sich ein anderes Geräusch. Grundsätzlich ist es vorteilhafter, die Zunge der Schwerkraft zu überlassen und letztere Variante zu verwenden. Das hängt allerdings davon ab, welche Verhältnisse wir im Mundraum vorfinden. Die Länge und Beschaffenheit der Zunge (z. B. ein angewachsenes Zungenbändchen) und individuelle Besonderheiten bei der Zahn- und Kieferstellung müssen Beachtung finden. Auch das Hörvermögen und die Geschicklichkeit der Studierenden spielen eine nicht zu unterschätzende Rolle. Wenn wir nicht behutsam genug vorgehen, kann es schnell zu Frustrationen kommen. Bei ausgeprägten Sigmatismen mit tendenziell interdentaler, addentaler oder lateraler S-Lautbildung können wir eine zusätzliche logopädische Behandlung anraten. Die meisten Ungenauigkeiten bei der S-Lautbildung ergeben sich aber durch ungerichtetes Sprechverhalten. Wenn die Mundlippen angespannt und dadurch in die Breite gezogen werden, entsteht entweder ein grundsätzlich flächiges und/oder ein zusätzliches Geräusch durch den Kontakt der Unterlippe mit dem Rand der oberen Schneidezähne wie auch beim Festhalten der Mundlippen durch Anspannung. Ableitungen von der Artikulation des F zum S bei gleichzeitigem Lösen der Unterlippe führen zu einer Differenzierung zwischen beiden Geräuschen. Auf ähnlichem Wege erarbeiten wir den Wechsel zwischen den Lauten in gegenläufiger Richtung. Werden die gerundeten Vokale O und U zwischen den Lauten platziert, gelingt uns das sogar leichter, da der Lautgriff der Vokale die Lippen in eine leichte Rundung von den Zähnen wegbewegt. Wir nutzen die bereits beschriebenen Möglichkeiten der Koartikulation. Beim U sollte die Zunge nicht nach hinten verlagert werden. Ein lockerer Kontakt der Zunge mit den unteren Schneidezähnen ist beim Artikulieren der Vokale in jedem Fall von Vorteil. Die Artikulationsbasis der deutschen Standardaussprache befindet sich hauptsächlich in den vorderen Artikulationsgebieten. Ein guter Vordersitz der Stimme wird über die Artikulation geregelt. Pressen wir die Zunge nach vorn, verspannt sich ihr hinterer Teil und verschließt den Klangraum. Auch das A mit seiner weiten Öffnung erleichtert uns eine genaue Differenzierung, wenn die Unterlippe nicht an die unteren Schneidezähne herangezogen wird. Die Vokale E und I verführen uns oft dazu, die Mundlippen breitzuziehen und den Kiefer zu wenig zu öffnen. Auf diese Weise reduzieren wir die Klangabstrahlung der Vokale und verhindern die präzise S-Lautbildung. Da sich die Umlaute aus der Zungenhebung der Vorderzungenvokale und der Mundlippenrundung der Hinterzungenvokale zusammensetzen, können wir den artikulatorischen Einfluss der jeweils auslautenden Vokale für die präzise S-Lautbildung gut nutzen. Ähnlich verhält es sich mit den Diphthongen. Während uns der Diphthong EI wieder zu einem Breitzug der Mundlippen verführen möchte, bieten EU und AU durch die auslautende

Rundung der Mundlippen gute Voraussetzungen zur präzisen Differenzierung zwischen F und S.

Die sogenannte hochrunde Stellung der Mundlippen bei den gerundeten Vokalen wird durch die Ringmuskulatur des Mundes erreicht. Verspannungen des Mundlippenkörpers haben Auswirkungen auf den Mundboden, die Zunge, den Kiefer und den Kehlkopf. Bei zu hoher Spannung werden die Mundlippen aufeinandergepresst und zu den Seiten oder nach innen gezogen. Sie können nicht mehr schwingen und geben die Äußerung nicht ausreichend an den Raum ab. Manchmal sieht es so aus, als wollten so sprechende Studierende die Äußerung bei sich behalten, um sie noch ein wenig zu kontrollieren. Oder als würden sie der Impulskraft von Körper und Atem nicht vertrauen und mit dem Mund versuchen, etwas nachzuhelfen, wie beispielsweise beim Einrollen der Mundlippen vor der Verschlusslösung der Laute P und B.

Übergänge zwischen F und S und S und F können mehrmals hintereinander artikuliert bereits einen Untertext transportieren und aus Haltungen an die Spielpartner abgegeben werden. Eine an den Mittelkörper angeschlossene und gerichtete Geste hilft uns, das flexible Spiel zwischen Spannung und Lösung sowohl der Atemmuskulatur, der Geste und der an der Laufbildung beteiligten Artikulationsorgane Kiefer, Mundlippen und Zunge wahrzunehmen und zu steuern. Um das Lösen der Muskeln noch deutlicher zu machen, ist es hilfreich, den Plosivlaut T zwischen den beiden Reibelauten zu artikulieren. Wir üben auf diese Weise sowohl das reflektorische Atmen als auch das präzise Artikulieren. Genau platzierte körperliche Impulse helfen uns dabei. Wir können die Spielpartner gezielt durch den Raum schicken, anhalten, zurückholen, drehen, hinsetzen usw. Spiele mit Bällen und Stäben eignen sich ebenso wie Spielpartnerübungen, wie sie an anderer Stelle beschrieben wurden. Atem- und Stimmübungen schließen immer schon Übungen an der Artikulation mit ein. Das gestische Sprechen ist eine ganzheitliche Methode. Den körperlichen Kontakt zu Spielpartnern fordern wir immer wieder ein. Auf diese Weise schließen wir die Artikulation an den Körper an. Die körperlichen Aktionen werden nach und nach verkleinert, bis das Körpergedächtnis die Verbindung zum Mittelkörper abgespeichert hat.

Beim Sprechen wechseln wir ständig zwischen Spannung und Lösung. Das Lösen vergessen wir leider viel zu oft. Das Hauptproblem, das beim schnellen Artikulieren der wechselnden Verbindungen FT und ST auftritt, ist nicht die Spannung, sondern eben der stete Wechsel zwischen Spannung und Lösung. Entweder wird nicht gelöst oder aber entspannt. Das eine wäre zu viel, das andere zu wenig des Guten. Oder der Körper folgt in seiner Grundspannung dem Lösen der Atem- und Artikulationsspannung, und wir müssen uns immer wieder neu um diese körperliche Grundspannung bemühen. Das kostet Kraft, auch wenn es sich erst einmal nicht so anfühlt. Eine flexible körperliche Grundspannung über eine längere Zeit aufrechtzuerhalten, fällt uns anfangs nicht leicht. Das Gefühl für Spannung und Lösung entwickelt sich aber mit der Zeit. Studierende lernen auch in den anderen Unterrichten, dass körperliche Grundspannung etwas mit mentaler Grundspannung, mit Aufmerksamkeit und einem nach außen gerichteten Interesse zu tun hat. Wenn wir die beiden stimmlosen Konsonanten F und S mit Vokalen verbinden, erzeugen wir Stimmklang. Wir beziehen einen weiteren Funktionskreis des Sprechvorgangs in unsere Arbeit mit ein. Prinzipiell lassen sich alle Vokale in einer Lautreihe miteinander kombinieren. Schwierigere Übergänge ergeben sich in der Verbindung FESÖ/SÖFE oder FISÜ/SÜFI, da neben der präzisen S-Lautbildung der Wechsel zwischen Mundlippenrundung und Kieferöffnung zu koordinieren ist.

Alle Lautreihen werden aus Haltungen gesprochen. Das funktioniert auch im Selbstgespräch oder mit vorgestellten Spielpartnern. Dazwischen rufen wir immer wieder die Verbindung FS und SF ab, die wir nun mit Vokalen verbinden, sodass sich Lautreihen wie in FSOFSU oder SFOSFU ergeben.

Der nächste Schritt führt uns in die Sprache. Wir probieren die entsprechende Lautverbindung in Wort- und Satzkonstruktionen aus: das fordert, das funkelt, das fand ich ... aufsehen, aufsitzen usw. Aus diesen Verbindungen können wir nun längere Sätze zusammensetzen, die viele solcher Lautverbindungen enthalten oder die artikulatorische Schwierigkeit in Sätzen wie: „Du schaffst's schon. Ihr verschlaft's sicher." etwas erhöhen. Entsprechende Übungsvarianten ergeben sich mit stimmhaften Konsonanten. Ohne fleißiges Üben kommen wir leider nicht aus. Sprechgewohnheiten lassen sich nicht von heute auf morgen verändern. In der Textarbeit werden wir den geübten Lautverbindungen wieder begegnen. Möglicherweise hat sich der neue Bewegungsablauf bereits automatisiert. Wenn nicht, können wir an die entsprechende Übung erinnern. Den S-Laut haben wir zumindest in dieser Position ein wenig bearbeitet. Dabei hat sich unser Gefühl für die beim Sprechen ablaufenden Bewegungen verändert. Wir nehmen die Abläufe bewusster wahr, und wir merken, dass wir sie steuern können. In gleicher Weise können wir mit den Reibelauten CH und SCH verfahren. Der Übungsablauf unterscheidet sich wenig. Der leichten Kieferöffnung des CH steht die Mundlippenstülpung des SCH gegenüber. Meist wird das CH zu breit, das SCH zu flach gebildet. Abfälliges Kichern auf CH und vehementes Wegschicken auf SCH eignen sich zunächst gut, die beiden Laute spielerisch auszuprobieren und zu übertreiben. Die Zungenspitze hält beim CH lockeren Kontakt mit dem inneren Rand der unteren Schneidezähne, beim SCH schwebt sie. Wir haben also die Bewegungsabläufe sowohl der Zunge als auch der Mundlippen und des Kiefers zu koordinieren. Unser Ziel besteht darin, beide Laute genau zu differenzieren und die gestische Qualität des mit ihnen verbundenen Geräuschs und der darin aufgehobenen Körperlichkeit zu erleben. Mit den beiden Lauten bieten sich vielerlei Sprechhaltungen an. Mit dem CH können wir die Aufmerksamkeit unserer Spielpartner auf ein Geräusch in der Umgebung lenken. Mit dem SCH fordern wir sie auf, still zu sein. Bei diesen Sprechhandlungen ergibt sich ein jeweils konkreter Gestus. Die Artikulation wird an den Körper angeschlossen und in den Raum gerichtet. An dieser Stelle bringen wir auch das Dreieck mit ins Spiel. Wir erweitern den Dialog mit unserem Spielpartner um ein imaginäres Publikum oder ein Objekt oder die Vorstellung von einem Ereignis, auf das wir uns beziehen. Auf diese Weise lenken wir die Aufmerksamkeit anderer und beginnen, sprechend zu handeln. Der CH-Laut verbindet sich im Deutschen nur mit wenigen Vokalen. Für das Artikulationstraining ist das unerheblich, da uns ungewohnte Lautkombinationen wachhalten und herausfordern. Als Sprachmaterial eignen sich Übergänge wie in: Ich schaffe das, ich schäme mich, ich schaue mal, bzw. in der Umkehrung alle Diminutivformen von

Worten, die auf SCH enden: Tischchen, Fläschchen usw. Daraus lassen sich kleine Zungenbrecherreisen zusammenbauen. Dabei setzen wir auf die Fantasie der Studierenden und beteiligen sie am Prozess des Erfindens in Form eines Dialogs, um den in der Sprecherziehung zwar bewährten, aber auf Dauer ermüdenden Modus der Nachahmung zu verlassen.

Präzises Artikulieren fordert Konzentration und ein fein aufeinander abgestimmtes Zusammenwirken der an der Lautbildung beteiligten Artikulationsorgane. Es ist aber vor allem auch das Ergebnis schneller Verarbeitungsprozesse im Gehirn und unterstützt eine unmittelbare Verknüpfung entsprechender Hirnareale. Geläufigkeitsübungen sind sensomotorische Höchstleistungen. Die uns schon bekannte Konsonantenreihe F/S/CH/SCH erweist sich als Allrounder. Sie hat uns bereits bei der Atmung gute Dienste geleistet. In der stimmhaften Variante (W wie Wonne, S wie Sonne, J wie Juli und das stimmhafte SCH wie das zweite G in Garage) eignet sie sich besonders dafür, den vorderen Stimmsitz zu erarbeiten, da wir die durch die Stimme ausgelösten Vibrationen sowohl an der Artikulationsstelle als auch im Körper spüren können. Sie lässt sich bestens zum Training von Denk-Sprechvorgängen verwenden, und sie taugt natürlich vor allem für die Artikulation. Mit ihr bieten sich viele Spielmöglichkeiten an. Wir nutzen die Reihe, um uns gegenseitig zu dirigieren. Wir können die Akzente verschieben oder die Lautreihe im Takt eines bekannten Liedes wie z. B. „Bruder Jakob" sprechen lassen. Das stiftet zunächst einige Verwirrung, denn trotz des Viervierteltakts kommt es zu Akzentverschiebungen in unserer Lautreihe. Um es etwas schwieriger zu gestalten, verbinden wir die Konsonanten mit einem auslautenden Vokal, der jeweils am Ende der Konsonantenreihe wechselt. Wenn das gut funktioniert, singen und/oder sprechen wir das Lied als Kanon in unterschiedlichen Haltungen. Wir können uns auch im Takt eines Walzers bewegen und die Konsonantenreihe mit den Bewegungen koordinieren. Dabei wechseln die Akzentuierungen noch einmal auf abenteuerliche Weise.

Kehren wir zurück zu unserem störanfälligen S-Laut. Wir haben ihn vom F abgeleitet und ihm Vokale an die Seite gegeben. Aber der Laut geht viele andere Verbindungen ein, die mit größeren Herausforderungen verbunden sind. Die Verbindung S/SCH verführt uns, wie oben beschrieben, in der Umgangssprache dazu, das S ganz wegzulassen. Meist bemerken das weder Sprecher noch Hörer. Dabei ist diese Verbindung höchst vergnüglich. In dem Satz „jetzt fließt's spritzend" scheint der Übergang zwischen dem S und dem SCH das Geräusch nachzuahmen, das wir beim Öffnen einer Bierflasche hören. Schade, darauf zu verzichten. Haus-schuhe werden durch unpräzise Artikulation zu Hau-schuhen. Das ergibt einen komplett anderen Sinn. Einfache Sätze wie „das schenke ich dir", „das schadet nichts" usw. können uns zu „Ausstellungsstücken in einer Hausschuhausstellung" führen, wo weitere heitere Konsonantenverbindungen auf uns warten. Bei der Ableitung des S-Lauts vom Plosiv T entsteht die Affrikate TS. In unserem Beispielsatz „jetzt fließt's spritzend" tritt sie gleich dreimal auf. Bei der apikalen Bildung des T bewegt sich der vordere Zungenrand hinter die oberen Schneidezähne und bildet am Zahndamm einen Verschluss, der aktiv gelöst wird. Bei der dorsalen Bildungsvariante liegt der vordere Zungenrand hinter den unteren Schneidezähnen und der Verschluss wird zwischen dem oberen Zahndamm und dem vorderen Zungenrücken gebildet. Beim Übergang zum S-Laut wird die apikale bzw. dorsale Bildungsweise beibehalten oder von apikal nach dorsal gewechselt. Entscheidend ist die Qualität des Geräuschs im Zusammenhang mit dem Empfinden von Leichtigkeit beim Artikulieren. Nachgestellte, genau gegriffene Vokale geben der Konsonantenverbindung auch in dieser Ableitung eine Richtung, und wenn diese Verbindung mithilfe einer Geste an den Körper angeschlossen wird, führt das zu einer zusätzlichen Stabilisierung des artikulatorischen Bewegungsablaufs. Dann können wir an die Affrikate TS einen Vokal anhängen und so die Silbenreihe TSOTS/TSUTS/TSATS usw. zusammenbauen, die uns zu kurzen Sätzen führen wie: Jetzt zieht's sich zu, zwei Szenen inszeniert sie selbst, jetzt sitzt Zeus zuhaus und hat nichts zu tun. Auch die bekannten Zungenbrecher über die zwei zwitschernden Zeisige, die zwischen den Zwetschgenzweigen sitzen, und die zehn Ziegen, die zentnerweise Zucker zum Zürcher Zoo zogen, bieten sich als Spiel- und Übungsmaterial an.

Mit der Lautverbindung PS und KS gehen wir in gleicher Weise um. So können wir mit der Lautreihung PS/TS/KS drei verschiedene Rhythmen kreieren. Mit PSOTS/TSOTS/KSOTS oder PSOTSO/TSOTSO/KSOTSO ergibt sich unter Verwendung aller Vokale und Diphthonge und entsprechender Akzentverschiebung ein anspruchsvoller Geläufigkeitsparcours, der an Beatboxing erinnert. Bei der S-Lautbildung nach Nasal N und Lateral L in dorsaler und vor allem in apikaler Bildungsweise achten wir auf eine korrekte Zungenstellung und einen genauen Lautgriff. Vor allem bei der apikalen Bildung des L kommt es häufig zu einer Abweichung der Zungenspitze zur rechten oder linken Seite. Auf den Klang hat das weniger Einfluss als auf die Optik. Das Geräusch des nachfolgenden S-Lauts wird davon vor allem beim schnellen Artikulieren allerdings ungünstig beeinflusst. Auch das Zurückziehen oder zu starke Anspannen der Zunge wirkt sich hindernd aus. N und L vor CH wie in Mönch oder Milch stellen eine weitere Herausforderung dar. Werden beide Laute nicht korrekt gebildet, verschleifen wir den nachfolgenden CH-Laut gern zum SCH-Laut. Die Übungsreihe NOLLO wurde bereits vorgestellt. Sie lässt sich zu NOLLSO und NOLLCHO und NOLLSCHO erweitern. Eine sehr schöne und anspruchsvolle Verbindung gehen T und L im Verbund mit einem nachgestellten Vokal ein. Arbeiten Kiefer und Zunge nicht flexibel federnd zusammen, plodiert uns das T in die eine oder andere Wangentasche, und es gibt einen hässlichen Spuckeknaller. Wir finden die Verbindung in wenigen Einzelwörtern, aber in Wortübergängen wie: nicht leicht, nicht lustig usw. Die Verbindung KL-Vokal ist einfacher und trainiert die Hinterzunge. Beide Übungen lassen sich mit der Affrikate TS zu einer hübschen Geläufigkeitsübung aus TLOTSLO/KLOTSLO zusammenstellen. Das sind nur einige Ausschnitte aus den vielfältigen Möglichkeiten, spielerisch mit unserem artikulatorischen Potenzial umzugehen. Gestik und Mimik sowie Körperbewegungen bis hin zum Tanz bieten sich dafür an, die lautmalerischen Anteile der Sprache zu nutzen. Auf Spielpartner und den Raum orientierte Sprechhaltungen helfen uns, die Bewegungen an den Mittelkörper anzuschließen und genau auszurichten. Atem und Stimme unterstützen die Artikulation, wie die Artikulation Atem und Stimme unterstützt. Wenn wir vorgestellte und reale Geräusche imitieren und mit unseren Lautäußerungen spielen, befreien wir uns ein wenig von der Last der durch Wörter und Sätze getragenen Bedeutung und kommunizieren auf einer quasi vorsprachlichen Ebene. Die so gewonnene Freiheit lässt sich leicht auf die Wort- und Satzebene und auf die Textarbeit übertragen.

Die hier beschriebenen Artikulationsübungen konzentrieren sich auf die wesentlichen, weil immer wieder zu bearbeitenden Schwerpunkte. Sie zeigen, wie gesagt, nur einen Teil des sich ständig verändernden und erweiterbaren Übungsinventars. Die Auswahl der Übungen richtet sich nach den individuellen Besonderheiten der Studierenden. Die Unterrichtsstunden sind spielerische Dialoge. Sie bestehen aus einem Wechsel von Geben und Nehmen. Die Methode des gestischen Sprechens funktioniert als Interaktion zwischen Lernenden und Lehrenden mit wechselnden Positionen. Wer das Prinzip des gestischen Sprechens verinnerlicht hat, kann selbstständig damit umgehen und es auf andere Bereiche der künstlerischen Tätigkeit übertragen.

Die Artikulationsorgane

Das Zusammenwirken der Artikulationsorgane ist an unser Denken, Empfinden und Handeln gebunden. Artikulieren ist ein gesamtkörperlicher Vorgang. Artikulationsübungen trainieren also immer auch andere Funktionskreise des Sprechvorgangs. Dessen sollten wir uns bewusst sein und versuchen, Übungssituationen zu kreieren, die ganzheitliches Arbeiten zulassen, und den jeweiligen Arbeitsschwerpunkt entsprechend zu fokussieren, ohne die anderen Aspekte der Äußerung aus dem Auge zu verlieren.

Die Artikulationsorgane können fein aufeinander abgestimmt zusammenarbeiten. Lockerungs- und Dehnungsübungen bereiten die Muskulatur darauf vor, die Bewegungen beim Sprechen zu koordinieren. Der im Zentrum versammelte und flexibel nach außen gerichtete Körper unterstützt diesen Prozess durch Konzentration und Fokussierung in den Raum. Im Prozess der Interaktion werden Gedanken verkörperlicht und versprachlicht. Dabei koordinieren wir auch den Wechsel von Spannung und Lösung, von Geben und Nehmen im Dialog mit den Spannungswechseln während der Artikulation. Ungenaue oder fehlende Satzanfänge und

Satzenden zeigen an, dass diese Koordination noch nicht so gut funktioniert. Fragen nach Motiv und Absicht der sprecherischen Äußerung helfen uns, Gedanken-, Körper-, Atem- und Sprechimpulse aufeinander abzustimmen und die Äußerung genau zu adressieren. Die sprecherische Äußerung wird sowohl an ihrem Anfang als auch an ihrem Ende durch eine gerichtete Körperspannung unterstützt. Referenzpunkt für diese Rahmensetzung sind die Spielpartner. Ihr Verhalten ist Eindruck, der unseren Ausdruck verändert. Genaues Zuhören im Dialog oder dialogisches Entwickeln der Gedanken im Monolog verbessert die Qualität der Aussprache vor allem am Satzanfang. Absichtsvolles Abgeben der Äußerung an die Spielpartner befördert die Artikulation am Satzende. Die sich aus einer konkreten Haltung ergebende Grundspannung des Körpers bleibt über das Sprechen hinaus erhalten, während die Atmung sich erneuern kann. Das Denken muss also immer erst durch den Körper, ehe es uns als gesprochene Äußerung verlässt. Oder anders formuliert: Der Körper ist am Prozess des Denkens beteiligt, er agiert die Widerstände und Aha-Erlebnisse unserer Denkvorgänge aus. Die damit verbundenen Emotionen und Gefühle bilden sich in der Stimme und in der Artikulation ab. Gut gegriffene konsonantische Wortanfänge, -übergänge und -enden ergeben sich aus diesem Prozess. Der Hinweis, besser zu sprechen, hilft Schauspielstudierenden lediglich bezogen auf technische Details ihres aktuellen sprecherischen Entwicklungsstands weiter.

Artikulation ist Mittel der schauspielerisch-gestischen Äußerung und lässt sich unter den Bedingungen der Methode des gestischen Sprechens nur bedingt ausschließlich technisch weiterentwickeln.

Der gelöste Kiefer

Um Vokale zu bilden, müssen wir den Mund öffnen, das heißt den Unterkiefer lösen. Der Unterkiefer ist der einzige bewegliche Knochen unseres Schädels. Er ist mit dem Oberkiefer gelenkig verbunden und kann Bewegungen nach oben und unten, vorn und hinten und zu den Seiten ausführen. Diese Bewegungen dienen primär dazu, Nahrung aufzunehmen, zu zerkleinern und zu schlucken. Unsere Kaumuskulatur ist kräftig. Die Kaukraft der Backenzähne liegt bei etwa 1900 Newton. So viel Kraft benötigen wir, um eine 190 Kilogramm schwere Hantel zu stemmen.[162] Andererseits ist das Zusammenspiel der den Kiefer bewegenden Muskeln komplex. Große und kleine Kaumuskelpaare und stabilisierende Bänder ermöglichen eine dreidimensionale Beweglichkeit des Unterkiefers, der mit seinen beiden Gelenkköpfchen in den Gelenkpfannen des Oberkiefers aufgehängt ist. Über jeweils eine Gelenkscheibe, den Diskus, wird der bei der Bewegung entstehende Druck gleichmäßig verteilt. Das Kiefergelenk befindet sich neben dem äußeren Gehörgang. Wenn wir einen Finger in den Gehörgang stecken und den Kiefer bewegen, spüren wir den Einfluss dieser Bewegung. Kiefer- und Kopfgelenk liegen nah nebeneinander. Dazwischen befinden sich Gehörgang und Ohr. Die Kopfhaltung entscheidet darüber, ob wir unseren Kiefer wirklich lösen können, sodass er nach unten hinten sinken kann. Eine gute Voraussetzung für die Lösung ist eine aus dem Zentrum aufgerichtete Wirbelsäule, die den Kopf auf dem Atlas gut ausbalancieren kann. Knicken wir den Kopf im Nacken nach hinten ab, schränken wir die Beweglichkeit des Kiefergelenks ein und überdehnen die Kaumuskulatur und die Muskeln im Gesicht, Mundboden und Hals. Verspannungen im Schulterbereich wirken sich ebenfalls nachteilig aus. Der Körperbereich vom Kopfgelenk bis zu den Schultern reagiert äußerst empfindlich auf anhaltenden Stress. Wenn wir in Überforderungssituationen versuchen, die Kontrolle zu behalten, bauen wir gerade in diesem Bereich übermäßig Spannung auf. Viele von uns haben früh gelernt, sich durchzubeißen. Nächtliches Zähneknirschen, Knacken im Kiefergelenk, Wangen- und Mundlippenbeißen, Spannungskopfschmerz und Ohrgeräusche zeugen davon. Ein verspannter Kiefer beeinflusst unsere Atmung und damit auch unsere Wahrnehmungsfähigkeit. Über die Faszien ist der Kiefer mit dem Becken verbunden. Als passionierte Freizeitreiterin bin ich immer wieder beeindruckt, wie Pferde auf meine Verspannungen reagieren und wie das bewusste Loslassen des Kiefers zu einem gelösteren Bewegungsablauf unter dem Sattel führt. Für das Sprechen und besonders für die Vokalklangbildung muss der Unterkiefer losgelassen werden können. Dafür benötigen wir ein druckentlastetes, bewegliches Kiefergelenk.

Eine aus dem Zentrum aufgerichtete Wirbelsäule und die Idee, uns über die Kopfspitze hinaus zu verlängern und gleichzeitig Gewicht an den Boden abzugeben, hilft uns dabei vor allem dadurch, dass wir uns für etwas außerhalb von uns interessieren. Nehmen wir zu dem Gegenstand unseres Interesses eine staunende Haltung ein, löst sich der Kiefer wie von selbst, und der Mund öffnet sich. Da der Ringmuskel unseres Mundes, mit dem wir den Mund öffnen und schließen und die Mundlippen runden, den gelösten Kiefer gegen die Schwerkraft stabilisieren kann, können wir den Mund getrost wieder schließen, ohne den Kiefer erneut anzuspannen. Die Kiefermuskulatur kann sich nun sogar noch weiter lösen. Bei hartnäckigen Verspannungen gönnen wir dem Kiefergelenk eine sanfte Massage mit den Fingerspitzen und streichen den Kiefer entlang der Kauleiste nach unten aus. Dabei öffnet sich der Mund meist ohne unser aktives Zutun. Wenn wir in gut aufgerichteter Haltung mit geöffnetem Mund die Handballen auf die Kiefergelenke legen, sanft massieren und anschließend kräftig nach hinten ausstreichen, gelingt uns das sogar noch besser. Anschließend legen wir den Zeigefinger unter das Kinn und bewegen den Unterkiefer sanft schüttelnd auf und ab. Die Halswirbelsäule bleibt dabei aufgerichtet. Die Hand bewegt sich zum Kinn, nicht das Kinn zur Hand, die Schultern bleiben gelöst.

Wir können bei dieser Kieferschüttelbewegung zunächst ausatmen und dann auch die Stimme mitnehmen. Führt das Einsetzen der Stimme zum Anspannen des Kiefers, wiederholen wir die oben beschriebene Übung. Nun probieren wir die Vokale aus. Zungenhebung und Mundlippenrundung sollten die Lösung des Kiefergelenks nicht beeinträchtigen. Die Übungen wiederholen wir so oft es geht, um ein abrufbares Gefühl für Spannung und Lösung im Kiefer herzustellen. Wir üben einerseits, um unsere Fertigkeiten zu erhalten und zu verbessern, vor allem aber, um unsere Wahrnehmung zu sensibilisieren. Auch beim bewussten Artikulieren einzelner Silben und Wörter lässt sich der Unterkiefer gut lösen. Dabei nutzen wir die Schwerkraft der Zunge, indem wir ein apikal gebildetes N mit einem Vokal verbinden. Zunge und Kiefer bewegen sich in vertikaler Richtung. Aus konkreten Haltungen gesprochene Silbenfolgen wie NANANA, NENENE, NINEU usw. verbinden die Bewegungen von Unterkiefer und Zunge bei unterschiedlicher Kieferöffnungsweite, Zungenhebung und Lippenrundung. Ähnlich hilfreich sind Übungen zur reflektorischen Atmung, wie sie im Kapitel *Atmung* beschrieben sind. Wird die Artikulationsspannung auslautender Plosivlaute bewusst gelöst, öffnen wir den Körper- und Atemraum und lösen den Kiefer. Wird die Äußerung motiviert und intendiert und aus unterschiedlichen Haltungen gesprochen, lenken wir unsere Aufmerksamkeit von der Mechanik der Artikulationsbewegung auf die Sprechhandlung und die Spielpartner. Wir bearbeiten sowohl die technische als auch die gestische Seite des Sprechens und verschieben die Schwerpunktsetzung nach Bedarf, bis sich die gewünschte Geläufigkeit einstellt.

Das aufgespannte Gaumensegel

Der Oberkieferknochen ist mit dem Schädel verwachsen und kann lediglich durch die Nacken- und Halsmuskulatur im Kopfgelenk bewegt werden. Der obere Zahndamm und der harte Gaumen bilden als Teile des Oberkiefers durch Verschluss- oder Engebildung mit der Zunge entsprechende Artikulationsstellen. Der weiche Teil des Gaumens ist beweglich und trennt teilweise den Mund- vom Rachenraum und den Mund- und Rachenraum von der Nasenhöhle.

Das Gaumensegel ist eine aus Muskeln, Bindegewebe und Schleimhaut bestehende Weichteilfalte und ermöglicht durch seine Bewegung vor allem das Schlucken und damit verbunden den Druckausgleich im Ohr. Es reguliert die Atmung, erlaubt das Saugen und Niesen und beeinflusst die Lautbildung. Die für die Lautbildung entscheidenden Muskeln können das Gaumensegel heben und senken sowie spannen und lösen. Dadurch wird das Verhältnis von Oralität und Nasalität reguliert, die Bildung von unterschiedlichen Vokalen und Konsonanten ermöglicht und der Vokalklang ausdifferenziert. Das gehobene und an die Rachenrückwand angelegte Gaumensegel verschließt den Nasenraum und leitet den Phonationsstrom in den Rachen- und Mundraum. Es entsteht ein oraler

Klang. Wenn wir durch die Nase atmen und wenn wir nasale Laute bilden, ist das Gaumensegel entspannt und gesenkt. Bei der Bildung der Vokalreihe /u/, /o/, /a/, /e/, i/ nimmt die Spannung stetig zu. Die korrekte Bildung der Konsonanten /p/, /t/, /k/ ist ohne Hebung des Gaumensegels praktisch nicht möglich. Unser Gaumensegel ist während des Sprechens immer in Bewegung. Das gehobene und zu den Seiten aufgespannte Gaumensegel führt zusammen mit dem gelösten und geöffneten Kiefer zu einer Vergrößerung des Klangraums. Wie weit der weiche Gaumen nach oben gehoben und zu den Seiten gespannt werden kann, erleben wir beim Gähnen. Dabei möchten wir den Körper strecken und öffnen und empfinden das als wohltuend. Stimmhaftes Gähnen bietet eine gute Möglichkeit, die durch Kieferöffnung sowie Hebung und Spannung des weichen Gaumens entstandene Weite im Klangraum zu untersuchen. Je herzhafter und unverschämter wir gähnen, desto besser. Der Kiefer bewegt sich nach unten hinten während das Gaumensegel sich hebt und spannt und den Kehlkopf absenkt. Zeigen wir dabei die oberen Schneidezähne, spüren wir die Gaumensegelbewegung noch etwas stärker. Der gesamte Gaumenbereich fühlt sich wie eine Kuppel an, in der sich der Klang ausbreiten und als Vibration im Schädel wahrgenommen werden kann. Der Ansatzraum wird vertikal aufgespannt. Das Gaumensegel reagiert unwillkürlich und sehr fein auf unsere Wahrnehmungen. Beim freudigen Staunen, beim innerem Lächeln oder bei einem Aha-Erlebnis hebt und spannt es sich wie von selbst. Diese Zusammenhänge können wir nutzen, um mit entsprechenden Einstellungen und den sie begleitenden Haltungen die Klangqualität der Stimme und die Präzision der Artikulation zu optimieren. Eine gut ausbalancierte und nach außen gerichtete Körperspannung unterstützt uns dabei. Geben wir dem Verhältnis von innerer Einstellung, gesamtkörperlicher Haltung und sprechsprachlicher Äußerung ein Ziel und motivieren und intendieren wir unsere Äußerungen, können wir die Artikulationsbewegungen mühelos an die Grundspannung des Mittelkörpers anschließen.

Der weite Rachen

Der Rachen verbindet den Mund- und Nasenraum mit dem Kehlkopf. Er transportiert sowohl Luft als auch Nahrung und ist somit Teil des Atem- und des Verdauungssystems. Der aufrechte Gang hat unserem Rachen eine besondere Form beschert. Die fast rechtwinklige Krümmung wird beim Schlucken geschlossen und wieder geöffnet. Sie kann durch ein schlaffes Gaumensegel und eine nach hinten verlagerte Zunge bei der Phonation als Engestelle erlebt werden. Die den Gaumen vom Rachen in diesem Bereich abgrenzenden Gaumenbögen und der Zungengrund lösen bei Berührung einen Würgereflex aus, der zur Kontraktion des hinteren Rachenraums führt. Diesen empfindlichen Raum gilt es, offen und weit zu halten. Das kann uns einerseits durch Vorstellungen von Weite, etwa durch erleichtertes Aufseufzen, zustimmendes Staunen, inneres Lächeln oder die Vorstellung des Lufttrinkens gelingen. Andererseits unterstützt fein dosiertes Atmen aufgrund einer an die Kommunikationssituation angepassten Körperspannung und Wirbelsäulenaufrichtung die Weite des Rachenraums bis in die Nasenhöhle hinein.

Unser Körperschwerpunkt befindet sich in aufrecht stehender Position im Becken. Die Bipedie hat das Zentrum unserer Bewegungen von hinten nach unten verlagert. Unsere Sinne sind aber weiterhin überwiegend horizontal ausgerichtet – so auch unsere Sprechrichtung. Im Rachen wird vertikaler Bewegung eine neue Richtung gegeben – eine lustvoll und raumgreifend zu durchfahrende Kurve, in der wir dosiert beschleunigen sollten, um Druck zu vermeiden.

Die bewegliche Zunge

Zwischen dem weit aufgespannten Rachen und Gaumen und dem gelösten Kiefer bewegt sich die Zunge. Sie verändert durch ihre Gestalt die Vokalklänge und ermöglicht die Konsonantenbildung. Neun

Muskeln bewegen unsere Zunge in alle Richtungen und lassen ungeahnte Formveränderungen zu. Bestehend aus der Zungenspitze, dem Zungenkörper und der Zungenwurzel dient sie primär der Nahrungsaufnahme. Mit ihrem vorderen und mittleren Teil kann sie Nahrung tasten, schmecken, einspeicheln und im Mund bewegen. Um das Schlucken zu ermöglichen, ist der hintere Teil, die Zungenwurzel, über das Zungenbein mit dem Kehlkopf und mit dem Mundboden verbunden.

Wir schlucken bis zu 2000 Mal am Tag. Eine frei bewegliche und flexible Zunge ist eine gute Voraussetzung sowohl für einen offenen Stimmklang als auch für präzises, schnelles und variantenreiches Artikulieren. Die Ruhelage und Bewegungen der Zunge im Mundraum wahrzunehmen, sollte eine unserer ersten Aufgaben sein. Dann können wir mit einem Bewegungstraining beginnen, das einerseits die Muskulatur dehnt und kräftigt, andererseits dazu beiträgt, die Zungenbewegungen so zu koordinieren, dass sie die Klangbildung und Artikulation unterstützen. Atmen wir bei geschlossenem Mund durch die Nase, liegt die Zunge am Gaumen an, die Zungenspitze befindet sich im Kontakt mit dem oberen Zahndamm, die Zahnreihen und der Kiefer sind gelöst. Die Zunge füllt den gesamten Mundraum aus und richtet sich gut tonisiert gegen die Schwerkraft aus. Bei habituellen Mundatmern liegt die Zunge schlaff im Mundboden. Bauen wir zu viel Spannung auf, wird die Zunge gegen die Zähne gedrückt. Das gesamte System bestehend aus Kiefer, Mundboden, Mundlippen, Wangen und Kehlkopf folgt diesem Beispiel, versteift sich und verliert an Flexibilität. Der Atem wird flacher. Ähnlich ergeht es uns, wenn die Zunge zu weit nach hinten verlagert wird. Wie stark die Zunge auf unsere Anspannung reagiert, erkennen wir an ihren Mitbewegungen, wenn wir uns mental oder körperlich besonders anstrengen. Dann bewegt sich die Zungenspitze aus dem Mund heraus und verharrt angespannt in einem Mundwinkel oder an der Oberlippe.

Übungen zur Wahrnehmung der Zunge nutzen ihr gesamtes Bewegungsrepertoire. Dabei achten wir darauf, dass die Zunge die Bewegungen präzise ausführt und dass keine Mitbewegungen von Kiefer oder Kopf auftreten. Beim Üben atmen wir ruhig weiter. Der Schwierigkeitsgrad wird sukzessive angehoben. Bei einfachen Zungenübungen berühren wir mit der Zungenspitze die Mitte der Oberlippe und anschließend die Mitte der Unterlippe, ohne die Lippen an die Zunge heranzubewegen. Daraus entwickelt sich bei schnellem Wechseln das Zungenschleudern, das aussieht, als würden wir etwas aufschlecken. Dann bewegen wir die Zunge in die horizontale Richtung und berühren mit der Zungenspitze nacheinander die Mundwinkel. Bei hohem Tempo wird daraus ein Glöckchen. Die Zunge bewegt sich wie der Klöppel einer Glocke. Der Bewegungsablauf wird durch das Phonieren nicht unterbrochen. Wir äußern uns aus unterschiedlichen Haltungen und mit konkreten Absichten. Auf diese Weise entstehen nonverbale Dialoge, die den Zusammenhang von Körper, Atem, Stimme und Artikulation trainieren. Die Äußerungen können die ganze Bandbreite des körperlichen und stimmlichen Ausdrucksvermögens umfassen und auch dazu verwendet werden, Geräusche nachzuahmen oder zu singen. Die Zunge darf sich austoben und ihr Spielpotenzial entfalten. Kreisende Bewegungen der Zunge können wir bei geöffnetem Mund um die Lippen und bei geschlossenem Mund um die Zähne herum ausführen. Die Bewegungsrichtungen sollten wir häufig wechseln. Um den hinteren Teil der Zunge zu aktivieren, legen wir die Zunge auf die Unterlippe und sprechen Silben mit G und Vokal (GAGA, GOGO usw.), ohne die Zunge zurück in den Mund zu bewegen. Auch bei diesen Übungen bringen wir die Stimme mit ins Spiel und führen Dialoge mit konkreten Untertexten. Dabei üben wir gleichzeitig, genau zuzuhören und herauszubekommen, was der andere von uns will. Um die Zunge zu dehnen, legen wir die Zungenspitze hinter die unteren Schneidezähne und bewegen den Zungenkörper bei geöffnetem Mund vor und zurück. Der Kiefer folgt der Rückwärtsbewegung der Zunge nicht. Die so ausgeführte Pleulübung spannt und löst die Zunge in einer federnden Bewegung und hebt und senkt den Kehlkopf. Bei gefletschten Zähnen spüren wir die Hebung im Gaumenbereich. Wenn wir dabei phonieren, nehmen wir die Klangveränderung wahr, die durch die Zunge initiiert wurde. Zungenübungen beginnen zunächst stumm. Nehmen wir die Stimme dazu, wird der zuvor implementierte Bewegungsablauf manchmal unterbrochen. Allmählich lässt sich die Zunge zu einem mit dem Atem korrespondierenden und die Stimmgebung unterstützenden Organ entwickeln, das seine Funktion bei der Artikulation ausführt, ohne die Stimme zu beeinträchtigen. Eine besondere Art, die Zunge als Klang unterstützendes Organ kennenzulernen, bieten den Obertongesang vorbereitende Übungsabläufe. Hier ist es vor allem die Zungenwurzel, deren Bewegungspotenzial genutzt wird.[163]

Die schwingungsfähigen Mundlippen

Die Bewegungen der Mundlippen können wir durch gezieltes Ansprechen der Ringmuskulatur trainieren. Wir bieten unserem Spielpartner einen Kussmund und anschließend ein Lächeln bei geschlossenem Mund an. Dabei versuchen wir, den Bewegungsablauf so zu optimieren, dass nicht die gesamte Gesichtsmuskulatur mitbewegt wird. Zwischen beiden Äußerungen wechseln wir schnell, behalten aber die Kontrolle über den Bewegungsablauf. Das bedeutet, wir denken immer auch, was wir tun. Schnelle Bewegungswechsel verselbstständigen sich oft und werden ungenau. Um unsere Koordination weiter zu fordern, können wir dabei mit dem Kopf nicken oder den Kopf schütteln, als wollten wir sagen, ja, das ist nicht leicht oder nein, ich möchte das nicht weiter machen. Die Äußerung bleibt auf den Spielpartner gerichtet. Um die Muskulatur wieder zu lösen, bietet sich im Anschluss an diese Übungsfolge ein Mundlippenflattern an. Dazu müssen die Mundlippen gelöst sein, die Ringmuskulatur ist leicht gespannt. Die gerichtete Ausatmung bringt die Mundlippen zum Flattern. Diese Übung können wir mit verschiedenen Haltungen verbinden. Wir können sie stimmlos, stimmhaft und in Verbindung mit auslautenden Vokalen ausführen. Aus konkreten Haltungen gesprochene Wechsel von Mundlippenflattern mit auslautenden, nicht gerundeten sowie gerundeten Vokalen trainieren nicht nur die Mundlippen, sondern auch ihr Zusammenwirken mit dem Mittelkörper, der Atmung, der Stimme und anderen Teilen des artikulatorischen Systems. Summ- und Brummübungen lassen uns die Schwingungsfähigkeit der Mundlippen wahrnehmen. Gleichzeitig können wir Resonanz im Schädel und Körper spüren und für die Stimmgebung nutzen.

Die Sprechweise

Wir artikulieren unsere Gedanken in Lauten und Lautverbindungen, die an Bedeutung gebunden sind. Wie wir die Laute realisieren, lässt einen gewissen Spielraum zu, ohne dass die an den Laut oder das Wort gebundene Bedeutung verloren geht. Die Art, wie wir artikulieren, schafft aber auch neue oder zusätzliche Bedeutung. Wir können den Sinn von Worten, Wortverbindungen und Sätzen durch die besondere Form unserer Aussprache verändern. Aussprache kann nicht losgelöst betrachtet werden von Prosodie. Klangfarbe, Tonfall, Artikulationsspannung sowie Lautstärke- und Tempovariationen verändern die rhythmische und melodische Gestalt der gesprochenen Äußerung und ihren Sinn.

Deutsch ist, anders als z.B. Chinesisch, eine akzentzählende Sprache. Akzentuierte und nicht akzentuierte Silben wechseln in unregelmäßiger, aber einer Struktur folgenden, spezifischen Weise. Akzentuierte Silben nehmen wir als schwer, tonstark oder lang bzw. gedehnt wahr. Sie können auch lauter und dadurch ausgeprägter in der Tonhöhe sowie präziser artikuliert sein. Sie nehmen mehr Raum ein und beanspruchen mehr Zeit als nicht akzentuierte Silben, die wir als leicht, schnell und weniger präzise artikuliert wahrnehmen. Nicht akzentuierte Silben weisen häufiger artikulatorische Reduktionen und Elisionen auf.[164] Der rhythmische Wechsel zwischen schweren und leichten Silben korrespondiert mit den bereits beschriebenen Merkmalen Auslautverhärtung und Glottisschlageinsatz und gibt der deutschen Sprache einen wiedererkennbaren Klang.

Bei den Akzentuierungen unterscheiden wir Wort- und Satzakzente. Wortakzente liegen häufig auf der Wortstammsilbe. Sie können aber auch andere Silben betreffen und Bedeutung differenzieren, wie uns das hier schon einmal bemühte Wortpaar **um**fahren/um**fah**ren zeigt.

Die rhythmische Struktur von zusammengesetzten Wörtern ergibt sich aus der Silbentrennung. Werden die Silbengrenzen verschoben, entstehen lustige Zweideutigkeiten wie in Ur-Insekt und Urin-Sekt, Blumentopf-Erde und Blumento-Pferde.

Die Möglichkeiten der deutschen Sprache zur Wortneubildung durch Komposition sind fast unerschöpflich und können zuweilen groteske Formen annehmen, wie das Wort Donaudampfschifffahrtsgesellschaftskapitän beweist. Zum Spielen und zur Entwicklung des Sprachgefühls eignen sich Geschichten von der Rhabarberbarbara[165] oder der Schneeseekleerehfee[166] aber gut. In beiden Komposita steht das Grundwort am Ende. Das Bestimmungswort am Anfang trägt den Akzent. In längeren Komposita kann sich das Bestimmungswort auch an einer anderen Stelle befinden, und neben dem Hauptakzent können Nebenakzente auftreten: **Schnee**seekleerehfee**dreh**zehweh. Die Sprechsituation führt zu Perspektivwechseln im Denken und Handeln und beeinflusst auf diese Weise die Akzentuierung. Während wir in der Spontansprache und beim Sprechen einfacher Prosa relativ frei mit der Akzentuierung umgehen können, setzt die rhythmische Prosa und vor allem die an den Vers gebundene Dichtung einen mehr oder weniger strengen Rahmen.

Strukturierte Prosa – die Lenznovelle

In der strukturierten Prosa begegnen uns stilistische Figuren, die dem Text eine Form geben, welche den Inhalt und die Erzählweise unterstützt. Der Anfang der Novelle „Lenz“ von Georg Büchner ist eine wahre Fundgrube solcher Stilmittel.

Den 20. ging Lenz durchs Gebirg. Die Gipfel und hohen Bergflächen im Schnee, die Täler hinunter graues Gestein, grüne Flächen, Felsen und Tannen. Es war nasskalt, das Wasser rieselte die Felsen hinunter und sprang über den Weg.

Die Äste der Tannen hingen schwer herab in die feuchte Luft. Am Himmel zogen graue Wolken, aber alles so dicht, und dann dampfte der Nebel herauf und strich schwer und feucht durch das Gesträuch, so träg, so plump. Er ging gleichgültig weiter, es lag ihm nichts am Weg, bald auf- bald abwärts. Müdigkeit spürte er keine, nur war es ihm manchmal unangenehm, dass er nicht auf dem Kopf gehn konnte. Anfangs drängte es ihm in der Brust, wenn das Gestein so wegsprang, der graue Wald sich unter ihm schüttelte, und der Nebel die Formen bald verschlang, bald die gewaltigen Glieder halb enthüllte; es drängte in ihm, er suchte nach etwas, wie nach verlornen Träumen, aber er fand nichts. Es war ihm alles so klein, so nahe, so nass, er hätte die Erde hinter den Ofen setzen mögen, er begriff nicht, dass er so viel Zeit brauchte, um einen Abhang hinunterzuklimmen, einen fernen Punkt zu erreichen; er meinte, er müsse alles mit ein paar Schritten ausmessen können. Nur manchmal, wenn der Sturm das Gewölk in die Täler warf, und es den Wald herauf dampfte, und die Stimmen an den Felsen wach wurden, bald wie fern verhallende Donner, und dann gewaltig heranbrausten, in Tönen, als wollten sie in ihrem wilden Jubel die Erde besingen, und die Wolken wie wilde wiehernde Rosse heransprengten, und der Sonnenschein dazwischen durchging und kam und sein blitzendes Schwert an den Schneeflächen zog, sodass ein helles, blendendes Licht über die Gipfel in die Täler schnitt; oder wenn der Sturm das Gewölk abwärts trieb und einen lichtblauen See hineinriss, und dann der Wind verhallte und tief unten aus den Schluchten, aus den Wipfeln der Tannen wie ein Wiegenlied und Glockengeläute heraufsummte, und am tiefen Blau ein leises Rot hinaufklomm, und kleine Wölkchen auf silbernen Flügeln durchzogen und alle Berggipfel scharf und fest, weit über das Land hin glänzten und blitzten, riss es ihm in der Brust, er stand, keuchend, den Leib vorwärts gebogen, Augen und Mund weit offen, er meinte, er müsse den Sturm in sich ziehen, alles in sich fassen, er dehnte sich aus und lag über der Erde, er wühlte sich in das All hinein, es war eine Lust, die ihm wehe tat; oder er stand still und legte das Haupt ins Moos und schloss die Augen halb, und dann zog es weit von ihm, die Erde wich unter ihm, sie wurde klein wie ein wandelnder Stern und tauchte sich in einen brausenden Strom, der seine klare Flut unter ihm zog. Aber es waren nur Augenblicke, und dann erhob er sich nüchtern, fest, ruhig als wäre ein Schattenspiel vor ihm vorübergezogen, er wusste von nichts mehr.[167]

Uns begegnen Wiederholungen in Form von Alliterationen („und die Wolken wie wilde wiehernde Rosse heransprengten“) oder Ellipsen („die Gipfel und hohen Bergflächen im Schnee, die Täler hinunter graues Gestein, grüne Flächen, Felsen und Tannen“) und Formen von syntaktischem Parallelismus („oder wenn der Sturm das Gewölk abwärts trieb“ bis „weit über das Land hin glänzten und blitzten“). Parataktischer und hypotaktischer Satzbau wechseln und lassen uns die Wahrnehmung und das Verhalten des Protagonisten sinnlich erleben. Die Struktur des Textes teilt uns Lenz' Gemütsschwankungen mit, indem sie Gleichmut und Erregung, Stillstand und Bewegung in der Syntax abbildet. Am Anfang wird der Texte von kurzen Sätzen und Ellipsen, Aufzählungen und Parataxen dominiert, die ihm etwas Statisches oder Konstatierendes geben, so, als würde sich Lenz seiner selbst in der Natur vergewissern. Wir könnten auch sagen, er orientiert sich, indem er seinen Standpunkt zu der ihn umgebenden Realität ins Verhältnis setzt. Aber bereits da drängen sich ihm Farben auf: „graues Gestein, grüne Flächen“, die sich erst im zweiten Anlauf als „Felsen und Tannen“ zu erkennen geben. Im Verlaufe des Textes gelingt ihm diese Zuordnung zusehends weniger. Der Ausdruck „es war ihm“ taucht häufiger auf und lässt uns nach und nach die beginnenden Verzerrungen in Lenz' Wahrnehmung erleben. Oben und unten, Nähe und Ferne, Wolken und Nebel vermischen sich. Gestein, Wald, Nebel entwickeln eine unheimliche Dynamik. Sie scheinen eigenen Impulsen zu folgen. Durch die Natur bedingte, visuelle und akustische Wahrnehmungsreize verselbstständigen sich. Windgeräusche erscheinen als Stimmen, Wolken als apokalyptische Reiter, Sonnenstrahlen als blitzende Schwerter, das Rauschen der Tannen wird als Wiegenlied und Glockengeläute empfunden.

Der Wahnsinn des Lenz wird uns auf diese Weise erlebbar gemacht, wir können ihn nachvollziehen und mit ähnlichen Wahrnehmungen unseres Lebens vergleichen oder ihn uns vorstellen. So spielt der Dichter sowohl mit dem Wechsel von Nähe und Distanz in der Wahrnehmung des Protagonisten als auch mit unserer Perspektive auf die Figur Lenz. Metaphern und Lautmalerei geben dem Text eine zusätzliche Formung. Diese stilistischen Mittel eines Prosatextes erkennbar, nachvollziehbar und einer persönlichen Umsetzung zugänglich zu machen, ist eine der

Aufgaben, die sich bei der Arbeit am künstlerischen Text stellen. Das geschieht weniger in Form einer theoretischen Textanalyse als durch spielerisches Ausprobieren. Wir bewegen uns im und mit dem Text, nehmen verschiedene räumliche Perspektiven ein und bleiben dabei im Dialog. Auf diese Weise werden rhythmische Textstrukturen mit dem Denken und dem Körper verbunden und können sinnlich erlebt werden. Perspektiv- und Haltungswechsel werden zeitlich und räumlich gegliedert artikuliert. Inhalt, sprachliche Form und Sprechgestus korrespondieren miteinander. Körper, Atem, Stimme und Artikulation bilden in ihrem Zusammenwirken diesen Zusammenhang ab.

Unser Leben verläuft in rhythmischen Intervallen. Kindheit, Jugend, Alter, der Wechsel der Jahreszeiten, der Biorhythmus, die Atmung, der Herzschlag sind Taktgeber unseres Seins. Platon beschreibt Rhythmus als die der menschlichen Wahrnehmung zugängliche Ordnung der langsamen und schnellen Bewegungen in langen und kurzen Zeiträumen. Die geordneten Bewegungen sind hörbar, sichtbar und fühlbar. Wir bewegen uns rhythmisch, wenn wir gehen, laufen, reiten oder schwimmen. Wir können den Rhythmus unserer Fortbewegung verändern und marschieren, hüpfen oder tanzen. Rhythmisches Bewegen hat etwas Spielerisches, es verschafft Erleichterung und macht Spaß.

Unser Sprechrhythmus ergibt sich aus der zeitlichen Gliederung gesprochener Sprache. Er korrespondiert mit unserem Denken und Erleben und mit unserem Körperrhythmus. Das betrifft die Atmung, die Artikulationsbewegungen, willkürliche und unwillkürliche Mitbewegungen und ein Mitschwingen des Körpers durch die Vibrationen der Stimme. Die Silbe ist die kleinste rhythmische Einheit gesprochener Sprache. In der deutschen Sprache wechseln betonte und unbetonte Silben. Nicht jeder Rhythmus ist metrisch. Gesprochene Prosa folgt einem Rhythmus, aber keinem Metrum.

Gebundene Sprache

Rhythmisches Sprechen, das einem Metrum folgt und in Takte untergliedert ist, könnte sich aus gegliederten Arbeitsabläufen, dem rituellen Tanz und Gesang entwickelt haben. Es stellt eine besondere Form der Kommunikation dar. Durch die relativ gleichmäßigen Wiederholungen eines Metrums fällt es unserem Gehirn leicht, Voraussagen zu machen. Das trifft umso mehr zu, wenn dem Metrum ein Reim beigegeben ist. Erwartungshaltungen werden erfüllt, und unser Belohnungssystem springt an. Wie im Kapitel *Wahrnehmung* beschrieben, schätzt unser Gehirn eine gewisse Routine. Gleichzeitig ist es neugierig und offen für ein überschaubares Maß an Überraschung. Unregelmäßigkeiten im Metrum, Taktwechsel, Rhythmus- und Tempovariationen halten uns munter. Metren korrespondieren mit unseren Instinkten. Wir sind in der Lage, unsere gemeinsamen Sprechhandlungen rhythmisch aufeinander abzustimmen. Beim chorischen Sprechen synchronisieren wir unsere Atemfrequenz und unseren Herzrhythmus. Rhythmisierte Sprache: Abzählreime, Liedtexte, Spruchweisheiten können wir uns gut merken. Die Einkaufsliste ist in einem Song zuweilen besser untergebracht als auf einem Zettel. „Der Vers ist die Interferenz von Metrum und Satz."[168] Er verschafft uns Informationen, die über den Sinn der Worte und ihre syntaktische Verknüpfung hinausreichen. Wie wir sprechen beeinflusst, was wir sprechen. Der Dichter Karl Mickel fragt: „Wie kommt es, dass ein Ungeschulter ein Gedicht, wenn es gut gesprochen ist, beim erstmaligen Hören besser versteht, als wenn er es mehrmals liest?"[169] Eine Frage, der wir bezogen auf die dramatische Dichtung nachgehen wollen.

Wie wir Verse erkennen

Versdichtung erkennen wir am Schriftbild. Gegliederte Wortfolgen sind manchmal in Strophen, immer in Zeilen gesetzt. Jede Zeile entspricht einem Vers. Versus leitet sich vom lateinischen Wort vertere her, was umwenden bedeutet. Wir können uns eine Wendung im Tanz vorstellen. Gesang, Tanz und gesprochene Verse bildeten in der Antike eine Einheit. Wir können aber auch ein ganz anderes Bild bemühen. So, wie der Bauer den Boden umwendend Furchen in das Feld zieht, bildet der Vers, eine erkennbare Furche im Text.[170] Wir sehen den Vers und wir hören die Folge von betonten und unbetonten Silben, die wir Hebungen und Senkungen nennen. Sind Hebungen und Senkungen nach einem erkennbaren Prinzip organisiert, ergibt sich ein Versmaß. Gesprochene Verse geben ihre Struktur leicht zu erkennen, indem sie skandiert werden. Wir können sie mit der Hand auf die Tischplatte klopfen oder in ihrem Rhythmus laufen. Das sind grobe Hilfsmittel, auf die wir verzichten, wenn wir Verse als einen Schlüssel zur Welt der Dichter und ihrer Zeit entdeckt haben. Die kleinsten metrischen Einheiten im Vers sind die Verssilben, die den Versfuß oder Verstakt bilden. Antike griechische Verse folgen ausgehend von der syntaktischen Struktur ihrer Sprache einem quantitierenden metrischen System. Dabei bestehen gleich lange Takte aus langen und kurzen Taktteilen. Da sich die Metrik der Sprache an Gesang und Tanz orientierte, entsprach das Senken des Fußes einer schweren langen Silbe, das Heben einer leichten kurzen. So erschließt sich uns die Herkunft des Begriffs Versfuß. Die Übertragung ins Lateinische und mehr noch in die deutsche Sprache mit ihren ausgeprägten Akzenten ging nicht ohne Reibungsverluste vonstatten. Im Deutschen führt das Heben der Stimme zu einer Betonung von Silben, bei unbetonten Silben wird die Stimme in der Regel gesenkt. Gleichzeitig weisen die Silben eine von der Betonung abhängende Stärke, ein Gewicht und eine Länge auf; je nachdem, ob wir es mit offenen oder geschlossenen Silben zu tun haben. In Abhängigkeit von der jeweiligen Sprechsituation ergeben sich unzählige prosodische Varianten. In der deutschen Dichtung finden wir auf antike Vorbilder zurückgehende Versfüße seit dem Barock. Am Übergang vom 16. zum 17. Jahrhundert begannen die deutschen Dichter, nach neuen Formen zu suchen. Sie orientierten sich mit mehr oder minder großem Erfolg unter anderem an der französischen, der antiken und englischen Verstradition. Um die Schwierigkeit der Übertragung metrischer Systeme von Sprache zu Sprache zu meistern, entwickelte der Gelehrte und Dichter Martin Opitz ein Regelwerk für die Behandlung der deutschen Sprache im Vers. In seinem Buch „Von der Deutschen Poeterey" (1624) empfahl er die Umstellung auf eine akzentbasierte deutsche Metrik. Wortakzent und Vershebung fallen nun zusammen. Sprechsilben werden in Takten geordnet. Die Qualität der Hebungen und die metrische Gliederung des Verses können beim Sprechen mit dem Inhalt und der Sprechsituation korrespondieren. Die sprachliche Gliederung im Vers ergibt sich aus der natürlichen Wortbetonung im Satz. Ein mechanisches Auf und Ab von betonten und unbetonten Silben widerspricht dem gestischen Sprechen. „Verstakt und Sprechtakt [...] decken sich nicht, sondern nur ihre Hebungen. Der Verstakt ist nur eine begriffliche Einheit, der Sprechtakt aber eine reale."[171] Vershebungen und Wortakzente fallen in der Regel zusammen, Verstakte und Sprechtakte können voneinander abweichen.

Metrische und sinngebende Takte

Gleichbleibende Rhythmen langweilen uns relativ schnell. Nehmen wir sie in der Natur wahr, kann das eintönige Rauschen des Regens oder das Plätschern eines Brunnens uns sogar schläfrig machen. Mit gleichbleibenden Rhythmen können wir uns in tranceähnliche Zustände versetzen. Während das Metrum für eine relative Gleichförmigkeit steht, bringt die Eigendynamik des gesprochenen Satzes Bewegung in die Verse. Dadurch entstehen Versbeugungen, das heißt, der metrische Rhythmus wird durch den sinngebenden Rhythmus des Satzes verändert. Wir können auch nicht akzentuierte Silben durch das Metrum leicht heben und akzentuierte Silben ein wenig senken. In diesem Fall ergeben sich schwebende Betonungen oder ein synkopisch veränderter Rhythmus. Sprechtakte ordnen Verstakte neu, ohne dass der metrische Rhythmus grundsätzlich verändert wird. Der deutsche Lyriker Friedrich Georg Jünger beschreibt das am Beispiel des Verses: Wenn er laut schallende Trommeln schlägt. Wir können den Vers so aufteilen: Wenn er laut/ schallende/ Trommeln/ schlägt. Es geht aber auch so: Wenn er/ laut/ schallende/ Trommeln schlägt. In beiden Varianten erkennen wir die potenzielle Handlung. Das Wort laut bezieht sich auf den Vorgang des Schlagens der Trommel. Wir können die Sprechtakte des Verses aber auch wie folgt einteilen: Wenn er/ laut-schallende/ Trommeln schlägt. Nun bezieht sich das Wort laut zusammen mit dem Wort schallende auf die klangliche Qualität der Trommeln. Wir nehmen mit der Änderung der Taktverteilung einen Perspektivwechsel vor, der die metrische Struktur des Verses leicht verändert.[172]

Versfuß und Versmaß

Grundsätzlich unterscheiden wir zweisilbige und dreisilbige Takte. Zweisilbige Takte können mit einem Auftakt wie in dem Wort Getier oder ohne einen Auftakt wie in dem Wort Tiere beginnen. Im ersten Fall bezeichnen wir den Versfuß als jambisch, im zweiten Fall als trochäisch. Wir können einen jambischen Versfuß auch als einen Trochäus mit einem Auftakt betrachten. Dreisilbige Takte können auf der ersten Silbe eine Hebung aufweisen wie in dem Wort Tiergestalt. Dann sprechen wir von einem Daktylus. Liegt die Hebung auf der letzten Silbe wie im Wort Schweinerei, haben wir es mit einem Anapäst zu tun. Die Übertragung des antiken Spondeus in das metrische System der deutschen Sprache bleibt eher theoretisch. Im Spondeus treffen sich zwei Hebungen wie in dem Wort nasskalt. Zwei exakt gleiche Hebungen lassen sich praktisch nur mit einer Unterbrechung zwischen den Silben realisieren, was nicht in jedem Fall sinnvoll ist. Darum können aus Spondeen im fortlaufenden Sprechen Trochäen werden. Sie treten als rhythmische Varianten des Daktylus im Hexameter auf. Werden die rhythmischen Strukturen, die sich aus den Füllungen der Versfüße ergeben, in bestimmter Weise zusammengesetzt, ergeben sich übergeordnete Versmaße. Der Hexameter begann sich im 18. Jahrhundert in Deutschland zu etablieren. Das Versmaß setzt sich aus sechs daktylischen Versfüßen zusammen, von denen der letzte unvollständig bleibt. Die Füllungen des deutschen Hexameters können relativ frei gehandhabt werden, sodass neben dreisilbigen Takten auch zweisilbige erlaubt sind. Die rhythmische Gestalt des Dreivierteltakts bleibt dabei aber grundsätzlich erhalten. Der Hexameter ist das Versmaß der epischen Dichtung. Er ist ungereimt, hat einen langen Atem und treibt auf ein Ereignis hin. Wir finden ihn in Homers Epen, bei Klopstock und Hölderlin oder in Goethes Versepos „Reineke Fuchs“:

Pfingsten, das liebliche Fest war gekommen! Es grünten und blühten Feld und Wald; auf Hügeln und Höhn, in Büschen und Hecken
Übten ein fröhliches Lied die neuermunterten Vögel;[173]

Ebenfalls sechshebig, aber aus Jamben bestehend, ist der antike Trimeter, der klassische Dialogvers der griechischen Tragödie. Im nachgebildeten Trimeter werden die sechs Takte durch einen nicht symmetrischen Einschnitt gegliedert. Der Vers ist reimlos und endet mit einer betonten Silbe. In Goethes „Faust II“ tritt Helena im dritten Akt mit diesen Zeilen auf: „Bewundert viel und viel gescholten, Helena, /Vom Strande komm ich, wo wir erst gelandet sind“.[174]

Im Barock kam der Alexandriner aus Frankreich nach Deutschland. Er ist ein gereimter Vers und besteht aus sechshebigen Jamben mit einer festen Zäsur nach der dritten Hebung, wie wir ihn bei Andreas Gryphius in dem Sonett „Es ist alles eitel“ finden:

Du siehst, wohin du siehst nur Eitelkeit auf Erden.
Was dieser heute baut, reißt jener morgen ein:
Wo itzund Städte stehn, wird eine Wiese sein
Auf der ein Schäferskind wird spielen mit den Herden:[175]

Es war wohl Lessing zu verdanken, dass dieser in der dramatischen Dichtung gekünstelt klingende Vers durch den aus England übernommenen Blankvers, der bald die deutsche Klassik bestimmte, ersetzt wurde. Der Vers des elisabethanischen Theaters ist reimlos und besteht aus fünf Jamben. Seine Füllungen sind zwar starr, dafür können Pausen beliebig gesetzt werden und Kadenzen wechseln. Dieser dadurch sehr flexible Vers begegnet uns in der gestischen Textarbeit von Lessing bis Heiner Müller immer wieder. Wir schauen ihn im Kapitel *Textarbeit* genauer an. Alte Versformen verbanden sich mit neuen. In der deutschen Klassik entwickelte Goethe den neuhochdeutschen Knittelvers, einen vierhebigen alternierenden Reimvers, im „Faust“ zu einer besonderen Kunstform:

Habe nun, ach! Philosophie,
Juristerei und Medizin,
Und leider auch Theologie!
Durchaus studiert mit heißem Bemühn.[176]

Im aufkommenden Sturm und Drang entwickelten sich die freien Rhythmen, für die vor allem Friedrich Gottlieb Klopstock den Weg bereitet hatte. Auch in freien Rhythmen finden wir keine regelmäßige Ordnung von Hebungen und Senkungen. Sie sind ungereimt und formal als Versform zu erkennen, lassen sich aber sprecherisch nicht immer ganz leicht von strukturierter Prosa abgrenzen. Als Beispiel sei hier noch einmal Goethe mit seiner Ode „Prometheus" angeführt:

Bedecke deinen Himmel, Zeus,
Mit Wolkendunst,
Und übe, dem Knaben gleich,
Der Disteln köpft,
An Eichen dich und Bergeshöhn;[177]

Die hier aufgeführten Versmaße stellen nur einen Teil der Vielfalt poetischer Ausdrucksmöglichkeiten dar. Das Ausbildungsfach Diktion gibt den Studierenden das theoretische und praktische Rüstzeug, Verse zu erkennen, einzuordnen und zu sprechen. Sie werden in die Lage versetzt, mehr Fähigkeiten und Fertigkeiten zu erlangen, als sie auf der Bühne tatsächlich zur Anwendung bringen werden. Das Bedürfnis nach gesprochenen Versen scheint einem Wunsch nach Authentizität zu weichen.

Verse sprechen – Ein gleiches

Freiere Versformen setzten sich zunehmend durch. Am 6. September des Jahres 1780 schrieb Goethe ein Gedicht auf die Bretterwand einer Jagdhütte im Thüringer Wald. Wir werden auch noch an anderer Stelle einen Blick auf dieses Gedicht werfen. Die „Ein gleiches" betitelten acht Verszeilen stehen im Zusammenhang mit dem Gedicht „Wandrers

Nachtlied“. Der Titel „Ein gleiches“ bezieht sich auf dieses andere Gedicht bzw. auf seine Überschrift:

Ein gleiches
Über allen Gipfeln
Ist Ruh;
In allen Wipfeln
Spürest du
Kaum einen Hauch;
Die Vögelein schweigen im Walde.
Warte nur, balde
Ruhest du auch.[178]

Die Verse erscheinen wie eine Strophe. Wir finden in den ersten vier Zeilen einen alternierenden Reimvers mit wechselnden Hebungen bei unterschiedlich langen Versen. Das Reimschema wechselt nach dem 4. Vers von einem Kreuzreim auf einen umgreifenden Reim, das Versmaß nach den ersten vier Zeilen von zweisilbig auf dreisilbig. Die Anordnung der Vers- und Sprechtakte lässt Varianten zu. Es gelingt uns nicht, das Gedicht in eine rhythmische Form zu pressen. Der erste Vers ist trochäisch: **Ü**ber **a**llen **Gi**pfeln. Das Versmaß lässt sich nicht geschmeidig in die zweite Verszeile überführen. Die Zeile springt auf einen Spondeus, ließe sich aber auch als Jambus sprechen. Der unvollständige erste Vers und das Enjambement scheinen auf etwas hinzuweisen. Das syntaktische Voranstellen der Ortsangabe unterstützt diesen Gestus. Unsere Aufmerksamkeit wird ausgerichtet, eine Spannung baut sich auf, die sich nach einer gestischen Unterbrechung löst. Die beiden Hebungen auf „Ist Ruh;“ und die kleine Pause zwischen den beiden Worten ergeben einen Gestus, der keinen Widerspruch zu dulden scheint. Da ist es wirklich ruhig, oder da ist eine personifizierte Ruhe. Wenn wir die zweite Verszeile jambisch sprechen, ist die Wirkung jedoch eine ganz andere. Der dritte Vers korrespondiert als auftaktiger Trochäus mit dem ersten Vers und lässt sich mit einem Zeilensprung harmonischer als in den beiden ersten Versen in die vierte Verszeile überführen. Der Übergang zur fünften Verszeile erscheint mit einer gestischen Unterbrechung wieder schroffer. Die fünfte Verszeile können wir als Trochäus mit einem Auftakt sprechen. In diesem Fall stellen wir heraus, dass wirklich gar kein Hauch zu spüren ist: Kaum **ei**nen **Hauch**. Möglich wären aber auch zwei Senkungen in der Mitte der Verszeile: **Kaum** einen **Hauch**, wiederum mit einer völlig anderen Wirkung. Dann folgen dreisilbige Verse mit einer durch den Rhythmus durchscheinenden Wiegenliedanmutung, die durch die volksliedhafte Wortwahl Vögelein im sechsten Vers unterstrichen wird. Die letzte Zeile kann mit zwei Senkungen gesprochen werden oder zum Trochäus zurückkehren und das Du herausstellen, uns also nochmals ansprechen und dabei unsere Hörerwartungen brechen. Das Maß an Regelmäßigkeit und Abweichung von der Regel scheint den besonderen Reiz dieses Gedichts auszumachen. Es klingt alltagssprachlich und ist doch ganz durchkomponiert. Wir sehen, „daß sich das Gedicht auf die herkömmlichen Regeln und Kriterien der Metrik nicht festlegen läßt, daß es aber gleichzeitig die ‚Erinnerung' an solche Regeln und Kriterien wachhält".[179] Erst im Vorgang des Sprechens nehmen wir die in den Text rhythmisch eingeschriebenen Vorstellungen und die daran gebundenen Emotionen sinnlich wahr.

Syntaktische Gliederung im Vers

Verse sind gerahmte Texte, die vielen Regeln folgen und einige Freiheiten gewähren. Der Schluss einer Verszeile wird als Kadenz bezeichnet. Männliche bzw. weibliche Kadenzen zeigen an, dass die Verszeile mit einer betonten oder einer unbetonten Silbe endet. Folgt auf eine männliche Kadenz am Beginn der nächsten Verszeile eine Hebung, werden die Verszeilen durch eine Pause stärker voneinander abgesetzt. Längere Verse lassen sich durch Einschnitte gliedern. Geht solch ein Einschnitt mitten durch einen Vers, sprechen wir von einer Zäsur. Einige Versmaße schreiben die Zäsur, manche die Position der Zäsur vor. Zäsuren, die wir setzen, weil uns die Sprechsituation dazu anhält, die das Denken, Empfinden und Handeln von Figuren abbilden, verleihen dem Vers Lebendigkeit. Vielfach ist die Denkstruktur von handelnden Figuren in den Vers hineingeschrieben. „In der Form zeigt sich das Weltverständnis".[180] In allen Sprachen der

Welt benötigen Menschen durchschnittlich drei Sekunden, um einen Vers zu sprechen. Unser Gehirn braucht diese Zeit, um Strukturen erkennen und ordnen zu können. Unser auditiver Arbeitsspeicher kann nicht mehr als durchschnittlich zehn Silben verarbeiten. In den Pausen, die eine Zäsur schafft, entscheiden Sprecher darüber, wie es weitergeht, wählen die Worte und grammatischen Strukturen, die ihre Gedanken am besten zum Ausdruck bringen. Die Hörer bekommen Zeit, die aufgenommenen Informationen zu verstehen und zu interpretieren. Aus diesem Grund umfasst ein Sprechtakt nicht mehr als vier Elemente. Die Gliederung im Vers orientiert sich an unserer Wahrnehmungs-, Verhaltens- und Erlebnisfähigkeit. Im Übergang von Vers zu Vers können Vers- und Satzende zusammenfallen, oder ein Satzzeichen signalisiert, ob der Gedanke weitergeführt wird. Dann entsteht eine einfache syntaktische Zäsur.

Das Enjambement

Mit dem Enjambement oder Zeilensprung überspringt der Satz die Zeilengrenze. Der rhythmische Abschluss der Verszeile fällt mit dem syntaktischen Abschluss nicht zusammen. Die Syntax befreit sich aus dem Korsett des Metrums. Im Enjambement greift der Satz, um seinen Sinn zu vollenden, am Versende auf die nächste Verszeile über. Es entsteht eine kleine Pause, die eine Option beinhaltet, den Gedanken auf die eine oder andere Art weiterzuführen. Diese gestische Unterbrechung lädt uns ein, eine Perspektive einzunehmen und die Verszeilen so zu verbinden, dass der innere oder äußere Blick gerichtet wird. Einfaches Pausieren genügt nicht. Der nachfolgende Vers muss so antizipiert werden, dass das Sprechen zu einer Spannungszunahme oder zu einer Lösung führen kann. „Das Enjambement ist ein Ende, das keines ist. Es stellt ein Ende und zugleich einen Übergang dar, einen Bruch und zugleich einen Zusammenhang, eine Differenz und eine Vermittlung.“[181] Das letzte Wort der ersten Zeile und das erste Wort der zweiten Zeile werden hervorgehoben. Die Art der Hervorhebung richtet sich nach dem Sinnzusammenhang. Durch das kurze Innehalten zwischen den Zeilen entsteht ein synkopierender Rhythmus. „Das Enjambement setzt das, was es trennt und verbindet, zugleich als Einheiten und als Teile. Dadurch können die Formulierungen in diesen Zeilen nach zwei verschiedenen Kontextuierungen verstanden werden.“[182] Doppeldeutigkeiten treten auf. Nicht jedes Enjambement birgt gleiche Qualitäten in sich. Wenn wir Texte erarbeiten, sollten wir Entscheidungen treffen, was wir erzählen wollen und wie wir es erzählen wollen. Vor diesem Hintergrund gilt es, das Enjambement zu prüfen. Es zu ignorieren bedeutet, einen wertvollen Hinweis auf das Verhalten von Figuren aus den Händen zu geben. Ob und wie wir es sprecherisch realisieren, hängt letztendlich von der jeweiligen Spielsituation ab. Oftmals verändert das Enjambement die Syntax in einer Weise, dass geschriebene Sprache der Logik gesprochener Sprache zu folgen scheint. Wir werden am Prozess des Denkens, Handelns und Erlebens beteiligt und nicht nur mit den so entstandenen Ergebnissen konfrontiert. Das Enjambement steht im Verbunde mit einem anderen wichtigen Strukturelement verdichteter Sprache, deren Syntax von den uns vertrauten Formen des Satzbaus abweicht.

Inversionen

Inversionen kehren die übliche Stellung der Satzglieder um. Einschübe und Satzabbrüche, Enjambements und Zäsuren strukturieren die Gedanken und kreieren die Sprechsituation. Dazu gehört auch das Versetzen des Punktes in das Innere einer Verszeile. Inversion als Stilmittel finden wir schon in der Bibel: Vater unser, der du bist im Himmel versus Unser Vater, der du im Himmel bist. Durch die Inversion bleibt das Metrum erhalten. So auch im Anfangsmonolog der Iphigenie in Goethes Drama „Iphigenie auf Tauris“:

Heraus in eure Schatten, rege Wipfel
Des alten, heil’gen, dichtbelaubten Haines,
Wie in der Göttin stilles Heiligtum,
Tret ich noch jetzt mit schauderndem Gefühl,

Als wenn ich sie zum erstenmal beträte,
Und es gewöhnt sich nicht mein Geist hierher.[183]

Uns begegnet ein ungewöhnlicher Sprachgebrauch, der unsere Aufmerksamkeit einfordert. Der Sprache wird eine Bewegung verliehen, der wir folgen möchten. Der Blankvers beherrscht den Satz, dessen Sinn sich nicht auf den ersten Blick erschließt. Der gleichbleibende Rhythmus des Verses steht der scheinbaren Unlogik des Satzes gegenüber.

In den freien Rhythmen muss die Syntax nicht mehr das Metrum bedienen und gewinnt als Stilmittel eine noch größere Bedeutung. Beispielgebend dafür sind die Pindar- und Sophokles-Übersetzungen Friedrich Hölderlins, die Wort für Wort übertragen, den Vers aus sich selbst entwickeln und die Möglichkeiten der deutschen Sprache um die syntaktischen Varianten fremder Sprachen erweitern. Das im Nebensatz nachgestellte Verb ist ein spätes Relikt dieses Aneignungsprozesses, das sich als syntaktische Regel in der Lutherzeit entwickelte, sich behaupten konnte und aus der deutschen Sprache nicht mehr wegzudenken ist. Bei Hölderlin ist das Metrum kein abstraktes Schema mehr, das Rhythmische belebt die Verse als syntaktische Gliederung, die Sinn und Sinnlichkeit vermittelt, wie das Beispiel des 2. Chorliedes der Antigone Übertragung zeigt:

Ungeheuer ist viel. Doch nichts
Ungeheuerer als der Mensch.
Denn der, über die Nacht
Des Meers, wenn gegen den Winter wehet
Der Südwind, fähret er aus
In geflügelten sausenden Häusern.
Und der Himmlischen erhabene Erde,
Die unverderbliche, unermüdete,
Reibet er auf; mit dem strebenden Pfluge
Von Jahr zu Jahr
Treibt sein Verkehr er mit dem Rossegeschlecht,[184]

Brechts Antigone-Bearbeitung „Die Antigone des Sophokles“ ist untertitelt: „Nach der Hölderlinschen Übertragung für die Bühne bearbeitet“. Den Sprachgestus der Übersetzung beschreibt Brecht im Arbeitsjournal vom 16.12.1947 mit den Worten: „Ich finde schwäbische Tonfälle und gymnasiale Lateinkonstruktionen und fühle mich daheim."[185] Der Schwabe Brecht arbeitet mit der Übersetzung des Schwaben Hölderlin. Wie gehobene Sprache und Mundart im Verbunde stehen, gibt sich erst im Vorgang des Sprechens zu erkennen. In seinem Aufsatz „Über reimlose Lyrik mit unregelmäßigen Rhythmen" spricht Brecht von einem gestischen Rhythmus, der wechselnd und synkopiert ist. Soll die Sprache, wie es Brecht für das Theater fordert, „ganz dem Gestus der sprechenden Person folgen", trifft das vor allem für die rhythmische Struktur zu. Brecht erläutert das an einem Satz aus der Bibel: „Reiße das Auge aus, das dich ärgert." Das Beispiel ist viel zitiert. Da es in seiner Aussagekraft kaum zu überbieten ist, soll es auch hier noch einmal bemüht werden. Der Gestus des Befehls und der Begründung kommt in dem Satz nur indirekt zum Ausdruck. Martin Luther formulierte den Satz aus Matthäus 18 wie folgt: „Und so dich dein Auge *ärgert, reiß* es aus und wirf's von dir." Brecht verkürzt die Zeile und ändert die Interpunktion nur wenig: Wenn dich dein Auge ärgert: reiß es aus!" und sieht in dieser syntaktischen Umformung einen Gewinn an gestischer Ausdruckskraft. „Der erste Satz enthält eine Annahme, und das Eigentümliche, Besondere in ihr kann im Tonfall voll ausgedrückt werden. Dann kommt eine kleine Pause der Ratlosigkeit und erst dann der verblüffende Rat."[186] Der Annahme scheint eine Wahrnehmung vorauszugehen. Sie wird aus einer Haltung geäußert, die Äußerung ist an eine Person gerichtet, die direkt angesprochen wird. Das kann auch der Sprecher selbst sein. In der Haltung ist der Gestus des Zeigens enthalten, der zum Dialog bzw. zum Handeln auffordert. Die gestische Unterbrechung bietet Raum für eine Entscheidung. Das ist ein spannender Moment; ein Haltungswechsel findet statt, dem eine gestische Aufforderung folgt. Der Rhythmus der Interaktion ist auf die syntaktische Struktur der Äußerung übergegangen. Das betrifft sowohl das Satzgefüge als auch die rhythmische Anordnung der Silben in den beiden Satzteilen. Brecht verweist in diesem Zusammenhang auch auf die vielfältigen Möglichkeiten der Alltagssprache und erwähnt das Beispiel des Zeitungsverkäufers, der durch rhythmisiertes und syntaktisch hervorgehobenes Sprechen versucht, auf sich aufmerksam zu machen und so seine Ware an den Mann zu bringen. Tatsächlich ist die rhythmische und syntaktische Gliederung ein viel benutztes Mittel unserer Alltagssprache. Wir können uns hier noch einmal an das Beispiel aus dem Kapitel *Gestisches Sprechen* erinnern. Die Sprechweisen von Personen, die beten, und von Personen, die militärische Befehle geben, unterscheiden sich prägnant hinsichtlich der syntaktischen und rhythmischen Gliederung, die die sich jeweils in Raum und Zeit bewegenden Körper im Sprechen abbildet. „Drama ist was anderes als Prosa, das ist nicht zum Lesen, höchstens zum Lautlesen. Sobald man es gesprochen hört, wird es ungeheuer konkret und sinnlich.“[187]

Von Hölderlin über Brecht führt uns nur ein kurzer Weg zu Heiner Müller. Seine Ödipus-Bearbeitung, „Sophokles/Ödipus, Tyrann“, entstand auf der Grundlage der Hölderlin-Übertragung. Wie Hölderlin arbeitete Müller mit Interlinearübersetzungen. Wie Hölderlin und Brecht nutzte Müller die grammatikalischen und syntaktischen Möglichkeiten der Mundart für eine gehobene sprachliche Form. Die rhythmisch-lautliche Struktur seiner Texte ermöglicht ein Verstehen des Textes jenseits der von den Worten getragenen semantischen Information. Das ist eine Sprache, an der wir uns abarbeiten können, voll von Brüchen, Abgründen und einer fast körperlich fühlbaren, schmerzvollen Klarheit und Präzision. In der Vorrede zu seiner „Phänomenologie des Geistes“ beschreibt Hegel die Ambivalenz zwischen Metrum und Akzent: Aus dem Zusammenspiel von Metrum und Akzent entsteht der Rhythmus als „die schwebende Mitte und Vereinigung beider“.[188] Mit Müllers Texten zu arbeiten, beinhaltet den Versuch, die Spannung zwischen den Satzgliedern freizulegen und Sinn aus den Leerstellen im Satz zu generieren. Einige Texte sind interpunktionslos („Herakles 13“), andere bruchstückhaft („Verkommenes Ufer“), Vers und Prosa wechseln. Auf diese Texte müssen wir uns zubewegen, sie lassen sich nicht an das Private, Gefühlige heranziehen; in sie ist Geschichte eingeschrieben. Die Beschäftigung mit ihnen kann uns anregen, diesen Arbeitsansatz zum Prinzip zu erheben und dem Text nicht mehr zuzumuten, als er vertragen kann, Nähe zum Text zuzulassen, aber auch Distanz zu wahren.

Die Arbeit an der rhythmischen und klanglichen Struktur verdichteter Texte beginnt damit, diese Texte zu sprechen, sie in den Mund zu nehmen, sie zu kauen und zu schmecken. Sich selbst oder anderen laut vorzulesen, scheint etwas aus der Mode gekommen zu sein. Die eigene

Stimme den fremden Text sagen zu hören, ist etwas anderes, als der inneren Stimme zu lauschen. Der Text wird beim lauten Lesen zu einem Partner. Wir können ihm zuhören, wir nehmen sein Echo wahr, wir können ihn verändern. Der Text spricht zu uns und teilt uns seinen Inhalt und seine Form mit. Dazwischen entdecken wir Spannungen, Widersprüche, Unwägbarkeiten, die es herauszuarbeiten gilt. Wir beginnen, um das Textmaterial herum zu fabulieren. Sinn- und Gedankenbögen, Handlungsstränge und klangliche Attraktionen geben sich zu erkennen. Neben den Motivationen der Autoren und der im Text handelnden Figuren assoziieren wir Bilder und Vorstellungen. Die rhythmische und klangliche Struktur des Textes kann diesen Erkenntnisvorgang unterstützen oder ihn initiieren. Es ist hilfreich, in dieser Phase der Begegnung mit dem Text eine staunende Haltung einzunehmen, der Intuition zu folgen, aber weiter zu forschen. Wenden wir uns mit dem gesprochenen Text an andere Personen, verändern wir die Sprechsituation. Unsere Sprechabsicht ist jetzt nicht mehr ausschließlich auf den Text gerichtet. Wir beginnen, mit dem Text zu handeln. Dadurch verändern wir den Text, da wir ihn an die wechselnden Anforderungen der Sprech- bzw. Spielsituation anpassen. Durch den Dialog entstehen neue Widersprüche und Reibungen, die die zwischen Inhalt und Form aufgespannten Möglichkeiten weiter beleben. Die in den Text eingeschriebene Körperlichkeit wird durch die Individualität der spielenden Sprecher neu durchblutet. In dieser Arbeitsphase können wir ausprobieren, wie belastbar der Text ist. Das betrifft auch und vor allem die klangliche und rhythmische Struktur. Auf diese Weise entwickeln wir ein Gespür dafür, wie Satz und Vers sich gemeinsam und gegeneinander entwickeln. Wir lernen, genau hinzuhören, ohne uns permanent zuzuhören und zu bewerten. Wir entwickeln ein Gespür für unseren inneren Rhythmus, den wir zu dem des Textes ins Verhältnis setzen.

Die Arbeit am künstlerischen Text

Ein auf der Bühne gesprochener Fremdtext kann in verschiedenen Spielsituationen verschieden verstanden werden, ohne dass sein Inhalt sich ändert. Das enthebt uns nicht der manchmal mühevollen Arbeit, ihn aus der Perspektive der Dichter zu begreifen. Da wir mit den Dichtern und ihren Figuren in der Regel keinen gemeinsamen Erfahrungshintergrund teilen, müssen wir uns an manch sprachliches Bild heranarbeiten. Dazu gehören nicht nur Metaphern, sondern auch Vergleiche und einzelne Wörter, die sich uns nicht sofort erschließen. Unser Beispieltext, der Botenbericht des Odysseus aus Kleists Stück „Penthesilea", bietet eine Reihe von Herausforderungen für analytisches und sinnliches Verstehen, das sich erst aus dem Widerspruch zwischen der erzählten Situation und der Situation, in der erzählt wird, erschließt. Der Standpunkt des Erzählers kann in Abhängigkeit von der Erzählsituation verschoben werden. Nicht jeder künstlerische Text lässt diese Verschiebung in gleichem Maße zu. In einen Großteil dramatischer Dichtung ist die Sprechsituation in den Text eingeschrieben. In anderen Texten lässt sie sich mehr oder weniger fantasieren. Nicht jeder Text eignet sich gleichermaßen gut für das gestische Sprechen. Wenig verdichtete Texte, bei denen die reine Information im Vordergrund steht, faktische Texte also, bieten kaum Reibungsmöglichkeiten und regen die Fantasie höchstens durch ihren Inhalt, aber weniger durch ihre Struktur an.

Erlesen des Textes

Die Arbeit am künstlerischen Text beginnt zunächst damit, den Text zu lesen und ihn zu verstehen. Wir probieren, den Inhalt der Wörter und Sätze zu erschließen und zu begreifen, was da geschrieben steht. Dabei stoßen wir auf sprachliche Bilder: Metaphern, Vergleiche, rhetorische Figuren, wörtliche Rede und zuweilen auf Wörter und Wendungen, die ihren Sinn nicht sofort preisgeben. Beim Lesen eines Textes von links nach rechts, wie wir es in unserer Sprache gewohnt sind, wechseln wir zwischen drei Augenbewegungsmustern. Das liegt daran, dass nur die Sehgrube (Fovea centralis) unserer Netzhaut in der Lage ist, die Buchstaben genau zu erfassen. In ruckartigen Sprüngen (Sakkaden) erfasst das Auge durchschnittlich jeweils etwa zehn bis zwölf Buchstaben, drei oder vier links vom Blickzentrum, sieben oder acht rechts davon. Zwischen den Sprüngen gibt es jeweils eine Pause. Während dieser Fixation, deren Zentrum sich bei längeren Wörtern etwa in ihrem ersten Drittel befindet, verarbeitet unser Gehirn die aufgenommenen Informationen. Die Buchstabenfolgen werden nun zerlegt, analysiert und wieder zusammengesetzt. Die Weiterverarbeitung erfolgt auf phonologischem oder lexikalischem Weg. Dabei werden die Buchstaben entweder in Laute umgewandelt, oder der Sinn von Wörtern wird direkt erschlossen. Die unterschiedlichen Verarbeitungsweisen zeigen sich sowohl in Abhängigkeit von der Art des Textes als auch von den Gewohnheiten der Leser. Sachtexte werden eher lexikalisch verarbeitet, künstlerische Texte eher phonologisch. Beim Textlernen merken sich einige Studierende Texte eher akustisch, andere eher visuell. Letztere können sogar angeben, auf welcher Buchseite eine Textpassage zu finden ist. Zwischen den Wortbedeutungen müssen syntaktische Verknüpfungen hergestellt werden, die Sinnzusammenhänge erlauben. Pro Lesesekunde finden etwa vier Sakkaden statt. Geübte Leser können je nach dem Schwierigkeitsgrad eines Textes etwa 450 Wörter pro Minute verarbeiten.[189] Nach rechts springende Sakkaden können auch nach links ausgerichtet werden. Während dieser Regression geht der Blick zurück zum bereits erfassten Text. Beim stillen Lesen haben wir die Möglichkeit, immer wieder zurück und nach vorn zu blicken und einen Gedankenbogen so lange zu verfolgen, bis wir begreifen, was gemeint ist. Beim wiederholten stillen Lesen kann der Blick weitere Sprünge machen, um größere Gedankenbögen zu erfassen. Dabei lassen wir ganze Wörter aus, deren Sinn das Gehirn aus dem Kontext erschließt. Wir fokussieren auf diese Weise unsere Aufmerksamkeit auf bestimmte Textteile. Schnell Lesende sind in der Lage, Sinnzusammenhänge mühelos zu erfassen. Sie sind nach rechts auf den fortlaufenden Text ausgerichtet. Auf diese Weise können ihnen Feinheiten entgehen, die sie erst beim wiederholten Lesen entdecken. Langsam Lesenden fällt es manchmal schwer, längere Gedankenbögen zu erfassen. Unser Kurzzeitgedächtnis speichert Informationen nur wenige Sekunden. So kann es vorkommen, dass wir den Anfang eines Kleistsatzes an seinem Ende im Arbeitsspeicher nicht mehr auffinden können. Einige Leser, zu denen ich auch gehöre, neigen dazu, Texte zu verschlingen, weil sie neugierig sind, wie eine Geschichte ausgeht. Der Genuss am Text stellt sich oft erst beim wiederholten Lesen ein. Das Lesen von fremdsprachigem Text bietet eine ungewohnte und zuweilen angenehme Entschleunigung. Beim Lesen versuchen wir, Sinn aus Wortbedeutungen und Textstrukturen zu generieren. Das gelingt uns besser oder schlechter auf der Grundlage von Hintergrunderfahrungen. Das Wissen über die Autoren und ihre Zeit, ihre Motive und Absichten kann dafür hilfreich sein. Worte sind an Konzepte gebunden und an Schemata, die Dinge zusammenfassen und Handlungen verknüpfen. Semantische Konzepte und Schemata können wir an wechselnde Situationen anpassen. Dadurch entstehen Gefühle als in der Erinnerung gespeicherte körperliche Erfahrungen. Auf diese Weise sind wir in der Lage, zu assoziieren und Analogien zu bilden. Dann löst unsere Fantasie unbewusste körperliche Attraktionen aus, die uns bewegen.

Konzepte und Schemata – Sinn und Sinnlichkeit – Ein gleiches

In dem im vorherigen Kapitel erwähnten Goethe-Gedicht „Ein gleiches" begegnen uns zunächst vier Konzepte: Gipfel stehen für die unbelebte Materie, Wipfel repräsentieren die Flora, Vögelein die Fauna, im Du erkennen wir den Menschen. Auch das Konzept Distanz und Nähe können wir ausmachen. Die Ruhe ist über den Gipfeln. Der Raum ist nicht genau definiert, ruft aber ein Gefühl von Weite, wenn nicht sogar von Erhabenheit wach. Das Du ist ganz nah, auch wenn wir nicht explizit sagen können, um welches Du es sich handelt, fühlen wir uns angesprochen. Je nach dem Standpunkt des Betrachters können wir ein horizontales oder vertikales Betrachtungsschema zugrunde legen. Denken und empfinden wir vertikal, stellen sich kreuzmodale Assoziationen ein. Das polysemantische Wort Gipfel löst räumliche und mentale Vorstellungen vom Konzept oben aus: Berggipfel, Gipfel des Glücks, Gipfeltreffen usw. (vgl. Kapitel *Wahrnehmung*). Die Präposition „über" öffnet diesen Raum nach oben, was auch immer wir da vermuten. Die Assoziation hell/dunkel bzw. oben/unten finden wir auch in den Vokalklängen wieder. Das helle /i/ in Gipfeln steht dem dunklen /u/ in Du und Ruh gegenüber. Betrachten wir die Präpositionen, entdecken wir auch das Konzept „innen und außen": Über den Gipfeln/in den Wipfeln. Gleichzeitig haben wir eine Vorstellung von der äußeren und inneren Welt und den Empfindungen, die an diese Vorstellung gebunden sind. Und neben der Assoziation groß/klein – unendliche Weite über den Gipfeln, durch die Diminutivform verkleinerte Vögel, der Mensch im Universum – entdecken wir ein Konzept von Zeit und einen Ausblick in die Zukunft im Wort „balde". Diese Konzepte sind mit Ruhe bzw. Schweigen, Schlaf oder Tod verbunden. Sie lassen sich auch als eine Form von Dystopie deuten. Sie sind an unser individuelles Erleben gekoppelt. Wir verorten uns, wir richten unseren inneren Blick, wir spüren, lauschen, empfinden, wir verstehen und finden einen Sinn in den Versen. Unser individuelles Bild von den Gipfeln und Wipfeln, das Empfinden von Ruhe wird sehr unterschiedlich sein. Unser Erfahrungshintergrund lässt uns möglicherweise zunächst an ein Ausruhen nach langer Wanderung oder aber an die Endlichkeit unseres Lebens denken. Der Hauch kann ein Windhauch, der auf die Wahrnehmung reagierende Atem oder die Vorstellung vom auszuhauchenden Leben sein. Goethe aktiviert unsere Fähigkeit, Informationen mehrdimensional zu verarbeiten. Er nutzt unsere Sprachverarbeitungsmechanismen, um unsere Vorstellungen und Empfindungen zu choreografieren.[190] Wir vervollständigen Gipfel zu Gebirgslandschaften und Wipfel zu Bäumen und zu einem Wald. Wir stellen uns den Wald vor, bevor er im Text benannt wird. „Unsere Sprachverarbeitungsmechanismen substituieren die Echtzeit, also die tatsächliche Abfolge der Benennungen und Gegenstände durch eine konstruierte Ereigniszeit – sei es des Wahrnehmens oder Vorstellens, sei es der welthaften Ereignisse."[191] Sowohl Wanderer als auch Nacht kommen in dem Text nicht vor. Wir lesen sie in den Text hinein. „Wandrers Nachtlied" ist der Titel des Prototypen. Die Geschichte des Gedichts als Hintergrundinformation lädt uns in einen Fantasieraum ein, in dem wir einerseits unserer Intuition folgen können, andererseits vom Dichter auf einfache und doch raffinierte Weise in unserer Aufmerksamkeit gelenkt werden. Die Enjambements geben dem Gedicht ein eigenes Tempo und eine Bewegung. Sie machen den Wechsel von Eindruck und Ausdruck, von Spannung und Lösung spürbar, wohingegen die Reime dem Gedicht eine gewisse Stabilität verleihen. Wir können den Widerspruch zwischen der bewegten Struktur und dem ruhigen Inhalt sinnlich erleben. Das Beispiel zeigt uns, dass es sich nach der ersten intuitiven Begegnung mit dem gesprochenen Text lohnt, diesem auf die Spur zu gehen und ihn auszuforschen. Wenn wir genau lesen und sprechen, erfahren wir, wie ein kleines Wort, eine Silbe, anders gedacht und anders ausgesprochen zu einem Perspektivwechsel führen kann und dadurch unsere Vorstellungen und Empfindungen verändert. Die gestische Arbeit am Text führt also weniger zu vorzeigbaren Ergebnissen als dazu, die Fähigkeit zu entwickeln, mit Sprache zu handeln und Sprache genussvoll aushorchen zu lernen.

Die Kognitionsforschung geht davon aus, dass wir unser Wissen über die Welt in Form von Konzepten im Langzeitgedächtnis speichern. Wir organisieren und kategorisieren Informationen, um sie schnell abrufbar zu haben. Wir können unser Gehirn mit einem Lagerhaus vergleichen, in dem wir Informationen in Konzeptschubladen sortieren. Wortbedeutungen sind in semantische Konzepte eingebunden. Der Begriff Wald ist abstrakter als das Konzept Wald. Müssten wir alle Informationen, die einen Wald ausmachen, sprachlich ausdrücken, würden wir wohl bald vergessen haben, warum wir überhaupt Wald sagen wollten. Der Begriff

Wald ist das Etikett auf der Schublade für alle Waldinformationen, die wir gesammelt haben. Das bedeutet, dass wir mehr wahrgenommen haben, als wir in einem Wort ausdrücken können. Unsere Sprache ist gröber als unsere Wahrnehmung. Deswegen vereinfachen wir, fassen Informationen konzeptionell zusammen und bilden Schemata, nach denen wir sie verbinden. Farben und Formen der uns umgebenden Welt sind vielfältiger, als unsere sprachlichen Möglichkeiten sie ausdrücken können. Auch die Feinheiten unseres Handelns sind mit Sprache nur bedingt beschreibbar. Wir benötigen ein System von Maßeinheiten, um uns in Zeit und Raum orientieren zu können und Mengen zu beschreiben. Nicht jedes Konzept ist sofort verbalisierbar. Stimmungen, Gefühle, körperliche Zustände müssen wir zuweilen umschreiben. Manches entzieht sich gänzlich dem sprachlichen Ausdruck oder versteckt sich im Metaphorischen. Konzepte können unscharfe Grenzen haben. Denken wir noch einmal an die feinen Abstufungen zwischen einem Blau und einem Grün. Unsere Speicher müssen immer wieder sortiert und schematisch geordnet werden. Dabei entstehen neue Verknüpfungen und Netzwerke. Die Aneignung von Welt erfolgt über kognitive Modelle, die auf Konzepten und Schemata beruhen, welche sich auf körperliche Erfahrungen mit Welt gründen. Wir konzipieren die uns umgebende Welt, indem wir uns in ihr bewegen. Schemata verknüpfen aufeinander bezogene Konzepte zu Verhaltensmustern. Auf diese Weise erstellen wir uns räumlich strukturierte mentale Bilder, die zum Ausgangspunkt unserer Vorstellungskraft werden. Ähnliche Konzepte von Autoren, Lesern und Hörern erleichtern das Textverständnis. Die Sinnzusammenhänge im Text gleichen wir mit unseren Gedächtnisinhalten ab, ergänzen und verändern sie. Wir greifen auf Erfahrung zurück, sind aber auch in der Lage, zu assoziieren und unsere Fantasie ins Spiel zu bringen. Für die Arbeit am künstlerischen Text erscheint mir das Wissen um Beziehung zwischen Begriff, Konzept und Schema hilfreich, da es einen Assoziationsspielraum eröffnet und das genaue Aushören von Texten möglich und erlebbar macht. Begriffe, Aussagen und Handlungen im Text können auf diese Weise konkreter und dadurch sinnlich erlebbarer gemacht werden. Worte sind Lautfiguren, die verschiedenste Assoziationen zulassen. Sie ergeben einen anderen Sinn innerhalb anderer Kontexte. Worte rufen die Konzepte hervor, die sie beschreiben und die auf unserer Erfahrung und Vorstellungskraft beruhen. Wenn wir das Bedürfnis unserer Kognition nach Vereinfachung und Schematisierung verstehen, sind wir in der Lage, sowohl strukturierter und klarer als auch risikoreicher zu denken, indem wir eingefahrene Denkmuster verlassen.

Wie wir mit dem Text in einen Dialog treten

Die Begegnung mit dem künstlerischen Text lässt sich noch aus einer anderen Perspektive betrachten. Das Lesen ist eine zielorientierte sprachliche und kreative Handlung, ein kommunikativer Vorgang. Wir wollen den Text verstehen, die Motive und Intentionen der handelnden Figuren und der Autoren nachvollziehen. Zwischen dem Text und den Lesern findet eine Interaktion statt. Wir gelangen auch auf diese Weise in die Erfahrungswelt der Autoren und ihrer Figuren. Indem wir in der Lage sind, Vorgänge im Text zu erkennen, verstehen wir, wem, durch wen, wann, wo, warum, wozu und wie was geschieht. Der Handlungsaspekt des Lesens macht deutlich, dass der Leser je nach Intention unterschiedlich an einen Text herangehen kann. Sein Vorwissen und sein Interesse geben ihm verschiedene Möglichkeiten, einen Text zu erschließen und zu interpretieren. Das Lesen und Verstehen künstlerischer Texte ist ein aktiver, sinngebender Prozess, in dem wir sowohl eine Innen- als auch eine Außenperspektive einnehmen. Wir sehen die im Text erzählte Welt mit den Augen der handelnden Figuren und versetzen uns in sie hinein. Wir bewerten ihr Handeln in konkreten Erzählsituationen. Der Text lädt uns sowohl zum Mitspielen als auch zum Zuschauen ein.[192] Wir treten mit dem Text in einen Dialog, der auf unserem Wissen und unserer Vorstellungskraft gründet und den Text insofern verändert, als dass er sich uns preisgibt. Mit guter Dichtung kann dieser Dialog ein Leben lang geführt werden. Jede Lebensphase führt zu einer tieferen Durchdringung verdichteter Texte. Lesen wir den Text laut, geben wir ihm eine von uns und anderen wahrnehmbare Gestalt. Möglicherweise bleiben wir dem Duktus des sinnerfassenden

Lesens noch eine Weile verhaftet. Wir versuchen, die Gedanken zu ordnen, sie in Sinnschritte zu unterteilen und zu erkennen, wie sich der Gedankenbogen entwickelt. Dabei orientieren wir uns zunächst an den Satzzeichen. Die Interpunktion folgt der Logik des geschriebenen Textes und einem Regelwerk, das für die jeweilige Sprache empfohlen wird. Sie gibt nicht immer verlässliche Auskunft darüber, wie ein gesprochener Satz von Hörern sinnlich erfasst werden kann. Wenn wir sprechend eigene Gedanken entwickeln, setzen wir Zäsuren in Abhängigkeit von unserem Denktempo in einer konkreten Sprechsituation. Eindruck und Ausdruck wechseln sich ab und werden im Verhältnis von Ein- und Ausatmung gegliedert. Einzelne Sinnschritte können Teil eines Gedankens sein. Ein gedanklicher Bogen kann sich über mehrere Haupt- und Nebensätze erstrecken. Wichtige Informationen sind von weniger wichtigen zu trennen. Die deutsche Sprache ist syntaktisch so konstruiert, dass für das Verständnis besonders relevante Informationen am Anfang und am Ende von Sätzen und Textpassagen zu finden sind. Die Informationen, die zuerst in unseren Arbeitsspeicher gelangen, werden zuerst bearbeitet. Von einem gedanklichen Ausgangspunkt gelangen wir direkt oder auf Umwegen zu unterschiedlichen Zielen. In Abhängigkeit vom Kontext treffen wir Voraussagen über die Wahrscheinlichkeit, mit der die Worte aufeinander folgen. Wird unsere Erwartung zu früh eingelöst, beginnen wir, uns zu langweilen. Im anderen Fall wird eine Spannung erzeugt. Die Unvollständigkeit eines gedanklichen Bogens erhöht unser physiologisches Erregungsniveau und damit unsere Aufmerksamkeit. Wir sind neugierig und wollen wissen, wie die Sache ausgeht. Beim Sprechen des Textes müssen wir diese Informationen als Eindrücke gedanklich an den Anfang stellen. Unsere Eindrücke sind der Grund dafür, dass wir sprechen. Der Text wird von seinem Ende her gesprochen. Wir erzählen eine Geschichte ausgehend von ihrer Fabel. Wir wollen auf etwas hinaus, das uns erzählenswert erscheint, wir möchten jemanden bewegen, wir handeln mit Sprache und lenken die Aufmerksamkeit der Hörer auf bestimmte Aspekte der Geschichte, um Handlungen bei ihnen in Gang zu setzen. Genauso ist es möglich, einen Gedanken zusammen mit Hörern zu entwickeln. Dann wissen wir noch nicht, wohin die Reise geht, wir lassen uns gemeinsam überraschen. Beim Lesen aktivieren wir semantische Konzepte, die Gefühle und unbewusste Bewegungsabläufe auslösen. „Unsere auf Worten basierenden Gedanken sind automatisch mit den motorischen Abläufen der Artikulation verbunden.“[193] Kinder bewegen beim Lesen noch unwillkürlich Mundlippen und Zunge. Gleichzeitig sind Worte an Konzepte gebunden, die eine Sensomotorik beinhalten, welche an körperliche Erfahrung geknüpft ist. Erinnerung ist die Fähigkeit, sensomotorische Abläufe zu wiederholen. Das Lesen eines Textes bewegt uns. Textinhalt, Textstruktur und der Lesevorgang lösen bei Lesern Gefühle aus. Wenn sich der Text schwer oder nicht erschließen lässt, kann das zu Frustration führen oder als Herausforderung betrachtet werden. Wir sollten nicht zu früh aufgeben. Mancher Text, der sich anfänglich spröd und unzugänglich zeigte, entfaltet seinen Reichtum erst nach und nach. Gute Dichtung kann, wie schon erwähnt, ein Leben lang ein Ort des Staunens bleiben, an dem man immer wieder neue Entdeckungen machen kann.

Mit dem Text handeln – Sprechsituationen

Bereits in der Phase der ersten Bekanntschaft mit einem künstlerischen Text ist es hilfreich, die W-Fragen nicht nur hinsichtlich der im Text erzählten Vorgänge, sondern auch für die aktuelle Sprechsituation zu stellen. Die Antworten auf die Fragen nach Motiv und Absicht des Sprechens machen den Text lebendig, verorten ihn und richten ihn an jemanden. Die Arbeit am künstlerischen Text ist die Königsdisziplin der sprecherzieherischen Arbeit. In ihr wenden die Studierenden an, was sie über Körper, Atem, Stimme, Artikulation gelernt haben. Das Sprechhandeln verbindet sich mit dem Sprechdenken eines Fremdtextes. Der Text verkörpert sich in einer konkreten Sprechsituation, die durch das Denken, Fühlen und Handeln kreiert und verändert wird. Das Sprechen wird zu einem neuartigen gesamtkörperlichen Erlebnis, da es die Erlebniswelt von Figuren miteinbezieht. Es kommt zu einem Metabolismus zwischen dem Sprecher und dem Text bzw. den in ihm oder durch ihn handelnden Figuren. Die Sprechsituation erfordert nun, anders als beim Vorlesen, dass die aus dem

Text herausgelesenen Motive und Absichten im Vordergrund stehen. Die Worte müssen vergessen werden, um sie im Moment des Sprechens aus dem Verhalten in einer konkreten Situation neu entstehen zu lassen. Fabeln, einfache Prosatexte und Gedichte stehen am Anfang der Textarbeit. Balladen eignen sich sehr gut, da sie alle Gattungen literarischer Texte in sich vereinen. Die Arbeit am dramatischen Text sollte den Schwerpunkt der Ausbildung darstellen. Hier lässt sich der interessante Widerspruch zwischen erzählter und erzählender Situation am deutlichsten erarbeiten. Der dramatische Text bietet anders als Lyrik und erzählende Prosa eine Spielsituation an, die das Handeln mit Sprache sinnlich erkennbar in den Vordergrund rückt. Flexibilität im Denken und Handeln ist das angestrebte Ziel. Verbindet sie sich mit der Spiellust der Studierenden, werden sie in die Lage versetzt, sich künstlerische Texte selbstständig zu erschließen und sie spielerisch umzusetzen. Auf diese Weise werden sie befähigt, eigene Angebote zu machen und auf Angebote von außen kreativ zu reagieren.

Odysseus/Penthesilea/Kleist

Kleists Drama aus dem Jahre 1808 thematisiert Liebe als Kampf der Geschlechter. Die im Blankvers verfasste Tragödie ist wie Homers „Ilias“ in 24 Auftritte gegliedert. Um mit der Arbeit an diesem Text beginnen zu können, ist es erforderlich, dass die Studierenden den Text und das Stück gelesen haben. Sie sollten darüber hinaus über genügend Hintergrundwissen verfügen, das heißt, über die Umstände des Trojanischen Krieges, das Gesellschaftsmodell der Amazonen und die auftretenden Figuren. Je besser die Studierenden informiert sind, desto mehr Vorschläge können sie in die Textarbeit einbringen. Auf diese Weise wird die Arbeit lustvoll für beide Seiten. Zum Prima-Vista-Lesen ist der Text weniger geeignet. Studierende haben in den letzten Jahren immer wieder Eigenständigkeit eingefordert. Leider überzeugt die Art der Vorbereitung nicht immer. Stücke werden häufig, wenn überhaupt, nur als Zusammenfassung bei Wikipedia zur Kenntnis genommen. Das beschränkte historische Wissen wird nur nach Aufforderung erweitert. Aber Talent ist vor allem Interesse. Und so erinnere ich doch einige sehr spannende und überraschende Begegnungen mit Studierenden und diesem Text. Wenn Studierende mit einem Angebot in den Unterricht kommen, sollten Sprecherzieher dieses Angebot ernst nehmen und versuchen, damit zu arbeiten. Ergeben sich Widersprüche beim Beantworten der W-Fragen oder Probleme beim Text- und Sinnverständnis, müssen sie geklärt werden. Es hat sich bewährt, den Studierenden Fragen zum Text zu stellen und mit ihnen einen spielerischen Dialog auf Augenhöhe zu führen. Nicht alle Fragen müssen sofort beantwortet werden. Manchmal ist es besser, Zeit zum Nachdenken und Nachempfinden zu lassen, geduldig zu sein und Prozesse anzuschieben, anstatt auf Ergebnisse zu setzen. Ich bin nicht der Auffassung, dass dieser Text nur männlichen Sprechern vorbehalten sein sollte. Sprecherinnen haben großen Spaß daran, sich zu verwandeln, indem sie in ihren Denkprozessen und in ihrem Verhalten den männlichen Protagonisten nachahmen.

Das Stück lässt sich in wenigen Worten wie folgt zusammenfassen: Auf dem Schlachtfeld vor Troja kommt es immer wieder zu Übergriffen durch sowohl Trojaner als auch Griechen angreifende Amazonen. Deren Ziel besteht darin, möglichst viele Gefangene zu machen und mit ihnen Nachkommen zu zeugen. Aufgrund seiner Vorgeschichte lebt das Volk der Amazonen männerlos. Es ist den Amazonen nicht gestattet, auf dem Schlachtfeld eine individuelle Partnerwahl zu treffen. Nur Penthesilea nimmt dieses Recht aufgrund einer Weissagung ihrer Mutter für sich in Anspruch. Sie stellt Achill nach, der sie im Kampf besiegt. Sie fällt in Ohnmacht und kann sich danach nicht mehr erinnern, dass sie besiegt wurde. Niemand klärt sie auf, sie wird in dem Glauben belassen, Achill besiegt zu haben. Die beiden verlieben sich ineinander. Als Penthesilea des Betrugs gewahr wird, fordert sie Achill heraus, tötet den Wehrlosen auf grausame Weise und stirbt bei seiner Leiche, indem sie sich ein vernichtendes Gefühl, kalt wie Erz, aus dem Busen gräbt.

Wie eingangs angekündigt, soll eine kurze Exegese des Anfangsdialogs (1. Auftritt) zwischen Odysseus und Antilochus aus dem Stück „Penthesilea“ von Kleist die theoretischen Überlegungen zur Textarbeit praktisch erläutern.

1. Auftritt

Odysseus und Diomedes (von der einen Seite) Antilochus (von der andern) Gefolge (treten auf)

Antilochus.
Seyd mir gegrüßt, ihr Könige! Wie geht's,
Seit wir zuletzt bei Troja uns gesehn?
Odysseus.
Schlecht, Antiloch. Du siehst auf diesen Feldern,
Der Griechen und der Amazonen Heer,
Wie zwei erboste Wölfe sich umkämpfen:
Beim Jupiter! sie wissen nicht warum?
Wenn Mars entrüstet, oder Delius,
Den Stecken nicht ergreift, der Wolkenrüttler
Mit Donnerkeilen nicht dazwischen wettert:
Todt sinken die Verbißnen heut noch nieder,
Des einen Zahn im Schlund des anderen.
Schafft einen Helm mit Wasser!
Antilochus. Element!
Was wollen diese Amazonen uns?
Odysseus.
Wir zogen aus, auf des Atriden Rath,
Mit der gesammten Schaar der Myrmidonen,
Achill und ich; Penthesilea, hieß es,
Sei in den scyth'schen Wäldern aufgestanden,
Und führ' ein Heer, bedeckt mit Schlangenhäuten.
Von Amazonen, heißer Kampflust voll,
Durch der Gebirge Windungen heran,
Den Priamus in Troja zu entsetzen.
Am Ufer des Skamandros hören wir,
Deiphobus auch, der Priamide, sei
Aus Ilium mit einer Schaar gezogen;
Die Königinn, die ihm mit Hülfe naht,
Nach Freundesart zu grüßen. Wir verschlingen
Die Straße jetzt, uns zwischen dieser Gegner

28 Heillosem Bündniß wehrend aufzupflanzen;
29 Die ganze Nacht durch windet sich der Zug.
30 Doch, bei des Morgens erster Dämmerröthe,
31 Welch ein Erstaunen faßt' uns, Antiloch,
32 Da wir, in einem weiten Thal vor uns,
33 Mit des Deiphobus Iliern im Kampf
34 Die Amazonen sehn! Penthesilea,
35 Wie Sturmwind ein zerrissenes Gewölk,
36 Weht der Trojaner Reihen vor sich her,
37 Als gält es über'n Hellespont hinaus,
38 Hinweg vom Rund der Erde sie zu blasen. [...][194]

Die Situation wahrnehmen und Sprechhaltungen entwickeln

Im ersten Auftritt begegnen wir Odysseus und Diomedes auf der einen Seite, Antilochus und Gefolge auf der anderen. Der König von Ithaka und der König von Sparta treffen auf den Freund Achills. Uns interessiert der öffentlich geführte Dialog zwischen Odysseus und Antilochus, in dem Letzterer wenig zu Wort kommt und der mit der von Antiloch gestellten Frage beginnt: „Seyd mir gegrüßt, ihr Könige! Wie geht's,/ Seit wir zuletzt bei Troja uns gesehn?“ Die Frage gilt wohl weniger dem Befinden der Anwesenden als der strategischen Lage vor Troja. Die Sprechhaltung dieser Frage kann sich aus der aktuellen Wahrnehmung ergeben. In welcher Verfassung befinden sich Odysseus und Diomedes, und wie nimmt Antiloch diesen Zustand wahr? Wir erfahren im nachfolgenden Text, dass Odysseus mindestens eine ganze Nacht marschiert und durstig ist und dass er nicht Herr der Situation werden konnte. Die Sprechhaltung kann sich auch aus Antilochs Wahrnehmung der aktuellen Schlachtsituation ergeben. Er hat ein Interesse, den genauen Stand der Dinge zu erfahren. Wie wir den Versen 103 bis 105 entnehmen können, wurde er bereits durch einen Boten unterrichtet, wusste sich aber keinen Reim auf die Botschaft zu machen:

„So, Wort für Wort, der Bote, den du sandtest;/ Doch keiner in dem ganzen Griechenlager,/ Der ihn begriff." Am Ende des 1. Auftritts erfahren wir außerdem, dass Antiloch von Agamemnon wie folgt beauftragt worden war: „Mich sendet Agamemnon her, und fragt dich,/ Ob Klugheit nicht, bei so gewandelten/ Verhältnissen, den Rückzug dir gebiete./ Uns gelt' es Iliums Mauern einzustürzen,/ Nicht einer freien Fürstinn Heereszug,/ Nach einem uns gleichgült'gen Ziel, zu stören." Hinter der sprachlich zunächst eine Konvention bedienenden Begrüßungsformel am Anfang des Dialogs verstecken sich also Motiv und Absicht. Antiloch versucht, sich ein Bild von der Lage zu machen, bevor er Agamemnons Ratschlag überbringt. Die Frage ist, wenn man ihr den Mantel der Höflichkeit abstreift, eine Aufforderung. Das die Sprechhandlung tragende Wort ist das Verb gehen. Geht es voran oder geht es zurück, geht es gut oder geht es schlecht? Zwischen diesen Polen wird eine Antwort erwartet. Ob es gut oder schlecht geht, seit man sich bei Troja oder anderswo gesehen hat, scheint nachgeordnet zu sein, man befindet sich ja bei Troja. Die Formulierung „seit wir zuletzt bei Troja uns gesehn" bezieht sich auf eine zeitliche Distanz. Antiloch macht deutlich, dass ja einiges passiert ist in der Zwischenzeit. Liegt der gedankliche Hauptschwerpunkt am Anfang der Frage, fordert die Sprechweise den anderen zu einer Antwort auf. Der gedankliche Nebenschwerpunkt bietet sich auf dem nachgestellten Partizip gesehen an. Der Vers wird auf diese Weise bis zu seinem Ende gesprochen. Die Sprechspannung kann so über das Sprechen hinaus leicht verlängert werden und dadurch eine Antwort einfordern und entgegennehmen. Die Haltung dieser Sprechhandlung kann aufmunternd, ironisch, mitfühlend, herausfordernd oder hinter einer Konvention versteckt sein. Je nachdem, ob Antiloch einen persönlichen oder offiziellen Tonfall wählt, kreieren wir die Situation, in der sich die Sprecher befinden. Auch das Setting spielt eine Rolle. Sitzen die Beteiligten oder stehen sie? Welche Positionen nehmen sie zueinander ein? Schauen sie sich an oder sprechen alle nach vorn oder zur Seite, dem Schlachtfeld zugewandt? Die Art des Sprechens schafft die Situation, wie die Vorstellung von der Situation das Sprechen beeinflusst. Welche Beziehung nehmen wir zwischen den Beteiligten an? Gibt es ein Statusgefälle zwischen ihnen? Mögen sie sich? Sind sie Konkurrenten? Gibt es einen Wettbewerb zwischen Odysseus und Antiloch? Wir können mit den Studierenden vielerlei Optionen probieren, um sie zu einem konkreten Einstieg in die Sprechsituation zu bewegen. Odysseus bewertet sowohl die strategische als auch die persönliche Situation eindeutig, indem er antwortet: „Schlecht, Antiloch. Du siehst auf diesen Feldern,/ Der Griechen und der Amazonen Heer,/ Wie zwei erboste Wölfe sich umkämpfen:“ Hier erst beginnt die eigentliche Arbeit am Text. Denn es ist ja vor allem die Figur des Odysseus, die uns in der Textarbeit interessiert. Wir sehen, wie viel Vorarbeit nötig ist, um die erzählte Situation zu verstehen und die erzählende Situation mit ihren Sprechhandlungen zu erschaffen. Alle Informationen kommen zwar aus dem Text, ergeben sich aber nicht zwangsläufig aus dem fortlaufenden Lesen, sondern stehen erst dann zur Verfügung, wenn wir die ganze Geschichte genau kennen und mit unseren Assoziationen angereichert haben.

Sprechhandlungen durchsetzen

Wir untersuchen die Konzepte und Schemata, die dem Text zugrunde liegen. In seiner Antwort informiert Odysseus zunächst über die strategische und seine persönliche Situation. Es geht schlecht. Damit appelliert er bereits an Antilochs Wahrnehmung. Dieser muss nur hinschauen, um sich ein Bild von der Lage zu machen, das Übel spielt sich ja vor seinen Augen ab. Die Äußerung ist auffordernd und kann mit einer gerichteten Geste unterstützt werden. Dadurch entsteht ein gedachtes Dreieck zwischen dem Sprecher, dem Gegenstand seiner Rede und den Hörern. Da der Dialog öffentlich geführt wird, kann der Raumanspruch über den Rücken von Sprechern und Hörern erweitert werden. Das führt zu einer größeren Körperspannung, die die Stimme an den Körper anschließt, ihr eine bessere Tragfähigkeit und der Sprache höhere Präzision gibt. Eine Zusammenfassung der Verse in Form von Sätzen wie „Du siehst die doch kämpfen!“ und Appellen wie: „Jetzt schau doch mal hin!“, „Überzeuge dich selber!“, oder kräftiger formuliert: „Hast du denn Tomaten auf den Augen?“

können den Studierenden helfen, einen direkten Ton zu finden und die Sprache zu fokussieren. Der gedankliche Schwerpunkt liegt auf der Besonderheit der Situation, also dem Kampf zwischen Griechen und Amazonen, denn es ist für Odysseus schwer verständlich, wie es dazu kommen konnte. Deshalb erscheint es weit weniger hilfreich, darauf zu verweisen, wie gekämpft, als darauf, dass gekämpft wird.

Wie sich im Verlaufe des Dialogs aus den Versen 16 bis 21 ergibt, gingen die Griechen zunächst davon aus, dass sich die Amazonen die Trojaner zum Freund erkoren hatten: „Penthesilea, hieß es,/ sei in den scyth'schen Wäldern aufgestanden/ [...] / den Priamus in Troja zu entsetzen." Dieses „zu entsetzen" ist hier als das Befreien einer belagerten Festung zu lesen. Die Griechen mussten demnach davon ausgehen, dass die Amazonen die Trojaner gegen die Griechen unterstützen wollten. Genaue Informationen hatten sie anscheinend nicht. Der Einschub „hieß es" lässt das vermuten und könnte sprachlich auch entsprechend umgesetzt werden. Da auch Deiphobus von trojanischer Seite der Amazonenkönigin mit Hilfe entgegeneilt (Vers 21–26), glauben sie an ein Bündnis zwischen Trojanern und Amazonen: „Am Ufer des Skamandros hören wir,/ Deiphobus auch, der Priamide, sei/ Aus Ilium mit einer Schar gezogen;/ Die Königinn, die ihm mit Hülfe naht,/ Nach Freundesart zu grüßen." Wir erfahren weiter, dass die Griechen versucht haben, dieses Bündnis zu verhindern, indem sie sich sofort und eilig auf den Weg gemacht haben und die ganze Nacht marschiert sind: „Wir verschlingen/ Die Straße jetzt, uns zwischen dieser Gegner/ Heillosem Bündniß wehrend aufzupflanzen;/ Die ganze Nacht durch windet sich der Zug." Als Indiz für die schnelle Entscheidung, die Odysseus getroffen hat, kann gelten, dass die die Straße verschlingende Bewegung, in die er die Griechen versetzt, mitten im Vers beginnt, am Enjambement kurz inne hält, um dann wieder Fahrt aufzunehmen. Das Enjambement orientiert uns auf das Verb „verschlingen" und seine Körperlichkeit, die im Zusammenhang mit dem Objekt „Straße" eine Metapher darstellt und ein starkes Bild ergibt. Ein weiteres Enjambement sorgt dafür, dass die Syntax in ihrem logischen Fluss unterbrochen wird. Die Sprechweise erscheint zumindest in den Versen 21 bis 23 stockend. Mentale und körperliche Erregung könnten dieser Sprechweise zugrunde liegen. Auf der Beziehungsebene erkennen wir, dass Odysseus versichert, nicht tatenlos zugesehen, sondern unmittelbar und entschieden gehandelt zu haben, um in der Morgendämmerung zu sehen, dass sich Trojaner und Amazonen nicht im vermuteten Bündnis, sondern im Kampf befinden: „Doch, bei des Morgens erster Dämmerröthe,/ Welch ein Erstaunen faßt' uns, Antiloch,/ Da wir, in einem weiten Tal vor uns,/ Mit des Deiphobus Iliern im Kampf/ Die Amazonen sehn." Das Enjambement nach Kampf weist darauf hin, dass hier ein gedanklicher Schwerpunkt verborgen ist. Und dieser liegt wiederum auf dem besonderen Vorgang des unerwarteten Kampfes. Odysseus nimmt eine Perspektive zu dem Geschehen ein, die ihm aufgrund seines Verständnisses der Situation möglich ist. Er kennt die Motive der Amazonen nicht und weiß ihr Verhalten nicht richtig einzuschätzen. Wie er sich auch verhält, er kann nur Fehler machen. Er probiert, im Widerspruch zwischen Wollen und Können zu handeln. Dieser Gestus lässt sehr kräftige Spielhaltungen zu. Odysseus versucht, die von Antiloch gestellte Frage als Aufforderung an diesen zurückzugeben. Damit der Appellcharakter nicht verloren geht, ist es wieder günstig, den Vers bis zu seinem Ende zu sprechen, also den gedanklichen Schwerpunkt an das Ende des Verses auf das Verb kämpfen zu legen. Liegt der Schwerpunkt auf dem Wort Wölfe, verliert der Vers seinen Appellcharakter und klingt eher wie eine Erklärung. Wir sehen, dass es hilfreich ist, die Verben als Handlungsträger im Text genauer anzuschauen. Sie verdeutlichen in vielen Fällen die Absicht der Sprecher. Sind Verben an nachgestellte Präpositionen, adverbiale Bestimmungen oder Substantive gebunden oder handelt es sich um zusammengesetzte Verben, verändert sich der Charakter der durch das Verb beschriebenen Handlung. Doch zurück zum Anfang des Dialogs: Nachdem Odysseus seinen Gesprächspartner aufgefordert hat, sich selbst einen Eindruck von der Lage zu verschaffen, bringt er im nachfolgenden Vers 6 Jupiter ins Spiel. Dabei gibt er seinem Unmut und Unwissen ob der Situation Ausdruck, indem er dieses Unwissen den Kämpfenden unterstellt. Der Vers: „Beim Jupiter! sie wissen nicht warum?" lässt sich auch als ein „Verdammt noch mal, was machen die da?" verstehen. Ein Heben der Stimme aufgrund des Fragezeichens erscheint dann nicht nötig. Deutlich wird aber Odysseus' emotionale Involviertheit. Es kann auch als eine Aufforderung an Antiloch gelesen werden, eine mögliche Erklärung für die Situation abzugeben. Vielleicht weiß dieser mehr. Mit den direkt folgenden Versen macht Odysseus darauf aufmerksam, was passiert, wenn keiner eine Lösung für das Problem findet: „Wenn Mars entrüstet, oder Delius,/ Den Stecken nicht ergreift, der Wolkenrüttler/ Mit Donnerkeilen nicht dazwischen wettert:/ Todt sinken die Verbißnen heut noch nieder,/ Des einen Zahn im Schlund des anderen./ Schafft einen Helm mit Wasser!" Auf der Wortebene erschließt sich dieser Vers nicht sofort. Über Mars und Delius wissen Studierende meist wenig. Konzeptuell werden sie den Göttern zugerechnet, womit noch nichts darüber gesagt ist, wofür sie stehen. Manchmal bedarf es auch einiger Hilfe, bis sich hinter der Metapher der Wolkenrüttler Jupiter zu erkennen gibt. Die Verbindung mit dem Begriff Stecken ergibt auch nicht sofort ein genaues Bild. Trotzdem können die meisten Studierenden den Sinn des Textes mit ein wenig Hilfe erschließen und verstehen, dass hier nur noch die im Streit liegenden Götter Rettung bringen können, bevor das Schreckliche passiert, das der Dichter vorausschauend ankündigt. Die syntaktische Wenn-dann-Verbindung wird intuitiv als Schema für einen richtigen Zugriff auf den Text genutzt. Genaueres Aushören der Verse bringt einen zusätzlichen Gewinn an gedanklicher und damit sprecherischer Präzision. Die Amazonen sind Töchter des Kriegsgottes Mars, Delius ist der Beiname des den Trojanern beistehenden Gottes Apollon, während Jupiter, der Göttervater, von Odysseus ein weiteres Mal bemüht wird, um hoffentlich ein unparteiisches und erlösendes Urteil zu sprechen. Das Enjambement nach Wolkenrüttler kann den Versen auch hier ein kurzes Stocken halb unterdrückter Emotionalität geben. Wie auch das Verlangen nach Wasser am Ende der Replik Odysseus' Verfassung sinnlich erlebbar machen kann. Je größer der Durst und je unwahrscheinlicher seine zeitnahe Stillung, desto besser für eine körperlich angebundene und zielgerichtete, kräftige Äußerung.

Die Sprache aushören

Die Sprache ist lautmalerisch. Den Stecken ergreifen, die Wolken rütteln, mit Donnerkeilen wettern – das sind starke sprachliche Bilder mit einer Fülle von Plosivlauten. Wir untersuchen die rhythmische und klangliche Struktur der Sprache und probieren aus, wie sie den Gestus verändert. Was assoziieren wir, was nehmen wir wahr, wie wirken unsere Äußerungen auf uns und andere? Geduldig die unterschiedlichen Schichten des Textes freizulegen, bringt meist mehr, als alle Informationen auf einmal hineinzuarbeiten. Die Studierenden sollen durch diese Form der Textarbeit befähigt werden, sich Texte selbstständig zu erschließen. Antiloch lässt sich von Odysseus' Ausbruch lediglich zu einem: „Element!", was soviel wie „Donnerwetter!" heißen kann, hinreißen. Aber er bleibt am Thema, stellt die Frage nach den Motiven der Amazonen, legt den Finger also in die Wunde, denn diese Motive bleiben Odysseus, allerdings nicht nur ihm allein, verborgen. Er kann die Frage nicht beantworten und berichtet nun die ganze Geschichte seines Auftrags: „Wir zogen aus, auf des Atriden Rath, /Mit der gesammten Schar der Myrmidonen,/ Achill und ich." Der Atride ist Agamemnon, der oberste Feldherr der Griechen, Bruder des Menelaos, des Gemahls der Helena, die von Paris nach Troja entführt wurde, was wiederum den Trojanischen Krieg ausgelöst hat. Agamemnon hat nun also persönlich geraten oder vielleicht sogar befohlen, dann ließe sich dem Wort Rat noch ein besonderer Ton geben, das gesamte Heer des Achill, die berüchtigten Myrmidonen, gegen ein Bündnis der Amazonen mit den Trojanern einzusetzen. Einerseits verdeutlicht Odysseus so inhaltlich die Brisanz der Situation, andererseits macht er sich auch wichtig. Er brüstet sich. Vielleicht versucht er, Antiloch öffentlich vorzuführen, da dieser anscheinend auch keine Hilfe zur Lösung der Situation anbieten kann. In diesen Versen müssen wir die Bezüglichkeiten beachten. Es handelt sich nicht um eine Aufzählung, vielmehr ist herauszuarbeiten, dass Odysseus und sein Gefolge auf Agamemnons Rat eben genau mit Achill und seinen Myrmidonen ausgezogen sind. In schwarzer Rüstung und mit schwarzen Schilden ausgerüstet, glänzt das überschaubare Heer durch Tapferkeit und Kampfkraft. An dieser Stelle ist es hilfreich, Assoziationen, die sich mit dem Konzept „Achill und die Myrmidonen“ verbinden, bei den Studierenden wachzurufen und Vergleiche mit ihrer Lebenswelt oder Assoziationen zu aktuellen Ereignissen oder zur jüngeren Geschichte nicht zu scheuen. Vielleicht finden sie im Nachdenken über das Konzept Krieg zu den Motiven und Intentionen des Dichters. Wir sollten uns weiterhin fragen, welches Konzept sich hinter dem die Verse eröffnenden Wir verbirgt. Wen schließt Odysseus in dieses Wir ein? Das abschließende „Achill und ich“ lenkt den sprecherischen Schwerpunkt auf Odysseus. Wir können annehmen, dass er auch an dieser Stelle des Textes zu prahlen versucht. Er will seine Unfähigkeit, mit der Situation umzugehen, überspielen. Dass er sich in den nachfolgenden Versen über das sogenannte Heer der Amazonen lustig macht und es herabwürdigt, kann als männliche Selbstüberschätzung gedeutet werden oder als eine Ablenkung von der Tatsache, dass nicht schneller und klüger gehandelt wurde: „Penthesilea, hieß es,/ Sei in den scyth'schen Wäldern aufgestanden,/ Und führ' ein Heer, bedeckt mit Schlangenhäuten,/ Von Amazonen, heißer Kampflust voll,/ Durch der Gebirge Windungen heran,/ Den Priamus in Troja zu entsetzen.“ Odysseus versucht, das Problem Penthesilea herunterzuspielen. Die Art, wie er ihren Namen ausspricht, das Erwägen eines Gerüchts, die räumliche und kulturelle Entfernung zu den scyth'schen Wäldern, der ironische Ton, mit dem er das Wort Heer für einen Haufen berittener Frauen verwendet, der Verweis auf ihre Kleidung und Stimmung und darauf, wie sie sich unbemerkt durch die Landschaft bewegen, ist voller Ironie und unterschwelliger sexueller Andeutungen. Und trotzdem wird deutlich, dass eine Gefahr von ihnen ausgeht, denn sie kommen ja heran und wollen sich wohl mit den Trojanern gegen die Griechen verbünden. An dieser Stelle des Textes versucht Odysseus, die Amazonen zu denunzieren, während er am Ende seiner Replik voller Bewunderung spricht: „Penthesilea,/ Wie Sturmwind ein zerrissenes Gewölk,/ Weht der Trojaner Reihen vor sich her,/ Als gält es über'n Hellespont hinaus,/ Hinweg vom Rund der Erde sie zu blasen.“ Odysseus' Beziehung zu Penthesilea hat sich verändert. Obwohl er weiß, wie sich die Geschichte noch entwickeln wird, ist er ganz dem unmittelbaren Eindruck verhaftet. Er erinnert sich und ruft seine körperlich gespeicherte emotionale Erfahrung dieses Moments ab. Er erkennt die Amazonen als ernstzunehmende Partnerinnen an. Wir finden zwei unterschiedliche Sprechhaltungen, mit denen die Beziehung zu Personen ausgedrückt und in einer aktuellen Sprechsituation gehandelt wird. Der gedankliche Bogen umfasst mehr als vier Verse und braucht einen langen Atem. Er lässt sich zusammenfassen zu: „Sie weht sie vor sich her, als gält es, sie hinweg zu blasen." Der Einschub „wie Sturmwind ein zerrissenes Gewölk" bezieht sich auf Kraft und Schnelligkeit und korrespondiert mit dem Verb wehen. Penthesilea kommt wie eine Naturgewalt daher. Wir finden eine Häufung des Reibelautes W, was das sprachliche Bild von Wind und Wehen lautlich unterstützt. Odysseus staunt, er bewundert, er kann es nicht fassen. Sein Körper, Atem, seine Stimme und Sprechweise sind an diese Haltung angeschlossen. Griechische und trojanische Krieger bewegen sich in Phalangen, deren Schlagkraft in der Geschlossenheit besteht. So können sich die Krieger zwar gegenseitig schützen, sind aber nicht sehr flexibel in ihren Aktionen gegen den Feind. Sie gehen selbst im Rückzug einem geordneten Kriegshandwerk nach. Während die Amazonen in zerrissener Formation praktisch von überallher angreifen. Die Wucht der Attacke scheint auf die völlige Vernichtung ausgerichtet. Werden doch die Trojaner, von denen wir aus den Versen 22 bis 26 erfahren, dass es sich lediglich um eine Schar von ihnen handelt, nicht nur über den Hellespont hinaus, sondern gleichsam vom Erdenrund geweht. Der Hellespont bezeichnete einst die Meerenge zwischen Europa und Asien, heute nennen wir die Verbindung von Ägäischem und Marmarameer Dardanellen. Wahrscheinlich befand sich die Stadt Troja auf einem Hügel am Hellespont im Nordwesten der heutigen Türkei. Das sprachliche Bild hat eine geografische wie auch eine politische Dimension. Die Trojaner fliehen, von den Amazonen getrieben, den Griechen entgegen. Odysseus nutzt die Verwirrung der Trojaner und will die Amazonenkönigin, von der er annimmt, sie habe sich nun anders entschieden und die Seiten gewechselt, begrüßen. Dass die Amazonen völlig andere Motive zum Kampf treiben, als sie die Griechen und Trojaner haben, weiß er immer noch nicht. Er kann sich aus seinen Denk- und Wahrnehmungsschemata schwer befreien. Penthesilea begegnet bei dieser kurzen Unterbrechung ihres Kriegszugs Achill, den sie als den ihr vorausbestimmten potenziellen Gegner und Auserwählten erkennt. Sie erklärt Odysseus und ihm den Krieg und kämpft, nachdem die Trojaner dem gleichen Irrtum erlegen sind wie Odysseus, nun sowohl gegen Griechen als auch Trojaner.

Fabulieren

Um den Anfang des Textes so zu erzählen, dass sowohl Spielpartner als auch Zuhörer verstehen, worum es geht, müssen wir die Geschichte gleichsam von hinten aufrollen, das heißt, wir holen einen Teil der Hintergrundinformationen, über die die Figuren verfügen, und Informationen, die die Zuhörer für das Verständnis der Geschichte benötigen, aus dem fortlaufenden Text gedanklich nach vorn. Wir müssen uns also damit beschäftigen, was passiert ist, wie Odysseus es erlebt und verstanden hat und was er damit ausdrücken möchte, worin also seine Motive und seine Absichten bestehen. Wie er es erzählt, welche Sprechhaltungen er einnimmt, ergibt sich daraus, was er wahrgenommen und verarbeitet hat, bzw. was er aktuell wahrnimmt und verarbeitet. Aus der Gesamtdisposition der Odysseus-Figur (Odysseus der Listenreiche, der Feldherr, der König von Ithaka) lassen sich Verhaltensweisen isolieren, die in der konkreten Situation der Interaktion Widersprüche zwischen Wollen und Können erkennbar machen. Diese Widersprüche geben Auskunft über das Besondere der Situation und die Beziehung der beteiligten Interaktionspartner. Es bieten sich kräftige Figurenhaltungen an, die die Studierenden verlocken können, sich schauspielerisch-gestisch zu äußern, ohne die zu erzählende Situation zu verlieren. Das heißt im besten Fall: Die Geschichte wird durch das Sprechhandeln der Figuren erzählt, ihr Inhalt wird uns nicht erklärt. Die zu erzählende Geschichte kann dabei wie ein Film vor dem geistigen Auge des Erzählers ablaufen. Die Bilder der Geschichte kommen in Bewegung, sie werden an einigen Stellen herangezoomt und/oder in die Totale verschoben. Sie werden wie in einer langen Kamerafahrt erzählt oder durch Schnitte voneinander getrennt. Die Bilder bewegen den Sprecher, werden von ihm bewegt und auf den Hörer übertragen, der hoffentlich auch durch sie bewegt wird.

Erarbeiten wir den Anfang eines Textes sorgfältig und geduldig, erkennen die Studierenden meist sehr schnell die Wege, die sie zur Erschließung des ganzen Textes führen. Sind sie auf eine Spur gesetzt, ergreift sie das Jagdfieber, und sie bewegen sich selbstständig durch den weiteren Text. Und das ist unser Ziel. Am Ende einer Textarbeit soll eben kein unumstößliches Ergebnis stehen. Die Prozesse sinnlich erlebbar zu machen, die in enger werdenden Spiralen den Wesenskern eines Textes umkreisen, das ist der eigentliche Gewinn der gemeinsamen Arbeit. Der Text wird hinsichtlich der in ihm verborgenen Konzepte und Schemata untersucht. Das führt zu einer Unmenge von Assoziationsmöglichkeiten, aus denen wir eine Auswahl treffen, die sich danach richtet, was wir erzählen wollen. Wir untersuchen die Handlungsoptionen der Figuren und entscheiden, wofür sie die Geschichte benutzen. Dabei stoßen wir auf interessante Widersprüche in ihren Motiven und Absichten und den sich daraus ergebenden Handlungsstrategien und Taktiken. Diese Widersprüche führen dazu, dass die Geschichte auf konkrete Weise erzählt wird. Wort- und Satzbedeutungen können durch Sprechhaltungen in ihrem Sinn verändert werden. Im Zusammenspiel von Körper, Atem, Stimme und Artikulation drücken sich die Sprechhaltungen über sprecherische Mittel aus. Dynamik und Rhythmus, Melodieführung und Tonfall, Strukturierung und Diktion stehen im Dienst der Sprechhandlung und der konkreten Haltungen, in denen sie vollzogen werden. Weil wir viele Optionen probiert haben, sind wir in der Lage, die Sprechsituation zu verändern und auf Veränderungen zu reagieren. Denken und Verhalten bleiben flexibel, aber konkret. Das Sprechen nimmt das körperliche Erleben, das sich aus einer fantasierten Erinnerung speist, in sich auf und bewegt sowohl Spielpartner als auch Zuhörer. Nur wenn wir als Zuhörer erleben können, was die Figuren wie wahrgenommen haben und wie sie sich daraufhin zueinander verhalten, verstehen wir ihre Motive und Absichten und können uns ein umfassendes Bild von ihnen machen. Wir lernen sie kennen und werden in ihre Welt eingeladen.

Begleitende Übungen und Spiele

Um das Denken und Verhalten der Studierenden in den Körper zu führen, stehen uns Versatzstücke aus den in den vorhergehenden Kapiteln beschriebenen Übungen und Spielen zur Verfügung. Das kann einerseits die Art der Verortung im Raum betreffen. Welchen Standpunkt nehmen die Figuren ein? Wie viel Gewicht geben sie an den Boden ab? Wie groß ist ihr Aktionsradius und Raumanspruch nach allen Seiten? Übungen zum Körperschwerpunkt, zur Aufrichtung und zum Raumgriff bieten sich an. Vor allem der Raumanspruch im Rücken der Sprecher hat einen erstaunlichen Einfluss auf die Aufrichtung des Körpers und Durchlässigkeit und Tragfähigkeit der Stimme. Manchmal ist es ausreichend, sich hinter die Sprecher zu stellen, um ihnen das Gefühl für diesen Raum zu vermitteln. Wir können aber auch mit entsprechenden Vorstellungen arbeiten. Das Stehen auf Balancierscheiben oder Medizinbällen verlangt eine andere Ausrichtung gegen die Schwerkraft, fordert unsere Fähigkeit zur Zentrierung heraus und kann unterstützend in die Textarbeit miteinbezogen werden. Andererseits ist zu untersuchen, welcher gedachte körperliche Widerstand von Spielpartnern und Zuschauern ausgeht. Da die Arbeit am künstlerischen Text vorwiegend im Einzelunterricht stattfindet, können sich die Sprecherzieher als Partner anbieten. Kontaktübungen, in denen wir versuchen, uns gegenseitig zu schieben, zu ziehen oder mit Impulsen durch den Raum zu bewegen, bieten sich dafür an. Zur Stabilisierung der Körpermitte eignet sich aber auch die Arbeit an einer Wand. Versuche, Spielpartner oder eine Wand frontal, rückwärts oder seitlich zu bewegen, aktivieren das Körperzentrum und fördern die Bodenhaftung. Die Stimme wird an den Körper angeschlossen, der Atem vertieft sich und strukturiert die Handlungen. Die Äußerungen werden in den Raum gerichtet, die Distanzen sukzessive vergrößert. Die Stimme kann auf diese Weise den ganzen Körper abbilden. Die Sprache wird im Lautgriff und in der Öffnung präziser und gerichteter, da auch die Artikulation an den Mittelkörper angeschlossen werden kann. Das Sprechen wird zu einem gesamtkörperlichen Vorgang. Diese Übungen haben unterstützenden Charakter. Sie erinnern den Körper daran, dass er sich vom Denken, Handeln und Erleben bewegen lassen kann und dadurch das Sprechen bewegt. Dann können wir wieder mit den Ohren sehen. Innere Bewegung und Beweglichkeit wird nach außen gerichtet. Wo sie fehlt, kann sie auf diese Weise getriggert werden. Wenn es uns möglich ist, sollten wir in Übungsräumen unterschiedlicher Größe arbeiten. Jeder Raum verlangt ein anderes Anpassen der Körper- und Sprechspannung. Die Studierenden sollten die Erfahrung verschiedener Räume machen können und in die Lage versetzt werden, mit diesen Räumen selbstständig zu arbeiten.

Wie wir den Text im Spannungsfeld von Metrum und Satz gliedern, hängt von unseren Motiven und Absichten im Dialog mit den Spielpartnern und/oder den Zuschauern ab. Der Atem ist unser Mittel, Denken und Sprechen zu strukturieren. Mit dem Atem nehmen wir Eindrücke in uns auf, der Atem begleitet unsere Vorstellungen und Empfindungen, der Atem darf strömen. Jeder sprecherische Ausdruck ist an den Atem gebunden. Inspiriertes Sprechen ist an den leidenschaftlich denkenden Körper angeschlossenes Sprechen. Der Atem kann uns in den verschachtelten Kleist'schen Satzkonstruktionen einen Halt geben. So können wir Wichtiges von Unwichtigem trennen und gedankliche Schwerpunktsetzungen vorbereiten. Der in den Text eingeschriebene Atem verbindet die Sprache mit dem Körper und macht die fragile Struktur aus Haupt- und Nebensätzen, Einschüben, Inversionen und Enjambements sprechbar.

Der Gestus der Kleist'schen Sprache

In seinem Aufsatz „Über die allmähliche Verfertigung der Gedanken beim Reden“ beschreibt Heinrich von Kleist Sprechen als lautes Denken: „Die Reihen der Vorstellungen und ihrer Bezeichnungen gehen nebeneinander fort, und die Gemütsakten für eins und das andere, kongruieren. Die Sprache ist alsdann keine Fessel, etwa wie ein Hemmschuh an dem Rade des Geistes, sondern wie ein zweites, mit ihm parallel fortlaufendes, Rad an seiner Achse. Etwas ganz anderes ist es wenn der Geist schon, vor aller Rede, mit dem Gedanken fertig ist. Denn dann muß er bei seiner bloßen Ausdrückung zurückbleiben, und dies Geschäft, weit entfernt ihn zu erregen, hat vielmehr keine andere Wirkung, als ihn von seiner Erregung abzuspannen.“[195]

Die Sprache wird als bildende Kraft des Gedankens betrachtet, an dem sich im Vollzug des Sprechens Leidenschaften entzünden. Die Emotionen und Gefühle entstehen im Moment des Sprechens, das an ein Gegenüber gerichtet ist. Auch wenn diese Figur wie Antilochus im 1. Auftritt nicht oder wenig zu Wort kommt, ist seine Anwesenheit unmittelbarer und körperlicher Auslöser für bewegtes sprechendes Denken. Wir können Penthesileas jähes Erröten, Odysseus' Durst, seine Verwunderung oder das Zucken seiner Oberlippe im 21. Auftritt miterleben. Eindruck und Ausdruck liegen bei Kleist sehr nah beieinander. Es kommt uns so vor, als würden sich einige Ideen erst während des Sprechens herausbilden. Zu viel Reflektiertheit scheint den Zauber des Augenblicks zu zerstören. In seinem Essay „Über das Marionettentheater“ nimmt Kleist das Thema des Widerspruchs zwischen Freiheit und Reflektiertheit noch einmal auf.[196] So finden wir in Kleists „Penthesilea“ instinktives Figurenverhalten als Gegenentwurf zur vernünftigen Harmonisierung von Pflicht und Neigung wie etwa in Goethes „Iphigenie auf Tauris“. Dem hohen klassischen Ton steht ein fast umgangssprachliches Sprechdenken bei Kleist gegenüber. Die besondere Kleist'sche Syntax lässt uns die Mühe der sprechenden Figuren nachvollziehen, ihren Eindrücken Ausdruck zu verleihen. Gleichzeitig können wir gemeinsam mit ihnen darüber staunen, dass die Sprache ihre Grenzen hat, dass sie fremd werden kann und in die Katastrophe führt. Diese Sprache hat einen unverwechselbaren Gestus. Das besondere Kleist'sche Sprechdenken ist in diesen Gestus eingeschrieben. Es entwindet sich den Körpern, wird zurückgehalten und bricht aus ihnen heraus.

Versmaß und Aussprache nutzen

Selbstverständlich begleiten Hinweise zur Aussprache die Textarbeit. Sie sind zunächst weniger als Korrektiv gedacht, als dass sie anregen sollen, das gestische Potenzial der Sprache zu untersuchen. Das schließt das Auffinden von klanglichen Besonderheiten ein, die erkannt und genutzt, aber nicht ausgestellt werden. Kleist hat einige Assimilationen und Elisionen in den Vers eingeschrieben, ohne das Metrum dadurch zu stören (z. B. Ende Verse 1, 2). Das ergibt einen saloppen Ton. Daneben gilt die höchste artikulatorische Präzisionsstufe. Aber Vorsicht! Überartikulation oder zu starke Formung kann den lebendigen Gestus aus dem Moment geborenen Sprechdenkens empfindlich stören. Das häufige Sprechen der Verse in unterschiedlichen Situationen und Settings gibt uns ein Gefühl für das richtige Maß. Es hat sich bewährt, das Tempo in diesem Arbeitsstadium immer wieder situativ begründet zu wechseln. Die Figuren können unter Zeitdruck stehen oder versuchen, Zeit zu schinden. Durch das häufige Sprechen der Verse prägen sich diese allmählich dem Körpergedächtnis ein. Nach meiner Erfahrung lässt es sich auf diese Weise besser arbeiten als mit auswendig gelerntem Text. Auf die Verbindungen zwischen Körperausdruck, Stimmsitz und Stimmklang, Atmung und Artikulation weisen wir immer wieder hin. Wenn wir uns eine Zeitlang in einem Funktionskreis bewegt haben, kehren wir zügig zu ganzheitlichem und spielerischem Üben zurück. Bei der Arbeit am Vers achten wir darauf, nicht dem Metrum zu erliegen und ins Verseklappern zu verfallen, denn das Sprechen soll natürlich klingen. Wir wollen verstehen und glauben, was wir hören. Wir wollen auch die Lüge glauben oder sie glaubhaft als eine solche enttarnen können. Wir fordern mit Karl Paryla: „Keine Stimmungspausen, keine Theaterallüren, keine Vorhang-Deklamation, kein Aktschluß-Spielen, kein Zelebrieren, keine Punkte, kein Synchronisationston, kein Märchenton! Gegen Schluss der Sätze bis zur Bildung kommender Gedanken keine Abschlüsse sprechen, [...], Nebensätze nicht fallenlassen, weiterdenken. Kein Theatertemperament, kein Stimmband- und Muskeltemperament! Nichts gegen die Oper, aber keine Spur von Veroperung auf dem Theater."[197] Wo Beugungen im Metrum auftreten, nutzen wir sie dazu, dem Sprechen Lebendigkeit zu verleihen. Wenn wir dem Blankvers folgen, müssen wir den Namen in Vers 3 auf der ersten Silbe betonen (**An**tiloch). Der saloppe Tonfall der Fragestellung könnte die despektierliche Verkürzung des Namens und seine klangliche Entstellung durch Odysseus erklären. Denn eigentlich heißt der Kollege An**ti**lochus. Die Wortbetonung liegt auf der zweiten Silbe. Beugen wir das Metrum oder verschieben den Takt (was sich durch das Komma anbietet) und betonen die Kurzform des Namens auf der zweiten Silbe, An**ti**loch, ergibt sich mit der rhythmischen Verschiebung ein anderer Gestus. Der Name wird auf andere Weise hervorgehoben. Das kann entrüstet klingen, während die erste Variante eher ironisiert. Wir könnten an dieser Stelle etwas jeweils anderes über die Beziehung der beiden Gesprächspartner erzählen.

In Beziehung zu treten ist das Kernstück des gestischen Sprechens und eine Fähigkeit, die wir auf vielfältige Weise nutzen. Die vielen Varianten, die uns ein Text anbietet, erarbeiten wir uns sprechend, indem wir interagieren und Spielsituationen ausprobieren. Dabei geht es weniger um richtiges oder falsches Sprechen als darum, gemeinsam etwas zu erleben, die Wahrnehmungsfähigkeit für die Vielschichtigkeit von Sprache zu erweitern und zu begreifen, wie sich Sprache im Prozess des Sprechens verändert.

Anmerkungen

1 Karl Bühler: *Sprachtheorie*, Stuttgart 1999, S. 52.

2 Vgl. John L. Austin: *Zur Theorie der Sprechakte (How to do things with Words)*, Leipzig 1986, S. 29.

3 Paul Watzlawick, Janet H. Beavin und Don D. Jackson: *Menschliche Kommunikation. Formen, Störungen, Paradoxien*, Bern 2007, S. 22.

4 Ebenda, S. 53.

5 Ebenda, S. 84.

6 Desmond Morris: *Der nackte Affe*, München 1970, S. 193.

7 Norbert Elias: *Über den Prozess der Zivilisation. Soziogenetische und psychogenetische Untersuchungen. Zweiter Band: Wandlungen der Gesellschaft. Entwurf zu einer Theorie der Zivilisation*, Frankfurt am Main 1976, S. 77.

8 Bernd Stegemann: *Lektionen 3 Schauspielen Theorie*, Berlin 2010, S. 163.

9 Bertolt Brecht: „Über den Gestus", in: ders.: *Über den Beruf des Schauspielers*, hg. v. Werner Hecht, Frankfurt am Main 1970, S. 28.

10 Walter Benjamin: *Versuche über Brecht*, hg. v. Rolf Tiedemann, Frankfurt am Main 1978, S. 31.

11 Vgl. Hans Martin Ritter: *Das gestische Prinzip bei Bertolt Brecht*, Köln 1986, S. 16.

12 Klaus Klawitter, Herbert Minnich: „Sprechen", in: Gerhard Ebert, Rudolf Penka: *Schauspielen. Handbuch der Schauspieler-Ausbildung*, Berlin 1985, S. 258.

13 Vgl. Bernd Stegemann: *Kritik des Theaters*, Berlin 2013, S. 192 ff.

14 Vgl. Julia Kiesler: „Sprechkünstlerische Tendenzen im zeitgenössischen deutschsprachigen Theater", in: Ines Bose, Ursula Hirschfeld, Baldur Neuber, Eberhard Stock (Hg.): *Einführung in die Sprechwissenschaft*, Tübingen 2016, S. 243 ff.

15 Vgl. Anton Rey, Germán Toro Pérez (Hg.): *Disembodied voice. Ein Forschungsprojekt*, Berlin 2015.

16 Bernd Stegemann: *Kritik des Theaters*, Berlin 2013, S. 197.

17 Ebenda, S. 198.

18 Michel Foucault: *Der Mut zur Wahrheit: Die Regierung des Selbst und der anderen II. Vorlesungen am Collège de France 1983/84*, Berlin 2010, S. 27.

19 Dieter Mersch: „Präsenz und Ethizität der Stimme", in: Doris Kolesch u. Sybille Krämer (Hg.): *Stimme*, Frankfurt am Main 2006, S. 211–236, hier S. 231.

20 Peter Schlobinski: „Sprache und Kommunikation im digitalen Zeitalter". Rede anlässlich der Verleihung des Konrad-Duden-Preises der Stadt Mannheim am 14. März 2012. https://www.mediensprache.net/de/essays/6/ (letzter Zugriff 5. März 2019).

21 Vgl. Marshall McLuhan: *Die Gutenberg-Galaxis. Das Ende des Buchzeitalters*, Bonn 1995.

22 Klaus Theweleit: *Ubertragung. Gegenübertragung. Dritter Körper. Zur Gehirnveränderung durch die Medien*, Köln 2007, S. 5.

23 Peter Schlobinski: „Sprache und Kommunikation im digitalen Zeitalter". Rede anlässlich der Verleihung des Konrad-Duden-Preises der Stadt Mannheim am 14. März 2012. https://www.mediensprache.net/de/essays/6/ (letzter Zugriff 5. März 2019).

24 Vgl. Adrian Lobe: „Auf dem Weg in eine Post-Schrift-Gesellschaft", in: *Berliner Zeitung* vom 8. Februar 2017.

25 Peter Sloterdijk: *Der Denker auf der Bühne. Nietzsches Materialismus*, Frankfurt am Main 1986, S. 151.

26 Vgl. Paul Warren: *Uptalk*, Cambridge 2016.

27 Friedrich Schiller: „Über die ästhetische Erziehung des Menschen", in: ders.: *Die Horen, 2. Stück*, Tübingen 1795, S. 88.

28 Vgl. Mihaly Csikszentmihalyi: *Flow. Das Geheimnis des Glücks*, Stuttgart 2010.

29 Vgl. Dietmar Sachser: *Theaterspielflow. Über die Freude als Basis schöpferischen Theaterschaffens*, Berlin 2009, S. 206 ff.

30 Dietmar Sachser: „Theaterspielflow. Eine ernstspielhafte Haltung finden", in: Bernd Stegemann (Hg.): *Lektionen 4 Schauspielen Ausbildung*, Berlin 2010, S. 71.

31 Vgl. ebenda, S. 74 ff.

32 Vgl. Karl Hellmut Geissner: „Entwicklung der Gesprächsfähigkeit. Sprechwissenschaftlich begründete Kommunikationstrainings", in: Gisela Brünner, Reinhard Fiehler u. Walther Kindt (Hg.): *Angewandte Diskursforschung Bd. 2: Methoden und Anwendungsbereiche*, Radolfzell 2002, S. 203.

33 Horst Gundermann: *Phänomen Stimme*, München 1994, S. 45.

34 Barbara Duden: „Vom ‚ich' jenseits von Identität und Körper", in: Elisabeth Rohr (Hg.): *Körper und Identität. Gesellschaft auf den Leib geschrieben*, Königstein im Taunus 2004, S. 16–31, hier S. 20.

35 Friedrich Schiller: *Die Räuber*, Leipzig 1977, S. 21.

36 Vgl. Koichi Tohei: *Ki im täglichen Leben*, Heidelberg 1979, S. 37 f.

37 Hildegard Buchwald-Wegeleben: „Bewegen", in: Gerhard Ebert, Rudolf Penka (Hg.): *Schauspielen. Handbuch der Schauspielerausbildung*, Berlin 1985, S. 209.

38 Vgl. Edmund Jacobson: *Entspannung als Therapie. Progressive Relaxation in Theorie und Praxis*, Stuttgart 1990.

39 Vgl. Jochen Sachse, Ella Schramm, Elke Eckardt: *Technikübersicht, Lernhilfen – Extremitätenkurs E3*, Ärzteseminar Berlin 2003.

40 Mabel Elsworth Todd: *Der Körper denkt mit*, Bern 2003, S. 61.

41 Ebenda, S. 143.

42 Vgl. Patsy Rodenburg: *The Second Circle. How to Use Positive Energy for Success in Every Situation*, New York, London 2017.

43 Vgl. Wolfram Seidner u. Jürgen Wendler: *Die Sängerstimme*, Berlin 1978, S. 48.

44 Vgl. Jurij A. Vasiljev: *Imagination Bewegung Stimme*, St. Petersburg 2000, S. 123.

45 Mabel Elsworth Todd: *Der Körper denkt mit*, Bern 2003, S. 243.

46 Ebenda, S. 215.

47 Franz Kafka: „Der plötzliche Spaziergang", in: ders.: *Betrachtung*, Leipzig 2006, S. 24.

48 Heinrich v. Kleist: *Der zerbrochne Krug*, Frankfurt am Main 1976, S. 5.

49 Horst Coblenzer u. Franz Muhar: *Atem und Stimme*, Wien 1989, S. 17.

50 Franz Muhar: „Ökonomie der Phonationsschulung", in: *Rollenunterricht, Sprecherziehung, Stimmbildung und Körperarbeit in der Ausbildung zum Schauspieler. Dokumentation der Arbeitstagung der Bayerischen Theaterakademie August Everding*, München 2000, S. 56.

51 Vgl. Eva-Maria Pfau u. Hans-Gerhard Streubel: *Die Behandlung der gestörten Sprechstimme – Stimmfunktionstherapie*, Leipzig 1982, S. 33.

52 Wolfram Seidner u. Jürgen Wendler: *Die Sängerstimme*, Berlin 1978, S. 58.

53 Klaus Klawitter, Herbert Minnich: „Sprechen", in: Gerhard Ebert, Rudolf Penka (Hg.): *Schauspielen. Handbuch der Schauspielerausbildung*, Berlin 1985, S. 260.

54 Vgl. Wolfram Seidner u. Jürgen Wendler: *Die Sängerstimme*, Berlin 1978, S. 71 ff.

55 Vgl. Wolfgang Saus: *Obertöne singen*, Schönau 2004, S. 33 f.

56 Vgl. Robert Jourdain: *Das wohltemperierte Gehirn*, Heidelberg, Berlin 2001, S. 342.

57 Dieter Mersch: „Präsenz und Ethizität der Stimme", in: Doris Kolesch u. Sybille Krämer (Hg.): *Stimme*, Frankfurt am Main 2006, S. 211–236, hier S. 212.

58 Bernhard Waldenfels: „Das Lautwerden der Stimme", in: Doris Kolesch u. Sybille Krämer (Hg.): *Stimme*, Frankfurt am Main 2006, S. 191–210, hier S. 209.

59 Mladen Dolar: *His Master's voice. Eine Theorie der Stimme*, Frankfurt am Main 2007, S. 99.

60 Vgl. Egon Aderhold u. Edith Wolf: *Sprecherzieherisches Übungsbuch*, Berlin 2009, S. 28 ff.

61 Martin Gruber: „Formen bilden, Formen vernichten. Bemerkungen zu neuen Wegen in der Schauspielerausbildung", in: Bernd Stegemann (Hg.): *Lektionen 4 Schauspielen Ausbildung*, Berlin 2010, S. 170 f.

62 Marina Abramović: *Durch Mauern gehen*, München 2016, S. 111.

63 Hans-Thies Lehmann: *Postdramatisches Theater*, Frankfurt am Main 1999, S. 178.

64 Bernd Stegemann: *Lektionen 1 Dramaturgie*, Berlin 2009, S. 284.

65 Ebenda. S. 287.

66 Jenny Schrödl: *Vokale Intensitäten. Zur Ästhetik der Stimme im postdramatischen Theater*, Bielefeld 2012, S. 17.

67 Johann Gottfried Herder: *Abhandlung über den Ursprung der Sprache*, Berlin 2017, S. 10.

68 Friedrich Nietzsche: *Die Unschuld des Werdens. Der Nachlass. 1. Teil*, hg. von Alfred Bäumler, Stuttgart 1978, S. 190 f.

69 Ralf Peters: *Wege zur Stimme. Reise ins menschliche Stimmfeld*, Köln 2008, S. 63.

70 Vgl. www.youtube.com/watch?v=xB_EQyXZbjc (zuletzt aufgerufen 13.03.2019).

71 Sybille Krämer: „Das Medium zwischen Zeichen und Spur", in: Gisela Fehrmann, Erika Linz u. Cornelia Epping-Jäger (Hg.): *Spuren, Lektüren. Praktiken des Symbolischen*, München 2002, S. 153–166, hier S. 160.

72 Petra Bolte-Picker: *Die Stimme des Körpers. Vokalität im Theater der Physiologie des 19. Jahrhunderts*, Frankfurt am Main 2012, S. 13.

73 Judith van der Werff: „Ein persönlicher Bericht über das Thema Sprache mit dem Titel: Zwischentöne", Diplomarbeit HfS Berlin 1995, S. 4.

74 Vgl. Klaus Klawitter u. Viola Schmidt: „Erfahrungen mit ausländischen Schauspielstudenten bei der Arbeit am Text", in: Ingrid Jonach (Hg.): *Interkulturelle Kommunikation*, München, Basel 1998, S. 203.

75 Hans-Jürgen Schultz-Coulon: *Stimmfeldmessung*, Berlin, Heidelberg 1990, S. 52.

76 Oliver Bentz: „Kainz sprach Blitze", in: *Wiener Zeitung* vom 17. September 2010.

77 Wolfgang Hagen: „‚Wenn alles gesagt ist, werden die Stimmen süss.' Über Heiner Müller und die Unstimmigkeit der Stimme", in: Heiner Goebbels u. Nikolaus Müller-Schöll (Hg.): *Heiner Müller sprechen*, Berlin 2009, S. 30–48, hier S. 39.

78 Helga Finter: „Mit den Ohren sprechen", in: Heiner Goebbels u. Nikolaus Müller-Schöll (Hg.): *Heiner Müller sprechen*, Berlin 2009, S. 62–72, hier S. 67.

79 Vgl. Cornelia Krawutschke u. Klaus Klawitter: „Grundübungen zum Gestischen Sprechen. Aufbau der Kraftstimme", in: Hellmut K. Geissner (Hg.): *Stimm-Kulturen. 3. Stuttgarter Stimmtage 2000*, St. Ingbert 2002, S. 184.

80 Egon Aderhold: *Sprecherziehung des Schauspielers*, Berlin 1984, S. 299.

81 Vgl. ebenda, S. 297.

82 Vgl. Hans Hörmann: *Psychologie der Sprache*, Berlin, Heidelberg, New York 1977, S. 62 ff.

83 „Das Hirn als Gaukler", in: *Am Anfang war das Wort. Die Entschlüsselung des Gehirns, Spiegel Special* 4/2003.

84 Vgl. Bernhard Richter: *Die Stimme. Grundlagen, künstlerische Praxis, Gesunderhaltung*, Leipzig 2013, S. 65.

85 Egon Aderhold: *Sprecherziehung des Schauspielers*, Berlin 1984, S. 171.

86 Volkmar Glaser: Eutonie. *Das Verhaltensmuster des menschlichen Wohlbefindens*, Heidelberg 1990, S. 70.

87 Richard E. Cytowic: *Farben hören, Töne schmecken. Die bizarre Welt der Sinne*, München 1996, S. 203.

88 Arthur Rimbaud: *Sämtliche Werke*, übertragen von Sigmar Löffler u. Dieter Tauchmann, Frankfurt am Main und Leipzig 1992, S. 427.

89 Ebenda, S. 111 f.

90 Vgl. Guy Deutscher: *Im Spiegel der Sprache. Warum die Welt in anderen Sprachen anders aussieht*, München 2013.

91 Thomas Görne: *Sounddesign*, München 2017, S. 95.

92 Vgl. Doris Kolesch: „Wer sehen will, muss hören. Stimmlichkeit und Visualität in der Gegenwartskunst", in: Doris Kolesch u. Sybille Krämer (Hg.): *Stimme*, Frankfurt am Main 2006, S. 40–64, hier S. 40 ff.

93 Zit. nach Raoul Schrott u. Arthur Jacobs: *Gehirn und Gedicht. Wie wir unsere Wirklichkeiten konstruieren*, München 2011, S. 473 f.

94 Vgl. Thomas Görne: *Sounddesign*, München 2017, S. 111.

95 Vgl. Silke Fischer: *Ursprung der emotionalen Semantik von kongruenten Farben und Tönen. Assoziationen und Emotionen Erwachsener sowie Blickpräferenzen in der frühen Kindheit*, Diss. Uni Bielefeld 2012, https://d-nb.info/1030605998/34 (letzter Zugriff 14.03.2019).

96 Vgl. Christian E. Elger: *Neuroleadership. Erkenntnisse der Hirnforschung für die Führung von Mitarbeitern*, München 2009, S. 51.

97 Vgl. Johann Caspar Rüegg: *Gehirn, Psyche und Körper. Neurobiologie von Psychosomatik und Psychotherapie*, Stuttgart 2007, S. 2 f.

98 Vgl. Daniel Kahneman: *Schnelles Denken, langsames Denken*, München 2012, S. 36. Ein ähnliches Experiment findet sich unter www.youtube.com/watch?v=HVALCbfAG00 (letzter Zugriff 14.03.2019).

99 Jochen Müsseler u. Martina Rieger (Hg.): *Allgemeine Psychologie*, Berlin, Heidelberg 2017, S. 58.

100 Thomas Görne: *Sounddesign*, München 2017, S. 154.

101 Stanislas Dehaene: *Denken. Wie das Gehirn Bewusstsein schafft*, München 2014, S. 92.

102 Ebenda, S. 144.

103 Ulrike Sowodniok: *Stimmklang und Freiheit. Zur auditiven Wissenschaft des Körpers*, Bielefeld 2013, S. 109.

104 Peter Sloterdijk: *Der Denker auf der Bühne. Nietzsches Materialismus*, Frankfurt am Main 1986.

105 Christian E. Elger: *Neuroleadership. Erkenntnisse der Hirnforschung für die Führung von Mitarbeitern*, München 2009, S. 46.

106 Vgl. ebenda, S. 54 f.

107 Wolfgang Goldhan: „Die Stimme – psychogen gehört. Ein Beitrag zum ‚Hören mit dem dritten Ohr'", in: Hellmut. K. Geissner (Hg.): *Stimmen hören. 2. Stuttgarter Stimmtage 1998*, St. Ingbert 2000, S. 176.

108 Günter Tembrock: „Parameter der Stimme im sozialen Kontext – Eine vergleichende Beschreibung", in: Hellmut. K. Geissner (Hg.): *Stimmen hören. 2. Stuttgarter Stimmtage 1998*, St. Ingbert 2000, S. 119.

109 Robert Musil: „Hellhörigkeit", in: ders.: *Nachlass zu Lebzeiten. Bilder*, Reinbek bei Hamburg 1962, S. 32 f.

110 Vgl. Gregory Hickok: *Warum wir verstehen, was andere fühlen. Der Mythos der Spiegelneuronen*, München 2015.

111 Antonio R. Damasio: *Der Spinoza-Effekt. Wie Gefühle unser Leben bestimmen*, München 2003, S.104.

112 Vgl. Paul Ekman: *Gefühle lesen. Wie sie Emotionen erkennen und richtig interpretieren*, Heidelberg 2010.

113 Vgl. Antonio R. Damasio: *Ich fühle, also bin ich. Die Entschlüsselung des Bewusstseins*, Berlin 2004.

114 Antonio R. Damasio: *Der Spinoza-Effekt. Wie Gefühle unser Leben bestimmen*, München 2003, S. 89.

115 Antonio R. Damasio: *Ich fühle, also bin ich. Die Entschlüsselung des Bewusstseins*, Berlin 2004, S. 342.

116 Margarete Schuler u. Stephanie Harrer: *Grundlagen der Schauspielkunst*, Leipzig 2011, S. 110.

117 Evelyn Deutsch-Schreiner: Karl Paryla: *Ein Unbeherrschter*, Salzburg 1992, S. 160.

118 Vgl. Christa Heilmann: „Das Konzept ‚Körper' in der Gesprächsforschung", Elisabeth Rohr (Hg.): *Körper und Identität. Gesellschaft auf den Leib geschrieben*, Königstein im Taunus 2004, S. 236–248.

119 Vgl. Axel Hübler: *Das Konzept ‚Körper' in den Sprach- und Kommunikationswissenschaften*, Tübingen, Basel 2001.

120 Ingrid Rose-Neiger u. Michael Thiele: „Blickwinkel in der Körpersprache, transnational betrachtet", in: Ingrid Jonach (Hg.): *Interkulturelle Kommunikation*, München, Basel 1998, S. 83–90, hier S. 84.

121 Vgl. Ebenda, S. 88.

122 Vgl. Axel Hübler: *Das Konzept ‚Körper' in den Sprach- und Kommunikationswissenschaften*, Tübingen, Basel 2001, S. 51 ff.

123 Vgl. Viola Schmidt: „Gestisches Sprechen", in: Bernd Stegemann (Hg.): *Lektionen 4 Schauspielen Ausbildung*, Berlin 2010, S. 160.

124 Wilhelm von Humboldt: „Über die Verschiedenheit des menschlichen Sprachbaues und ihren Einfluss auf die geistige Entwicklung des Menschengeschlechts", in: ders.: *Gesammelte Schriften, Band 6*, Berlin 1907.

125 Vgl. Robert Provine: *Laughter. A scientific investigation*, New York 2000.

126 Vgl. *Am Anfang war das Wort. Die Entschlüsselung des Gehirns, Spiegel Special* 4/2003.

127 Vgl. Michael C. Corballis: *From Hand to Mouth*, Princeton 2002.

128 Vgl. Charles Darwin: *Die Abstammung des Menschen*, Frankfurt am Main 2009, S. 106 ff.

129 Vgl. Derek Bickerton: *Language & Species*, Chicago 1990.

130 Vgl. Svante Pääbo: *Die Neandertaler und wir. Meine Suche nach den Urzeit-Genen*, Frankfurt am Main 2014.

131 Vgl. Klaus Theweleit: *Übertragung. Gegenübertragung. Dritter Körper. Zur Gehirnveränderung durch die Medien*, Köln 2007, S. 9 ff.

132 Vgl. Jürgen Dittmann: *Der Spracherwerb des Kindes. Verlauf und Störungen*, München 2010.

133 Ebenda. S. 18.

134 Ebenda, S. 25 f.

135 Raoul Schrott u. Arthur Jacobs: *Gehirn und Gedicht. Wie wir unsere Wirklichkeiten konstruieren*, München 2011, S. 78.

136 Ebenda.

137 Michael Tomasello: *Die Ursprünge der menschlichen Kommunikation*, Frankfurt am Main 2014, S. 86.

138 Vgl. Steven Pinker: *Der Stoff, aus dem das Denken ist. Was die Sprache über unsere Natur verrät*, Frankfurt am Main 2014, S. 370.

139 Vgl. Vilayanur S. Ramachandran u. Edward M. Hubbard: „Synaesthesia – a window into perception, thought and language", in: *Journal of Consciousness Studies* 8, No 12, 2001, S. 3–34.

140 Raoul Schrott u. Arthur Jacobs: *Gehirn und Gedicht. Wie wir unsere Wirklichkeiten konstruieren*, München 2011, S. 238.

141 Vgl. Hans Hörmann: *Psychologie der Sprache*, Berlin, Heidelberg, New York 1977, S. 6.

142 Steven Pinker: *Der Stoff, aus dem das Denken ist. Was die Sprache über unsere Natur verrät*, Frankfurt am Main 2014, S. 14.

143 Ebenda, S. 123.

144 Ebenda, S. 144.

145 Vgl. ebenda, S. 260.

146 Ebenda, S. 341 f.

147 Vgl. Georg Lakoff u. Mark Johnson: *Leben in Metaphern. Konstruktion und Gebrauch von Sprachbildern*, Heidelberg 2014.

148 Vgl. Lera Boroditsky: „How language shapes thought. The languages we speak affect our perceptions of the world", in: *Scientific American*, February 2011, S. 43–45.

149 Raoul Schrott u. Arthur Jacobs: *Gehirn und Gedicht. Wie wir unsere Wirklichkeiten konstruieren*, München 2011, S. 215.

150 Jürgen Trabant: „Vom Schrei zur Artikulation", in: Magnus Schlette, Matthias Jung (Hg.): *Anthropologie der Artikulation. Begriffliche Grundlagen und transdisziplinäre Perspektiven*, Würzburg 2005, S. 62–84, hier S. 77.

151 Vgl. Martin Buber: *Ich und Du*, Stuttgart 2017.

152 Peter Sloterdijk: *Der Denker auf der Bühne. Nietzsches Materialismus*, Frankfurt am Main 1986, S. 144.

153 Ursula Hirschfeld u. Eberhard Stock: „Phonologische Grundlagen des Deutschen", in: Ines Bose, Ursula Hirschfeld, Baldur Neuber, Eberhard Stock (Hg.): *Einführung in die Sprechwissenschaft. Phonetik, Rhetorik, Sprechkunst*, Tübingen 2016, S. 47.

154 Vgl. *Deutsches Aussprachewörterbuch*, hg. von Eva-Maria Krech, Eberhard Stock, Ursula Hirschfeld, Lutz-Christian Anders, Berlin 2009, S. 54 f.

155 Vgl. Egon Aderhold u. Edith Wolf: *Sprecherzieherisches Übungsbuch*, Berlin 2009; sowie Heinz Fiukowski: *Sprecherzieherisches Elementarbuch*, Berlin 2010.

156 Vgl. *Deutsches Aussprachewörterbuch*, hg. von Eva-Maria Krech, Eberhard Stock, Ursula Hirschfeld, Lutz-Christian Anders, Berlin 2009, S. 52 f.

157 Vgl. Vilayanur S. Ramachandran: *Eine kurze Reise durch Geist und Gehirn*, Reinbek bei Hamburg 2005, S. 90.

158 Vgl. Arnulf Rüssel: *Psychomotorik. Empirie und Theorie der Alltags-, Sport- und Arbeitsbewegungen*, Darmstadt 1976, S. 42 ff.

159 Hans Martin Ritter: *Sprechen auf der Bühne. Ein Lehr- und Arbeitsbuch*, Berlin 2016, S. 73.

160 Karl Mickel: *Volks Entscheid. 7 Stücke*, Leipzig 1987, S. 287.

161 Friedrich Achleitner: *KAAS Dialektgedichte*, Salzburg, Wien 1991, S. 7.

162 Vgl. Kay Bartrow: *Übeltäter Kiefergelenk. Endlich wieder entspannt und schmerzfrei: 60 Übungen mit Soforteffekt*, Stuttgart 2014.

163 Vgl. Wolfgang Saus: *Oberton singen. Das Geheimnis einer magischen Stimmkunst*, Schönau 2006, S. 24.

164 Vgl. *Deutsches Aussprachewörterbuch*, hg. von Eva-Maria Krech, Eberhard Stock, Ursula Hirschfeld, Lutz-Christian Anders, Berlin 2009, S. 39 ff.

165 Vgl. www.youtube.com/watch?v=gG62zay3kck (letzter Zugriff 21.3.2019).

166 Vgl. Franz Fühmann: *Die dampfenden Hälse der Pferde im Turm zu Babel*, Berlin 1978, S. 13 ff.

167 Georg Büchner: *Lenz*, Stuttgart 1998, S. 3 f.

168 Zit. nach B. K. Tragelehn: *Der fröhliche Sisyphos. Der Übersetzer. Das Übersetzen. Die Übersetzung*, Berlin 2011, S. 148.

169 Karl Mickel: „Auf dem IX. Schriftstellerkongress", in: ders.: *Gelehrtenrepublik. Aufsätze und Studien*, Leipzig 1990, S. 245.

170 Vgl. Kerstin Hensel: *Das verspielte Papier. Über starke, schwache und vollkommen misslungene Gedichte*, München 2014, S. 38.

171 Erwin Arndt: *Deutsche Verslehre*, Berlin 1984, S. 79.

172 Vgl. Friedrich Georg Jünger: *Rhythmus und Sprache im deutschen Gedicht*, Stuttgart 1987, S. 51 f.

173 Johann Wolfgang Goethe: *Reineke Fuchs*, Berliner Ausgabe 2015, S. 3.

174 Johann Wolfgang Goethe: *Faust. Der Tragödie zweiter Teil*, Leipzig 1975, S. 127.

175 Andreas Gryphius: *Sonette*, Berliner Ausgabe 2017, S. 41.

176 Johann Wolfgang Goethe: *Faust. Der Tragödie erster Teil*, Weimar 2014, S. 26.

177 *Goethes Gedichte. Neue Ausgabe*, Berlin 1909, S. 272.

178 *Goethes Gedichte. Neue Ausgabe*, Berlin 1909, S. 52.

179 Jürgen Link: „Das lyrische Gedicht als Paradigma des überstrukturierten Textes", in: Helmut Brackert, Jörn Stückrath (Hg.): *Literaturwissenschaft. Grundkurs I*, Reinbek bei Hamburg 1981, S. 202 f.

180 Karl Mickel: „Auf dem IX. Schriftstellerkongress“, in: ders.: *Gelehrtenrepublik. Aufsätze und Studien*, Leipzig 1990, S. 245.

181 Gerhard Kurz: *Macharten. Über Rhythmus, Reim, Stil und Vieldeutigkeit*, Göttingen 1999, S. 26.

182 Ebenda. S. 33..

183 Johann Wolfgang Goethe: *Iphigenie auf Tauris*, Stuttgart 2013, S. 5.

184 Sophokles: *Antigone*, übersetzt von Friedrich Hölderlin, Altenmünster 2015, S. 14.

185 Bertolt Brecht: „Arbeitsjournal 16.12.1947“, in: ders.: *Werke. Große kommentierte Berliner und Frankfurter Ausgabe, Bd. 27*, hg. von Werner Hecht, Jan Knopf, Werner Mittenzwei, Klaus-Detlef Müller, Berlin, Weimar, Frankfurt am Main 1995, S. 255.

186 Bertolt Brecht: „Über reimlose Lyrik mit unregelmäßigen Rhythmen“, in: ders.: *Werke. Große kommentierte Berliner und Frankfurter Ausgabe, Bd. 22*, hg. von Werner Hecht, Jan Knopf, Werner Mittenzwei, Klaus-Detlef Müller, Berlin, Weimar, Frankfurt am Main 1991, S. 360.

187 Heiner Müller: „Aischylos übersetzen. Ein Gespräch mit Heiner Müller“, in: ders.: *Werke 12. Gespräche 3*, hg. von Frank Hörnigk, Frankfurt am Main 2008, S. 22.

188 Georg Wilhelm Friedrich Hegel: *Phänomenologie des Geistes*, Hamburg 2011, S. 46.

189 Vgl. Stanislas Dehaene: *Lesen: Die größte Erfindung der Menschheit und was dabei in unseren Köpfen passiert*, München 2010, S. 23 ff.

190 Vgl. Sebastian Kiefer: *Über allen Gipfeln. Magie, Material und Gefühl in Goethes Gedicht „Ein gleiches“*, Mainz 2011, S. 27.

191 Ebenda, S. 51.

192 Vgl. Lothar Bredella u. Eva Burwitz-Melzer: *Rezeptionsästhetische Literaturdidaktik*, Tübingen 2004.

193 Raoul Schrott u. Arthur Jacobs: *Gehirn und Gedicht. Wie wir unsere Wirklichkeiten konstruieren*, München 2011, S. 64.

194 Heinrich von Kleist: *Penthesilea. Ein Trauerspiel*, Berliner Ausgabe, S. 4 ff.

195 Heinrich v. Kleist: „Über die allmähliche Verfertigung der Gedanken beim Reden“, in: ders.: *Werke und Briefe, Band 3*, hg. v. Siegfried Streller, Berlin, Weimar 1993, S. 457.

196 Vgl. Heinrich v. Kleist: *Über das Marionettentheater*, Frankfurt am Main 1980.

197 Zitiert nach Evelyn Deutsch-Schreiner: *Karl Paryla: Ein Unbeherrschter*, Salzburg 1992, S. 160.

Literaturverzeichnis

Abramović, Marina: *Durch Mauern gehen*, München 2016

Achleitner, Friedrich: *KAAS Dialektgedichte*, Salzburg, Wien 1991

Aderhold, Egon: *Sprecherziehung des Schauspielers*, Berlin 1984

Aderhold, Egon/Wulf, Edith: *Sprecherzieherisches Übungsbuch*, Berlin 2009

Am Anfang war das Wort. Die Entschlüsselung des Gehirns, Spiegel Special 4/2003

Arndt, Erwin: *Deutsche Verslehre*, Berlin 1984

Austin, John L.: *Zur Theorie der Sprechakte (How to do things with Words)*, Leipzig 1986

Bartrow, Kay: *Übeltäter Kiefergelenk. Endlich wieder entspannt und schmerzfrei: 60 Übungen mit Soforteffekt*, Stuttgart 2014

Benjamin, Walter: *Gesammelte Schriften*, hg. von Rolf Tiedemann, Hermann Schweppenhäuser, Frankfurt am Main 1977

Bentz, Oliver: „Kainz sprach Blitze.", in: *Wiener Zeitung* vom 17. September 2010

Bickerton, Derek: *Language & Species*, Chicago 1990

Bolte-Picker, Petra: *Die Stimme des Körpers. Vokalität im Theater der Physiologie des 19. Jahrhunderts*, Frankfurt am Main 2012

Bertolt Brecht: „Über den Gestus", in: ders.: *Über den Beruf des Schauspielers*, hg. v. Werner Hecht, Frankfurt am Main 1970

Brecht, Bertolt: *Werke. Große kommentierte Berliner und Frankfurter Ausgabe*, hg. von Werner Hecht, Jan Knopf, Werner Mittenzwei, Klaus-Detlef Müller, Berlin, Weimar, Frankfurt am Main 1995 ff.

Bredella, Lothar/Burwitz-Melzer, Eva: *Rezeptionsästhetische Literaturdidaktik*, Tübingen 2004

Buber, Martin: *Ich und Du*, Stuttgart 2017

Boroditsky, Lera: „How language shapes thought. The languages we speak affect our perceptions of the world", in: *Scientific American*, February 2011

Buchwald-Wegeleben, Hildegard: „Bewegen", in: Gerhard Ebert, Rudolf Penka (Hg.): *Schauspielen. Handbuch der Schauspieler-Ausbildung*, Berlin 1985

Büchner, Georg: *Dantons Tod*, Frankfurt am Main 1976

Büchner, Georg: *Lenz*, Stuttgart 1998

Bühler, Karl: *Sprachtheorie*, Stuttgart 1999

Coblenzer, Horst/Muhar, Franz: *Atem und Stimme*, Wien 1989

Corballis, Michael C.: *From Hand to Mouth*, Princeton 2002

Csikszentmihalyi, Mihaly: *Flow. Das Geheimnis des Glücks*, Stuttgart 2010

Cytowic, Richard E.: *Farben hören, Töne schmecken. Die bizarre Welt der Sinne*, München 1996

Damasio, Antonio R.: *Der Spinoza-Effekt. Wie Gefühle unser Leben bestimmen*, München 2003

Damasio, Antonio R.: *Ich fühle, also bin ich. Die Entschlüsselung des Bewusstseins*, Berlin 2004

Darwin, Charles: *Die Abstammung des Menschen*, Frankfurt am Main 2009

Dehaene, Stanislas: *Lesen: Die größte Erfindung der Menschheit und was dabei in unseren Köpfen passiert*, München 2010

Dehaene, Stanislas: *Denken. Wie das Gehirn Bewusstsein schafft*, München 2014

Derrida, Jacques: *Eine gewisse unmögliche Möglichkeit, vom Ereignis zu sprechen*, Berlin 2003

Deutsches Aussprachewörterbuch, hg. von Eva-Maria Krech, Eberhard Stock, Ursula Hirschfeld, Lutz-Christian Anders, Berlin 2009

Deutsch-Schreiner, Evelyn: *Karl Paryla: Ein Unbeherrschter*, Salzburg 1992

Disembodied voice. Ein Forschungsprojekt, hg. von Anton Rey, Germán Toro Pérez, Berlin 2015

Dittmann, Jürgen: *Der Spracherwerb des Kindes. Verlauf und Störungen*, München 2010

Dolar, Mladen: His Master's voice. Eine Theorie der Stimme, Frankfurt am Main 2007

Duden, Barbara: „Vom ‚Ich' jenseits von Identität und Körper", in: Elisabeth Rohr (Hg.): *Körper und Identität. Gesellschaft auf den Leib geschrieben*, Königstein im Taunus 2004

Ekman, Paul: *Gefühle lesen. Wie sie Emotionen erkennen und richtig interpretieren*, Heidelberg 2010

Elger, Christian Erich: *Neuroleadership. Erkenntnisse der Hirnforschung für die Führung von Mitarbeitern*, München 2009

Elias, Norbert: *Über den Prozess der Zivilisation. Soziogenetische und psychogenetische Untersuchungen. Zweiter Band: Wandlungen der Gesellschaft. Entwurf zu einer Theorie der Zivilisation*, Frankfurt am Main 1976

Finter, Helga: „Mit den Ohren sprechen", in: Nikolaus Müller-Schöll, Heiner Goebbels (Hg.): *Heiner Müller sprechen*, Berlin 2009

Fiukowski, Heinz: *Sprecherzieherisches Elementarbuch*, Berlin 2010

Fischer, Silke: *Ursprung der emotionalen Semantik von kongruenten Farben und Tönen. Assoziationen und Emotionen Erwachsener sowie Blickpräferenzen in der frühen Kindheit*, Diss. Uni Bielefeld 2012, https://d-nb.info/1030605998/34

Foucault, Michel: *Der Mut zur Wahrheit*, Berlin 2010

Fühmann, Franz: *Die dampfenden Hälse der Pferde im Turm zu Babel*, Berlin 1978

Geissner, Hellmut K.: „Entwicklung der Gesprächsfähigkeit. Sprechwissenschaftlich begründete Kommunikationstrainings", in: Gisela Brünner, Reinhard Fiehler, Walther Kindt: *Angewandte Diskursforschung Bd. 2. Methoden und Anwendungsbereiche*, Radolfzell 2002

Ghattas, Kai Christian: *Rhythmus der Bilder. Narrative Strategien in Text- und Bildzeugnissen des 11. bis 13. Jahrhunderts*, Köln 2008

Glaser, Volkmar: *Eutonie. Das Verhaltensmuster des menschlichen Wohlbefindens*, Heidelberg 1990

Görne, Thomas: *Sounddesign*, München 2017

Goethe, Johann Wolfgang: *Reineke Fuchs*, Berliner Ausgabe 2015

Goethe, Johann Wolfgang: *Faust. Der Tragödie erster Teil*, Weimar 2014

Goethe, Johann Wolfgang: *Faust. Der Tragödie zweiter Teil*, Leipzig 1975

Goethe, Johann Wolfgang: *Iphigenie auf Tauris*, Stuttgart 2013

Goethes Gedichte. Neue Ausgabe, Berlin 1909

Goldhan, Wolfgang: „Die Stimme – psychogen gehört. Ein Beitrag zum ‚Hören mit dem dritten Ohr'", in: *Stimmen hören. 2. Stuttgarter Stimmtage 1998*, hg. von Hellmut. K. Geissner, St. Ingbert 2000

Gruber, Martin: „Formen bilden, Formen vernichten. Bemerkungen zu neuen Wegen in der Schauspielerausbildung", in: *Lektionen 4 Schauspielen Ausbildung*, hg. von Bernd Stegemann, Berlin 2010

Gryphius, Andreas: *Sonette*, Berliner Ausgabe 2017
Gundermann, Horst: *Phänomen Stimme*, München 1994
Hagen, Wolfgang: „‚Wenn alles gesagt ist, werden die Stimmen süss'. Über Heiner Müller und die Unstimmigkeit der Stimme", in: Nikolaus Müller-Schöll, Heiner Goebbels (Hg.): *Heiner Müller sprechen*, Berlin 2009
Harari, Yuval Noah: *Sapiens. A Brief History of Humankind*, London 2011
Hegel, Georg Wilhelm Friedrich: *Phänomenologie des Geistes*, Hamburg 2011
Heilmann, Christa M.: „Das Konzept ‚Körper' in der Gesprächsforschung", in: Elisabeth Rohr (Hg.): *Körper und Identität. Gesellschaft auf den Leib geschrieben*, Königstein im Taunus 2004
Hensel, Kerstin: *Das verspielte Papier. Über starke, schwache und vollkommen misslungene Gedichte*, München 2014
Herder, Johann Gottfried: *Abhandlung über den Ursprung der Sprache*, Berlin 2017
Hickok, Gregory: *Warum wir verstehen, was andere fühlen. Der Mythos der Spiegelneuronen*, München 2015
Hirschfeld, Ursula/Stock, Eberhard: „Phonologische Grundlagen des Deutschen", in: Ines Bose, Ursula Hirschfeld, Baldur Neuber, Eberhard Stock (Hg.): *Einführung in die Sprechwissenschaft. Phonetik*, Rhetorik, *Sprechkunst*, Tübingen 2016
Hörmann, Hans: *Psychologie der Sprache*, Berlin, Heidelberg, New York 1977
Hübler, Axel: *Das Konzept „Körper" in den Sprach- und Kommunikationswissenschaften*, Tübingen, Basel 2001
Humboldt, Wilhelm von: „Über die Verschiedenheit des menschlichen Sprachbaues und ihren Einfluss auf die geistige Entwicklung des Menschengeschlechts", in: *Gesammelte Schriften*, Bd. 6, Berlin 1907
Jacobson, Edmund: *Entspannung als Therapie. Progressive Relaxation in Theorie und Praxis*, Stuttgart 1990
Jakobson, Roman: *Aufsätze zur Linguistik und Poetik*, München 1974
Jünger, Friedrich Georg: *Rhythmus und Sprache im deutschen Gedicht*, Stuttgart 1987
Jourdain, Robert: *Das wohltemperierte Gehirn*, Heidelberg, Berlin 2001
Kafka, Franz: *Tagebücher 1912–1914*, Frankfurt am Main 1994
Kafka, Franz: *Betrachtung*, Leipzig 2006
Kahneman, Daniel: *Schnelles Denken, langsames Denken*, München 2012
Kehlmann, Daniel: *Tyll. Roman*, Reinbek bei Hamburg 2017
Kiefer, Sebastian: *Über allen Gipfeln. Magie, Material und Gefühl in Goethes Gedicht „Ein gleiches"*, Mainz 2011
Kiesler, Julia: „Sprechkünstlerische Tendenzen im zeitgenössischen deutschsprachigen Theater", in: *Einführung in die Sprechwissenschaft. Phonetik, Rhetorik, Sprechkunst*, hg. von Ines Bose, Ursula Hirschfeld, Baldur Neuber, Eberhard Stock, Tübingen 2016
Klawitter, Klaus/Minnich, Herbert: „Sprechen", in: Gerhard Ebert, Rudolf Penka (Hg.): *Schauspielen. Handbuch der Schauspieler-Ausbildung*, Berlin 1985
Klawitter, Klaus/Schmidt, Viola: „Erfahrungen mit ausländischen Schauspielstudenten bei der Arbeit am Text", in: *Interkulturelle Kommunikation*, hg. von Ingrid Jonach, München, Basel 1998

Kleist, Heinrich von: *Der zerbrochne Krug*, Frankfurt am Main 1976
Kleist, Heinrich von: *Werke und Briefe*, hg. von Siegfried Streller u. a., Berlin, Weimar 1993
Kleist, Heinrich von: *Über das Marionettentheater*, Frankfurt am Main 1980
Kleist, Heinrich von: *Penthesilea. Ein Trauerspiel*, Berliner Ausgabe 2016
Klöck, Anja: *Heiße West- und kalte Ost-Schauspieler. Diskurse, Praxen, Geschichte(n) zur Schauspielausbildung in Deutschland nach 1945*, Berlin 2008
Kolesch, Doris: „Wer sehen will, muss hören. Stimmlichkeit und Visualisierung in der Gegenwartskunst", in: *Stimme*, hg. von Doris Kolesch, Sybille Krämer, Frankfurt am Main 2006
Krämer, Sybille: „Das Medium zwischen Zeichen und Spur", in: *Spuren, Lektüren. Praktiken des Symbolischen*, hg. von Gisela Fehrmann, Erika Linz, Cornelia Epping-Jäger, München 2005
Krawutschke, Cornelia/Klawitter, Klaus: „Grundübungen zum Gestischen Sprechen, Aufbau der Kraftstimme", in: *Stimm-Kulturen. 3. Stuttgarter Stimmtage 2000*, hg. von Hellmut Geissner, St. Ingbert 2002
Kurz, Gerhard: *Macharten. Über Rhythmus, Reim, Stil und Vieldeutigkeit*, Göttingen 1999
Lakoff, George/Johnson, Mark: *Leben in Metaphern. Konstruktion und Gebrauch von Sprachbildern*, Heidelberg 2014
Lehmann, Hans-Thies: *Postdramatisches Theater*, Frankfurt am Main 1999
Link, Jürgen: „Das lyrische Gedicht als Paradigma des überstrukturierten Textes", in: Helmut Brackert, Jörn Stückrath (Hg.): *Literaturwissenschaft. Grundkurs I*, Reinbek bei Hamburg 1981
Lobe, Adrian: „Auf dem Weg in eine Post-Schrift-Gesellschaft", in: *Berliner Zeitung* vom 8. Februar 2017
McLuhan, Marshall: *Die Gutenberg-Galaxis: Das Ende des Buchzeitalters*, Bonn u. a. 1995
Mersch, Dieter: „Präsenz und Ethizität der Stimme", in: *Stimme*, hg. von Doris Kolesch, Sybille Krämer, Frankfurt am Main 2006
Mickel, Karl: *Volks Entscheid. 7 Stücke*, Leipzig 1987
Mickel, Karl: „Auf dem IX. Schriftstellerkongress", in: ders.: *Gelehrtenrepublik. Aufsätze und Studien*, Leipzig 1990
Morris, Desmond: *Der nackte Affe*, München 1970
Müller, Heiner: „Aischylos übersetzen. Ein Gespräch mit Heiner Müller", in: ders.: *Werke 12. Gespräche 3*, hg. von Frank Hörnigk, Frankfurt am Main 2008
Müsseler, Jochen/Rieger, Martina (Hg.): *Allgemeine Psychologie*, Berlin, Heidelberg 2017
Muhar, Franz: „Ökonomie der Phonationsschulung", in: *Rollenunterricht, Sprecherziehung, Stimmbildung und Körperarbeit in der Ausbildung zum Schauspieler. Dokumentation der Arbeitstagung der Bayerischen Theaterakademie August Everding*, München 2000
Musil, Robert: „Hellhörigkeit", in: ders.: *Nachlass zu Lebzeiten. Bilder*, Reinbek bei Hamburg 1962
Nietzsche, Friedrich: *Die Unschuld des Werdens. Der Nachlass. 1. Teil*, hg. von Alfred Bäumler, Stuttgart 1978
Pääbo, Svante: *Die Neandertaler und wir. Meine Suche nach den Urzeit-Genen*, Frankfurt am Main 2014

Peters, Ralf: *Wege zur Stimme. Reisen ins menschliche Stimmfeld*, Köln 2008
Pfau, Eva-Maria/Streubel, Hans-Gerhard: *Die Behandlung der gestörten Sprechstimme – Stimmfunktionstherapie*, Leipzig 1986
Pinker, Steven: *Der Sprachinstinkt. Wie der Geist die Sprache bildet*, München 1998
Pinker, Steven: *Der Stoff, aus dem das Denken ist. Was die Sprache über unsere Natur verrät*, Frankfurt am Main 2014
Provine, Robert: *Laughter. A scientific investigation*, New York 2000
Ramachandran, Vilayanur S.: *Eine kurze Reise durch Geist und Gehirn*, Reinbek bei Hamburg 2005
Ramachandran, Vilayanur S./Hubbard, Edward M.: „Synaesthesia – a window into perception, thought and language", in: *Journal of Consciousness Studies* 8, No 12, 2001
Richter, Bernhard: *Die Stimme. Grundlagen, künstlerische Praxis, Gesunderhaltung*, Leipzig 2013
Rimbaud, Arthur: *Sämtliche Werke. Übertragen von Sigmar Löffler und Dieter Tauchmann*, Frankfurt am Main, Leipzig 1992
Ritter, Hans Martin: *Das gestische Prinzip bei Bertolt Brecht*, Köln 1986
Ritter, Hans Martin: *Sprechen auf der Bühne. Ein Lehr- und Arbeitsbuch*, Berlin 2016
Rose-Neiger, Ingrid/Thiele, Michael: „Blickwinkel in der Körpersprache, transnational betrachtet", in: *Interkulturelle Kommunikation*, hg. von Ingrid Jonach, München, Basel 1998
Rodenburg, Patsy: *The Second Circle. How to Use Positive Energy for Success in Every Situation*, New York, London 2017
Rüegg, Johann Caspar: *Gehirn, Psyche und Körper. Neurobiologie von Psychosomatik und Psychotherapie*, Stuttgart 2007
Rüssel, Arnulf: *Psychomotorik. Empirie und Theorie der Alltags-, Sport- und Arbeitsbewegungen*, Darmstadt 1976
Sachse, Jochen/Schramm, Ella/Eckardt, Elke: *Technikübersicht. Lernhilfen – Extremitätenkurs E 3*. Ärzteseminar Berlin 2003
Sachser, Dietmar: *Theaterspielflow. Über die Freude als Basis schöpferischen Theaterschaffens*, Berlin 2009
Sachser, Dietmar: „Theaterspielflow. Eine ernstspielhafte Haltung finden", in: *Lektionen 4 Schauspielen Ausbildung*, hg. von Bernd Stegemann, Berlin 2010
Saus, Wolfgang: *Oberton singen. Das Geheimnis einer magischen Stimmkunst*, Schönau 2006
Schiller, Friedrich: *Die Räuber*, Leipzig 1977
Schiller, Friedrich: „Über die ästhetische Erziehung des Menschen", in: ders.: *Die Horen*, 2. Stück, Tübingen 1795
Schlobinski, Peter: *Sprache und Kommunikation im digitalen Zeitalter*. Rede anlässlich der Verleihung des Konrad-Duden-Preises der Stadt Mannheim am 14. März 2012 https://www.mediensprache.net/de/essays/6/
Schmidt, Viola: „Gestisches Sprechen", in: *Lektionen 4 Schauspielen Ausbildung*, hg. von Bernd Stegemann, Berlin 2010
Schrödl, Jenny: *Vokale Intensitäten. Zur Ästhetik der Stimme im postdramatischen Theater*, Bielefeld 2012
Schrott, Raoul/Jacobs, Arthur: *Gehirn und Gedicht. Wie wir unsere Wirklichkeiten konstruieren*, München 2011
Schuler, Margarete/Harrer, Stephanie: *Grundlagen der Schauspielkunst*, Leipzig 2011
Seidner, Wolfram/Wendler, Jürgen: *Die Sängerstimme*, Berlin 1978

Sloterdijk, Peter: *Der Denker auf der Bühne. Nietzsches Materialismus*, Frankfurt am Main 1986

Sophokles: *Antigone*, übersetzt von Friedrich Hölderlin, Altenmünster 2015

Sowodniok, Ulrike: *Stimmklang und Freiheit. Zur auditiven Wissenschaft des Körpers*, Bielefeld 2013

Stegemann, Bernd: *Kritik des Theaters*, Berlin 2013

Stegemann, Bernd: *Lektionen 1 Dramaturgie*, Berlin 2009

Stegemann, Bernd: *Lektionen 3 Schauspielen Theorie*, Berlin 2010

Stock, Eberhard/Neuber, Baldur/Hirschfeld, Ursula/Bose, Ines: *Einführung in die Sprechwissenschaft: Phonetik, Rhetorik, Sprechkunst*, Tübingen 2016

Tembrock, Günter: „Parameter der Stimme im sozialen Kontext – Eine vergleichende Beschreibung", in: *Stimmen hören. 2. Stuttgarter Stimmtage 1998*, hg. von Hellmut. K. Geissner, St. Ingbert 2000

Theweleit, Klaus: *Übertragung. Gegenübertragung. Dritter Körper. Zur Gehirnveränderung durch die Medien*, Köln 2007

Todd, Mabel E.: *Der Körper denkt mit*, Bern 2003

Tohei, Koichi: *Ki im täglichen Leben*, Heidelberg 1979

Tomasello, Michael: *Die Ursprünge der menschlichen Kommunikation*, Frankfurt am Main 2014

Trabant, Jürgen: „Vom Schrei zur Artikulation", in: Magnus Schlette, Matthias Jung (Hg.): *Anthropologie der Artikulation. Begriffliche Grundlagen und transdisziplinäre Perspektiven*, Würzburg 2005

Tragelehn, B. K.: *Der fröhliche Sisyphos. Der Übersetzer. Das Übersetzen. Die Übersetzung*, Berlin 2011

Vasiljev, Jurij A.: *Imagination Bewegung Stimme*, St. Petersburg 2000

Vowinkel, Bernd: *Maschinen mit Bewusstsein: Wohin führt die künstliche Intelligenz?*, Weinheim 2006

Waldenfels, Bernhard: „Das Lautwerden der Stimme", in: *Stimme*, hg. von Doris Kolesch, Sybille Krämer, Frankfurt am Main 2006

Warren, Paul: *Uptalk*, Cambridge 2016

Watzlawick, Paul/Beavin, Janet H./ Jackson, Don D.: *Menschliche Kommunikation. Formen, Störungen, Paradoxien*, Bern 2007

Werff, J. v. d.: *Ein persönlicher Bericht über das Thema Sprache mit dem Titel: Zwischentöne*. Diplomarbeit HfS Berlin 1995

Wihstutz, Benjamin: *Theater der Einbildung. Zur Wahrnehmung und Imagination des Zuschauers*, Berlin 2007

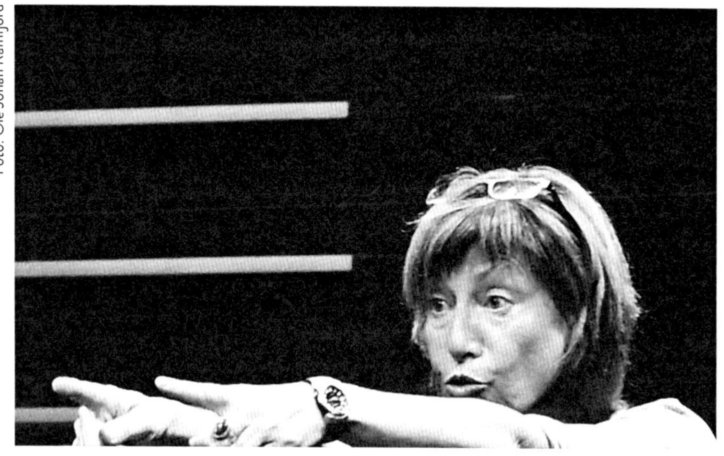
Foto: Ole Johan Ramfjord

Über die Autorin

Viola Schmidt, geboren 1958 in Berlin, studierte Sprechwissenschaft und Germanistik an der Philosophischen Fakultät der Martin-Luther-Universität Halle-Wittenberg, wo sie 1985 mit einer Arbeit zur Sprechwirkungsforschung promoviert wurde. Von 1984 bis 2001 war sie künstlerische Lehrkraft im Fach Sprechen an der Hochschule für Schauspielkunst Ernst Busch Berlin. 2001 wurde sie an die Hochschule für Musik und Theater „Felix Mendelssohn Bartholdy" in Leipzig berufen. 2003 kehrte sie als Professorin für Sprecherziehung an die Hochschule für Schauspielkunst Ernst Busch zurück und leitet seitdem die Fachgruppe Sprechen in der Abteilung Schauspiel. Von 2005 bis 2011 war sie Prorektorin der Hochschule. Von 2017 bis 2018 hatte sie eine Gastprofessur an der Nord Universitet Bodø in Norwegen. Seit 35 Jahren unterrichtet Viola Schmidt Schauspielstudierende im Einzel- und Gruppenunterricht Sprechen. Sie hat zahlreiche Inszenierungen an deutschsprachigen Theatern betreut und Workshops und Weiterbildungen zum gestischen Sprechen in Deutschland und international geleitet, u. a. in Salzburg, Oslo, Manchester, Lima, Peking und Schanghai. Seit vier Jahren unterrichtet sie im Rahmen des Berlin Actor Trainings der NYU Tisch School of the Arts.

Wir danken der Hochschule für Schauspielkunst Ernst Busch für die freundliche Unterstützung dieser Publikation.

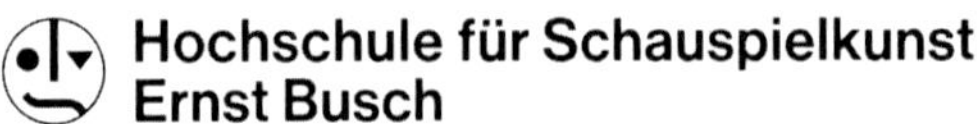

Impressum

Viola Schmidt
Mit den Ohren sehen
Die Methode des gestischen Sprechens an der Hochschule für Schauspielkunst Ernst Busch Berlin

Verlag Theater der Zeit
Verlagsleiter Harald Müller
Winsstraße 72 | 10405 Berlin | Germany

www.theaterderzeit.de

Lektorat: Nicole Gronemeyer
Illustrationen: Philipp Kronenberg
Covergestaltung: Kerstin Bigalke
Gestaltung: Gudrun Hommers
Printed in Germany

ISBN 978-3-95749-192-3 (Taschenbuch)
ISBN 978-3-95749-243-2 (ePDF)
ISBN 978-3-95749-244-9 (EPUB)